P9-DUE-409

Para Roberta y Sebastiano, mis fuera de serie

«Nos disgusta tanto releer los libros que hemos escrito justo porque frente a ellos parecemos falsificadores de moneda. Nos hemos adentrado en la cueva de Alí Babá y solo hemos sacado a la luz un miserable puñado de plata.»

ERNST JÜNGER

Índice

Prólogo

por GIANNI CLERICI

$\mathcal{A}$demás de exjugador de tenis, también soy escritor de novelas y artículos sobre tenis y, a fuerza de verme escribir, en la sala de prensa me han apodado *The Scribe, el Escriba*.

Tengo una vieja costumbre que adquirí a los veinte años, cuando pasé de la *Gazzetta dello Sport* a *Il Giorno* y empecé a recorrer mundo: una gran curiosidad por leer lo que han escrito mis compañeros para saber si lo han hecho mejor que yo. En efecto, les pido que me dejen leer sus artículos porque todos saben muy bien que nunca me permitiría robarles una idea. Así que siempre se lo pedí a Bud Collins (*Boston Globe*), a Frank De Ford (*Sport Illustrated*), a David Gray (*The Guardian*) y a Denis Lalanne (*L'Équipe*), y, desde que se retiraron o desaparecieron, le suelo pedir a Stefano, que ya se ha convertido en un adulto, que me deje leer lo que escribe.

Un día que lo vi especialmente atareado, le pregunté: «¿Qué haces? ¿Un retrato?».

Y él me respondió sonriendo: «No. Un libro».

Al recordar que todos los años por Navidad tiene el detalle de enviarme la revista literaria *Versodove*, en la que a veces publican sus poemas, le pregunto: «¿Poesía?».

Responde: «En cierto sentido. —Acto seguido se ríe y desmiente—: No. Tenis».

—¿Argumento?

—Federer —responde—. Una biografía.

—A mí también me la pidieron —le digo, con los brazos abiertos.

—¿Por qué no la escribiste?

—Demasiado difícil. Ya van trece los que lo intentan, y hasta hay una, horrible, del famosísimo David Foster Wallace, *Federer como experiencia religiosa*.

—Creo que no leyó los Evangelios.

Sonreímos.

—¿La enfocas como su amigo Roger Jaunin, de *Le Matin*, que escribió la primera edición en 2004?

—Toma, si te apetece leerlo… —me dice, mientras me tiende un *pendrive*.

De este modo, ojeando un archivo tras otro —por desgracia, los libros casi nunca nacen ya del papel, y quizá llegue el día en que ni siquiera se impriman—, descubro que, al principio de su carrera, Federer —con sus cuatro idiomas y sus maneras de diplomático, que harían de él la persona adecuada para ocupar un cargo de prestigio en Estrasburgo, si Suiza, uno de los países más democráticos del mundo, no hubiera olvidado que está en el centro de Europa— no poseía ni remotamente la sensatez que hoy muestra en público. Roger nació gracias a una visita de su padre a la sucursal sudafricana de la empresa farmacéutica Ciba-Geigy, en la cual conoce a Lynette, con quien contrae matrimonio rápidamente. Tres años después, de vuelta en Suiza, la pareja se establecerá en Münchestein, cerca de Basilea.

La atracción juvenil por el otro sexo, todavía no obstaculizada por el amor (quizá) absoluto que le profesa a Mirka Vavrinec, se centra en Martina Hingis y, con un acento más erótico, en Anna Kournikova. Entre los tenistas a quienes puede suceder están Pete Sampras y Stefan Edberg. Este último llegará a convertirse en su amigo bajo la forma de entrenador, es decir, alguien muy cercano: un amigo que te cuenta anécdotas de su vida pensando que se parece a la tuya. En el terreno del tenis, empieza con la victoria en el Abierto de Australia sub-18 y avanza hasta alcanzar los veinte títulos del Grand Slam.

Paolo Bertolucci comparte sus recuerdos de los primeros tiempos de Federer: la admiración que le despierta en el torneo de Florencia, el primer partido de la Copa Davis contra Italia, en Neuchâtel, y el primer título ganado fuera del circuito júnior en la final de Milán.

A medida que leo, me encuentro con una larga lista de personas juiciosas, o presuntamente juiciosas, entre las que cabe citar al ex futbolista Marcolli, a Stefan Edberg, a Severin Lüthi, una especie de tío omnipresente, al entrenador Carter, e incluso al inimitable preparador Paganini, hasta llegar al actual Ivan Ljubicic, a quien más de uno reconoce el mérito de haber aconsejado al «Rogerer» de hoy que sea un poco más combativo.

Pero volviendo a leer lo que he escrito, caigo en la cuenta de que no hago más que copiar lo que Stefano ha sabido condensar sin pasar por alto detalles que yo, cronista crónicamente distraído, he omitido. En sus recuerdos fluyen resumidos a la perfección los muchos éxitos y las pocas derrotas, la vida pública, que se parece a la de un embajador, y la privada, también sorprendente a causa de los cuatro gemelos. Una vida que Semeraro quizá se vio obligado a comentar en los periódicos, pero que ha sabido recrear en estas páginas como un auténtico escritor y un biógrafo inagotable.

Tras haber pasado un sinfín de horas admirando a Federer, ahora, gracias a estas páginas, lo conozco mejor.

Cuatro «graphic score» de Stefano Semeraro,
del cuaderno de Wimbledon 2017.

F: 1-2 (top right)

C-F

F: 1-2 150/300 "JAWOHL!"/400/W
C: 2-2 1515/3015/4015/A ROYAL BOX 35...
F: 2-3 150/300 A "W/600/A
C: 3-3 015 E dentata/1515 W/
        1530 W!!/2030/3040 E ...
        ...15 U (PB)! E 200 4040
F: 3-4 1515/3015/3030/4030/SV
C: 3-(5) 150 E ...../300/3015 poi
          passante di rovescio U!/3330
          W dritto U!! 3040 (PB) /4040 W
          W dritto cross!! (PB) E ditto!
JAWOHL!
F: 3-6 150/1515 E 200/3015 EK/4015 A
3'17 3 MP A!

Federer: in difficoltà nel 3 e
4, il TB del 4° è stato incredibile
sentivo che stava sudando
1/2 semifinale a Wimbledon

F-J Federer - Johansson (bottom left)

NB: non il ... delle ...

F: 1-0 a 15
J: 1-1 3030/4030/E (ER)
F: 2-1 4015/A
J: 2-2 3015/3030/4030
F: 3-2 150/1515/1530 E poi 200/3030/3040
        (PB) E poi 200/poi E/V/poi
        (PB) E ditto/SV/poi/V
J: 4-2 150/300/3015/3030/3040 (PB)
        ER?!! poi (PB) Swish/EV!
F: 5-2 015 W poi/030/1530/3050/
        '26 4030 15 CHRIS FAVA
J: 6-2 300/3015/4015
        ...8 4030 E/4040 W/
        (PB) E: Sì E ditto

FED'S DREAM
THE STRAWBERRY MAN
WANT SOME CREAM

(top left prose)

Non pensano. Ti aspettano
pensano pure poi che è
difficile batterlo. È una
filosofia pura beone. Sempre
stesso fatto, nulla distrae.
Gli altri non pensano.
Non pensano; anzi fa
uscire. Non ...
pensa, o lo uso o lo guida,
non capiscono nemmeno
l'importanza del ....
Il futuro è questo
...., ci anno creduto.
Olimpiadi: ci sono palate
e abbiamo dovuto ...
nessuno ci ha costretto a
...

(bottom right prose)

Gilou: Siamo scesi ben
... piano. Ho ....
di restare bene dietro il
... anche nel ...,
quando ...... ho preso
grandi colpi. Sono stato
vicino alla vittoria, non
è facile da accettere, non
non è stato ...
fisicamente e mentalmente.
Mi sentivo di ...
... campo.
Sullo 0-40 non ho ...
... non ero facile! Ho
avuto ... in
... potuto essere
più ....
Non è poi lento; ma una
velocità naturale! ...
...... anche
nel TB del 4 ....
un dritto facile.

Antecedentes

Corre el año 1988. Wimbledon es siempre, magnífico y eternamente, igual a sí mismo. La hierba es la de antaño: de las variedades raigrás y festuca, suave, peligrosa, un reto para rabdomantes. En Londres, y también al suroeste de Londres, SW19, llueve, naturalmente. Sobre todo el día de la final masculina. Largos hilos de agua que unen el cielo con la mirada de los espectadores, llegados hasta allí para saborear unas fresas con nata y una copa de Pimm's, resbalan sobre los paraguas y fluyen por los senderos.

El Centre Court todavía está abierto, con un diseño puro, sin techo retráctil. Expuesto a la historia. Deberían jugar Boris Becker y Stefan Edberg, sin embargo han extendido una lona que cubre todos los sueños. El domingo tiene el aspecto de un telón de color gris que no se abre nunca, los ingleses bromean sobre el tiempo, como saben hacerlo cuando están de humor. En los marcadores apagados aparece una frase en amarillo, el resultado de un irónico partido de dobles: Rain/Showers–Becker/Edberg 6-0, 6-0 y 6-0. Los señores Lluvia y Chubascos derrotan a los dos mejores tenistas del mundo. Lo sentimos, *we're very sorry ladies and gentlemen*. Hasta el lunes.

Es el año en que Mats Wilander podría ganar el Grand Slam, su única oportunidad, pero pierde en cuartos con Miloslav Mecir. El Gran Gato juega dos sets espléndidos en semifinales. Observándolo a través de los cristales de las cabinas de la radio, ubicadas en lo alto, el verde lacerado de la cancha resplandeciendo en la tarde como un mar vegetal, se me antoja un examen de geometría ejecutado por un contramaestre loco. Edberg saca y sube a la red, ondea en mitad de la cancha, se confunde, se descompone mientras intenta captar de dónde llegará el golpe. Y Mecir se lo cuela, implacable, estirándose con aire felino, como si su muñeca estuviera dotada de una brújula que ejecutara su pensamiento. Dos sets (6-2, 6-4) porque a partir del tercero, el sueco encuentra la clave para descifrar esas geometrías y huye hacia la final. Su primera final.

Es el año en que Goran Ivanisevic, derrotado al comienzo por Amos Mansdorf, juega por primera vez en Wimbledon; el año en que John McEnroe vuelve a ponerse nervioso en Church Road —y pierde en la segunda ronda contra Wally Masur, el *Magnificent Loser* que por una vez no hace honor a su apodo y acaba con él en tres sets.

Becker, por su parte, acaba con Frawley, Novacek, Sammy Giammalva y Annacone. Con el campeón saliente, Pat Cash, en los cuartos, y con Ivan Lendl en semifinales. Es el chico de las maravillas, *Das Wunderkind*, un trueno, todavía no se ha convertido en un excampeón trasnochado y endeudado hasta el cuello. Pim Pam, no el Santo Deudor. En 1985, a los diecisiete años, ganó por primera vez en Wimbledon, un chico predestinado. Es el favorito.

En verdad, cinco años antes, jugando el torneo de los júniores, perdió ante Edberg: la revancha, dicen los entendidos, será suya. Nadie tiene un saque y una volea más potentes y atléticas que las suyas. Pero el cansancio de las últimas dos cruentas rondas se hace notar. El *Sturm-und-Volley* dura un set. Edberg elige los saques como un sastre los tejidos, buscando la trama justa para la prenda. Roba tiempo a su adversario, mina su seguridad. Boris sube a la red y resbala, Stefan se burla de él pasándole un globo. Van 30-40. Alguien grita desde las tribunas: «*Bye bye, Boris!*». Son las situaciones en las que Becker suele dar lo mejor de sí mismo, pero no esta vez: doble falta. Otro revés contra la red y se acabó. Edberg levanta la copa de oro, el *Wunderkind* sacude su cabezota.

En el cuarto de estar de una casa como tantas, a las afueras de Basilea, un chaval de siete años llora decepcionado. Ese chaval es Roger Federer.

Retrato del artista cachorro

1981-1998

¿*Q*uién no ha visto alguna vez a un crío gateando tras una pelota de colores?

«Con solo un año y medio, Roger era capaz de pasarse las horas muertas jugando con una pelota de tenis», le contó Lynette Federer a René Stauffer, el periodista suizo que, junto con Roger Jaunin, ha seguido la carrera de Federer prácticamente desde entonces. Lynette, que de soltera se apellidaba Durand y había nacido en Johannesburgo, Sudáfrica, es la madre de Roger. Una mujer encantadora. Cuando conoció a Robert, el hombre que se convertiría en su marido, tenía dieciocho años y trabajaba como secretaria en la sucursal sudafricana de la empresa farmacéutica Ciba-Geigy de Kempton Park, en las afueras de Johannesburgo. Corría el año 1970.

Federer sénior, también empleado de Ciba, había llegado allí, según sus propias palabras, impulsado por «un instinto migratorio», el mismo que en 1973 llevaría de regreso a Suiza a la pareja, que sustituyó los vastos horizontes del hemisferio sur por la magnífica, aunque algo claustrofóbica, campiña de Basilea. Más exactamente la de Münchestein, una población de unos once mil habitantes perteneciente al cantón de Basilea-Campiña. Muchos no lo saben, pero fue precisamente allí, en la fundición Haas'sche Schriftgießerei, donde en 1957 se desarrolló la tipografía Helvética, que habrán utilizado un sinfín de veces tecleando en un ordenador cualquiera. También en Münchestein —y ahora podrán elegir libremente cuál de estos dos acontecimientos ha sido el más importante para la historia de la humanidad— creció junto a Diana, su hermana mayor,

Roger Federer, que vino al mundo en el hospital cantonal de Basilea el 8 de agosto de 1981.

De joven, Lynette Durand jugaba a *hockey* hierba, pero poseía aptitudes para cualquier deporte, incluido el tenis. Cuando la farmacéutica Ciba convirtió el círculo de tenis de Allschwil, en los alrededores de Basilea, en su propio círculo, Lynette empezó a frecuentarlo en compañía de su marido y su hijo, que tenía una relación especial con la bola blanca y uno de sus derivados, el tenis: a los tres años ya sabía darle con una raqueta, y a los cuatro la devolvía con soltura, hay quien dice que hasta treinta veces seguidas. Y quería hacerlo a su manera. A los cinco años escuchaba poco a su madre y casi nada a su padre. En los años siguientes, la cosa mejoraría y empeoraría al mismo tiempo.

Mejoraría: porque pronto quedó claro que el niño tenía un don divino, una coordinación como rara vez se ha visto en la historia del tenis, y puede que del deporte. Hay fotos que lo retratan empuñando una raqueta de tenis de mesa —si se fían de Belinda Bencic, la última estrella del tenis suizo, «ver a Roger jugar a tenis de mesa es una experiencia incomparable…»—, y otras que lo muestran sujetando orgulloso un balón de rugby bajo el brazo. Está familiarizado con el críquet y el squash, y siempre le ha encantado el fútbol, pero el tenis le cautivado más que cualquier otro deporte.

Empeoraría: porque, entre las extravagancias propias de un fuera de serie y la frustración que genera tener conciencia de las propias capacidades y pretender ser siempre el número uno, su carácter saldría perdiendo.

Un destino de número uno

Claudio Mezzadri, ex vigésimo sexto del mundo, actualmente comentarista televisivo del canal Sky y de la televisión suiza, lo conoció tarde, pero sin duda muy bien, entre otras cosas porque fue el promotor de su debut en la Copa Davis en 1999. «Roger era plenamente consciente de que tenía un don —explica—. Desde chiquillo, su objetivo era convertirse en el número uno mundial y ganar el torneo de Wimbledon. Pero no lo decía por decir, como hacen todos los niños que sueñan con dedicarse al tenis profesional. Él sabía que un día lo lograría. Sin duda, sus numerosas victorias lo han sorprendido incluso a él, pero Roger siempre ha sido consciente —no encuentro otra palabra— de que su destino era convertirse en uno de los más grandes tenistas de todos los tiempos. Me acuerdo de un entrenamiento que tuvo lugar antes de un partido de la Davis: jugábamos con puntos, así que no se trataba de un simple peloteo o de un ejercicio, sino de un partido; a pesar de ello, Roger se empeñaba en golpear la pelota cuando tocaba el suelo. No cuando rebotaba, sino justo en el momento en que lo tocaba. "Roger, no hay espacio material entre el marco y las cuerdas —le decía—. No puedes hacerlo". Pero hacía caso omiso. Y hasta se enfadaba si fallaba el tiro.»

A los seis, siete u ocho años, y durante buena parte de los años siguientes, incluso cuando ya era evidente que se convertiría en tenista, Roger no era el Roger de ahora, qué va. Más irritable que McEnroe, más exasperante que Kyrgios, un incordio ambulante y vociferante para sus padres. Lynette y Robert lo miraban abochornados desde la terraza del club de tenis Old Boys, el círculo al que Federer se había inscrito a los ocho años porque ofrecía mejores instalaciones y maestros que el Ciba Club. «¡Dejadme solo, id a tomar algo!», gritaba desde la cancha el Pequeño Satán, como lo había bautizado uno de sus entrenadores. Victorias, pero también derrotas hirientes seguidas de silenciosos viajes en coche de vuelta a casa. Roger con la mirada perdida y las lágrimas asomándole a los ojos, Robert y Lynette preguntándose cómo podían enseñarle a mantener la compostura en el campo.

Por otra parte, Lynette jugaba en el campeonato suizo interclubes. Era lo bastante buena como para ganar una edición y dejarse convencer para dar cursillos en el Old Boys, pero siempre tuvo la sensatez de negarse a ser la entrenadora del párvulo endemoniado. «Le repetía: cuando te comportas así, es como si le dijeras a tu adversario que estás listo para perder —cuenta Lynette—. Le envías un mensaje, ¿es eso lo que quieres? Si se comportaba de un modo inadecuado, se lo hacíamos notar y le explicábamos que nos lo hacía pasar muy mal. Siempre le decíamos: domínate, Roger, concéntrate. No se acaba el mundo por perder un partido de tenis.»

Pero una cosa era decirlo y otra que alguien para quien el tenis se había convertido en su razón de vivir desde el día en que lo descubrió, supiera encajarlo. Alguien que cuando tenía media hora libre se ponía a lanzar una pelota contra la puerta del garaje de casa, volviendo locos a sus padres y a buena parte del vecindario.

Mi amigo Marco

Ya entonces, el inseparable compañero de juego y gamberradas de Roger era Marco Chiudinelli, que en 2010 se posicionaría como quincuagésimo segundo del mundo, y que en 2014, junto con Roger, conquistaría la primera, y por ahora única, Copa Davis de la historia de Suiza. Los Federer residían en Im Wasserhaus, los Chiudinelli en Poppelweg, dos barrios del término municipal de Munchestein. Su reino era el club de tenis Old Boys. «A ninguno de los dos nos importaban mucho los entrenamientos —cuenta Chiudinelli—. Queríamos estar juntos y divertirnos. Armábamos jaleo, lanzábamos las raquetas... A menudo nos hacían correr o nos enviaban a casa. En los entrenamientos, Roger perdía prácticamente con todos y era el único a quien yo lograba ganar. Pero cuando se trataba de un torneo, las cosas cambiaban radicalmente y no me permitía dominar el juego. Un competidor nato ya por entonces. Es uno de los motivos por los que siempre lo he admirado.»

Como escribe Chris Bowers en su biografía, Federer no soportaba que su adversario le diera un golpe maestro, y cuando sucedía gritaba: «¡Solo ha sido suerte!». No se resignaba al hecho de que no era el único capaz de hechizar la pelota; curiosamente, durante los entrenamientos comenta amistosamente las proezas más o menos improvisadas de quien está al otro lado de la red.

«Cuando se entrena sin público —señala, por ejemplo, Massimo Sartori, el entrenador de Andreas Seppi, el tenista de Caldaro que con el tiempo se ha convertido en buen amigo de Roger—, Federer es una pasada. Se emplea a fondo, hace uso de toda su energía, incluso grita. Si Andreas descarga un buen golpe, a veces se le escapa un "¡toma, qué bueno!".»

Y es que ahora el genio no le tiene miedo a las comparaciones, mientras que entonces... «Más de una vez tuve que recordarle que no era el único que sabía jugar al tenis —cuenta Madeleine Barlocher, la factótum del Old Boys—. Nunca le ha gustado perder, como pudimos ver en los primeros años de su carrera profesional, cuando tuvo que enfrentarse a contrincantes que lo derrotaban invariablemente, como David Nalbandian y Rafael Nadal.»

Uno de sus adversarios de entonces era Dany Schnyder, el hermano de la futura top 10 mundial, Patty —sí, Suiza es un pañuelo—, que le ganaba a menudo. Su final en los campeonatos sub-12 de Basilea, a base de vuelos de raqueta y amonestaciones del árbitro, habría hecho palidecer un partido entre Fognini y Kyrgios.

Pero ya entonces, Roger tenía un marcado sentido de la honradez. Tras un remate o una derecha acertados, era capaz de gritar «¡ganaré Wimbledon con un golpe así!», pero nunca se le hubiera ocurrido robar ni una pelota, es más, se enfurecía si alguien lo hacía. Por ese motivo, y a pesar de que su talento superaba el nivel del resto de los chicos, incluso mayores que él, el Old Boys evitó durante un tiempo alinearlo en los torneos del campeonato interclubes.

Por no mencionar las lágrimas. «A los ocho o nueve años, ni él ni yo soportábamos la derrota —cuenta Chiudinelli—; sucedía que si me llevaba ventaja, yo rompía a llorar. Una vez, durante un cambio de lado, vino a consolarme y me dijo "todo se arreglará, ya lo verás". Cuando, al cabo de unos cuantos juegos, fui yo quien le llevó ventaja, Roger también rompió a llorar y me tocó a mí consolarlo.»

Los dos técnicos que contribuyeron a moldear al pequeño mago en la época del Old Boys, fueron Adolf Kacovsky, llamado Seppli, y Peter Carter. Kacovsky nació en Praga, pero abandonó el país, entonces conocido como Checoslovaquia, en 1968, cuando los tanques rusos la invadieron para sofocar la Primavera de Praga. Llegó a Suiza tras un tormentoso viaje: había tenido la suerte de hallarse en Túnez cuando el gobierno de Alexander Dubček fue derribado. Pronto se convirtió en el responsable del entrenamiento de alto nivel del Old Boys. Le bastó un vistazo para reconocer el talento de Federer: «Parecía que hubiera nacido con una raqueta en la mano». Empezó a darle clases particulares y descubrió que Roger asimilaba en un par de días lo que el resto de chicos debía practicar durante semanas.

Kacovsky también estaba convencido de que el carácter vencedor del fenómeno se debía a sus orígenes: los cien por cien suizos, según Seppli, no son lo suficientemente ambiciosos. La mitad sudafricana que Lynette le transmitió le ha proporcionado la tozudez necesaria para no darse por vencido con facilidad, y, sobre todo, para no desanimarse incluso después de recibir una paliza, como sucedió en su primer partido oficial en los campeonatos regionales de Basilea de 1991. En esa ocasión, habrían podido colocar a Federer con los sub-10, pero como era muy bueno y esa categoría estaba muy concurrida jugó con los sub-12, donde Reto Schmidli, que tenía casi tres años más, lo derrotó en la primera ronda, venciendo 6-0, 6-0. Una derrota que Roger sigue recordando.

Adiós al fútbol

En aquella época, muchos se divertían mirando los partidos de aquel chaval más bien grácil que golpeaba la pelota como si no hubiera hecho otra cosa en su vida, pero que también los desconcertaba cuando se irritaba por una jugada equivocada o una pelota perdida. Probablemente Kacovsky era el único que estaba realmente convencido de que el cachorro caprichoso se convertiría en un número uno. «Nunca tenía que repetirle nada, siempre cogía al vuelo todo lo que le decía». Y tenía muchas ganas de aprender. «Si ganaba 6-1, 6-1, en cuanto acababa el partido ya se preguntaba por qué no había ganado 6-0, 6-0. Yo era bastante severo con él, pero sin exagerar. Era más pequeño y menos fuerte que los demás, pero ganaba muchos partidos a pesar de esa desventaja física gracias a la técnica. Su padre no es muy alto, así que no sabíamos lo que iba a crecer, pero él se empleaba a fondo. Cuando acababa un entrenamiento largo y fatigoso, se ponía a pelotear por su cuenta contra la pared y decía para sí mismo: "¡Seré el número uno!". Pero nadie se lo creía». En eso tenía que ver el hecho de que Roger solo quería entrenarse con sus amigos, sobre todo con Chiudinelli, y tenía una actitud insoportable en la cancha.

Además del tenis, también sentía pasión por otro deporte, el fútbol, hecho que lo mantuvo durante unos años ocupado en dos frentes. Se defendía, jugaba como centrocampista o delantero, pero no era lo bastante bueno con el pie izquierdo, de manera que, cuando llegó el momento de elegir a cuál de los dos deportes dedicarse en serio, sacrificó el fútbol. Además, en el tenis, el deporte que sus padres practicaban, era él quien llevaba la iniciativa, quien decidía el golpe apropiado, asumiendo la plena responsabilidad de sus errores, pero también todo el mérito de sus victorias. Y eso era fundamental para alguien que, como él, había crecido obsesionado por tenerlo todo bajo control.

Para Claudio Mezzadri, «los únicos entrenadores capaces de conectar con Roger han sido Peter Lundgren e Ivan Ljubicic. Los demás han sido más o menos beneficiosos, pero no han tenido su misma capacidad. En cierto modo, yo también me considero parte de ese grupo reducido, porque en aquella época tenía la suficiente confianza para hablarle sin rodeos, sin concesiones. Y eso es lo que Roger necesita, no estar entre personas que le dicen que lo hace muy bien, que tampoco pasa nada si se equivoca.»

En realidad, ha habido otro entrenador que ha sabido manejar el artefacto Federer con destreza: Peter Carter, el extenista australiano que sucedió a Kacovsky y se hizo cargo de Roger a partir de los doce años. Además de afinar su técnica, supo accionar los mecanismos justos a nivel mental.

Carter nació en Nuriootpa, cerca de Adelaida, el 9 agosto de 1964, y su trágica desaparición el 1 de agosto de 2002 en un accidente automovilístico durante un safari en Sudáfrica, dejó una huella profunda en la vida de Federer. Como jugador no pasó de ser el número 173 en individuales y el 117 en dobles, una especialidad en la que a menudo jugaba al lado de Darren Cahill, futuro entrenador de muchos campeones como Lleyton Hewitt, Andre Agassi, Ana Ivanovic, Andy Murray y muchos más.

Carter llegó a Suiza en 1984 para jugar un torneo satélite, y, a pesar de que los resultados no fueron extraordinarios, se quedó en el país, hasta que el club de tenis Old Boys lo fichó para jugar en su campeonato. En 1989, Madeleine Barlocher lo convenció para que se ocupara también de los equipos juveniles, y así fue como el destino hizo que se cruzara con Federer, que entonces tenía nueve años. «Carts», como lo llamaban sus amigos australianos, era un hombre apacible y reservado, pero seguro de sí mismo, y un óptimo psicólogo, el sujeto ideal para entrar en sintonía con un personajillo complicado como Roger. Además, jugaba un tenis muy clásico y sabía tratar con los chavales. No empezó a trabajar en serio con Roger hasta 1993, y aunque no le escatimó broncas y castigos, enseguida se ganó su respeto. Por otra parte, Federer siempre ha necesitado poner a prueba a quienes lo rodeaban para comprender de qué pasta eran.

«Un día, en Nueva York, caminábamos juntos por la calle —recuerda Claudio Mezzadri, evocando un episodio que sucedió unos años después, cuando Federer ya era un profesional—. Yo iba unos pasos por delante y hablaba con Lundgren, y él se divertía provocándome, como suelen hacer los chavales. Intentaba hacerme cosquillas, me hacía la zancadilla para que tropezase, esa clase de cosas. En resumidas cuentas, tocaba las narices. Una vez y otra. "Para", le decía, pero él dale que te pego. "Roger, para ya", le repetía. Pero qué va. Era su manera de tantearme, de saber hasta dónde estaba dispuesto a aguantar, si lo soportaba todo o si tenía carácter. De repente, me di la vuelta y lo agarré por los huevos, literalmente, hasta llegué a apretar. "¿Y ahora qué?", le dije con decisión. "Te he dicho que pares". Y él: "¡Perdona, perdona, Claudio, perdona!". Entonces paró.»

En aquellos años, también se dejó caer por Basilea Cahill, que fue a visitar a su amigo, y, obviamente, tuvo ocasión de ver al niño en acción. No le impresionó demasiado. Puede que porque, más o menos en la misma época, había puesto los ojos en un australiano, un cierto Lleyton Hewitt que, comparado con el Jaimito suizo, demostraba mucha más madurez y madera de competidor.

Sin embargo, Carter ya había descubierto la pepita de oro. «Las primeras veces que lo vi jugar —cuenta en una entrevista mencionada por René Stauffer— a duras penas subía a la red. Pero su talento era evidente a simple vista. Ya poseía una buena derecha, una magnífica coordinación y sabía hacer de todo con la pelota, incluidas algunas cosas que solo había visto hacer a Becker y a Sampras en la televisión. Progresaba continuamente.» Carter entrenó a Federer en Basilea hasta 1995, volvió a hacerlo más tarde, en 1997, cuando, tras largas discusiones familiares y sin mucho convencimiento, se tomó la decisión de que Roger dejara el club de tenis Old Boys para ir al centro federal de Ecublens, en la periferia de Lausana. Carter también formaría parte del equipo suizo de la Copa Davis desde 2001 hasta su fallecimiento, pero para entonces Federer ya había decidido fichar a Peter Lundgren, el exprofesional sueco.

La primera vez con Edberg: como recogepelotas

Antes de subirse al tren y partir para la que entonces le parecía una patria diferente y lejana, Roger y su amigo Chiudinelli habían hecho de recogepelotas dos o tres veces que ya son memorables. El Old Boys los fichó en 1994 para un torneo satélite que tuvo como finalistas a Patty Schnyder y a Martina Hingis. Ese día, en la cancha estaban presentes buena parte de los jugadores que cubrirían de gloria a Suiza pocos años después. En 1993 y 1994, Federer recogió pelotas en el Torneo de Basilea, mientras su madre se ocupaba de las acreditaciones. En 1993, tras vencer en la final a Stefan Edberg, Michael Stich le colgó del cuello la medalla que tradicionalmente se entrega a todos los recogepelotas.

«Parece que fue ayer —declaró hace algunos años en una entrevista televisiva al verse de niño en una grabación de YouTube—. Me la entregó Michael Stich, que en la actualidad es el director de la ATP de Hamburgo. Guardo un recuerdo maravilloso. En Basilea yo no era más que un recogepelotas, y no podía creer que estaba viendo jugar, entrenarse y sudar a los mejores del mundo, que podía observar de cerca cómo reaccionaban a la presión. Fueron grandes momentos».

En 1994 se la entregó Wayne Ferreira, que ganó en la final a Patrick McEnroe, el hermano menor de John, en el estadio cubierto St. Jakobshalle. El Federer maduro sigue recordando con mucho cariño su experiencia como recogepelotas, y ha permanecido muy apegado al torneo de su ciudad, que ha ganado ocho veces. Tanto es así que reunirse con los recogepelotas, entregarles una medalla y, al final, ofrecerles una pizza se ha convertido en una tradición de la semana del torneo. Pero estamos yendo demasiado deprisa.

La lección de Ecublens

El Federer de 1995, a punto de cumplir los catorce años, ya era un tenista bien posicionado en las clasificaciones regionales y nacionales, pero con limitaciones técnicas, que era el primero en reconocer, bastante evidentes. «Tenía un revés horrible», recuerda, y, tal y como en el futuro intuiría al vuelo alguien llamado Rafael Nadal, los adversarios de entonces sabían que para hacerle daño solo había que insistir por el lado izquierdo. Por eso Robert y Lynette pensaron que sacarlo de su cómoda rutina de Basilea y que entrenara con los técnicos federales en Ecublens sería útil para que hiciera un salto de calidad. Roger superó el examen de admisión de manera más que convincente.

Cuando la perspectiva de trasladarse al centro, donde debería pasar cinco días a la semana para volver a Basilea los fines de semana, se hizo real, Roger la rechazó y dijo refunfuñando que nunca se trasladaría allí. Pero, tras la oposición inicial, al cabo de unos meses se convenció por sí solo de que era la elección más acertada. No la más cómoda, en efecto, pues durante el periodo que pasó en el centro lo embargó a menudo la nostalgia. Como suizo alemán, se sentía un extranjero en la «francesa» Ecublens, donde los demás alumnos lo trataban como a un pueblerino y lo hacían blanco inagotable de sus burlas.

«Los primeros seis meses fueron muy duros», le contó a Roger Jaunin, el simpático y competente compañero suizo de *Le Matin* que siguió de cerca los primeros años del fenómeno, autor del bien documentado *Roger Federer, Number One*. «No era feliz y quería volver a casa. Los domingos, cuando llegaba la hora de regresar al centro, me echaba a llorar.»

Por otra parte, el ritmo de vida y los horarios eran los propios de un auténtico internado: levantarse a las 6:30, clase de 7:30 a 13, dos horas de tenis por las tardes, una hora de preparación atlética, y después hacer los deberes, cenar y a la cama. Aunque Roger había tomado libremente la decisión de trasladarse al centro, todas las noches pasaba al menos una hora al teléfono con su madre. Lágrimas y quejas, pero también las ganas de superarlo y el orgullo de no rendirse. En resumen, una experiencia «formativa», como suele decirse, que contribuyó a modelar el carácter del joven Federer y a prepararlo para cuando tuviera que arreglárselas solo en la cancha frente a adversarios difíciles en torneos legendarios ante un público importante.

Durante un tiempo, Federer vivió con la familia Christinet, de cuyo hijo menor, Vincent, se hizo amigo y con quien sigue estando en contacto. También conoció a Yves Allegro, otro tenista destinado a convertirse en alguien de su círculo mágico. Fue entonces cuando empezó a ser un verdadero tenista. La primera prueba de lo que Roger llegaría a ser a nivel internacional —al menos para quienes seguían el tenis de los torneos juveniles—tuvo lugar en 1996 en la Youth Cup, un campeonato por equipos organizado por la Federación Internacional, que ese año se celebraba en Suiza. En el partido contra Australia, Roger se enfrentó a un chico de su edad que se las apañaba muy bien: Lleyton Hewitt. Aunque dieciséis meses más tarde, *Rusty* sorprendería al mundo del tenis ganando el torneo ATP de Adelaida, en la Youth se vio obligado a rendirse en tres sets (4-6, 7-6 y 6-4) y hasta perdería un punto de partido con el chaval de Basilea.

No sirvió de mucho, porque Australia ganó el encuentro y solo se detuvo ante la derrota en la final contra Francia, mientras Suiza, sin un apoyo digno de Federer, descendió al decimoquinto puesto.

En 1997, tras una larga batalla interna, el centro técnico suizo fue trasladado a Biena —Biel, en alemán—, donde Roger se encontraría con viejos conocidos y entraría en contacto con personas determinantes para su carrera. El reencuentro más significativo fue con Peter Carter, que había sido contratado por el Swiss Tennis para ocuparse del niño prodigio que él mismo había empezado a modelar en el Old Boys, mientras la novedad fue otro Peter, el sueco Lundgren, que se convertiría en su primer entrenador como profesional. Allegro, que ya era profesional, también fue transferido a Biena y, a petición de Lynette y Robert, acabó compartiendo piso con Roger. Una preocupación comprensible, la de los Federer. Durante dos años, Yves le hizo de hermano mayor, sacándolo de la cama para que fuera a los entrenamientos y quitándole de las manos la PlayStation, con la que Roger se habría pasado noches enteras. De momento, el chaval seguía siendo el mismo: educado, tranquilo, menos cuando se desmadraba con el colega Chiudinelli, que se había desplazado a Biena para estar con él, y poco interesado en los entrenamientos. Si el partido no contaba, se dejaba ganar hasta por tenistas peores que él. Si contaba, era una máquina de guerra. Prácticamente, se transformaba en otra persona.

Con la cara llena de nieve

Al pequeño campeón le faltaba poco para cumplir los dieciséis años cuando llegó la hora de tomar una decisión. Ya no se trataba de elegir entre tenis o fútbol, sino entre deporte y estudios. Hasta entonces, sus padres siempre habían querido que continuara estudiando de manera regular, pero a aquellas alturas dedicarse a los libros y a los torneos no era tan sencillo. «Les dije que quería concentrar mi atención en el tenis —contó años más tarde—. Y lo comprendieron. Pero hicimos un pacto: o me convertía en un buen tenista, como yo esperaba, o volvía a estudiar. Tenía el puesto número 800 del ranking mundial, o algo parecido, pero los estudios me distraían del tenis, por eso tomé una decisión que por aquel entonces era bastante arriesgada. Pero a partir de ese momento, las cosas empezaron a mejorar en la cancha.»

Poco antes de cumplir los dieciséis años, alcanzó el título de campeón suizo sub-18 y ganó el torneo juvenil de Prato, uno de los más importantes del circuito ITF de Italia junto con los de Florencia, Salsomaggiore y Santa Croce sull'Arno.

En el de Florencia, que se disputó antes que el de Prato, le paró los pies Davide Bramanti, uno de los italianos que puede presumir de haber ganado a Federer. Lo logró en tres sets muy disputados (6-4, 3-6 y 7-6) y, como recordará el mismo Davide en una entrevista para el *Corriere Fiorentino* años más tarde, al final lo aclamaron porque todos se habían dado cuenta de que su contrincante llegaría lejos. «A pesar de que tenía una derecha que te bloqueaba y hacía saque y volea en el segundo servicio, me adjudiqué la muerte súbita del tercer set 7-0, increíble. Roger tiró largas las últimas bolas, a uno o dos metros y, si mal no recuerdo, arrojó la raqueta contra el suelo un par de veces, puede que incluso recibiera un aviso. Cuando jugaba era rencilloso, pero al acabar el partido puso las raquetas en la bolsa y se dirigió hacia los vestuarios en silencio. El público me aclamó como si hubiera ganado el torneo.»

Bramanti tuvo que dejar el tenis muy pronto por culpa de una lesión en el brazo que sufrió pocos días después de Prato y que le obligó a operarse. A día de hoy trabaja como agente inmobiliario en la empresa familiar y a quien le pregunta si se siente defraudado por el destino, como hizo Marco Caldara en una entrevista para *Il Tennis Italiano*, responde plácidamente: «Bueno, al fin y al cabo gané al mejor tenista de todos los tiempos. No hay muchos que puedan decir lo mismo».

El propio Federer ha admitido en varias ocasiones que a los dieciséis años todavía hablaba demasiado en la cancha, «bueno, más bien gritaba, y a menudo me echaban durante los entrenamientos». Un comportamiento que a Robert y Lynette les parecía inaceptable. Hasta tal punto que, como Lynette le contó a un cronista del periódico *Basler Zeitung* en uno de los viajes de vuelta a Suiza, Robert aparcó el coche en la cuneta y restregó la cabeza loca de su hijo en la nieve. «No le reprochábamos que perdiera, pero pobre de él si no se empleaba a fondo o se portaba mal. Siempre ha sido un poco salvaje, pero sabía muy bien que si se metía en un lío tenía que apañárselas solo.»

Sucedió, por ejemplo, cuando en Biena causó desperfectos en un entoldado al arrojar la raqueta, como era su costumbre, y tuvo que limpiar los baños todos los días a las siete de la mañana durante una semana. Un castigo terrible para un perezoso como él.

En julio de 1997, antes de ser campeón europeo sub-16 en Hartfield, fue derrotado por otro italiano en sus primeras clasificaciones para un torneo profesional de gran tradición que se celebra en Gstaad, lugar que con el tiempo se convertiría en uno de sus favoritos. Se rindió 7-6 en el tercer set ante Filippo Messori, tenista de Módena que en la actualidad vive en Holanda y que admite que no recuerda casi nada de aquel partido. Ese mismo año, en un satélite suizo en Sierre, también fue derrotado por Daniele Balducci, que por aquel entonces tenía veintisiete años y que en la actualidad trabaja en el Sporting Club de Montecatini. Una anécdota: Balducci perdió el Máster que cerraba la serie de los tres torneos satélites de Sierre ante Severin Lüthi, el futuro capitán del equipo suizo de la Copa Davis, que hoy prácticamente forma parte de la familia de Roger.

En ese mismo año 1997, el nombre de Federer apareció por primera vez en la clasificación ATP: número 803 del ranking el 22 de septiembre, y 704 a finales de diciembre, es decir, del ranking mundial a final de año. El premio económico alcanzaba la cifra de 650 dólares.

Cuando Roger tomó la decisión de dedicarse al tenis a tiempo completo, sus padres se remangaron y trabajaron más tiempo para poder financiar su actividad. Swiss Tennis, la federación de tenis suiza que adoptó una denominación inglesa para abarcar a todos sus componentes lingüísticos, subvencionaba una parte, pero, como es sabido, el tenis no es un deporte económico. A partir de 1998, las perspectivas del cachorro de campeón empezaron a cambiar.

El penúltimo año del siglo XX fue para recordar, un año en el que muchas cosas sucedieron por primera vez: el primer partido jugado en un cuadro de la ATP, de nuevo en Gstaad, en el que Federer, a pesar del 6-4, 6-4 con Lucas Arnold, el argentino que ese mismo año alcanzó su mejor clasificación, número 77 del ranking mundial, ganó su primer punto ATP y un premio económico de 50.200 dólares; el primer título en el torneo júnior de Wimbledon, obtenido tras derrotar en la final al georgiano Irakli Labadze, mientras entre los séniors, Sampras vencía por quinta vez a un decepcionado Goran Ivanisevic y lo enviaba de vuelta a Croacia; la primera ronda en un torneo del circuito mayor —en Toulouse, donde derrotó a Raoux y a Fromberg, dos top 50—, antes de rendirse en los cuartos de final ante Siemerink en dos sets; y su primer título como profesional en Davos, en un torneo satélite que se jugaba en la ciudad termal que Thomas Mann hizo famosa ambientando en ella una de sus obras maestras, *La montaña mágica*. Como Hans Castorp, el protagonista de la novela, Federer estaba entonces en la frontera que separa la confortable adolescencia de los torneos juveniles de las derrotas sin consecuencias de la mayoría de edad, donde todo se vuelve más difícil y estresante. En efecto, justo en 1998, Roger pasó a formar parte oficialmente de los profesionales, abandonando la montaña mágica que había sido su adolescencia.

Príncipe en Florencia

También en 1998, en el mes de abril, Roger había vuelto a triunfar en la Toscana, esta vez en el sub-18 de Florencia, donde se había enfrentado a Filippo Volandri, el chaval de Livorno que diez años más tarde en Roma le causaría una de las decepciones más inesperadas de su carrera en la segunda ronda del Internacional de Italia. Uno de los muchos encontronazos entre *Su Majestad Belleza* e Italia.

En julio, tras convertirse en campeón juvenil, su entrenador Peter Carter se había mostrado satisfecho con los progresos psicológicos de su pupilo, aunque reconocía que todavía quedaba mucho por hacer para transformarlo en un «herbívoro» perfecto («Ha jugado con la concentración de un profesional, pero tiene que mejorar las voleas»). En Gstaad, Kobi Hermnjatt, el respetado director del torneo, decidió enviarle su primera invitación formal tras haberlo visto en acción sobre la hierba de Church Road —una decisión acertada, visto que Roger no lo olvidará nunca—, pero, como hemos visto, Arnold, que en el último momento sustituyó a Tommy Haas, indispuesto, lo derrotó en la primera ronda.

En los demás torneos de Grand Slam se las arregló bastante bien, pero no como en Wimbledon. En Australia, Roger acabó llorando a lágrima viva cuando perdió en la semifinal ante el sueco Andreas Vinciguerra; en el Roland Garros, Jaroslav Levisnky lo dejó con un palmo de narices; en el Abierto de Estados Unidos, tras haber vencido a adversarios como Oliver Rochus (ante el que había ganado el título de dobles en Wimbledon), Taylor Dent y Ferdinando González, se topó con uno de sus muchos antagonistas de aquellos primeros años, David Nalbandian, *el Tonto*, un sublime maestro de la táctica que con la aguja de su inteligencia tenística descosió punto por punto las tramas brillantes, pero todavía apenas hilvanadas, de su adversario. «Tras perder aquella final, comprendí que tenía que trabajar más a fondo», confesará Federer que, a partir de ese momento y hasta finales de año, alternó apariciones en los torneos juveniles con pruebas en el circuito profesional, en las que obtuvo resultados alentadores y dio algún que otro paso en falso.

En «su» St. Jakobshalle de Basilea, donde había hecho de recogepelotas poco antes ante ocho mil conciudadanos, el sorteo determinó que se enfrentaría en la primera ronda con Andre Agassi, ante el que consiguió cinco juegos. No estuvo nada mal, teniendo en consideración la envergadura del adversario, pero fue insuficiente para su ego. Roger, que siempre ha sido moderado en sus expectativas, sabía que solo estaba al principio de un camino largo y difícil, y no se desanimó más de la cuenta. Pero tras las emociones de Basilea, la tensión se hizo notar y el bajón se presentó en el torneo satélite de Kublis, en Suiza, donde fue derrotado por Armando Brunold —un connacional bastante mediocre— y, sobre todo, donde el juez árbitro le impuso una multa de cien dólares por «escaso interés». Es la ley del tenis, que impone empezar desde el principio cada semana, y no siempre por el capítulo deseado.

Pero a finales de año, Roger dejó bien puesta otra bandera en el Orange Bowl, el prestigioso torneo sub-18 de Florida por el que han desfilado muchos jóvenes talentos que se han convertido en grandes estrellas —Roche, Orantes, Barazzutti, Borg, McEnroe, Lendl, ¿no es impresionante?—, y en el que Roger se sacó de encima a otro temible contrincante: Guillermo Coria. El éxito le valió el primer lugar en la clasificación júnior de ese año y una invitación al gran baile del ITF.

Y pensar que el viaje a Florida había empezado con mal pie. Tras la primera ronda —en la que, según le refirió Annemarie Ruegg, la acompañante del equipo suizo, a René Stauffer, Roger «saltaba como un mono de aquí para allá»—, el chico se había torcido el tobillo y había tenido que jugar el resto del torneo con un vendaje. En aquel diciembre en que fue número uno del mundo por primera vez —aunque fuera sub-18— y número 301 de la ATP, Roger hizo algo de lo que hoy finge avergonzarse, pero que en el fondo le hace mucha gracia, algo que los periódicos siempre sacan a relucir cada vez que publican las fotos más emblemáticas de su carrera: para horror de Lynette, que lo recibió estupefacta, en Florida se tiñó de rubio oxigenado.

La construcción de un campeón

1999-2003

1999. El debut entre los grandes

«*B*ueno, creo que he tenido algo de suerte porque había un jugador francés, Julien Jeanpierre, que ha sido número uno durante todo el año. He ganado el Orange Bowl y eso me ha dado ventaja. Puede que él se lo mereciera más que yo, pero si observamos los resultados de la segunda mitad del año, yo he ganado más partidos, así que también me lo merezco...» Julien Jeanpierre, que levante la mano quien se acuerde de él. En 1998 fue campeón sub-18 en el Abierto de Australia, como profesional llegó a ser número 133 del mundo, ganó tres Challenger y alcanzó la tercera ronda del Roland Garros en 2004. Probablemente, la lesión que sufrió en el tobillo justo en un momento delicado, el del paso al circuito profesional, le resultó fatídica para su carrera de tenista. «Los médicos no le dieron importancia, creyeron que se trataba de un esguince, pero era una fractura. Necesité un año y medio para recuperarme. En 2006 el dolor todavía me obligaba a abandonar el tenis tres o cuatro meses al año.» Jeanpierre tiene treinta y siete años en la actualidad, uno más que Federer. Nadie recuerda su carrera de joven estrella fugaz, que se parece a la de muchos otros talentos que prometían intensos destellos y que, en cambio, se apagaron al entrar en contacto con la atmósfera densa del circuito ATP, emitiendo como mucho algunas chispas.

Todo lo contrario del Federer tímido y astuto al mismo tiempo que aparece en una entrevista televisiva grabada en Róterdam en febrero de 1999, un chico que acaba de iniciar su parábola ascendente. Lleva un corte de pelo parecido al que hoy luce Dominic Thiem, con la diferencia de que sus puntas, de un rubio verdoso, contrastan con la raíz oscura: algo espantoso. Tiene un poco de acné y una mirada maliciosa que se enciende cuando el entrevistador le pregunta por su tenista favorita: «Martina Hingis. Y Anna Kournikova...». Entre sus compañeros, su modelo es «Pete Sampras, pero antes lo fue Stefan Edberg». ¿Su película preferida? «*El indomable Will Hunting*», la cosa tiene sentido. ¿Un actor? «Bruce Willis.» ¿Un color? «El azul marino y el negro.» ¿Su plato preferido? «Las patatas fritas, la pasta y la pizza.» ¿Qué superficie prefiere? «El cemento *indoor*.» ¿Sus mejores golpes? «Saque y volea». Ya ha comprendido que para mantenerse a flote entre los grandes «hay que entrenarse a fondo, intensamente», aunque, en aparente contradicción, se siente «un jugador de torneo; no rindo mucho en los entrenamientos». Ya no hace rodar la pelota por su espalda para pasársela entre las piernas antes de hacer el servicio —como hacían Sampras y Becker, como siguen haciendo Isner y Shapovalov—, y ha empezado a seguir una breve, pero útil, terapia con Chris Marcolli, un exfutbolista que se ha reinventado como psicólogo deportivo. Durará solo un año y le enseñará a dominar las emociones.

En Rótterdam, alcanzó su segundo cuarto de final del año en un torneo de la ATP. En enero, jugó en Heilbronn, un clásico del circuito Challenger, venció a Cristiano Caratti en la primera ronda y falló en semifinal contra otro tenista con pasaporte italiano, Laurence Tieleman. En Marsella noqueó a Carlos Moyá, el número cinco del mundo que al cabo de poco se convertiría en número uno, en la primera ronda. En Holanda se rinde al número dos, Evgheny Kafelnikov. En Miami pierde enseguida ante Kenneth Carlsen, el sueco de los tics con la rodilla de cristal. Más tarde llega la Copa Davis ante Italia, en Neuchâtel.

«La primera vez que lo vi jugar fue en Florencia, en el torneo sub-18», cuenta Paolo Bertolucci, el capitán del equipo italiano, que el año anterior había perdido en Milán la final de Copa contra Suecia por culpa de una lesión en el hombro de Andrea Gaudenzi, y que se había visto obligado a prescindir de Diego Nargiso contra Suiza y a alinear en individuales a Gianluca Pozzi y a Davide Sanguinetti. «Alrededor de su lado de la cancha se había concentrado una pequeña multitud, era el foco de atención. Jugaba con una soltura increíble, sus golpes tenían una especie de armonía, a pesar de que la pelota a menudo acababa contra la red o contra el cercado. "Este chico comete demasiados errores —le oí decir a uno de los espectadores—, juega bien, pero nunca se convertirá en un campeón.»

El promotor del debut de Federer en la Copa Davis, como ya he mencionado, fue Claudio Mezzadri, ex vigésimo sexto del mundo en individuales y ex vigésimo tercero en dobles, nacido en Locarno de padres italianos —su padre, Gianmarco, jugó durante mucho tiempo en serie A con el Bolonia, la Spal, el Como y la Lucchese—, elegido por los mismos jugadores como sustituto de Stephan Oberer. «Fui al Challenger de Grenoble para verlo jugar y cuando volví a casa le dije a mi mujer: "Este chico se convertirá en un fenómeno. Es increíble. No hay otro como él. Sabe anticiparse al adversario, tiene coordinación y personalidad en la cancha. Es especial". Mi mujer todavía se acuerda.»

De esta suerte —pelo amarillo verdoso, las cuerdas que suenan como un Stradivarius y la piel de gallina («Sí, estaba emocionado, jugar para tu país es diferente»)—, Roger derrota a Davide Sanguinetti en cuatro sets y a Gianluca Pozzi en dos. «Insistía en anticiparse a su adversario usando el revés paralelo, un golpe casi imposible —recuerda Mezzadri—. A veces la pelota salía, y yo le sugerí desde la tribuna: "Roger, eso es muy difícil, no te conviene, le estás regalando puntos". Él me miró y sacudió la cabeza: "No es difícil. Puedo hacerlo si quiero", me dijo tranquilamente. ¿Lo entiendes? En efecto, ganó el set en la muerte súbita. ¿Qué le vas a decir a alguien así?»

Pippo Rosset y Lorenzo Manta derrotan a Pescosolido y a Tieleman en dobles, Suiza pasa la ronda. Para Italia empieza un calvario que culminará al año siguiente, cuando, por primera vez en su historia, baja a serie B. «En la rueda de prensa —cuenta sonriendo Bertolucci—, un periodista italiano me preguntó por qué no hacíamos como los suizos, que apuestan por los tenistas desde muy jóvenes y los hacen jugar. Le respondí que si yo hubiera tenido al alcance de la mano a alguien como Federer, lo habría hecho jugar a los dieciséis años.»

Tras la derrota en cuartos de final contra Bélgica, destituyen a Mezzadri por motivos políticos. Swiss Tennis, que prefiere tener un capitán germanófobo, utiliza la derrota como excusa para fichar a Jakob Hlasek, su excompañero de Davis. Pero Hlasek no le dirige la palabra a Pippo Rosset, y en cuanto a Federer, que perdió por sorpresa contra los belgas 6-1 en los cuartos de final ante el modesto Van Gaarse, tampoco le cae muy bien. Una elección discutible que trajo mucha tirantez. «Durante muchos años, unos diez como mínimo, Roger siguió llamándome "capitano", en italiano —cuenta Claudio—. Nos teníamos confianza. En la época en que estaba a punto de separarse de Peter Carter, me llamaba por teléfono para preguntarme qué debía hacer, cómo debía comportarse. Lo animé para que eligiera a Peter Lundgren, pero también le aconsejé que mantuviera buenas relaciones con Carter, que había sido una figura importante para él, y Roger siguió mi consejo. Me tenía aprecio, sabía que yo no le daba coba. Ah, y le encantaban las mozzarellas napolitanas que siempre tenía preparadas para él cuando venía a jugar a mi tierra.»

La temporada restante de 1999 no es memorable. En el debut en el cuadro principal del Roland Garros, pierde ante Rafter, por aquel entonces número tres mundial; en Queen's, con Byron Black, y en Wimbledon, con Jiri Novak. Seis primeras rondas consecutivas antes de ganar al decimosexto del mundo, Cedric Pioline, en Tashkent, y a Rainer Schuttler en Toulouse. En Basilea se queda en los cuartos contra Tim Henman; en Viena, en semifinal contra Greg Rusedski, número siete del ranking ATP, tras haber derrotado a Spadea, Novak y Kucera (número 15); mientras en Lyon, Lleyton Hewitt le para los pies —otra vez— en la segunda ronda. La última cita del año es un Challenger en Brest. Roger finaliza el milenio posicionándose en el número 64. En un año ha escalado 238 posiciones. Franqueado el histórico Fin de Año de 1999, Roger está listo para tomar decisiones importantes.

2000. Los encuentros decisivos de su vida: Lundgren y Mirka

Al final, lo más difícil resulta explicarle a Peter Carter que va a prescindir de él. No completamente, sino como entrenador a tiempo completo. «Carts» estaba convencido de que iba a seguir guiando a Federer en el tenis profesional. Tras haberlo rumiado mucho, Roger, que ya entonces, y a pesar de la timidez aparente y real, es muy decidido a la hora de elegir lo más conveniente para su carrera, ficha al otro Peter en abril. Puede que en su decisión también influyera la enfermedad de la novia de Carter, que no quiere viajar con mucha frecuencia para no alejarse de ella. A pesar de ello, cuando Federer le comunica su intención se lo toma mal. Aguantando el tipo, naturalmente, sin que se note demasiado. Siguen siendo amigos, hasta tal punto que, en 2002, Roger insistirá para que Carter entre como técnico en el equipo suizo de la Copa Davis.

Lundgren, por su parte, es el exnúmero veinticinco del mundo, un sueco de la «segunda oleada», que llega al circuito con Mats Wilander, Stefan Edberg, Jokke Nystrom, Henrik Sundström, Kent Carlsson y otros con la intención de que el mundo se entere de que Borg no fue un caso aislado. Antes de trabajar con la Federación suiza, condujo a Marcelo Ríos hasta los top 10, y después de Federer trabajará con Marat Safin; en resumidas cuentas, alguien acostumbrado a susurrar a los campeones. Con Roger, al que empezó a seguir en Biena, la química es inmediata. Lundgren es un sueco atípico que no tiene nada en común con los personajes de Bergman, atormentados y propensos al mutismo. Prefiere una sonora carcajada a un profundo silencio, toca la guitarra, le gustan las fiestas y no renuncia a una cerveza si se tercia. Por otro lado, Federer todavía no es el *gentleman* carismático de hoy día. «Le gusta reír en la mesa, hacer broma, armar jaleo —gruñe George Bastl, uno de sus compañeros de la Copa Davis—. Es muy simpático, pero a la larga se hace pesado.» Cuando llega a los vestuarios «se le oye hablar en voz alta desde lejos, se nota que le gusta esa clase de vida», confirma Lundgren. Juntos se divierten haciendo numeritos en los que ambos representan a Björn, de quien Lundgren es amigo, imitando el paso zigzagueante del Oso. «¿Qué tal, Björn?», dice Roger. Y Lundgren le responde: «Bien, ¡a tu salud!», y añade «Un día te lo presentaré, Björn». Un cachondeo.

«Lundgren ha mejorado el carácter de Federer —sostiene Claudio Mezzadri—. Pero también han habido durísimas disputas entre ellos. A veces Roger se negaba a hacer lo que le pedía, como esos caballos purasangre que rechúsan un obstáculo. Echaba a perder los partidos. Recuerdo un partido con Santoro. Roger no podía soportar que el francés le tomara el pelo: una dejada, un globo, otra dejada… Y así todo el partido. En ocasiones como esta, Peter armaba unas broncas fenomenales en los vestuarios. Y lo mismo pasaba en los entrenamientos: Roger solo quería jugar partidos. Si le proponías un ejercicio, de la clase que fuera, te preguntaba: "¿para qué sirve?". Si lo convencía, daba el visto bueno, pero si no las tenía todas consigo rendía la mitad. Lundgren trabajó muchísimo con él, también desde el punto de vista técnico. En aquella época, Roger ejecutaba el revés con un golpe cortado muy suave que levantaba demasiado la bola, y él se lo corrigió. También estaba el saque de la pelota. Roger se arqueaba y se inclinaba a la izquierda. Peter se concentró en tres o cuatro cosas. Y los progresos no se hicieron esperar».

El año 2000 es una época de crecimiento, de exploración. De altos y bajos. Roger acumula puntos importantes, sobre todo a principios de año, cuando juega su primera final de la ATP en Marsella, que pierde con su amigo Rosset, y al final de la temporada, con las semifinales en los Juegos de Sídney y la segunda final en Basilea, donde supera a Hewitt, pero pierde ante Enqvist. Tampoco se las apaña mal en el Abierto de Australia (dos rondas); en París, donde cae en octavos de final contra Àlex Corretja, y en el Abierto de Estados Unidos, donde juega por primera vez en el cuadro y pierde en la tercera ronda contra Juan Carlos Ferrero. Los españoles ocupan el número diez y doce del mundo respectivamente, atletas y hombres hechos y derechos, mientras Roger, como dice Rosset, «en la vida cotidiana es todavía un chaval, especialmente si lo comparas con su coetáneo Hewitt, por ejemplo. Paradójicamente, el lugar donde se muestra más maduro es en la cancha.»

Sin embargo, talento y (relativa) madurez tenística le sirven de poco a mediados de temporada, cuando enfila un túnel de once primeras rondas consecutivas entre Montecarlo e Indianapolis, con los intervalos del Roland Garros y la tercera ronda de Halle, en la que, sin embargo, se deja ganar —¡sobre hierba!— por un Chang de capa caída.

Uno de los pasajes críticos de la temporada es la primera ronda de la Copa Davis contra Australia, en Zúrich. Los canguros son los campeones vigentes, pero Federer y compañía casi lo logran. Roger supera a Philippoussis en el segundo individual, y consigue igualar la victoria en apertura de Hewitt contra Bastl; en dobles, en pareja con Lorenzo Manta, saca adelante a Suiza por 2-1, ganando en cuatro sets a Wayne Arthurs y a

Sandon Stolle. Necesitan un punto, pero Hewitt —el demonio que cuatro años antes ya lo había dominado en la Youth Cup, en Zúrich— aplasta a Federer 6-1 en el cuarto set, y Bastl arruina en cinco sets la gran hazaña contra Philippoussis. Ese año, Hewitt y Federer se encuentran tres veces, una en Canadá, pero Roger solo logra salirse con la suya en Basilea, en tres sets apasionantes que juega sin hacer previsiones, pero que seguramente le cuestan la final, que pierde al día siguiente 6-1 en el quinto set contra Thomas Enqvist. Hewitt seguirá siendo su pesadilla hasta el partido de la Copa Davis de 2003, pero para entonces Federer ya no será el mismo.

El momento crucial del 2000 son los Juegos Olímpicos de Sídney. Una edición fantástica en una ciudad maravillosa. El tenis, que volvió a ser deporte olímpico en 1988 en Seúl, ya no es un intruso, pero tampoco una de las especialidades más populares. Federer participa sin recibir mucha presión, de hecho le va como una seda hasta las semifinales, cuando está en juego una medalla. Derrota rotunda con Tommy Haas (6-3, 6-2), que le obliga a decir adiós al oro, y en la final por el tercer puesto también deja que Arnaud di Pasquale, número 62 del mundo y exnúmero uno sub-18 como él, le birle el bronce, a pesar de ser el favorito. «Creo que nunca he visto a un jugador más desesperado en toda mi carrera —cuenta Nicola Arzani, hoy vicepresidente ejecutivo de la ATP que entonces estaba en Sídney como observador—. En mi trabajo, estando en contacto con los jugadores, ves muchas derrotas hirientes, pero aquella vez se me hizo un nudo en la garganta al ver a aquel chaval de diecinueve años literalmente deshecho por haber perdido el partido.»

La desilusión deportiva se ve contrarrestada por el éxito sentimental. En efecto, en Sídney, Roger conoce a la mujer de su vida, Mirka Vavrincova, nacida en 1978 en Bojinice, la ciudad de Miloslav Mecir y Juray Kucka, el exjugador del Milán. Cuando tenía dos años, sus padres, Miroslav y Drahomira, decidieron cruzar el Telón de Acero, como se solía denominar por aquel entonces, y dejar atrás la que todavía era Checoslovaquia para trasladarse a Suiza, a Kreuzlingen, a orillas del lago Constanza. A los nueve años, durante una visita a Filderstadt, su padre, que regenta una joyería en Schaffausen con su mujer, la llevó a ver el torneo WTA, donde conoció a Martina Navratilova, también exiliada checoslovaca. A Martina le cae bien la cría e, intuyendo su madera de atleta, le regala una raqueta y la anima a asistir a clases de tenis. Es más, le consigue su primer maestro, Jiri Vanek. La pequeña Mirka, que logrará alcanzar la septuagésima sexta posición en el ranking y la tercera ronda en el Abierto de Estados Unidos, en 2001, nunca llegará a ser como Martina, pero, en el fondo, conseguirá la fama gracias al tenis. Y la felicidad.

La primera vez que ve a Roger, en el centro federal suizo de Biena, corre el año 1997. Durante los tres años siguientes se observan a distancia, ya que ambos están comprometidos en otras relaciones. En Sídney —la encantadora bahía, las veladas en la villa olímpica, la magia de los Juegos… ya se sabe— prende la llama. Mirka, que mientras tanto ha cambiado su apellido por Vavrinec y se encuentra en Sídney casi por casualidad —por culpa (o gracias) a la retirada de Martina Hingis—, cuenta que Roger la besó justo el último día de los Juegos Olímpicos, después de haberla cortejado con insistencia durante toda la semana. Nunca descubriremos la verdad. Lo cierto es que, por una lesión en el tendón de Aquiles y una operación fracasada, que a la larga la obligará a dejar el tenis, Mirka se muda a casa de Federer y consolida su historia de amor. De manera natural y sin sobresaltos, esta se transformará en una relación sentimental profunda, construida sobre las bases de una boda y cuatro hijos, dos pares de gemelos nacidos en 2009 y 2014, y de una vida de pareja blindada y mantenida celosamente alejada de los paparazzi, por una parte. Por otra, cuentan con una colaboración profesional igualmente feliz, en la que Mirka tiene desde hace años el papel de secretaria todoterreno, que se encarga tanto de los vuelos, los desplazamientos y las citas sociales de su marido como de los turnos de las niñeras —«Hay que estar bien organizado —admite Federer—, pero ya le hemos cogido el tranquillo»—, sin olvidar su función de agente ante los fans y la prensa, y las iniciativas, que comparte con Lynette, de la Fundación que Federer inauguró en 2006.

Puede que a más de uno le sea difícil comprender, en esta época de azafatas y tronistas, que uno de los deportistas más famosos y admirados del mundo tenga una vida sentimental tan «plana», tan «aburrida», si se compara con la que suelen llevar los miembros de la *jet set*, pero ahí radica precisamente la fuerza de la vida privada de Federer. El vínculo con Mirka es tan sólido y discreto que es imposible imaginarlos alejados durante mucho tiempo. Mirka, a quien le encanta ir de compras y rodearse de un círculo vip muy selecto, de Anne Wintour, la directora de *Vogue*, a Gwen Stefani y Pippa Middleton (la pareja estaba en la lista de invitados a la boda de su hermana Kate), tiene una habilidad especial para mantener a su amado, cuya vocación mundana es menos marcada que la suya, alejado de cualquier elemento molesto, considerando como tal, en primer lugar, el ejército de fotógrafos y periodistas que cada día intentan hacerse con un trocito de su vida privada. Mirka es, además, la fan más acérrima de su marido, como se puede apreciar ampliamente en sus primeros planos en televisión, que la muestran mordiéndose las uñas y agitando las manos. A veces exagera: en el Masters de 2014 tuvo una seria discusión con Stan Wawrinka, amigo de Federer de toda la vida, que puso en peligro a todo el equipo suizo justo en la víspera de la final de la Copa Davis contra Francia.

Pero Federer, enamoradísimo papá felizmente adicto a Mirka, se lo perdona todo. «Mientras siga despertándome a su lado —declaró una vez a *Vanity Fair*— todo tendrá sentido.» Le regaló un anillo de compromiso al que ambos llaman el anillo-te-quiero-mucho, la condujo al altar el 11 de abril de 2009 y celebraron el banquete en la villa Wenkenhof de Riehen, la «Versalles suiza», cerca de Basilea. Treinta y nueve invitados, un lujo íntimo. Y un amor verdadero.

2001. Querida Milán. Sampras se inclina en Wimbledon

El cuerpo de Federer es una máquina prácticamente perfecta. Cualquiera que lo haya visto jugar o entrenarse en directo se da cuenta. Ningún esfuerzo aparente, soltura absoluta. Una economía biomecánica sin parangones. Pero para rendir al máximo, incluso el mejor mecanismo necesita de la mano experta de un responsable de su mantenimiento: un afinador de músculos y de sinapsis capaz de prever y prevenir su mal funcionamiento, cuando es posible. O de repararlo, si se tercia.

Pierre Paganini y Federer se conocen desde la llegada de este último a Ecublens, pero hay que esperar a finales del año 2000, cuando durante la preparación de la siguiente temporada Roger organiza su primer equipo como profesional, para que la colaboración entre ambos se asemeje a la que hay entre un piloto de Fórmula 1 y su ingeniero de pista. Con la diferencia de que Federer es piloto y bólido al mismo tiempo. «Un tenista no es un velocista, ni un maratonista, ni un lanzador de peso —explicó Paganini a René Stauffer—. Es un poco de todo al mismo tiempo y tiene que adoptar las características de cada uno de ellos mientras juega.» Cuando empieza a poner a punto la máquina Federer, Paganini tiene cuarenta y tres años y cuenta con un plan trienal para lograrlo. «El Roger de entonces tenía muchas lagunas atléticas y un enorme potencial para mejorar, especialmente en lo relativo al juego de piernas y a la musculatura. El problema era que su gran talento le permitía esconderlas.»

En lo relativo a su trabajo con Federer, su contraseña ha sido «creatividad coordinada». Su objetivo era que pudiera rendir físicamente a fondo incluso tras tres o cuatro horas de juego, trabajando en los movimientos con meticulosidad. Y el instrumento solo podía ser un entrenamiento extenuante. «A Roger no puedes pedirle que dé tres mil derechas y pretender que lo haga de buen grado. Para él, el entrenamiento debe ser divertido.» Es decir, sesiones de entrenamiento que no sean repetitivas, ejercicios expresamente concebidos con una finalidad comprensible y comprobable. «Le gusta trabajar duro, pero necesita variedad. Es un artista. Si sabes motivarlo, se transforma en un deportista infatigable.»

En diciembre del año 2000, Federer y Paganini se entrenan juntos durante dos semanas intensas. Uno de los ejercicios rutinarios estudiados por «el mejor preparador físico del mundo», como lo define Lundgren, es que Federer corra hasta la extenuación antes de empezar el entrenamiento tenístico propiamente dicho. ¿La explicación? «Cuando estás agotado vuelven a salir a flote las malas costumbres y los reflejos condicionados. Y ahí es cuando el entrenador tiene que intervenir.» Por otra parte, Federer es un atleta nato, una maquinaria de una calidad intrínseca extraordinaria, aunque susceptible de ser mejorada, y tiene la humildad de entender que el esfuerzo sirve para aumentar su rendimiento en la cancha. En 2003, al cabo de tres años, tal y como había previsto, la forma física de Federer toca la perfección. «Puede alcanzar una velocidad máxima de 20 km/h, lo que significa que en los 30 metros está a la altura de los mejores velocistas regionales —declara satisfecho Paganini en una entrevista—. Puede correr 3.300 metros en doce minutos, 9.300 en 40 y levantar 150 kilos doblando las rodillas. Una notable mejora con respecto al principio.»

El año 2001 empieza para Federer con la Hopman Cup, el torneo por equipos de Perth, en el que, en pareja con Martina Hingis, conquista la final derrotando al dúo Monica Seles-Jan-Michael Gambill. En Sídney elimina a Wayne Ferreira, el tenista a quien había hecho de recogepelotas seis años antes, y a Pippo Rosset, pero pierde con Sebastien Grosjean. En el Abierto de Australia se venga de Di Pasquale y también supera a Nicolas Escudé, para detenerse ante el tercer francés consecutivo, Arnaud Clement. Pero en Milán es imparable: Rainer Schüttler salta en la primera ronda, Cyril Saulnier en la segunda y después le toca a Goran Ivanisevic —que en ese momento había bajado al número 123 del mundo y a quien nadie habría dado como ganador en Wimbledon cinco meses más tarde. Sucesivamente, la perla rusa, Evgheny Kafelnikov, en semifinal. Por último, dos horas y diecisiete minutos de tenis intenso, pero no precisamente memorable (6-4, 6-7 y 6-4), con otro francés, Julien Boutter, vigésimo séptimo de la ATP, que antes de cederle la copa le hace perder un punto de partido en el segundo set.

Lo ha conseguido. Lundgren sonríe satisfecho, Roger admite que se siente aliviado porque «este primer título se ha hecho esperar.» Robert, que está en la tribuna con Lynette, antes de la final se pone tan nervioso que se deja las llaves dentro del coche y tiene que romper el cristal de la ventanilla para sacarlas.

Federer falla pocos golpes en los torneos —semifinales de Marsella, final en Róterdam, cuartos en Miami intercalado con el fracaso en la primera ronda de Indian Wells— y en la Davis comprende cuál es la verdadera esencia de la Copa: inmensas alegrías, pero también lágrimas y desilusiones. Como dice Corrado Barazzutti, en los torneos se conoce al jugador, en la Copa al hombre. En la primera ronda, que se juega en la St. Jakobshalle de Basilea, Roger contribuye a vencer a los Estados Unidos de Todd Martin y Jan-Michael Gambill, ganando el punto de la victoria. «Sabíamos que Federer no nos lo iba a poner fácil —admite Patrick McEnroe, capitán de los yanquis—, pero no hasta ese punto. Cada vez que controlaba la bola, ganaba el punto.»

Pero en abril, en los cuartos de final contra Francia en Neuchâtel, estalla el psicodrama del grupo helvético. Como le había sucedido a Rosset —el primero en romper con el capitán—, Federer tampoco se entiende con «Kuba» Hlasek. O mejor dicho, no puede soportarlo. Cuando concluye el primer día, Suiza pierde 2-0, y cuando Federer se presenta a medianoche en la rueda de prensa, tras la derrota contra Escudé, logra tragarse las lágrimas, pero no dominar la rabia: «No creo que vuelva a jugar en la Copa Davis mientras Hlasek siga siendo el capitán», refunfuña furibundo. Sin embargo, disputa un doble estoico junto a Lorenzo Manta y gana el punto del 2-1, y también derrota a Clement en el tercero individual. Pero en el cuarto partido juega Bastl, que se queda a dos puntos del éxito contra Escudé antes de derrumbarse en el 8-6 del quinto juego. Un mal bicho, la Davis.

Digerida la frustración, Federer vuelve a devorar puntos en los torneos, incluso en tierra batida, hasta tal punto que tras pasar tres rondas en Montecarlo, entra por primera vez entre los diez primeros del mundo. En Roma derrota a Marat Safin, pero se rinde ante Juan Carlos Ferrero. En la primera ronda de Hamburgo llega la histórica y saludable paliza de Franco Squillari, el argentino nacido en Buenos Aires de padre italiano nacido en Porretta Terme.

Roger es el favorito ante un adversario que juega un tenis sólido, pero no imposible. Sin embargo, desaprovecha el partido y, después de maltratar la última volea y estrechar la mano del juez y del adversario, destroza la raqueta presa de la rabia. ¿Asistimos al retorno del viejo míster Roger, iracundo y de poco fiar? No, es el nacimiento del nuevo doctor Federer, especialista en autocontrol. «Fue en esa ocasión cuando me di cuenta de que me estaba comportando realmente mal, de que no debía volver a hacer algo así nunca más.» Es uno de los recurrentes retos psicológicos que Federer deberá afrontar en el curso de su carrera, como el del encuentro contra Luis Horna, dos años más tarde, en el Roland Garros, o contra Hewitt en la Copa Davis. «Estaba rabioso por haber perdido el partido y por cómo lo había perdido. Mi actitud no era la correcta, había muchas cosas que no lo eran. El punto de partido fue un desastre. Squillari estaba pegado a la lona, intentando recuperarse, y yo no fui capaz de cerrar la volea. Mientras veía como aterrizaba, me dije: ¿Qué está pasando?» A eso se le llama crecer.

En París y en Halle llega a los cuartos de final, le ponen freno Corretja y Rafter en 's-Hertogenbosch, en las semifinales, y Hewitt lo liquida en dos sets. Pero es en Wimbledon donde el Genio se da a conocer definitivamente al mundo, en su primera epifanía en el Centre Court, contra el mito (por otra parte, medio griego) de Pete Sampras. El primer y único encuentro oficial directo tiene lugar en los octavos de final, cuando Federer ya ha derrotado a Christophe Rochus, Xavier Malisse y Jonas Björkman.

Es lunes 2 de julio. El cielo está gris. El Centre Court palpita ante la expectativa de una semifinal entre Henman y Sampras cuando Roger aparece de entre las nubes. «Creo que nunca en toda mi carrera he estado tan nervioso como en el partido contra Sampras, en Wimbledon —recuerda—. Era mi primera aparición en el Centre Court, también la primera vez que jugaba contra Pete. Me acuerdo de que tenía las manos frías, sentía ansiedad, el corazón me palpitaba. Sentía que no era un partido como los demás.» No lo era. «Pistol» Pete, que acumulaba siete finales ganadas en el Centre Court, quiere ganar su quinto Wimbledon consecutivo, alcanzar el récord de Borg. Pero ese 2001 ha bajado al número seis del mundo y ha llegado a una sola final. Cuando entra en la cancha, zigzagueando tras un Federer algo envarado, se puede observar que en su coronilla los rizos negros empiezan a clarear, a pesar de que todavía no ha cumplido los treinta. Fue el tercer ídolo de infancia de su adversario, después de Becker y Edberg, el especialista en hierba más grande de la historia, sumaba 31 partidos ganados de forma consecutiva en Wimbledon.

El saque y volea de Sampras sigue siendo único. Sus voleas, imposibles. Sin embargo, corre el peligro de perder tras dos sets. El primero se lo lleva Federer, Sampras gana el segundo salvando seis bolas de break, también se lleva el cuarto set en el juego decisivo. En el quinto, los servicios se alternan con regularidad hasta el 6-5, con servicio de Sampras. Pete intenta poner a prueba un par de veces el revés de su adversario. Resto ganador con el revés cruzado del suizo, 0-15. Sirve Sampras, pero la volea de derecha, extrañamente, se va por la línea de fondo. Resto a la red, 15-30. Saque, y la volea baja del americano se queda en la red, 15-40, dos bolas de break y de partido para Federer. Saque a la derecha, esperando sorprender a Federer. Pero el chaval se lo espera y se anticipa a la perfección, consiguiendo un espectacular resto ganador de derecha que le da el punto, el juego, el set por 7-5 y el partido. Federer se tira al suelo y hace una cabriola que expresa su sorpresa y su emoción. Acto seguido, da un respetuoso apretón de manos a su antiguo modelo. Son las primeras imágenes de un futuro que está al caer. Al final de un partido de tres horas y cuarenta y ocho minutos, Sampras, agotado pero sincero, declara: «He perdido contra uno de los jugadores más grandes del circuito».

Pero un tirón sin importancia, que se hace jugando contra Björkman en la tercera ronda, y una comprensible relajación nerviosa, impide que Roger vuelva a ganar en los cuartos de final ante Tim Henman, el héroe local que acabará rindiéndose a la lluvia, al destino y a la locura de Ivanisevic en semifinales. El Ivanisevic que Federer había derrotado rápidamente en Milán en el mes de febrero. Casualidades, ¿no creen? Quién sabe. El tenis, como la vida, es un bosque cuyos senderos, que parecen desvanecerse entre los árboles, vuelven a aparecer, y son senderos que nunca se sabe si conducen a la meta o se alejan de ella.

El caso es que Federer acaba topándose de nuevo con Henman en la final de Basilea y Tim vuelve a ganar, lo que supone la enésima decepción de Roger en su casa. Tras Wimbledon, también pierde de mala manera en Gstaad contra quien será su futuro entrenador, Ivan Ljubicic, a causa de un tirón en la ingle que ha desatendido y que lo obligará a dejar de jugar durante seis semanas; en el Abierto de Estados Unidos se ha dejado tomar el pelo por Agassi, que le ha birlado el primer set en veinte minutos escasos; contra Henman, en el torneo de casa, vuelve a encajar otra humillación, tres sets fáciles para el «Gentleman Tim»; y la derrota contra Novak, en el partido de debut en París-Bercy, le quita la última esperanza de calificarse para el Masters.

2002. Un dolor precoz

El 2002 es un año sin pena ni gloria para los estándares de Federer. Una temporada de retornos, de recursos y ocasiones a menudo desperdiciadas. Y de un gran luto por elaborar.

En el mes de febrero, en Milán, fracasa el bis a pesar de ser el favorito. Mantiene a raya a Stefan Koubek, Nikolay Davydenko y Sargis Sargsian en tres sets, y a Greg Rusedski en dos juegos decisivos, pero acaba cediendo en la final contra Davide Sanguinetti, consiguiendo un mísero juego en el último set. Es la jugada maestra de Davide: va perdiendo 4-1 el primer set, pero logra frenar a Federer e imponerse con un monumental juego decisivo. Pierde el segundo set, pero sigue en juego. Al principio del tercero, coloca el punto de rotura decisivo, animado por dos dobles faltas del desafortunado rival, y en el 3-1 pelea un juego infernal, evitando que el suizo le dé alcance. «Es la semana en que mejor he jugado de toda mi vida —dice Davide—. En Milwaukee, en 1998, cuando gané la Copa Davis contra Todd Martin, lo logré durante un solo día.»

Davide es un italiano atípico cuyo juego de contraataque es más adecuado en las superficies rápidas que en la tierra. Por otra parte, siempre ha sido un jugador inconstante, un ganador a corriente alterna. Hijo de un hombre acomodado que imprimía formularios para la declaración de la renta, emigró a Estados Unidos tras haber ganado el título italiano sub-18. Allí jugó para UCLA, en el torneo de los *college*, antes de vagabundear por los Challenger y estallar con efecto retardado entre 1997 y 1998 con la hazaña de Milwaukee y los cuartos de Wimbledon. Una especie de Mecir italiano que concluiría su carrera con solo dos victorias a nivel ATP, en 2002. Tras perder quince veces consecutivas —sí, quince— en la primera ronda, lo acierta todo en Milán contra Federer, y en Delray Beach contra Roddick. Pocas, pero buenas.

Roger empezó el año ganando en Sídney, donde además de derrotar a Juan Ignacio Chela en la final, también se impuso a Andy Roddick y a Marcelo Ríos. En Australia pierde en octavos de final con una de sus bestias negras del tenis, Tommy Haas. Un partidazo: 8-6 al quinto. Cuando van 6-5, Roger cuenta con un punto de partido a su favor sobre el servicio del alemán, pero falla el golpe, pierde cinco puntos consecutivos y encaja la primera decepción.

Tras Milán, le toca de nuevo el turno a la Copa Davis en Moscú, contra el espectacular equipo ruso de Kafelnikov y Safin. Mientras tanto, Jakob Hlasek, odiado por todos los jugadores, se ha visto obligado a dimitir, y Federer consigue que Peter Carter, que está esperando la concesión de la nacionalidad tras su boda con la suiza Silvia von Arx y no puede ser capitán, sea nombrado supervisor del equipo junto con un hombre de paja, Ivo Heuberger. Roger juega con serenidad, se endosa la responsabilidad de todo el equipo y casi consigue la hazaña. El viernes sacude a Safin y el domingo destroza a Kafelnikov, pero en un doble con Rosset no da la talla y tiene que aceptar la derrota, y en el dos iguales observa abatido e impotente como Kratochvil entrega el cuarto de final a los rusos.

De todas formas, el chaval sigue siendo muy voluble. En Róterdam lucha en los cuartos de final, pero pierde contra Escudé; en Dubái se derrite sin pudor contra Schüttler, hasta tal punto que los organizadores deciden abrir una investigación sobre la actitud poco competitiva de Federer y lo amenazan con no abonarle el contrato. De hecho, no lo hacen hasta que Federer, arrepentido, promete que se portará bien el próximo año (en el que gana siete títulos, deuda saldada).

En Miami, logra derrotar por primera vez en su carrera al número uno Lleyton Hewitt, agotado en esa ocasión por las rondas precedentes, y conquistar su primera final en lo que entonces se conocía como Masters Series y hoy como Masters 1000. En otras palabras, uno de los nueve torneos más importantes después de los Grand Slam. Se encuentra de nuevo con Agassi, con el que ya ha perdido dos veces y, desmintiendo el dicho, no gana ni a la tercera. Andre, que tenía más de 30 años, era capaz de ganar a cualquiera con su resto —un año después, con 33 cumplidos, volverá a ser el número uno—, y en el cuarto consigue romper dos veces el saque de su contrincante con precisión quirúrgica. Pero Federer aprende la lección que lee entre las líneas de la derrota. Para llegar al final en torneos tan duros, en los que el nivel de los adversarios es enorme y, a diferencia de los Slam, no existe un solo día de descanso entre una ronda y otra, hay que saber aumentar el ritmo cuando es necesario. Federer lo logra por fin en Hamburgo, en la primera ocasión que se le presenta. Derrota a Guga Kuerten en los cuartos, y en la final vuelve a noquear a Marat Safin, impidiéndole tocar la pelota: 6-1, 6-3 y 6-4. Declaración de Federer: «He jugado el mejor partido de mi carrera». Declaración de Safin: «Creo que Federer ha jugado el mejor partido de su carrera».

¿Quién ha dicho que Federer, que se ha entrenado en Biena

millones de veces sobre tierra, no puede ser también el número uno de la Tierra? En aquel 2002, con el Niño de Mallorca todavía confundido entre los niños (el primer encuentro con Nadal tendrá lugar en 2004), hay dos jugadores que le niegan el visto bueno: Hicham Arazi, que lo fulmina en la primera ronda del Roland Garros, y Andrea Gaudenzi, que lo sorprende en Roma al comienzo del partido.

«No guardo muchos recuerdos de aquel partido —admite Andrea, una de las personas más brillantes que he conocido en más de treinta años como periodista tenístico, que en la actualidad se dedica, entre otras cosas, a la inteligencia artificial—. Roger ya estaba entre los primeros diez del mundo, a la semana siguiente ganaría en Hamburgo. Lo único que recuerdo es que cerré el punto de partido con un drive con el brazo extendido sobre un primer saque de mi rival. No sucedía a menudo...». ¿Qué sensación se experimenta al jugar con Federer y ganarle? «Su manera de jugar impresiona más en las superficies rápidas que en la arcilla, pero no es un jugador agobiante. Da la impresión de que te deja espacio, de que te deja respirar. Agassi siempre jugaba un metro dentro de la pista, parecía una apisonadora, Roger no, pero hace lo que hay que hacer en el momento justo, y gana. Todo el mundo habla de su talento, que es innegable, pero no es lo que más me impresiona. Su punto fuerte es la constancia, la capacidad que tiene para obtener un resultado positivo, incluso cuando juega partidos con adversarios mediocres. Si Agassi empezaba con mal pie, tiraba las pelotas contra la lona, y lo mismo puede decirse de Safin. Para un jugador creativo como Federer, no es fácil retomar el hilo de un partido una vez que lo ha perdido, pero él es capaz de hacerlo. Como Sampras, que se hace el distraído, pero aumenta el nivel si la situación lo requiere, de modo que siempre alcanza la final o la semifinal, mientras que otros con su mismo pico de rendimiento pierden antes.»

El Federer de aquellos años ya es un Federer maduro, incluso fuera de la cancha: «Un buen chico, educado. A menudo viajábamos juntos, pero como él era más joven que yo no teníamos mucha confianza. Me acuerdo de una exhibición en Verona, Sanguinetti y yo contra él y Moyá. Había muy buen ambiente, lástima que no nos pagaron. Federer empezaba a salir con Mirka, eran dos tortolitos. Pippo Rosset me dijo que tuviera cuidado con él, que Roger iba a convertirse en el número uno. Qué va, pensé, un suizo... ¿Cuantos Slam lleva ganados? ¿Diecinueve?» No, Andrea, veinte.

El fiasco de París, contra el tenis de *minuetto* de Arazi, tiene una raíz psicológica: vuelve a aflorar la incapacidad para soportar la tensión de un torneo al que se enfrenta lleno de expectativas, típica del joven Federer. Pero la decepción causada por la derrota en un torneo, admitirá Roger no mucho tiempo después, no es nada comparada con los dramas de la vida. La vuelta a la hierba no lo reconforta de manera significativa. En Halle pierde en las semifinales contra Kiefer, y en 's-Hertogenbosch en los cuartos de final contra Sjeng Schalken. En Wimbledon, le toca a Mario Ancic interpretar el papel de coco en la que será, durante mucho tiempo, la última derrota de Federer en Church Road —y una de las peores pesadillas de su carrera. El croata, el tenista más joven que haya ganado en su debut en el Centre Court desde los tiempos de Borg (1973), escucha y ejecuta a la perfección el consejo que le da Ivanisevic antes de entrar en la cancha: «Ten cuidado con su golpe de derecha y ataca en el segundo servicio». El resultado es un humillante 6-3, 7-6 y 6-3 para Federer.

¿Cómo es posible?, se pregunta el mundo del tenis. El año pasado ganó a Sampras en cinco sets. En cambio, ahora... «Vengo de la fase previa, y me han asignado enseguida el Centre Court, no tenía nada que perder y me he arriesgado, he ido a por todas», explica Ancic, en caliente. Años después, Federer reconocerá que aquella derrota representó otra de las piedras, dolorosa, pero importante, con las que ha ido pavimentando su carrera: «Cometí el error de subestimar completamente a Mario. La víspera del partido me dije: practicaré un poco de saque y volea. Creía que se quedaría atrás, pero ha ocurrido todo lo contrario. Era chocante, no sabía lo que me estaba pasando. En aquella época tenía inclinación a no respetar lo suficiente a los jugadores con una clasificación baja, o a los que eran nuevos en el circuito, un error que ya no cometo. Ahora no cuenta quién es mi adversario, ni su clasificación, me basta con recordar aquel partido». Ancic, que era un chico inteligente y con espíritu deportivo, reconoció más tarde la excepcionalidad de aquella victoria: «Podría contar muchos detalles acerca de cómo logré ganar a Roger Federer. La verdad es que mi adversario de entonces todavía no era el Federer de hoy».

Por desgracia, Federer vertería lágrimas amargas un mes más tarde, cuando Carter falleció en un accidente automovilístico en Sudáfrica mientras estaba de luna de miel con su esposa Silvia. Un safari en Kruger Park que se convirtió en tragedia en cuestión de segundos. El Land Rover en el que viajaba la pareja dio una vuelta de campana por culpa de una maniobra de emergencia. Carter y el conductor fallecieron, mientras Silvia salió ilesa. El 1 de agosto, Federer está en Toronto. Acaba de salir de la cancha donde ha sido derrotado por Guillermo Cañas cuando Peter Lundgren le da la noticia. No puede reaccionar, no se lo cree. Se echa a llorar, no puede parar. ¿Qué se siente cuando muere una persona con la que has pasado muchas horas al día durante años en la cancha? ¿Qué se siente cuando desaparece el hombre a quien, como dirá Roger más tarde, «debo toda mi técnica y mi carácter ganador»?

Al día siguiente, en Cincinnati, Federer, con el corazón en un puño y luciendo un brazalete negro, también pierde en dobles en compañía de otro sudafricano, Wayne Ferreira. Y en individuales, Ljubicic lo derrota prácticamente al principio. Después vuelve a Suiza para asistir al funeral. No ha vuelto a jugar bien tras el mazazo de Wimbledon, ha salido de entre los diez primeros, y ha sido derrotado en Gstaad por Radek Stepanek. Pero la sensación de haber perdido la magia en la cancha no es nada comparado con lo que experimenta en la Leonhard Church de Basilea ante doscientas personas descompuestas, entre las que se encuentran sus padres. «Es la primera muerte que Roger vive en primera persona —explicará Lynette a René Stauffer—. Ha sufrido un shock profundo. Pero eso lo ha fortalecido.»

A pesar de todo, Federer toma la decisión de participar en el Abierto de Estados Unidos («Creo que es lo que Peter hubiera querido»), pero tras perder otra vez en Long Island, en la primera ronda, Maks Mirny lo derrota en tres sets en Flushing. Una mala racha. A esas alturas, los objetivos para lo que queda de año son dos: conseguir clasificarse para el Masters —cosa que logra ganando en Viena y llegando a los cuartos de final en Moscú, Basilea, Madrid y París-Bercy— y salvar a Suiza del retroceso en la Copa Davis, en el desempate contra Marruecos en septiembre. Se juega en Casablanca, en tierra batida, por supuesto, pero un Federer con una concentración casi mística destroza tanto a Arazi como a Younes El Aynaoui, y encima con la misma puntuación (6-3, 6-2 y 6-1). También gana en dobles en compañía de Bastl contra Karim Alami y El Aynaoui. El equipo marroquí no es un equipo cualquiera en tierra batida, pero Federer, poseído por un furor que controla con frialdad, no falla prácticamente un solo golpe. Como es natural, le dedica la victoria a Carter, a quien el destino permitió vestir la camiseta de Suiza en un solo partido, como supervisor y capitán en la sombra. Roger Jaunin cuenta en su biografía que una vez acabados los encuentros, los marroquíes se presentaron en la fiesta organizada por los suizos solo para abrazar al adversario que les había condenado, prácticamente él solito, a la serie B.

«Solo tú podías hacer lo que has hecho durante estos días», le dicen.

En Basilea lo espera de nuevo la maldición de jugar en casa, que en la semifinal se encarna en el famoso David Nalbandian. En el Masters, que se juega por primera vez en Shanghai, el misil lo arroja —mira por donde— Lleyton Hewitt, que derrotándolo gana la final y la posición número uno al acabar el año. Federer, que empezó la temporada como número trece del mundo, la acaba como número seis. Listo por fin, tras un año vivido dolorosamente, para entrar en el territorio que le está destinado desde la primera vez que cogió la raqueta que le ofrecía su padre en Munchenstein.

LOS GRANDES ADVERSARIOS

Lleyton Hewitt, querido enemigo

¿Lleyton Hewitt? El Canguro Luchador, el último de los grandes australianos. Negación y afirmación al mismo tiempo de una tradición que ha dado miles de campeones. Maleducado, en las antípodas de los estándares de Harry Hopman. Muy apegado a la Copa Davis —para ganarla no ha dudado en poner en peligro su salud—, Hewitt es australiano hasta la médula, tan generoso con sus compañeros como insoportable con sus adversarios. Como tenista, un remediavagos, una cita viviente. Es una mezcla del alma de Connors, las piernas de Chang, la voluntad de Lendl, la concentración de Borg y los nervios de acero de McEnroe. El resultado es un ganador sin golpes ganadores, «un jugador de segunda categoría que siempre juega su mejor golpe», como dice Rino Tommasi. Un predestinado sin profetas, un personaje anfibio: iracundo y cautivador, irritante y valiente, bueno y malo a la vez. Fue el primer australiano que ganó un Masters, el tercero en ocupar el puesto número uno del podio (desde 1973), tras John Newcombe y Pat Rafter, el tenista que después de años de carestía ganó la copa de Wimbledon y la del Abierto de Estados Unidos para su país.

La rivalidad entre él y Federer empezó en la Youth Cup, en 1996, cuando los dos eran unos críos y Lleyton era favorito. Roger acabó saliéndose con la suya, pero durante al menos cinco años como profesional, el Canguro Luchador se las hizo pasar moradas. Siete derrotas en los primeros nueve encuentros, la más devastadora en la Copa Davis de 2003, la última antes de que Roger se diera cuenta de que se había convertido en Federer y lo derrotara quince veces consecutivas en el arco de siete años, hasta 2010, en Halle. Como suele suceder entre viejos enemigos, Lleyton y Roger han acabado haciéndose amigos. «Jugar contra él ha sido duro en cualquier superficie, siempre interesante y casi nunca agradable —declaró el Genio en 2015—. Su estatura es inferior a la del resto de jugadores, y eso ha sido una desventaja ante los saques fuertes, siempre ha tenido que ganarse cada punto en el fondo de la pista. Es increíble que alguien como él haya logrado ganar en Wimbledon, es un ejemplo para toda una generación. Mantiene el servicio con un buen saque cortado, y lo hace muy bien en la red. Es rápido, flexiona en los apoyos, golpea plano. Uno de los mejores jugadores con los que he jugado.»

Es cierto. En los buenos tiempos, antes de que dos operaciones de cadera y la llegada de Federer y Nadal lo eclipsaran del panorama mundial, solía hacerlo todo perfectamente en la cancha. Quería llegar a la cumbre, deprisa, y lo logró a los 20 años, 8 meses y 26 días, ganando por unos días al otro número uno veinteañero, Marat Safin, y a Connors, que llegó a la cima del ranking a los 22 años y parecía un crío. Por otra parte, estaba escrito: cuando Cherilyn, su madre, exjugadora de balonvolea y profesora de educación física, supo que estaba embarazada de Lleyton, llamó inmediatamente por teléfono a sus padres, que le respondieron desde Wimbledon.

Hoy en día acumula muchos trofeos y ha dejado de ser el chico malo del tenis para convertirse en un padre fundador de la patria tenística, pero en el pasado llamó patoso a un juez de línea y racista a un árbitro de color. Juan Ignacio Chela le escupió durante un cambio de lado y faltó poco para que llegara a las manos con Guillermo Coria. Odiaba las entrevistas hasta tal punto que tuvo que negociar un juicio con su propio sindicato por no haber concedido una, y estuvo en pie de guerra permanente con los periodistas australianos. Contrajo matrimonio con Bec Cartwright, rubia estrella de culebrones australianos, en 2005. Unos días antes de la boda se peleó con su mejor amigo, Andrew McLeod, campeón de fútbol australiano, culpable de no haber roto la amistad con su exnovia Kim Clijsters, a quien había traicionado. Cuando Nike no le renovó el contrato, firmó con Yonex y se convirtió en el deportista australiano mejor retribuido y, a pesar de todo, en uno de los más queridos. Porque Lleyton no se rinde nunca, ni siquiera al dolor («¡No me duele! ¡No me duele!», se decía a sí mismo cuando se lesionó durante un partido con Nadal). En efecto, anuncia que se retira y vuelve a la cancha con cualquier excusa, como un partido con un amigo, desde 2015. No se hace querer, pero es imposible no sentir admiración por él, incluso ahora que promociona a su heredero, Nick Kyrgios («Tiene mucho más talento que yo, un día ganará Wimbledon») y le susurra palabras llenas de sensatez. Hay que admitir que, como las comadres de «Bocca di rosa», la canción de Fabrizio de André, se empiezan a dar buenos consejos cuando ya no pueden dar mal ejemplo.

2003. *Un Slam de color verde*

Las chicas terribles: Martina Hingis, 16 años y 117 días; Monica Seles, 16 años y 189 días; Tracy Austin, 16 años y 270 días; Maria Sharapova, 17 años y 75 días; Arantxa Sánchez, 17 años y 174 días. Y los chicos: Michael Chang, 17 años y 110 días; Boris Becker, 17 años y 228 días; Mats Wilander, 17 años y 293 días; Björn Borg, 18 años y 10 días; Rafael Nadal, 19 años y 3 días.

Algunos fuera de serie empezaron a ganar pronto, mejor dicho, enseguida, en cuanto tuvieron ocasión. Otros tuvieron que esperar un poco más. Roger Federer tuvo que esperar veintidós años para levantar, en 2003, su primera copa en un Grand Slam, en Wimbledon, un poco menos que Rafa Nadal, que esperó veinticinco. Pero ¿cuál es la edad apropiada para ganar un Slam? ¿Existe una edad apropiada para convertirse en un fuera de serie y demostrar que puedes cumplir lo que todo el mundo quería que prometieras?

«Sí, creo que un día seré el número uno —responde Federer al periodista que le ha hecho una pregunta que ya le han hecho miles de veces—. Pero nadie me felicitará porque todos están convencidos, desde hace años, de que lo voy a lograr.» Todos nacemos con un destino. Algunos saben convertirlo en realidad, otros se olvidan de él y otros lo desperdician, convencidos, con o sin razón, de que es una mentira.

«Los latinos —escribe Giorgio Agamben en un librito que aconsejo a todo el mundo que esté interesado en el tema, independientemente de que juegue al tenis o no— llamaban Genius al dios al cual todo hombre es confiado bajo su tutela en el momento de su nacimiento. Genius es el principio que gobierna toda su existencia. Y consagrado a Genius estaba el día del nacimiento. Pensando en él hacemos el gesto de llevarnos la mano a la frente, cuando nos parece que casi nos hemos olvidado de nosotros mismos. Ante Genius, es preciso abandonarse y ser condescendiente, a Genius debemos concederle todo aquello que nos pide, porque su exigencia es nuestra exigencia, su felicidad es nuestra felicidad. Aun si sus —¡nuestras!— exigencias puedan parecer poco razonables y caprichosas, es bueno aceptarlas sin discutir.» En todos nosotros habita un genio. Pero para ganarse la «G» mayúscula, hay que ser como

John McEnroe o Roger Federer, reconocidos, además de poseídos. Y sobre todo, vencedores.

Para que su destino se cumpliera (no del todo, pero ese es otro tema), Mac tuvo que librarse de la sombra secretamente gemela de Björn Borg. A Federer le bastó con ganar a Mark Philippoussis, pero los dos alcanzaron la meta tras librar muchas batallas consigo mismos. John McEnroe, al que la prensa británica apodó *SuperBrat, el Mocoso*, siempre tuvo la chulería yanqui, el ego inflado, es decir, el carácter justo para llegar a la meta. Roger ha tenido que construírselo.

En 2003, Roger ya lleva un tiempo siendo el gurú sobre el que los *voyeurs* profesionales han puesto los ojos, pero todavía no ha ganado nada que cuente de verdad. En cambio, ha patinado varias veces en partidos que estaban a su alcance. De enero a mayo, el porcentaje entre los torneos jugados y ganados mejora indiscutiblemente. Tres éxitos en Marsella, Dubái y Mónaco, más una semifinal en Róterdam y los cuartos en Miami. Pero en Sídney, de forma inesperada, la piel de plátano con la que resbala vuelve a adoptar el nombre de Franco Squillari. Siendo el último partido que jugarán juntos, Squillari puede presumir tranquilamente de tener el cien por cien de victorias contra Federer, y de no haberle concedido ni siquiera un set.

En el Abierto de Australia, Roger vuelve a perder contra Nalbandian; en Roma sucede lo improbable cuando se deja sorprender en la final por Félix Mantilla. Federer es el número cinco del mundo, Mantilla el 47. Los que creen en la *smorfia* napolitana pueden hallar la explicación en estos dos números: el 5 representa la mano; el 47, el muerto. «Como me ha hecho notar mi colega francés Philippe Bouin —escribe ese día en *The Independent* John Roberts—, a un lado de la red estaba la clase, al otro, la clase trabajadora.» Y esta última, bajo la apariencia del industrioso y discreto tenista español Félix Mantilla, ha prevalecido (7-5, 6-2 y 7-6) durante dos horas y cuarenta minutos. Para aquellos cuya fe en los números sea más racional, recordaremos los 69 errores no forzados y las tres bolas de break convertidas de las diecisiete que el Genio tuvo a su disposición durante uno de los muchos días de su lucha contra los dioses —los propios y los que gobiernan las estadísticas del tenis—, en Roma.

Dos años después, Mantilla ganará una batalla mucho más

importante contra un cáncer de piel, y, también en ese caso, la más inaprensible y poderosa de todas las divinidades, el Azar, jugará un papel decisivo: «Había planeado unas vacaciones de dos meses, pero antes de partir fui al médico porque me dolía la muñeca. Me dijo que quería volver a verme cuando hiciera los exámenes clínicos de la piel. Si me hubiera marchado, seguramente no habría acudido a esa visita».

En Hamburgo, Roger pierde de nuevo contra un jugador, Mark Philippoussis, claramente peor clasificado que él (número 67). Llega a París con un tabú que superar, pero sea por la tensión acumulada, sea por la conjunción astral, vuelve a caer en la primera ronda. En 2002 había sido Arazi, y esta vez le toca al peruano Luis Horna, número 188 del mundo, que lo liquida en tres sets. Existe un amplio repertorio de anécdotas acerca de lo que pasa por la cabeza de Roger tras aquella derrota, de las lágrimas vertidas en los vestuarios, de las verdades como puños que le dicen las personas más cercanas («¿Te conformarás con ser un buen jugador o quieres convertirte en algo más?»). Lo indudable es que, junto con el que había perdido el año anterior contra Ancic en Wimbledon, ese es uno de los partidos que Federer repasará una y otra vez como si fuera un manual. En especial, el capítulo «errores que no volveré a cometer». «En vez de concentrarme en cada punto, en cada set, entré en la cancha pensando que ganaría el Roland Garros —declara años más tarde a *Sport Magazine*—. Hasta que no perdí un set, y cuando ya estaba en un serio apuro, no me di cuenta de lo difícil que iba a ser. Y de que había ejercido demasiada presión yo solo. Subestimé completamente a Horna. Sabía que era un buen jugador, pero creí que podía ganar en París, y esa idea me desquició. Más tarde me di cuenta de que pensar eso, en medio de un torneo, no tenía sentido, y que nunca más iba a hacer algo así. Dejé París furioso conmigo mismo. —Federer abandona el Roland sin ni siquiera presentarse a la rueda de prensa—. Sabía que alguien iba a decirme que era uno de esos tenistas que nunca logran ganar un Slam. Por suerte recobré el juicio y algo de confianza en mí mismo gracias a la victoria en Halle.»

Errar es humano, perseverar en el error también lo es, siempre y cuando no se tengan grandes ambiciones. Roger, en cambio, las tiene desde los diez años, y, tras haber aplastado a Kiefer en la final de Halle, se presenta en las Doherty Gates con la cabeza despejada. Las dos primeras rondas discurren tranquilas, tres sets a cero contra Lee Hyung-Taiky y Stefan Koubek. Mardy Fish es el único que logra arrancarle un set. Pero el peligro real lo corre en los octavos, antes de jugar contra Feliciano López. «Durante el calentamiento sentí un dolor en la espalda y antes de salir a la cancha llamé al fisioterapeuta. Creo que jugué al setenta por ciento de mis posibilidades, convencido de que no tenía escapatoria contra Feliciano, en cambio logré apañármelas. En cuartos me enfrenté a Sjeng Schalken, que para mi suerte tenía una lesión importante en un pie, y, alcanzada la semifinal, volvía a estar al cien por cien físicamente.»

En semifinal es el turno de Andy Roddick y se hace todavía más evidente que no tiene nada que hacer. Al cabo de una hora y cuarenta y cinco minutos, el americano, considerado el favorito, sale del Centre Court con el rabo entre las piernas, derrotado 7-6, 6-3 y 6-3. «El resultado es que de repente el favorito soy yo», comenta Roger sonriendo. El adversario de su primera final de Slam es Mark «The Scud» Philippoussis, que ha hundido a Andre Agassi en semifinal. Físico y rostro de actor, gran saque, nacido en Australia de padre griego y con tres abuelos italianos. Con una carrera hecha de instantes —en 1998 ya había perdido una final contra Rafter en el Abierto de Estados Unidos— y lesiones considerables, Mark pasará a la historia por sus saques-misil —a los que debe su apodo bélico—, por sus historias de amor, la más famosa con Anna Kournikova y, tras el adiós a las canchas, por sus apariciones en *reality shows* en los que hordas de bellezas maduras se lo disputan a golpes de pintalabios y escotes. Pero en la Centre Court lo que seduce es el tenis de Roger. «Hoy ganará Federer y, por fin, como me sucedió a mí en 1981, se dará cuenta de que es un verdadero número uno», dice McEnroe esa mañana.

Su heredero corrobora esa declaración en la cancha. Tres sets limpios, el primero magnífico, en el que se anota más saques directos que Philippoussis, y sin conceder un solo punto de ruptura en todo el partido. «Ganar el primer set ha sido fundamental para sosegarme. Me he sentado y he pensado: puedo hacerlo. Pero cuando me he adjudicado el segundo set 6-2, logrando romper el servicio de Mark en el primer juego de la manga, me he dicho que solo dependía de mí, que probablemente sería el campeón de Wimbeldon… Temblaba, estaba a punto de echarme a llorar. No podía creer que lo tenía al alcance de la mano.» La profecía se ha cumplido. Roger llora en la cancha durante la entrevista con Sue Barker mientras declara: «Soñaba con ganar este trofeo desde que era un niño». Gran Bretaña, el mundo entero, se enamoran de él definitivamente. Sus amigos y sus compañeros del círculo Old Boys de Basilea, y, en Sudáfrica, los padres de Peter Carter, a quienes ese chaval les recuerda al hijo que perdieron, asisten a su triunfo sentados delante de la televisión. Durante la cena de campeones en el Savoy, Federer también conquista a los socios del All England Club, el círculo del que se ha convertido automáticamente en miembro de pleno derecho gracias a la victoria. «Estoy muy orgulloso de haberme ganado la pertenencia al England Club —declara—. No veo la hora de venir a Wimbledon para divertirme peloteando con vosotros. Si a alguien le apetece, que me llame.» No faltarán ocasiones. Parece el año de Suiza: el Alinghi ha conquistado la Copa América; el Basilea, equipo favorito de Federer, ha eliminado al Liverpool en la Liga de Campeones. Nadie, ni siquiera entonces, se imagina que aquel será el primer año de la era Federer.

En cuanto acaba de cumplir con las obligaciones y los compromisos que le corresponden al ganador de Wimbledon, Federer coge un avión rumbo a Gstaad para participar en el torneo que le ha abierto las puertas del mundo del tenis profesional. Pierde en la final contra Jiri Novak, pero las fotos que todo el mundo recuerda inmortalizan a Roger soplando un larguísimo cuerno suizo o en compañía de Juliette, la dulce vaca de ochocientos quilos que le ha regalado la organización —y por la cual, hasta el día de su muerte, le preguntarán sin falta en casi todas las entrevistas. Federer también cumple la promesa que le hizo a Yves Allegro y participa en una exhibición de su club de tenis, en Grône. Después se regala unas merecidas vacaciones en Cerdeña.

A la vuelta, tiene ocasión de convertir el 2003 en su año maravilloso subiendo al número uno, pero la desaprovecha, desperdiciando también un punto de partido ante Roddick en la final de Toronto. Llega a Flushing Meadows pisando la alfombra roja, pero el provocador Nalbandian se la quita en los octavos. Apenas tiene tiempo para digerir el enfado por caer antes de hora y de nuevo llega la Davis. Y la hora de Lleyton Hewitt.

Once años después de que Suiza llegara a la final de la Copa Davis, en 1992, las condiciones parecen favorables para que lo consiga de nuevo. La Copa Davis se puede ganar de dos maneras: o contando con un equipo excepcional, o contando con un fuera de serie aislado capaz de proporcionar con regularidad dos o tres puntos apoyándose en un compañero sólido en dobles. Esta segunda manera fue la que permitió, en momentos diferentes, levantar la Ensaladera, a la que sería mejor llamar Sopera, a Björn Borg y a Andy Murray. En 2003 Federer tiene fe en la hazaña. El efecto Carter todavía es perceptible, se nota en las dos primeras rondas, contra Holanda, en Arnhem, y contra Francia, en Toulouse. Como indiscutible número uno del equipo capitaneado por Pippo Rosset, elimina en individuales a Sjieng Shalken, Raemon Sluiter, Fabrice Santoro y Nicolas Escudè sin perder un solo set. En dobles pierde en pareja con Bastl contra Haarhuis y Verkerk en la primera ronda, pero Kratochvil, que se impone en el cuarto individual a Verkerk, salva la situación; en cuartos gana junto con Rosset a la pareja formada por Escudé y Santoro.

La semifinal se juega en el Rod Laver Arena de Melbourne, la instalación donde también se celebra el Abierto de Australia, y, una vez más —la última en los siguientes siete años— Lleyton Hewitt logra derrotarle. Entre las dos federaciones está en juego el «Peter Carter Trophy», un aliciente más para Federer, que de chaval pasó con su padre algunos meses en Australia y absorbió su cultura deportiva. El viernes, Federer vuelve a dejar hecho picadillo a Philippoussis e iguala la caída de Kratochvil contra Hewitt, pero en dobles, siempre junto con Rosset, se doblega en cinco sets ante una jornada perfecta de Wayne Arthurs y Todd Woodbridge. A esas alturas, Federer sabe que no solo tiene en sus manos el destino del encuentro, sino que para creer en otro milagro como el de Kratochvil es fundamental arrancarle el punto del dos iguales a Hewitt.

Federer mantiene la situación bajo control en los dos primeros sets, pero con esfuerzo; en el tercero llega a tener dos bolas de partido, pero comete el error de conceder un soplo de esperanza a Hewitt. Le cede el tercer set en el tie-break, en el cuarto con una doble falta en el 5-6 manda a Hewitt al punto de set, y el Canguro Luchador lo convierte rugiendo en una volea de derecha. A pesar del entusiasmo desbordado del público, dentro del estadio hace mucho frío, pero el techo permanece abierto; más tarde, la presidenta de Swiss Tennis, Christine Ungricht, acusará a los australianos de no haber cerrado el techo retráctil con la intención de que Roger «sufriera una hipotermia». En cambio, quien arde de ganas de ganar es Hewitt, que en el quinto se desborda y cierra 6-1. «Para mí esta victoria cuenta mucho más que ganar Wimbledon y el Abierto de Estados Unidos», dice durante la ceremonia de entrega del Peter Carter Trophy mientras hasta el capitán australiano, John Fitzgerald, intenta consolar inútilmente a Federer. Seguramente Kratochvil habría perdido el individual decisivo contra Philippoussis, pero la frustración de Federer es inmensa. Ha ganado Wimbledon, ha estado cerca de alcanzar el número uno, pero Hewitt sigue sujetándolo, dominándolo psicológicamente. «Estoy convencido de que ha sido una de las peores derrotas de mi carrera —declaró en el Abierto de Australia de 2011—. La gente piensa que perder contra Djokovic ha sido terrible para mí, pero no es nada comparado con la derrota ante Lleyton en 2003, porque entonces estaba seguro de que iba a ganar.»

Otra decepción se la proporciona Ivan Ljubicic, en Basilea, cuando lo elimina en la segunda ronda. Juan Carlos Ferrero lo frena en Madrid, después de que Roger haya vuelto a ganar en Viena la semana anterior, superando a Moyá. En París-Bercy recibe la enésima sacudida de Henman, pero en Houston demuestra que el reinado de Andy Roddick está en decadencia. En la Copa Masters, Federer derrota a Nalbandian —¡aleluya!—, a Ferrero y a Roddick en la semifinal y, nada menos que dos veces, a su peor pesadilla, Andre Agassi, con quien hasta ahora había perdido siempre. En la fase de liguilla, le cede un set y salva dos puntos de partido con 4-6 en el tie-break decisivo; en la final, hace una de sus mejores actuaciones y Agassi, el tenista que en abril era el número uno del mundo, se encuentra de repente con un 6-0 adverso. En resumen, se puede afirmar, exagerando un poco, que en Texas Federer gana nada menos que cuatro veces a un número uno: a Roddick, que lo es efectivamente, y a Ferrero y Agassi (dos veces), que lo han sido en el curso de la temporada.

Parece un perfecto final feliz para una temporada memorable, pero el 2003 de Federer no ha acabado todavía. Mientras está de vacaciones con Mirka en isla Mauricio, Roger informa por teléfono a Peter Lundgren de que su colaboración ha acabado. La noticia se hace pública el 20 de diciembre durante una rueda de prensa que se celebra antes de Navidad, después de que algunos periódicos suizos hayan filtrado el rumor. El motivo real del divorcio nunca se hará público, aunque hay quien afirma que las costumbres de ingenuo vividor de Lundgren fuera de la cancha han acabado molestando al equipo de Federer, a Mirka en especial.

LOS GRANDES ADVERSARIOS

Andre Agassi, el enemigo público número uno

Andre Agassi era como Houdini. El ilusionista que aparecía y desaparecía, que se encadenaba y se soltaba solo. Un escapista del tenis, de sí mismo, de los tópicos. Agassi nunca está donde uno se imagina. Sirvan como ejemplo los partidos, que pocos recuerdan, de los octavos del Abierto de Australia de 2005: cuando Joachim Johansson creía que lo había atrapado con 51 saques directos —un récord mundial—, él logró escapar. Herido, pero entero. «Un día difícil —explicó con su acostumbrada mirada prensil, alarmada, fotoeléctrica—. Hoy Joachim servía saques contundentes. ¿Cómo puedes reaccionar a una lluvia de golpes así? Lo único que puedes hacer es concentrarte, coger al vuelo las pocas ocasiones que se te presentan.» Confucio en *The Strip*. El zen y el arte de mantener la victoria.

Contra Federer, mientras duró, se trató a menudo de un reto que se iba limando con la imaginación: el campeón con arrugas y el heredero rebosante de gracia y de juventud. Un guion muy manido, tanto en el deporte como en la vida. Se enfrentaron once veces, todas sobre cemento. Andre ganó los tres primeros partidos y Roger ocho consecutivos, una victoria por donde pasa uno de los meridianos de su carrera. Después de 2003, el Kid no ha vuelto a emerger, aunque en los cuartos del Abierto de Estados Unidos de 2004 casi lo consigue en el quinto set, en medio del temporal de viento de la pista central de Flushing Meadows. Porque Andre es una salamandra, un ave Fénix, no tiene miedo de quemarse. Siempre ha sabido renacer.

En el Tour, al que llegó como un cachorro peludo y rebelde, se ha hundido dos o tres veces. En 1997 bajó a número 141 del mundo, al trastero de debajo de la escalera. Superó la presión que reciben los niños prodigio, mató —metafóricamente— al *padre padrone*. Franqueó el divorcio de Brooke Shields y la depresión. Rompió el caparazón inservible del viejo Agassi y salió de él transformado en alguien más inteligente, más brillante, dentro y fuera del cráneo, al estilo de Gilgamesh.

Ha ganado más Slams en la segunda parte de su carrera: cinco de los ocho en que ha participado de 1999 a 2003. Muchos menos que su némesis Sampras, pero como un maestro de la adaptabilidad, a diferencia de «Pistol» Pete, Andre —quinto socio de un club de gigantes: Budge, Perry, Laver y Emerson—, los ganó antes de que Federer, Nadal y Djokovic se unieran a la compañía. Conquistó el corazón acorazado de Steffi Graf, con quien tuvo dos hijos, Jaden Gil y Jaz Elle, y da y recoge millones de dólares en favor de los niños abandonados —puede que porque el tenis le robó una parte de su infancia. En Las Vegas, donde nació, hay una calle con su nombre.

Respira tenis desde la cuna, cuando su padre, Mike, revoloteaba pelotas delante de sus ojos. Pero también ha llegado a odiarlo, tal y como escribió en *Open*, la autobiografía con la que conquistó por enésima vez al mundo en 2009, en la que cuenta de la época en que tomaba anfetaminas y habría dado lo que fuera para cambiar un destino ya escrito. «No quería jugar al tenis, la máquina lanzapelotas, más de 2.500 al día, contra la que tenía que luchar, me ha estropeado la niñez. Crecí con obsesiones y frustraciones, puede que para Federer no haya sido así. Pero mientras te estás quemando, no sientes dolor. Hay que alejarse de la acción para tomar conciencia de tu respiración. Puede que dentro de unos años, Federer y los que aparentemente son tranquilos y equilibrados escribirán libros que contarán otras historias. Yo me hice famoso enseguida, pero he tardado mucho en crecer.»

Pero al poco cambió de opinión. «A los torneos voy de vez en cuando, hay gente que tengo ganas de ver, pero también hay mucha que prefiero evitar —me contó hace unos años en Milán, sentado ante un escalope del chef Carlo Cracco—. Me gusta verlos en televisión, por fin puedo disfrutar de ellos porque ya no es un trabajo. Federer es arte en movimiento, Nadal es mi favorito. Juego con los amigos, usando la mano izquierda o la raqueta de mi hija. El pediatra de Jaz, que sirve a 160 por hora, estaba seguro de que tenía una posibilidad, pero conozco el tenis tan a fondo que me bastó con escucharlo para saber cómo ganarle: no pudo hacer ni un ace.»

Abandonó el sofá en 2016 para susurrar al oído a Djokovic, la tentación fue demasiado fuerte. Sigue interesándole más el ejercicio existencial e intelectual que el físico, «encontrar una vía útil para ganar el partido, incluso cuando el adversario juega mejor que tú». Un reto difícil de aceptar para un entrenador, que no está físicamente en la cancha, incluso si es el mago del escapismo. En 2003 se convirtió en el número uno más viejo de la historia, parecía eterno. Jim Courier le preguntó si alguna vez asistiríamos al encuentro en la cancha de Agassi Jr. contra Christian Charles, el hijo de Sampras. «¿Te sorprendería —dijo dando la mejor y más famosa respuesta de la historia del tenis— si jugara antes que Jaden contra Christian?». No fue así. Al final, una articulación que echaba chispas apagó su fibra halógena y sus pies Duracell. Ahora Federer puede quitarle el récord de ancianidad, la copa del abuelo, y Agassi sabe que esta vez lo único que podrá hacer para evitarlo es azuzar a un Djokovic brillante y como nuevo contra él. Porque la batalla contra el tiempo es el único partido del que, por inteligente que seas, acabas siempre eliminado.

Un genio en acción
2004-2007

2004. En la cima del mundo

*E*l Abierto de Australia empieza envuelto en una atmósfera de caza de brujas. Tras los casos de dopaje que han comprometido a Greg Rusedski y a Mariano Puerta, en los vestuarios reina una paranoia de exculpación (en 2004, Greg Rusedski dio positivo por nandrolona, pero fue declarado inocente en la vista de marzo del mismo año. En 2003, Mariano Puerta fue suspendido durante dos años, que se redujeron a nueve meses, por dar positivo en clembuterol). Quienquiera que se atreva a ofrecer un caramelo, es visto con sospecha, como si fuera un maléfico Dulcamara. «Cualquier cosa puede destrozarte la carrera —dice el patriarca Agassi—. Para ponerme un poco de crema solar, tengo que rellenar un formulario de tres páginas, enviarlo por fax y esperar a que me lo devuelvan con el visto bueno. Y todo para estar seguro de que puedo tocar el producto con las manos sin que se me acuse de dopaje. Esta es la vida de los tenistas hoy en día. De este modo nos controlan.» Viejas declaraciones que, tras la publicación de *Open*, la autobiografía en la que el Kid admite que se dopó durante años, arrancan una sonrisa amarga.

En aquellos años empieza a gestarse una nueva concepción del dopaje. Las bebidas que los tenistas llevan a la cancha van en su propia bolsa y nadie se fía de las sospechosas botellas sin vigilancia que guardan las neveras colocadas bajo la silla del árbitro. Tras el caso del checo Bogdan Ulihrach —descalificado por culpa de un suplemento nutricional que los mismos fisioterapeutas de la ATP le aconsejaron y del que siguieron sospechando incluso después de la rehabilitación—, hasta un sorbo de jarabe de cidra de origen desconocido puede hacer cundir el pánico.

Federer llega a Australia sin entrenador, decidido a «cuidar de mí mismo por un tiempo», como había aprendido a hacer en Ecublens. También se las arregla solo con la prensa suiza —que tras una exhibición en el Kooyong de Melbourne se había quejado de que el fenómeno local les dedicaba poco tiempo—, y organiza por su cuenta un encuentro conciliador y, sobre todo, demuestra que se las apaña estupendamente en la cancha, donde derrota a Alex Bogomolov, a Jeff Morrison y a Todd Reid sin perder un solo set. El primero lo deja al rival de siempre, Hewitt, aplicando un poco de bálsamo en la herida de unos meses antes, en la Copa Davis, después ajusta las cuentas con David Nalbandian y finalmente derrota a Juan Carlos Ferrero en la semifinal. Una victoria aparentemente sin importancia —6-4, 6-1 y 6-4—, que en realidad se revela aritméticamente fatal, es más, casi un desempate, visto que la derrota de Roddick en los cuartos decreta que uno de ellos sucederá al americano en la cima del ranking. Roger se presenta, pues, a la final sabiendo que ha alcanzado el objetivo que ha perseguido toda su vida y que se le había escapado de las manos unos meses antes al perder contra Andy en Toronto.

Vladimir Propp, el estructuralista ruso, no entendía de tenis pero sabía muy bien cómo acaban los cuentos: el malo, pierde y el predestinado, se rebela a su destino, descubre la trampa y sube al trono. Entrando en la cancha para disputar la final del domingo, Marat Safin, que también es ruso, quizá sospecha, sin caer del todo en la cuenta, que le ha tocado el papel de villano, de enemigo burlado. Como ya hemos dicho, Roger había conquistado un par de días antes un trono tenístico menos fantástico y, como en todo cuento que se precie, fue precisamente el ruso, eliminando a Roddick, quien favoreció que la profecía se cumpliera para el suizo. Pero Marat, agotado de los cinco sets contra Agassi en las semifinales, todavía no se ha recuperado.

Roger roba felizmente la final a un Safin deslucido por el cansancio y legitima su derecho a convertirse en el vigésimo tercero número uno de la era del ordenador, una dinastía que arranca en 1973 con Ilie Nastase. Por otra parte, Safin ha entrado en el torneo como un *outsider* total, después de medio año apartado del tenis por culpa de un dolor en la muñeca, y el partido maratoniano con el que se ha abierto camino hacia la final lo ha agotado sin remedio. Nadie, desde la época de Harold Solomon, finalista derrotado en París por Adriano Panatta en 1976, había jugado tantos sets —treinta— en un Slam. Si prefieren medirlo con el reloj, antes de la final Safin ha pasado dieciocho horas en la cancha, ocho más que Federer, que se convierte en el tercer rey del tenis en cinco meses, el segundo suizo que conquista ese honor después de Martina Hingis —a la que, sin embargo, se la suele considerar «importada» por haber nacido en Eslovaquia.

«Sampras sacaba mejor —dice Safin al final del partido— y quizás era mejor en la volea, pero su revés era vulnerable. En cambio, Roger lo tiene todo. Y además un buen revés.» Lo pintan tan bien que hasta él sospecha que se están empezando a construir castillos en el aire. «Todos dicen que ganaré el Grand Slam —aclara el interesado—, pero a mí me parecen afirmaciones precoces, casi precipitadas. En el tenis de hoy, ganar un solo torneo de los cuatro ya es una hazaña, figúrate los cuatro a la vez. Digamos que si gano tres y llego a los cuartos de final del último, me convenceré de que tengo una posibilidad. —Seguro de sí mismo, pero no soberbio. Y bajo la capa del campeón todavía está la mirada curiosa del chaval que persigue la perfección—. De los tenistas españoles envidio la dejada. Tiran, tiran y tiran, y de golpe —¡zas!— colocan la dejada. Yo también sé hacerla, pero me da miedo. Me digo: ¿y si la haces mal y quedas como un tonto?»

Federer lo celebra rápidamente en Melbourne Park, después coge un avión rumbo a Basilea. Tras pocas horas descanso, alternadas con sobrias, pero multitudinarias aclamaciones públicas, parte de nuevo para Bucarest. Allí lo espera el partido de la primera ronda de la Copa Davis contra Rumania en el que, a pesar del largo viaje transcontinental, vence a Pavel en individuales el viernes; y en dobles, por primera vez en su carrera con su compañero de piso Yves Allegro, derrota 10-8 en el quinto al dúo rumano Pavel-Trifu. Suiza está en cuartos de final, Federer está algo cansado. Y todavía falta mucho para que acabe el año. Entre Róterdam e Indian Wells, se cruza un par de veces con una de sus bestias negras, Tim Henman, y pierde contra él en Holanda en los cuartos, pero le gana en la final de Florida, mientras que en Dubái gana y supera a Feliciano López. Pero el domingo, en Miami, tropieza con un chaval de diecisiete años con el que nunca ha jugado. Lleva una camiseta sin mangas, bermudas y un pañuelo en la frente que le sujeta el flequillo moreno. Se llama Rafael Nadal, es español y zurdo; le gana 6-3 y 6-3. Una excepción debida al cansancio, dice la mayoría. Pero también hay quien piensa que se trata del principio de algo.

En Prilly, contra Francia, en los cuartos de la Davis, a Roger, como siempre, le toca hacer horas extraordinarias. Gana sus dos individuales, pero en dobles con Allegro cede en el cuarto set contra Llodra y Escudé, y presencia, entre fastidiado y aliviado, el derrumbe de Kratochvil ante Escudé en el último partido. «Lo bueno es que ahora sé que no tengo que jugar la Davis durante dieciséis meses», se le escapa, dando a entender que sin compañeros a la altura, la Copa, más que un honor, es un peso para él.

La siguiente etapa es Roma, y a doce meses de distancia de Mantilla vuelve a pararle los pies un español —malditas dejadas—, Albert Costa. En Hamburgo, en cambio, llega hasta el final con una sucesión de aciertos impresionante: Gaudio en la primera ronda, después Nicolas Lapentti, Fernando González, Charly Moyá y Guillermo Coria en la final. En total, dos sets perdidos, el segundo contra Gaudio y el primero contra Coria. Teniendo en cuenta lo que iba a ser pocas semanas después la final de París, un curioso capricho del destino.

Roger lleva dos años saliendo en la primera ronda del Roland Garros. Esta vez llega como número uno y la conjunción parece buena, pero tras haber puesto en su sitio a Vliegen y a Kiefer, se deshace, literalmente, contra Guga Kuerten. El tenista, que ya había ganado tres veces en París, se había operado de la cadera en 2001, y entra en el Bois de Boulogne con aires de amante abandonado. Tres sets con la misma puntuación, 6-4, sufridos por un Federer a merced de los últimos coletazos de la historia de amor entre Guga —¿recuerdan el corazón dibujado en la cancha?— y el público de París. Ni siquiera él, que abandona el Roland Garros decepcionado, sospecha que esa será su última derrota en los seis años siguientes, su último fracaso en un Slam antes de las semifinales.

En compensación, la hierba no lo traiciona. En Halle ni siquiera suda —no pierde ni un set y en la final liquida a Fish en menos de una hora. En Wimbledon, contra Hewitt, se esfuerza en los cuartos, y la lluvia le echa una mano contra Roddick en la final.

Conseguido el último punto, se arrodilla arqueando la espalda hacia atrás, como hacía Borg, y en ese instante es como si Roger ya estuviera imaginándose que tiene al alcance el récord de Björn *el Frío*, cinco títulos consecutivos. Puede que más.

Roddick juega bien, a veces incluso muy bien. Con su entrenador Brad Gilbert, especialista en el juego sucio, han planeado el juego, tienen una estrategia muy concreta: pégale fuerte, pégale duro. Y subir a la red, robar tiempo, impedir que el adversario mueva con soltura su raqueta mágica. «Él tiene arte, yo músculos», sintetizó la víspera del partido. Lo logra en el primer set, dejando aturdido en apertura a un Federer todavía en ayunas y quizá demasiado seguro de sí mismo. Y si no hubiera empezado a chispear, lo que causa la segunda interrupción del partido en 4-2 a favor del yanqui en el tercer set, las cosas podrían haberse torcido. En efecto, Andy parece haber sintonizado su revés, el más frágil. En la red se desenvuelve mejor que de costumbre, lanza buenos golpes desde todos los rincones de la cancha. Roger, que usa más las voleas, logra sin embargo enderezar un extraño segundo set. 4-0 a su favor, se deja alcanzar, le arranca el servicio a Roddick, y, tras la interrupción, se hace con el juego decisivo del tercer set, el primero de los seis jugados que el americano pierde en el curso del torneo. El partido sigue abierto, Andy lucha hasta el final, intercambio tras intercambio, pero echa a perder cuatro bolas de break para el 3-1 en el cuarto set, y se deja birlar los puntos decisivos que pueden cambiar la suerte del partido. Roger tiene que sudar para ganarle y ceder el segundo set del torneo.

Las estadísticas son, en cualquier caso, impresionantes. Lleva veinticuatro partidos ganados sobre hierba, un hilo ganador más largo que el de Mac o Sampras, el segundo más largo después de las 41 vitorias consecutivas obtenidas por Borg entre 1976 y 1981. Ha devorado las últimas siete finales que ha alcanzado, cinco de los seis encuentros con su rival americano, al que en la rueda de prensa le piden que opine sobre una rivalidad que empieza a crear tensión. Andy responde seco, con clase y con su acostumbrada ironía: «Podréis hablar de una verdadera rivalidad entre Roger y yo cuando logre ganarle más a menudo. Hoy por lo menos he demostrado que no es invencible. El partido se ha decidido por pocos puntos, pero a él hay que mantenerlo lejos de la bola porque en cuanto logra tocarla hace con ella lo que quiere.

He intentado arrojarle un lavabo y él me ha devuelto una bañera. —Después la frase que transmite el sentir del momento—: Tiene como un aura a su alrededor».

Para Federer, la próxima parada son los Juegos Olímpicos. Se celebrarán en Atenas, Grecia, la patria de los mitos. El objetivo, bien identificado, está al alcance de la mano: «Una medalla para mi país». Del metal correcto, pero en la especialidad equivocada, la medalla tardará, sin embargo, cuatro años en llegar.

Roger llega a Grecia después de la victoria en Gstaad —será la última vez—, de haber derrotado de nuevo a Roddick en Toronto y, como contrapartida, de haber perdido en la primera ronda contra Hrbaty en Cincinnati. Federer es el abanderado suizo en la ceremonia de apertura, un honor del que se enorgullece. Pero no es el mismo de Church Road. A duras penas puede con Davydenko en el debut, y se derrumba contra Berdych en el segundo partido, el mismo día en que queda eliminado también en dobles con Allegro por Bhupathi y Paes. «Un día terrible», dice *el Gnomo mágico*, abatido ante los micrófonos. Los héroes también se cansan, y, como dice Roddick, reventado también antes de tiempo por el cañonero González, «en los Juegos no puedes decir: bueno, mañana volveré a intentarlo». La historia de amor con los Juegos no acaba de prender, no se pone en marcha.

Con los Slam, en cambio, Federer vuelve a intentarlo en Nueva York y le funciona bien, es más, le funciona estupendamente. El partido más reñido del torneo es en cuartos de final contra Agassi, cinco sets jugados con viento de regata; el partido que sorprende al mundo, la final contra Hewitt. La puntuación de la extraña ejecución es 6-0, 7-6 y 6-0, un impresionante emparedado, con una loncha de sufrimiento y Hewitt en medio haciendo de sabanita. Y pensar que el Canguro Luchador había llegado al gran partido sin perder un solo set, regenerado tras dos años de tormentos.

Desde el fracaso de Wilander en 1988, no se veía a un tenista que no completara tres cuartos de Slam. Derechas casi divinas, un gran porcentaje de puntos ganados con el primer o segundo servicio, voleas, voleas de revés a media pista, *passings*, dejadas, todo ello a velocidad superior, ejecutado con displicencia inhumana. «Uno de los tenistas más creativos de todos los tiempos», admite el legendario Jack Kramer al acabar la final. Y él, el Bodhisattva, el dios del tenis reencarnado *sub specie helveticae*, actúa en consecuencia iluminándose mientras se quita las horquillas del pelo en un rincón de la cancha. «Es lo máximo que puedo hacer», declara.

En otoño se abre un nuevo capítulo: la sumisión contra Roddick en Bangkok y una lesión que lo obliga a retirarse antes de volver a la cancha en Basilea, el torneo que, como el de París, sigue resistiéndosele. La apoteosis llega con el Masters. Dos sets a Safin en la semifinal (6-3, 7-6), dos sets a Hewitt en la final (6-3, 6-2) y Roger se mete en el bolsillo el undécimo torneo del año. Contra los demás top 10, los diez mejores del mundo, ostenta un récord reciente de veintitrés victorias y ninguna derrota. No pierde una final desde el verano de 2003, y desde entonces ha conseguido trece victorias consecutivas. Dejó de perder el 17 de agosto, durante los Juegos. Total: 74 partidos ganados, solo seis derrotas, el noveno mejor año de todos los tiempos.

Un jugador *unreal*, irreal, como lo define Patrick McEnroe. «La fluidez de sus movimientos es impresionante —dice Hewitt, que este año se ha dado de narices contra el muro de su belleza tenística cuatro veces—. Su saque nunca tendrá la fuerza del de Roddick, sencillamente no lo necesita. He intentado presionarlo, ponerlo en un apuro, en un determinado momento, en el 40-30, le he colocado un golpe en la línea. La respuesta ha sido una volea cruzada de revés a media pista. Lo que quiero decir es que ningún otro jugador del mundo se atrevería ni siquiera a intentar un golpe semejante. Especialmente en esa situación.» Moyá es el único que en Texas logra arrancarle un set, pero «si Roger está en racha —admite—, nadie puede hacer nada contra él». Hewitt le da un apretón de manos al concluir la final: «Eres el mejor, *mate*». En Houston le ponen un nuevo apodo, en sintonía con el lugar: «Rocket», el cohete. El mismo que le dieron a Rod Laver, el tenista más grande de todos los tiempos.

«Un año como este es pedir demasiado —dice el buda con coleta fingiéndose sorprendido—. El año que viene me gustaría volver a ser el número uno, repetir en Wimbledon, ganar París. Completar el Grand Slam no tiene que convertirse en una obsesión. En el fondo, este año, ni los Juegos ni la Copa Davis me han salido bien, y eran dos encuentros sumamente importantes para mí.» Tiene razón. No le han salido bien.

2005. Roche, el nuevo Virgilio

«Siempre me siento humilde cuando derroto a un adversario.» Palabra de Rod Laver, el rey del tenis en otra época. *Rocket* ha concluido el Grand Slam un par de veces, pero seguramente perdió el partido más bonito de la historia del tenis, de la plurisecular historia del juego, el que se celebró en 1972 en el Moody Coliseum de Dallas durante la final del circuito WCT. Se lo arrancó de las manos Kenny Rosewall, *el pequeño maestro*, con dos reveses inexorables, inasibles. Laver, que vive desde hace mucho tiempo en California, en 2005 tuvo que cuidar a su mujer enferma. Quién sabe lo que se le pasa por la cabeza cuando, al cabo de cuatro horas y veintiocho minutos, ve resbalar, perder el equilibrio, el punto y el partido a Roger Federer en la semifinal del Abierto de Australia. Arrodillado, tumbado por un revés de Marat Safin. Otro que también fue soberano y que, tras haber vagabundeado alrededor del mundo y de su mente atravesando años de derrotas incomprensibles, a veces incluso grotescas, vuelve a casa, por fin, el día en que cumple veinticinco años. Para Roger es como oír sonar un despertador fastidioso que lo arranca de un sueño tranquilo. Tras un año en el que ha ganado sin tener un entrenador a su lado, Federer ha encontrado un nuevo Virgilio. El vate se llama Tony Roche, y quizá haya sido el adversario más peligroso de Laver camino del segundo Slam. Cuando firma el contrato tiene 59 años y en el ambiente del tenis lo consideran el técnico más competente, iluminado y sabio. Como jugador, ganó un Slam en 1966, alcanzó dos finales en París —la única corona que, qué casualidad, le falta a la divinidad suiza—, y rozó la final de Wimbledon y del Abierto de Estados Unidos. Como entrenador, logró colocar a Ivan Lendl en la final del Campeonato del Mundo de Tenis y a Pat Rafter en la cima del ranking. Su edad y una complicada operación de cadera lo habían convencido de que debía buscarse la vida en otros derroteros, pero Federer lo cortejó de forma continuada, apasionada y lisonjera. En el fondo, no sucede todos los días que el número uno venga a llamar a tu puerta. Y al final Roche dice que sí. No estará siempre al lado de Federer, se limitará a aconsejarlo, a ayudarlo y a brindarle su apoyo durante las diez semanas de la temporada. Su misión es añadir perfección a la perfección, cincelar pequeñas, pero decisivas, dosis de sabiduría con el buril que oculta tras el entramado de arrugas y los ojos azul cielo.

«No tiene sentido que Tony deje Australia para dar vueltas por el mundo durante dos o tres días —declara Federer desde el millonario (en dólares) torneo de Doha, en Qatar, donde ha decidido empezar la temporada mientras se prepara para Australia—. Ya veremos sobre la marcha cómo organizarnos. Lo que agradezco es tener a alguien a quien llamar en caso de necesidad. Habría podido seguir sin entrenador, pero el apoyo de Tony es, sin duda, una ventaja añadida. En concreto, puede enseñarme a ejecutar mejor las voleas. No es que no sepa jugar esos golpes, en el fondo he ganado Wimbledon dos veces, pero él puede aportar consejos valiosos, añadir nuevas opciones a mi juego». Roger y Tony se aprecian, se gustan. Roche, *el Zurdo*, en su época fue capaz de tallar la que podría considerarse como la mejor volea de revés de la historia, Federer parece el heredero natural de aquella extraordinaria camada de campeones australianos que dominaron el tenis de la posguerra a principios de los años setenta. En realidad, Federer y Roche ya llevan tiempo entrenando juntos, aprovechando las pocas ocasiones que tienen. La última en Sídney, poco antes de Fin de Año.

En Doha llega la decimocuarta victoria consecutiva en la final. Es el vigésimo partido de una secuencia afortunada que dura desde los Juegos Olímpicos. Lleva 44 encuentros ganados de los últimos 46 jugados. Ljubicic —número 22 del mundo, uno de los mejores servicios del circuito— lo había derrotado tres veces en los seis encuentros anteriores. «Pero entonces Roger aún jugaba como un mortal», dice el croata. El Roger de principios de 2005 se mueve como si el aire que lo rodea fuera más ligero que el de sus adversarios. En una dimensión mental propia, libre como sus recuperaciones. «Lo que impresiona de Roger —admite Ljubo tras un decepcionante 6-3, 6-1—, es que gana con facilidad incluso si no tiene un buen día. Sabe lo que hay detrás de cada golpe, lo que pasará después, y no se equivoca. No tienes la sensación de estar fuera del partido, pero sabe cómo impedir que lo entiendas.» En Doha no pierde el servicio en toda la semana. Cuando los adversarios lo miran es como si clavaran la vista en un espejo que refleja, al otro lado de la red, la imagen de alguien sometido, de un espectro, de un derrotado. «No le tengo miedo a ninguna clase de juego —dice sin maldad—. He demostrado que puedo ganar a toda clase de jugadores, de los atacantes a los defensivos. El único al que admiraba, Sampras, se ha retirado. Hacia principios de temporada siempre te planteas qué cambios hay que hacer, estás ansioso por saber lo que funciona y lo que no, sientes la presión de ser el número uno. Pero la victoria de Doha me ha dado la oportunidad de entender que voy bien encaminado, que mi tenis tiene un buen rodaje.» Para vencerlo, se necesita el calor del Golfo, un tobillo maltrecho, un día de huelga del talento. O un adversario encanallado o insensible a su magia. Eventualidades que parecen lejanas, pero en deporte la seguridad es un espejismo.

En Melbourne, Roger avanza seguro durante casi dos semanas, pisoteando otra vez a Agassi en los cuartos. Pero después se topa con el único jugador que posee, a principios de aquel milenio, un poco más de perseverancia y determinación —pero que nadie se lo diga—, el único que podría darle miedo: Marat Safin. Partidos como ese son como un arrobamiento, liberan y encadenan al mismo tiempo. Quien los sufre desde una tribuna no puede estarse quieto, presa del tormento y del deleite. Para quienes están en la cancha es como hallarse dentro de un temporal, como decorar un desierto. De semejantes aventuras no se sale nunca solo, nunca igual a sí mismo. Roger ganó sin descomponerse en la misma cancha y contra el mismo adversario en la final de 2004. Esta vez entra en el partido con la misma tranquilidad, ejecuta el primer set con la precisión de un cirujano, se relaja en el segundo. Aprovecha el tercero. Después empieza realmente el partido. Un cuarto set eléctrico y equilibrado, rico pero sin sobresaltos. En el juego decisivo —desde 1970 siempre hay uno en el corazón de los grandes partidos—, Federer se escapa 4-1, y después 5-2. Safin maldice, el Genio tiene el partido en sus manos, pero lo deja escapar. Tras un intercambio decidido por un globo de Safin, frío y educadísimo, que intenta superar al contrincante, también desperdicia un punto de partido en el 6-5. Se va al quinto y ahí aflora un Federer poco conocido. El chico sufre. Acude el fisioterapeuta, le duele un brazo y la espalda, tiene ampollas en los pies. Concibe la derrota, pero la rechaza. Safin tampoco es el de antes: no se derrumba, su mente no hace implosión. Refunfuña lo estrictamente necesario para purgarse las neuronas. Después vuelve a mandar pelotazos desde la línea de fondo, el martillo a dos manos, violento y de gran precisión, arrojado contra el revés cada vez más atemorizado del adversario. Federer a duras penas encuentra los pasos en los desplazamientos laterales, fulmina saques directos (veintidós, contra ocho dobles faltas), pero no es continuo con la segunda, pierde 4-2. El partido se transforma en algo tóxico, se alimenta de intercambios absolutos, hace que salgan arrugas en el corazón. Lo ganará la fuerza, no la inteligencia.

A Peter Lundgren, entrenador despedido por Federer y fichado por Safin, se le hiela la sonrisa desde la tribuna. Marat produce algo continuo, contundente, una selva de golpes perfectos. Roger está agotado, pero sabe cambiar de piel. Safin le ha roto la guardia, pero Federer, que ha dejado de ser un divo intocable, lucha con uñas y dientes. Buda ha desaparecido, el hombre sale a la luz. Remonta en el cinco iguales, salva (también) a fuerza de tozudez, de concentración, uno, dos y seis puntos de partido. Al séptimo se rinde. Lo miras y piensas en McEnroe aplastado por Lendl, en Connors, impotente contra Borg; en Rafter destrozado por Ivanisevic. Ha sido esa clase de partido que tiene una luz especial. «De todas formas, me ha gustado participar —susurra Federer, de retorno entre los mortales». «Es la una de la noche —bromea Safin, que dos días después destrozará a Thomas Enqvist—, ¿creéis que me darán una copa de champagne en el hotel?». Acto seguido se acuerda de que ni siquiera ha celebrado el punto de partido contra aquel Siddharta cubierto de polvo. «He ganado, no puedo creerlo». Siempre me siento humilde cuando gano a un adversario.

En 2005, Federer decide por primera vez no participar en la primera ronda de la Copa Davis, una de las manchas que con el tiempo han contribuido a hacer más opacos los antiguos reflejos de la Ensaladera. Suiza, huérfana de su número uno en Holanda, descubre a Wawrinka, pero pierde el partido. En compensación, Federer parece imparable. Gana en Róterdam, en Dubái —dos decepciones más para Ljubicic—, y en Indian Wells contra Hewitt. Los antiguos fantasmas empiezan a disiparse. En efecto, en Miami se enfrenta y gana a Ancic, a Henman y de nuevo a Agassi —con quien jugó un partido de exhibición en el helipuerto del Bury Al Arab de Dubái, comentado por todos los periódicos del mundo—, pero en la final se topa con un joven ogro destinado a destrozar todos sus sueños durante un productivo decenio. Nadal le había derrotado el año anterior en la tercera ronda, pero esta vez Federer se sale con la suya en el quinto set, después de haber estado dos sets abajo, y 1-4 y 3-5 en el juego decisivo del tercero.

Entre Montecarlo y Hamburgo, el número uno tiene ocasión de conocer el revés de Richard Gasquet y desperdicia tres puntos de partido en un encuentro que se juega en el Principado, todavía de luto por la muerte de Raniero III, y sufre una derrota cuya revancha tendrá lugar en Rothenbaum. El Roland Garros está a la vuelta de la esquina y esta vez Rafa hará el papel de ogro de verdad. En el Bois de Boulogne, Victor Hanescu le quita de en medio a Nalbandian y Roger vuelve a llegar a la semifinal sin perder un solo set. Pero ahí se para.

Es la tercera reposición de un guion perfecto: el rey joven, austero, contra el infante desgreñado y vestido de colorines. El mismo pañuelo, otro corte existencial. Sobrevive Nadal, cuya misión era más sencilla: seguir haciendo lo que Nadal sabe hacer. Cae Federer, que en esa ocasión no es lo bastante Federer. El número uno lleva meses alimentando una oruga roja, voraz: el deseo de sellar el último Slam que le falta para entrar como un caballero cubierto de gloria en la patria de los ogros afiladores. Pero el hilo invisible que une a Federer con el cielo, con el almacén de las jugadas perfectas, se rompe. Asediado por los golpes liftados de Nadal, por su fuego de contención, falla todo su repertorio de derechas y en menos que canta un gallo va dos puntos de rotura de servicio por debajo. No varía, no encandila. Es más, le salen del alma gruñidos amenazadores en suizo alemán, e incluso falla algunos golpes. Usa poco y mal el revés cortado y, como sucederá muchas más veces, ese golpe le hace perder con el español. Rafa atraviesa un solo pasillo de verdadero vacío mental al principio del segundo set, pero Roger no ataca, se deja atrapar, muere como una mosca cuando la luz ya no es más que un velo mortecino sobre la cancha. Habría sido suficiente mantener el punto de rotura de servicio conquistado en el 2-1, no desaprovechar con dos errores la posibilidad de colocarse 4-2, mover un ala, resistir hasta la suspensión del partido por falta de luz, algo cada vez más cercano.

«Hacia el final, era como dar palos de ciego, no se veía nada», suelta el campeón cuando se despierta de su sueño. «Roger es el número uno, y no solo en el tenis», responde Nadal, que hasta se disculpa con Roger cuando le estrecha la mano. El domingo, Rafa, con diecinueve años, machaca también a Mariano Puerta en cuatro sets, y tras haber masticado Montecarlo, Barcelona y Roma, gana también el Roland Garros a la primera, como Rosewall, Borg, Wilander y Chang. Para Federer se trata de un rival contundente, de un gran adversario que al día siguiente del triunfo se convierte en el número tres del mundo y ya no quiere hacer antesala. «Pero en *grass* no, en Wimbledon no puedo ser el favorito», dice Rafa en anglo-nada-liano al concluir la final. Este año no.

La profecía, en efecto, se cumple, y en Church Road Nadal se afloja ya en la segunda ronda contra Gilles Muller —que repetirá la hazaña doce años más tarde—, mientras Federer, tras tomarse la revancha contra Safin en Halle, embruja de nuevo el campeonato encandilando hasta la lluvia, que en la final cae tímidamente durante veinticinco minutos, entre el desenlace del segundo set y el principio del tercero, y después desaparece con la misma rapidez con que se evapora la esperanza de Andy Roddick sobre la hierba del Centre Court. Ni ella quería molestar.

Roger, en versión Orfeo, encanta hasta a los elementos, con leve pero sensible desaprobación del London Weather Center, que había pronosticado inundaciones, y anula a Roddick con tanta facilidad que al final este parece casi aliviado. Tres sets a cero (6-2, 7-6 y 6-4), una hora y cuarenta y un minutos, la séptima final más corta de la historia del torneo, la octava victoria en nueve encuentros contra Roddick. Una exhibición perfecta y desalenta-dora al mismo tiempo. «Mi mejor partido —dice Roger, que empieza a tener un abochornante catálogo donde escoger—. Incluso mejor que la final del Abierto de Estados Unidos del año pasado.» Federer juega tan bien que él mismo se admira. A veces le pasa. Lo confiesa: «Una sensación casi irreal. La sentí ayer, antes y después de llover, y también durante el tercer set. Tenía la impresión de que ni siquiera jugaba. Todo me salía bien, sin esfuerzo. Sentía que vivía la realidad, lo que estaba pasando, de una forma extraña». Alteraciones de la conciencia.

Wimbledon, por otra parte, es un lugar tan impregnado de tiempo y de memoria que es fácil sentir la presencia de algo indefinido, como en Stonhenge o en Hanging Rock. Pero Federer es el único campeón que se reencarna en sí mismo. No en Fred Perry, John McEnroe, Björn Borg o Pete Sampras, los únicos que ganaron antes que él tres campeonatos consecutivos desde que el *challenge round*, la lucha para ganarse el derecho a desafiar al campeón en su propia pista, fue abolido en 1992. Federer no se parece a nadie. «A Laver, quizá —dice su poco locuaz entrenador, Tony Roche—. Roger tiene la misma capacidad de adaptarse a las diferentes superficies, a los adversarios. Sabe hacer muchas cosas, y eso hace de él un tenista único. Todos los demás tenistas de hoy día son unidimensionales». Roddick sentencia: «Con su revés cortado me habrá superado 68 veces. Lo atacaba y me pasaba. Me quedaba atrás y él encontraba la manera de superarme aunque estuviera en la línea del fondo. Treinta iguales, golpe ganador de Federer, le coloco una respuesta perfecta, en la línea. Él logra alcanzarla. Entonces entro en campo, tiro un revés cruzado con el brazo extendido. Llega y me hace un *passing*. Y no puedo jugar dos golpes mejores que aquellos. Es lo más cercano a la perfección que se ha visto. Solo te queda decirle que lo ha hecho muy bien y esperar que tarde o temprano se aburra de jugar tan bien.»

En Wimbledon, Roger se aloja en un piso normal; Mirka hace la compra, cocina y lava. Exactamente igual que cuando están en Oberwill, en Suiza, y Mirka va en coche al colmado donde venden gorgonzola, mozzarella y otras *delicatessen* que tanto le gustan al Genio. A Federer le basta con la vida que lleva. Pero todavía tiene que alcanzar el tenis al que aspira. Se confronta con la historia. «Todos hemos mejorado durante este último año —cuenta Roddick—, pero Roger más. Él es el instrumento que mide tus cualidades. Por eso, incluso si pierdo treinta veces consecutivas, estaré encantado de seguir jugando contra él.»

En 2005, Roddick pierde contra Roger por novena vez en Cincinnati, obviamente en la final, y después, como todos en

Flushing Meadows, hace cola para admirarlo mientras gana su tercer Slam del año y devora a uno de los últimos Agassi de su carrera. Es su sexto título de Slam, el mismo número que Don Budge, Boris Becker y Stefan Edberg, pero el Genio solo tiene 25 años. Los únicos que han conquistado dos años consecutivos tanto Wimbledon como el Abierto de Estados Unidos han sido Tilden y Budge. Lleva ganadas veintitrés finales consecutivas y conquista la de Nueva York lanzando toda su artillería en el cuarto set contra la edad y las esperanzas del Kid. Contra todo un estadio, incluido Lance Armstrong, que observa desde la tribuna y espera que salga bien. Agassi le hace sufrir, gana 6-2 el tercer set y se coloca 4-2 a su favor en el cuarto, a lo que Roger responde con muecas de fastidio y soltando entre dientes algún «¡mierda!» que otro como respuesta a su rival. Agassi gana algunas batallas, pero pierde la guerra. Para Federer es una consagración absoluta, para Agassi una derrota gloriosa, el final de una epopeya. «Ha sido una carrera maravillosa. Gracias, Nueva York, por los últimos veinte años.» Federer declara con (falsa) modestia: «He tenido la suerte de jugar, como de costumbre, mi mejor partido en la final», pero después del partido, Agassi lo corona. «Sampras era un grande, pero cuando jugabas contra él sabías que siempre había una salida, una solución alternativa que podía funcionar. Con Roger no. Nunca he visto a nadie que sepa hacer todo lo que Roger hace en la cancha, tiene una respuesta para todas las preguntas. Es solo cuestión de tiempo, de cuánto tiempo empleará en subir su nivel de juego y cerrarte el paso.»

Pero en el Masters le toca a él buscar, en vano, una solución. En la final de Shanghái juega contra dos rivales. Al que conoce mejor, incluso demasiado, es a David Nalbandian, con quien vuelve a toparse, como permite e incluso parece fomentar la fórmula del torneo; el otro rival es un ligamento que Federer se lesiona durante el entrenamiento contra Michael Lammer, antes de Basilea. En Asia se ha cruzado por primera vez con Andy Murray, y le ha derrotado en la final de Bangkok, después de nuevo en Davis, en dobles esta vez, durante el desempate para permanecer en el World Group, que Suiza domina en el Palexpo de Ginebra. Pierre Paganini logra que se recupere para la cita china y Federer llega invicto a la final tras haber humillado con un 6-0 y 6-0 a Gaston Gaudio en semifinales, una puntuación que llevaba 35 años sin verse en el Masters, que Gaston nunca había sufrido y que no aparecía, ni siquiera en el récord de su sublime verdugo.

Pero el Masters puede ser esquizofrénico e imprevisible. Contra Nalbandian en la final, es Federer quien se transforma improvisadamente en uno de esos gatos dorados, macizos, que agitan una pata gorda en los escaparates de las tiendas de *souvenirs* de Shanghái. Tras haber arrancado con los dientes dos juegos decisivos a un Nalbandian perfectamente calibrado, a veces demoledor por la facilidad con la que cañonea su revés y hiende el aire con dejadas malvadas e impecables, se le viene encima todo el cansancio de la temporada. Se arrastra por la cancha con las piernas entumecidas, inactivas, que el fisiotera- peuta ya ha intentado tonificar con vigorosas fricciones en el muslo izquierdo.

Para Federer es una auténtica tortura china, un goteo humi- llante de golpes de derecha mal armados, reveses fallados o pifia- dos, hasta la vergüenza de un punto de rotura de servicio a cero, que sella 1-6 el cuarto set. Tres horas y media de juego que muestran a un Federer inédito, humillado y aturdido de quien todos se esperan que arroje la toalla. Al principio del torneo ya sabía que tenía la autonomía limitada a una hora y media, dos como mucho, tiene mil razones para retirarse. Pero Roger, antes que un fuera de serie, es un enamorado de su oficio, de la místi- ca del juego limpio. Retirarse significaría mutilar el éxito de su adversario, así que Roger acepta como un mártir renqueante hundirse en un desfavorable 0-4 en el quinto set, el fantasma de un blasfemo 0-6. Se cuelga como un reto del hilo rasgado de su talento, coloca un par de respuestas anticipadas e hirientes, con- sigue un punto de rotura de servicio. El partido cambia de repen- te por tercera vez y se transforma en una ordalía nerviosa. Nalbandian abandona su *forcing* perfecto y se contenta con esperar que su rival se derrumbe. Sin embargo, Federer, merma- do, arriesgando todo lo que es capaz, se remonta 4-4 y hasta llega a conseguir un rocambolesco 6-5; y saca para ganar el torneo. Con un saque y volea en el primer punto y un saque directo, va 30-0, a dos pasos de una victoria inconcebible, casi grotesca. «A aquellas alturas —confiesa el argentino—, me he dicho que no podía quedarme parado.» Pero una respuesta homicida, una dejada equivocada de Federer y un revés de Nalbandian hacen que la esperanza se desvanezca. Federer se toca el tobillo antes del tercer juego decisivo de la final forzado por Nalbandian, sabe que lo perderá, tras cuatro horas y treinta y tres minutos de partido. Es la cuarta derrota del año, una más que el McEnroe de 1984, e igualdad de victorias (81), una de las mejores aproximaciones de todos los tiempos a la quimera de la asíntota tenística a la que aspiraba Lendl: la temporada perfecta, sin derrotas.

La victoria de Nalbandian es, en cambio, la segunda de un argentino en el Masters tras el show inesperado de Vilas sobre el césped de Melbourne en 1974. La única, junto con la de Lendl ante Gerulaitis, en 1981, obtenida remontando una desventaja de dos sets. La octava en 35 ediciones de un jugador derrotado en el curso del torneo. David, *el rey David*, como lo llaman los argentinos, ha jugado el partido de su vida en una superficie que se adapta a su ritmo, a su naturaleza de argentino anómalo. Su abuelo, el Nalbandian, que emigró de Armenia, construyó en la parte de atrás de su casa de Córdoba un campo de cemento donde David empezó a jugar mucho antes de hacerlo sobre arcilla triturada. Procede de una familia acomodada, su padre era agente comercial y su madre, Alda, ama de casa; ella es la primera persona a la que, emocionado y con los ojos llenos de lágrimas, David abraza en la tribuna. Como tenista, David pertenece a la estirpe de los atacantes de fondo, tan inteligente y polivalente que en 2002 llegó a jugar una final sorprendente en Wimbledon, que perdió con Lleyton Hewitt. Es hincha del River Plate, pero como buen cordobés su gran pasión son los *rallyes*. Llegó a Shanghái gracias a las lesiones de los demás tenistas, lo «pescaron», literalmente, mientras estaba a punto de salir hacia la Patagonia con cañas y cebo, y se convierte en Maestro sin usurpar demasiado la calificación, aunque todos le consideran un suplente. El legítimo titular de la cátedra ha perdido, pero sin sentirse derrotado. ¿Se puede ganar perdiendo? Si la respuesta es afirmativa, Federer ha vuelto a ganar negándose a retirarse. Puede que no haya ganado el Masters, sino algo diferente. Algo que tiene que ver con la vida más que con el tenis, con el sentido de profundo respeto por uno mismo, por el mundo, por las cosas que nos importan.

LOS GRANDES ADVERSARIOS

Marat Safin y su doble

«Si mi abuela hubiera tenido barba, habría sido mi abuelo.» Si Marat Safin hubiera sido diferente, no nos habría gustado tanto. Alto, de origen ruso, pero español de adopción, irónico, sexy, de poco fiar e inteligente. Buen jugador como pocos, guapo como un actor —con la ventaja de que escribía su propio guion. «No pago a las mujeres para que se acuesten conmigo, les pago para que se vayan después.» Con veintitrés años parecía un semidiós. Había llegado al tenis cinco años antes. Un salto desde la nada hasta los octavos de final de París y los octavos de final del Abierto de Estados Unidos. En el 2000, con veinte años, había hecho envejecer un siglo a Sampras en la final. Nueve semanas como número uno, el más joven de todos los tiempos después de Hewitt. Y tras eso, varias lesiones en la muñeca y en la rodilla. Otro Slam ganado en 2005 y uno increíblemente perdido en Australia en 2004, dos Copas Davis. En total, quince torneos y catorce millones de dólares. ¿Poco para un ungido del Señor al que nunca le ha gustado el cáliz de la amargura?

«¿Tienen idea de cuántas veces por semana alguien me recuerda que debería haber ganado más a menudo? Me importa un bledo.» Un espíritu libre, una gran alma rusa. Dramática y burlona. Capaz de jugar partidos perfectos y de bajarse el pantalón en la cancha para reírse de su adversario, Mantilla. Sucedió en París, en 2004. Y también de reírse de sí mismo: «En los vestuarios había algunos júniores. Hemos hablado de tonterías y de repente he sentido el peso de la edad, es decir, catorce años.» En 2007 tuvo la brillante idea de entrenarse escalando el Cho Oyu, la sexta montaña más alta del Himalaya, pero renunció al tercer día, cuando cayó en la cuenta de que los *after hours* en alta montaña no eran para él. Lo tenía todo para ser el mejor, empezando por el servicio y un cuarteto (pero el número cambiaba) de hinchas que lo seguían en los torneos: las *Safinettes*, jóvenes, rubias y, obviamente, espectaculares. Y no faltaban las fiestas de fin de partido con inevitables luces ultravioletas: «La vida es demasiado corta para pasarla únicamente jugando al tenis».

«Si Safin hubiera tenido la mentalidad de su hermana Dinara —soltó una vez Ion Tiriac—, habría sido el número uno durante diez años seguidos. Y si Dinara tuviera el diez por ciento del talento de Marat, sería la número uno de los próximos diez años.» No sucedió ninguna de las dos cosas, pero Marat tampoco le dio nunca la razón: «No es cierto que haya ganado poco, he ganado lo que quería». Safin, el *playboy*. Safin, contra el que Nalbandian se rebela en Montecarlo cuando quieren que juegue a las diez de la mañana: «¡No podéis obligarme a jugar a la hora en que Marat se va a dormir!». Safin, que un año se presentó en Perth con los ojos morados y el labio abierto: «No pasa nada, fue una pelea, hace una semana. Digamos que estaba en el sitio equivocado en el momento equivocado. De todas formas, gané yo».

En 2008, el párroco de la pequeña iglesia del Wimbledon Village colgó un cartel sobre la puerta que decía así: «Dios ha creado a Federer». Y una feligresa añadió con bolígrafo: «Y también a Marat Safin». La segunda parte de la anécdota es falsa (la primera no, se llama marketing), pero es verosímil. Porque Marat Safin ha sido todo lo que Roger Federer no es. Un tipo que vive al día, que no programa, que se deja llevar. «Marat es divertido incluso cuando no lo es», sostenía su exentrenador Mats Wilander.

En 2005 me crucé con él en Bolonia, se trataba la rodilla en el centro de rehabilitación deportiva Isokinetic, iba del hotel Baglioni al gimnasio con un Alfa cupé de color rojo. «¿Ves este reloj? —me preguntó al acabar una entrevista larguísima que había empezado diciendo que no tenía ganas de hablar—. Con cada vuelta que dan las agujas nos acerca a la muerte. No pongas esa cara, es un consejo, una advertencia: espabila porque el día de hoy no volverá. Y nadie sabe lo que pasará mañana. Lo importante es vivir intensamente cada minuto de nuestra vida.»

Y si alguien ha logrado hacerlo es él, Marat *el Magnífico*, que tras dejar el tenis ha sido vicepresidente del Comité Olímpico y se ha dedicado a la política, aunque después haya abandonado la Duma, el parlamento ruso, cansado de los juegos de poder que tanto le gustan al marido de su exnovia Dasha, el señor Roman Abramovic. «No me arrepiento de nada, absolutamente de nada —declaró el día del adiós—. No me he cansado de jugar al tenis, pero ya he obtenido lo que quería. Ha llegado la hora de hacer algo nuevo, diferente. Soy una persona ambiciosa, no quiero pasar el resto de mi vida contando hasta la saciedad el partido con Sampras en el Abierto de Estados Unidos.»

No es un secreto que Marat posee una filosofía de vida y un sentido del humor que franquean el estereotipo del gandul ruso con éxito. «Marat es una persona de mentalidad muy abierta, y no solo si se habla de tenis o de mujeres —decía hace años su amigo y compañero Tursunov—. La gente lo ha etiquetado como un mujeriego, pero ¿acaso tiene la culpa de que las mujeres se le tiren encima?» Ya, pobre chico, él no tiene la culpa, ¿qué podía hacer?

Por ejemplo, ganar media docena más de Slams. O hacérselas pasar moradas a Federer. «Todo el mundo dice que soy el único que puede ganar a Federer y a Nadal, son chorradas. Primero: otros ya lo han logrado. Segundo: si Roger gana, estoy contento por él, pero no me levanto cada mañana con la idea fija de derrotarlo. Hablemos más bien de otras cosas: ¿es posible que en Wimbledon un plato de espaguetis malos cueste diez libras esterlinas? En Nueva York, se come una pasta excelente en Cipriani, el mejor restaurante del centro, por el mismo precio.»

Un poco chulo, pero honrado. En los buenos tiempos era capaz de cerrar todas las discotecas de la ciudad durante una semana y ganar la final (fue lo que pasó realmente en Tashkent). «He ganado la lotería, si no hubiera sido por el tenis, puede que ahora estuviera recogiendo botellas en algún parque de Moscú. La vida del tenista es una buena vida: ganas dinero, viajas, conoces a un montón de gente, vas a los mejores hoteles, comes en los mejores restaurantes. Pero también hay que entrenarse, jugar y aguantar la presión.»

En el aire se queda la pregunta que siempre ha flotado alrededor de Marat: si hubiera entrenado más, si hubiera sido más constante, ¿qué habría pasado? Quién sabe. Quizá habría sido Federer.

P.D. Una excompañera, Svetlana Kuznetsova, le hizo esa pregunta. Encontrarán su respuesta en la primera línea de este artículo.

2006. El año de las maravillas

En la cena del uno de enero —pantalón y jersey negro, camisa blanca—, parece uno de esos elfos que, vestidos de modo informal, dirigen sin aparentarlo ciertas empresas americanas, ejecutivos jóvenes, con neuronas de banda ancha y un refinado gusto por el *understatement*. Durante una visita a las caballerizas reales del emir de Catar, vestido con un *dishdash* marrón bordado en oro y un halcón sobre el brazo, parece, en cambio, un viajero de otros tiempos, de esos que sonríen al futuro desde un daguerrotipo descolorido en las páginas de un libro. ¿Quién es realmente Roger Federer, el señor del tenis que gana en Doha, sin perder un solo set, el primer torneo de 2006, el trigésimo cuarto de su carrera, y consigue la cuadragésima cuarta victoria consecutiva sobre cemento? «*Uno svizzerotto very straight* —un suizo con las ideas muy claras, me responde, mitad en italiano, mitad en inglés—. Uno que viaja desde que tenía doce años y que ha aprendido a dialogar con gente de diferentes culturas, a adaptarse a diferentes modos de pensar, a hablar muchos idiomas». Siempre en movimiento de un continente a otro, elegido en 2005 embajador del deporte por la ONU y campeón del año por la revista *L'Équipe*, por encima de Valentino Rossi y Fernando Alonso, Roger es el fuera de serie global. Para entrenarse con Tony Roche, su entrenador australiano, viaja a Sídney y pasa las Navidades con él. Para relajarse elige las playas de Tailandia y de Dubái. En

Shanghái y en Bangkok es un ídolo familiar. «Sí —admite—, mis objetivos siguen siendo los mismos: seguir siendo el número uno y, si me piden que elija un torneo, vuelvo a preferir Wimbledon, aunque me gusta jugar en Asia. Me gustan las culturas de sus diferentes países, el gran respeto y la hospitalidad que se respira en ellos. Me gustaría que se organizaran más torneos y más eventos en esta parte del mundo. Ver en acción a los atletas más famosos del planeta puede ser un aliciente para que los chicos asiáticos se acerquen al tenis, puede contribuir a que aquí también nazcan campeones.» En Dubái, entre otras cosas, acaba de comprarse una casa con vistas al mar, 700 metros cuadrados, dos millones y medio de euros. El sitio le gusta, ha ganado tres veces consecutivas aquí —cinco en Oriente Medio, contando los dos títulos consecutivos en Doha—, y lo utiliza como base para los entrenamientos de primavera.

Pero todavía le gusta más «su» África. Desde diciembre de 2003, a través de la fundación que lleva su nombre, Federer ha puesto en marcha un proyecto en New Brighton, la *township* negra de Port Elizabeth, la ciudad sudafricana donde su madre, Lynette, trabajó. Dos comidas calientes al día para treinta chavales, colegio, educadores, atención médica y, a partir de diciembre, dos canchas de tenis en Zwide, una aldea de la zona. Roger ha visitado personalmente esos lugares, ha cruzado el gueto, ha entrado en los hospitales donde sufren enfermos de sida que son sus coétaneos. «Creo que el deporte puede hacer mucho en estos casos. Y considero un gran honor poder hacer tantas cosas con un esfuerzo tan pequeño.»

Nicola Arzani, vicepresidente (piamontés) y responsable de *marketing* de la ATP, ha acompañado dos veces a Federer en sus viajes a África, Sudáfrica y Etiopía. «Roger es el mismo que era al principio de su carrera —cuenta—. Tiene menos tiempo para dedicar a los demás, pero sigue siendo espontáneo. Bromea con todos, pasa con naturalidad de un tono serio al del chico entusiasta del tenis que conocí la primera vez que vino a Montecarlo para visitar la universidad de los jugadores. Y cuando hace algo, quiere hacerlo a la perfección, por eso si no concede una entrevista, y concede muchas, es porque sabe que no podría darlo todo durante esos quince minutos. Lo mismo vale para su fundación. Muchos famosos se presentan en el lugar solo para hacerse un par de fotos. Roger no. Tuve que insistir para que se dejara hacer alguna foto, un video, y tuve que explicarle que no era para su beneficio, sino para dar visibilidad a la fundación. Por lo demás, desde que bajamos del avión hasta que volvemos a subir, no para ni un momento.»

A principios de 2006, cuando charlamos en Doha bajo las tiendas decoradas en perfecto estilo local, Roger me cuenta su sueño más profundo: «Me gustaría ver que se organiza un gran torneo en África. He hablado de ello con la ATP, me he ofrecido a hacer de catalizador para que pueda hacerse realidad, estoy a su disposición. ¿Dónde? Eso no importa, pero Sudáfrica es un gran ejemplo de cómo se puede renacer de un pasado difícil gracias a la lucha y al compromiso. —Lo mismo que tuvo que hacer él—. He mejorado gracias a los fracasos. En 1998, cuando perdí la final del torneo sub-18 del Abierto de Estados Unidos, me di cuenta de que si quería progresar de verdad tenía que emplearme más a fondo. Sé qué puedo pedirle a mi cuerpo y qué no, elijo con mucha atención el programa anual de mis viajes para administrarme lo mejor posible. ¿A qué le tengo miedo? A las lesiones. Y a los nombres de siempre. No me los hagas decir.» Un ciudadano del mundo, con ideas de largo alcance. Y con algunos límites, que él mismo se ha puesto. «¡No! —responde haciendo una mueca alegre cuando le pregunto si podría añadir, como buen suizo, otro idioma a sus conferencias de prensa políglotas—. Ruggero no habla italiano.»

En 2004 fue nombrado «Suizo del año», número uno de un país que elige cuidadosamente a sus campeones entre banqueros, hombres de negocios y artistas. Su nombre ha sido grabado en una montaña del Oberwald bernés, en el centro exacto del país. A finales de 2005 ganó por segunda vez el Laureus Award, la revista *People* lo eligió el «Hombre más sexy del año», y ya poseía una cuenta corriente con seis millones de dólares ganados gracias al tenis. ¿Qué más podía pedir Roger Federer a los veinticinco años? Elemental: seguir ganando.

En Melbourne, Roger conquista, pues, el séptimo Slam de una carrera todavía incipiente, pero durante una hora y media contra ese demonio desenfrenado de Marcos Baghdatis, su revés no atiende a razones, la primera bola no entra y su derecha —incluso su derecha— falla. Durante una hora y media, Roger está en ascuas. En el 7-5 para Chipre, 2-0 y a dos bolas de un 3-0 desfavorable para el campeón en el segundo set, y dos puntos de rotura se servicio sobre la conciencia, *la torcida*, en la que no podía faltar un poseído vestido con el traje típico, berrea alegre, convencida de que el milagro se puede realizar. «Pero a partir de la segunda manga me ha aplastado con un impresionante repertorio de golpes —declarará el derrotado, con la expresión incrédula de quien ve su sueño desvanecerse—. En determinado momento he empezado a creer que podía ganar. Pensaba en lo que podía significar. He dejado de atacar, he permitido que volviera a entrar en el partido, no le he dado el golpe de gracia. Y eso, contra Roger Federer, no puedes permitírtelo.»

El Federer de los dos primeros sets, en efecto, parece el sosias flojo del partido con Davydenko en los cuartos, de los dos sets centrales contra Haas en los octavos, demasiado horrible para ser verdad. Pero la cualidad del fuera de serie es escapar como Houdini de las situaciones más incómodas, la misma que hizo que Laver se convirtiera en el más grande de una generación de grandísimos. Impreca, el prodigio, pero no cede. Rompe el servicio del fenómeno chipriota en el duodécimo juego del segundo set y encaja nueve juegos consecutivos contra un adversario cada vez más desalentado, mermado en parte por un calambre en la pantorrilla, apagado quizá. Como suele hacer con quien se atreve a desafiarle —un 6-0 a Haas, un 6-0 a Kiefer en la semifinal—, Roger no tiene piedad. Tras dos horas y cuarenta y siete minutos, cierra subiendo a la red el Slam que debería haber ganado paseando, pero que gana sufriendo y jugando mal. Pero que gana.

Solo Borg a los 23 años, Mats Wilander a los 24 y 20 días y Pete Sampras a los 24 y 29 días, lograron hacerse con siete Slams antes y más rápido que él, que tiene 24 años y 5 meses. Borg alcanzó los once antes de retirarse con 27 años recién cumplidos, Wilander solo llegó a siete y Sampras, que se hizo con catorce, fue el último que firmó tres Slams consecutivos, aunque no en el mismo año solar. Como Roger, a caballo entre 2005 y 2006, *Pistol* Pete ganó Wimbledon, Nueva York y Melbourne entre 1993 y 1994. A partir de este momento, Roger se enfrentará a partidos con números y nombres legendarios. Un reto que, a la larga, desgasta los nervios.

De repente, Roger se echa a llorar. Delante del micrófono, paralizado por la tierna afasia del niño que olvida el poema de Navidad. Incapaz de pronunciar una sola palabra sobre la tarima donde, un momento antes, Rod Laver le ha entregado la Copa dedicada al Mago Norman Brookes. Se echa a llorar ante el público de la pista central de Melbourne y ante el mundo entero porque ganar, para quien está obligado a ganar siempre, es, en el fondo, un oficio maldito que seca el alma y consume los nervios. Y de Roger Federer, todo el mundo espera siempre algo magnífico e ilusorio, que gane.

«He jugado casi todos los partidos por la noche —explica—, así que he tenido tiempo de pensar en cada uno de ellos. Largas tardes, sobre todo la de hoy, que acaban por desgastarte los nervios. No paran de decir que tengo que ganar esto o aquello, pero no es tan sencillo, créanme. Mi entrenador, Tony Roche, es australiano, un país donde el tenis es muy importante. En la tribuna estaba Rod Laver, encontrarme con él ha significado mucho para mí. Ganar en Wimbledon es siempre emocionante, siempre distinto.»

La familia de Peter Carter, el primer entrenador de Federer, australiano como Roche, que murió sin ver cómo su alumno se transformaba de crisálida en campeón, también está en la tribuna. Laver, a quien Roger abraza en «su» campo —Rod Laver Arena— casi echándosele encima con la emoción propia de un hijo, ganó once Slams. Durante cinco años, de 1963 a 1967, no pudo participar en ellos, exiliado entre los réprobos de la profesión. «Lo que cuenta —sostiene Rod, *el pelirrojo*— es que Roger se divierte en la cancha. Marca la diferencia con su modo de cubrirla, de anticipar los golpes para sacar ventaja de las inseguridades de sus adversarios. No es fácil ganar un partido detrás de otro, puedes acabar sintiéndote vacío. Sé lo que es.» Y añade proféticamente: «Pero si de verdad amas este deporte, como lo hacía yo y como lo hace Roger, puedes seguir ganando durante treinta años». El Abierto de Australia celebra el paso del testigo del más grande de ayer al más grande de hoy. Pero los que suelen hacer llorar —y no precisamente de alegría— a los grandes están siempre al acecho.

ϒ

A la segunda derecha que falla —¡pum!—, Roger da un puñetazo en el brazo de la butaca. Abre desmesuradamente los ojos febriles, enciende y apaga el enésimo cigarrillo del día. «*Il faut changer métier*». Roger es suizo, se apellida Jaunin y se preocupa por su viejo corazón de cronista helvético, pero en absoluto neutral, que todavía no se ha acostumbrado a los altos y bajos asesinos de un deporte canalla, maravilloso y machacante. Mientras tanto, nuestro Roger, en la cancha central del Foro Itálico, que Gianni Clerici ha rebautizado como «el Estadio de los calambres», acaba de echar a perder el segundo de los dos únicos puntos de partido que un día a todas luces memorable había decidido ofrecerle, aunque nadie lo sabe todavía. Federer, que durante una tarde que dura ya cinco horas ha asestado derechas terriblemente hermosas, también ha malogrado las dos que más contaban en el 15-40. No lo sabe el niño encantado que tiene delante, genio benévolo capaz de encandilar hasta al azar: 40 iguales y todo por hacer, cuando la puntuación, vista desde la perspectiva de Federer, es dos sets empatados y 6-5 en el quinto set, servicio de Nadal. Después, Rafa cierra el juego y de repente hay que concentrar todo lo que falta en un solo juego decisivo, el tercero del día, que se convertirá en el compendio y la clave para comprender un partido homérico, infinito, vívido como una novela. Roger, que salta hacia delante 3-1 y siente en la boca el sabor de la victoria; Rafa, que remonta a su manera, recuperando una volea que ya moría sobre la tierra roja, surca el aire con un *passing* y recupera el partido. Empata. Y gana, tocando la línea y observando cómo la última e insegura braceada de Federer acaba *out*: 6-7, 7-6, 6-4, 2-6 y 7-6, Rafa ha ganado, viva Rafa.

En 2005, Nadal había empleado cinco horas y dieciocho minutos para embastar una final igual de monstruosa contra Coria; esta vez le sobran ocho minutos para derrotar al mejor. Contra Coria se había encontrado 3-0 en contra en el quinto set; se encuentra 4-1, y después 5-6 y 15-40 desfavorable en el quinto set contra un Federer transfigurado, mermado en comparación con el campeón vencedor que ha sorprendido a todos en el curso de la semana. Un Federer verdadero. Y sin embargo…

El Niño empezó a sembrar la inseguridad en Federer en

Dubái, superándolo en tres sets en la final sobre cemento; después, Rafa lo doró en una de sus sartenes preferidas, la cancha central dedicada a Raniero III del Country Club de Montecarlo. Hay partidos que son como infiernos que vuelven, contienen miedos que llaman a la puerta de la habitación donde los hemos encerrado. En el Principado, Federer perdió en abril el cuarto partido de los cinco que jugó contra su prodigioso, absoluto y verdadero rival. El único éxito de Roger se remonta a 2005, en Miami. A esas alturas ya podía hablarse del síndrome Nadal. Cuando juega contra el Niño, a Federer le dan calambres en las ideas. La tozudez de Nadal y la competitividad que desprende cada uno de sus gestos tienen el poder de hacer aflorar zozobras ocultas, de introducir minúsculas cuñas en el alma del divo: si pierdo con esta fiera, no soy realmente el mejor. Si pierdo con Rafa, no me convertiré nunca en el tenista más grande de todos los tiempos.

Existen, sin duda, razones técnicas que pueden explicar el fracaso. La tierra, que por otra parte es la superficie sobre la cual ha crecido, no es su terreno preferido, es el reino de Nadal. Además, Rafa es zurdo, pertenece a una clase privilegiada que antaño proliferaba en los barrios elegantes —Connors, McEnroe, Vilas, Tanner, Muster, la Navratilova—, clase que, por motivos complicados de explicar, prácticamente ha desaparecido de la cúspide del tenis. En 2006, Nadal es el único top 10 que juega con la izquierda, y entre las veinte primeras mujeres solo está Patty Schnyder, la número nueve. Nadie está ya seriamente entrenado para reducir a un adversario que utiliza trayectorias opuestas, ni siquiera Federer. El servicio de Roger, con sus rotaciones compuestas de lanzador de críquet, que normalmente envía fuera de la cancha el revés del adversario, con Rafa acaba en las garras de su derecha. Un golpe que por contundencia, continuidad y precisión, como sostiene un as de la tierra batida como Vilas, «no tiene parangón en el circuito».

En Roma, en una de las mejores exhibiciones de su rivalidad infinita, Rafa alcanza 53 victorias consecutivas sobre tierra batida. No pierde desde abril de 2005, cuando cayó en Valencia contra el tenebroso Igor Andreev. Iguala el récord de Vilas, que se remonta a 1977, y el de los dieciséis torneos conquistados de adolescente por el excelso Borg. Para Roger es una decepción lacerante. El Caníbal le ha infligido las únicas tres derrotas sufridas en 41 partidos. Federer nunca pierde antes de la final. Pero cuando se enfrenta a Nadal en la final, pierde. Rafa no sucumbe a su aura de soberano. Rafa recupera puntos ya ganados. Y, sobre todo, Rafa no se rinde jamás. En Montecarlo, Federer se había empecinado en la derecha de su súper rival, en Roma hace lo que todo el mundo se espera de él: lo ataca, alternando golpes liftados y cortes bajos contra el revés a dos manos del chico, su golpe menos tremendo. Empieza como un soberano, se deja alcanzar y superar en el tercer set, en el cuarto vuelve a imponerse con golpes perfectos, «sus» golpes, hendiendo el aire con la soltura de un dios. En el quinto parece tener al enemigo en sus manos, en su punto, pero tiembla al dar la estocada. Un partido indefinible, digno de un empate, que, sin embargo, se inclina levemente a favor de Rafa, que salta como un boxeador, sufre como un maratoniano y se lanza como un velocista hacia la línea de meta. Pietro Mennea contra Carl Lewis, la tozudez contra la gracia. O, si lo desean, Borg contra McEnroe —que estaba en la tribuna al lado de Pietrangeli y Omar Sharif—, Becker contra Edberg, Agassi contra Sampras. En el Foro se asiste a un tenis jugado oficialmente por dos dioscuros capaces de inflamar el deporte como en los fabulosos años 1970 y 1980.

«Para lograr semejantes hazañas se necesita también un poco de suerte», filosofa Rafa, manchado de tierra roja como un crío travieso, mientras devora un plato de pasta descomunal durante la rueda de prensa. «Hoy he dado un paso más, me he acercado a Rafa. He comprendido que puedo ganarle sobre tierra», dice Roger, que en la cancha se ha permitido pronunciar una de las poquísimas frases polémicas que cuenta en su haber contra el *box* de Nadal («¿Así va bien, Toni?»), que, según él, se excede dando consejos —no permitidos por el reglamento— al ya espabilado adversario. Es quizá el momento más tenso de la historia de su rivalidad, un nerviosismo que se disipará al cabo de un tiempo, durante una cena que reúne a las dos familias en el restaurante de los Nadal, en Manacor. Pero volvamos al continente, dirección París.

«¡Como un torero! ¡Como un torero!». El entusiasmo de la guapa señorita presente en la pista Philippe Chatrier, emplazamiento central del estadio de Roland Garros, no está dirigido a

Leonardo Di Caprio, que acaba de aparecer en la tribuna, ni a Rafa Nadal, que espera en los vestuarios que se celebre la semifinal. No, sin ser consciente de la incongruencia que acaba de decir —¿cuándo se ha visto un torero suizo?—, la fan española aplaude a Roger Federer que, por una vez, parece necesitar algo de apoyo. Durante un set y medio, el número uno del mundo parece una hoja a merced de un viento huracanado, incapaz de domar los reveses tensos de David Nalbandian, su némesis argentina desde la época de los torneos júnior. Como encantado por un demonio meridiano, Su Majestad Belleza encadena una serie de errores no forzados, no da una. Ve como la ansiada final de París se evapora como un espejismo.

«En el 6-3, 3-0 para David estaba desconcertado. No lograba mantener la bola en la cancha —confiesa—. Necesitaba que pasara algo bueno.» Y ese algo se materializa tres juegos después en un gesto de puro arte federiano, una obra maestra esculpida en el aire inestable de la cancha central: un globo de Nalbandian se eleva en el aire y pasa por encima de Roger, que esprinta furioso hacia el fondo. Cuando la bola todavía revolotea a la altura de su hombro, Roger se gira sobre sí mismo y, con la gracia orgullosa de un fauno, la abofetea con una derecha baja y paralela, perfecta y burlona, que hiela al pobre David a un paso de la red. «¡Una verónica! ¡Una faena!», grita excitada la señorita. Más tarde, Federer atribuirá ese gesto sincopado y genial a la larga frecuentación del *squash* —deporte claustrofóbico que impone torsiones y golpes calibrados, respuestas fulminantes— antes que a una iluminación de tauromaquia. El partido propiamente dicho florece con ese golpe, antes de que Nalbandian lo trunque en el 3-6, 6-4 y 5-2 retirándose como un oportunista. Motivo: un pequeño desgarro abdominal que se hizo en el partido contra Davydenko y que se ha agudizado en el 3-1 del segundo set. Pero ni siquiera la dolencia del Cordobés logra deslucir el esplendor de la media hora jugada por Federer a partir del 0-3. Un parcial de ocho juegos a uno, una delicia de reveses contundentes o suaves, de golpes cortados penetrantes, de ritmo perfecto. Un tenis que prescinde de la puntuación y se impone como espectáculo puro: quizá la verdadera herida de Nalbandian, la más grave, es la impotencia, el temor a que su inferioridad estética se haga patente.

Ese domingo en París, se representa la final que todos están esperando. El sábado por la tarde, el campeón defensor Rafael Nadal ha triturado en un clima de leve suspense a Ivan Ljubicic (6-4, 6-1 y 7-6) y se enfrenta al divo Roger en la cuarta final del año entre los amos del tour, la primera parisina entre el número uno y el número dos del mundo desde 1984, año en que Lendl machacó a McEnroe. Federer persigue su primer Roland Garros, que lo lanzará —vía Wimbledon y Abierto de Estados Unidos— al histórico tercer Grand Slam de la historia después de los de Budge (1938) y Laver (1962 y 1969). Hasta ahora parece más convincente, más sosegado, más motivado. Más en forma. En el curso del torneo, Rafa ha pasado en la cancha cinco horas más que su adversario. Tuvo que soportar un maratón atroz contra Mathieu, y al finalizar se durmió en la camilla durante el masaje, agotado. El chico Duracell juega más corto que de costumbre, sabe que en la final de Roma, donde ha salvado dos puntos de partido, Federer lo ha calado.

Antes de dar sus mazazos con la izquierda, Rafa siempre aprieta con dulzura el corazón de la raqueta con el índice y el pulgar de la mano derecha, y esta vez parece auscultar una extrasístole en su ritmo cardíaco, un salto en los latidos. Pero en cuanto empieza el partido, su electrocardiograma se estabiliza, mientras que el de Federer enloquece. Son cosas que pasan, ¿no? Por fin logras salir con la chica de tus sueños y tienes un gatillazo. Ansiedad de rendimiento. Les pasa incluso a los mejores.

El resultado es un partido rotundamente inferior a los estándares de Roger en el que Rafa Nadal logra adjudicarse con cuatros sets (1-6, 6-1, 6-4 y 7-6) la final que Roger no quería y no debía perder. Tras la magia de Roma, una final más bien mediocre. Como ya sucedió en 2005, el número uno ha vuelto a jugar un partido desacertado con un humor equivocado y mucha tensión. Ha encordado mal las neuronas. Una lluvia de reveses indecentes, execrables, envilecedores y 51 errores no forzados. Errores debidos a la negligencia que se apodera del tenista cuya mente envía mensajes confusos al brazo, o a la presunción. La gracia es que durante un set parecía haberlo conseguido. Roger estaba jugando bien, con inteligencia, a pesar del bochorno que ahogaba París. Torturaba el revés de Rafa, mantenía los intercambios lo más corto que podía. 6-1 en treinta y siete minutos. Pero algo cambia al principio del segundo set. Por otra parte, los exégetas del mito Federer sostienen que el tenis, y todos los deportes que se juegan con una pelota, nacieron como reflejo de la astronomía y la astrología, imitan las trayectorias celestes, son exorcismos dirigidos al azar que nos gobierna. Exorcismos falibles a merced de pequeños detalles, de un rebote siniestro, de decisiones opinables. Nadal gana el primer juego del segundo set, Federer se encuentra con tres bolas para el uno iguales: la primera se la anula una corrección del juez de silla, las demás las desperdicia él. El partido gira sobre ejes invisibles.

«Ahí está la clave —admite Roger—. Ha sido un error ceder el segundo set con tanta facilidad. Pero Rafael no conoce los extremos, casi siempre juega al mismo nivel. Yo tengo altibajos, puedo jugar mucho mejor que él, pero también mucho peor. Y puede que el calor haya tenido su parte de culpa.» Un análisis lúcido, al contrario que el partido. Así pues, adiós al sueño de Grand Slam. Para Federer, la casilla de París se queda desoladoramente vacía. De nada le ha servido su halo de fuera de serie reconocido por todos, su encanto se enrarece cuando juega con Nadal. «Si no fuera mi adversario —confiesa Rafa con un reflejo freudiano que resultaría suicida para cualquier otro jugador la víspera del partido—, Federer sería mi favorito.» Pero al día siguiente, en la cancha, despelleja a su ídolo, pasando olímpicamente de todo el estadio que suspira y suda por Roger. Pero lo bonito del tenis es que ofrece desquites rápidos, casi semanales. Y climas diferentes.

Silencio, se juega. En Wimbledon se espera una quincena borrascosa, fría, lluvia intensa hasta el miércoles. Los corredores de apuestas, por poner un ejemplo, ofrecen 250 a 1 la posibilidad de que nieve. Hace tres años que Federer no pierde en Londres y, superando la primera ronda contra Gasquet, mejora el récord de victorias consecutivas sobre hierba (41) que comparte con Borg. Los demás favoritos son Lleyton Hewitt, el Canguro, que vuelve a ser el Luchador tras la victoria en Queen's con la misma cuota que Andy Roddick (9 a 1); y Rafael Nadal (14 a 1), el niño mágico que se muere de ganas de sorprender a todo el mundo en Londres. Diez días antes, en Queen's, se retiró por un dolor en el hombro, y, aunque está recuperado, un torneo en un sitio húmedo no favorece sus golpes, poco dados a la hierba. Rafa ha acumulado una consistente ventaja psicológica sobre Federer, pero en la superficie verde sigue siendo un *outsider* de lujo.

Sin embargo, dos semanas después de la apertura de los Doherty Gates, el resultado sigue siendo el mismo: una para Federer, otra para Nadal. Roland Garros y Wimbledon, los Slams que más se parecen y más se diferencian a la vez, siguen teniendo los mismos finalistas, y eso ha sucedido otras cinco veces en la historia: en 1925 con Lacoste y Borotra, en 1926 con Borotra y Cochet, en 1935 y 1936 con Fred Perry y Von Cramm, y en 1952 con Sedgman y Drobny. La verdadera noticia es Nadal. Para Federer, Wimbledon es como un jardín, para Rafa la trinchera enemiga. El Niño ha estudiado el mapa, ha cortado la red y ha reptado hasta la final usando los codos, los músculos y la mente. Para él, ganar en Wimbledon, sobre hierba, contra Federer, es materia de sueño, algo irreal. Pero Rafa sueña a lo grande. Durante dos semanas se ha visto a ambos jugar dos torneos paralelos, casi opuestos. A Federer le ha tocado un cuadro minado: Gasquet, Henman, Berdych y Ancic, y ha paseado por él con la gracia distante de un ángel de Piero della Francesca. La mirada altiva, el gesto seguro, el alma anclada a un destino superior. En la semifinal menos disputada desde 1904, ha hecho picadillo a Jonas Björkman 6-2, 6-0 y 6-2, un espectáculo casi bochornoso. Porque Federer juega sobre hierba usando la hierba, poda el intercambio de bolas con golpes limpios, lineales, en los que no hay un atisbo de cansancio.

Nadal, en apariencia, enseña los dientes como en tierra. Devoluciones más largas, ocupación del espacio, esprints y sudor. Pero solo en apariencia. Rafa, el salvaje, es un empollón. Estudia los detalles. Sobre la hierba flexiona más las piernas, corta y osa más el revés. Sirve una media de treinta kilómetros por hora más rápido, meditando cada golpe, con la lentitud de un bonzo. Porque sabe que sobre esa superficie es esencial sacar puntos y tranquilidad en cada servicio. El sorteo no lo ha ayudado, es cierto, pero contra Kendrick, en la segunda ronda, ha tenido que salir de una desventaja de dos sets a cero. La verdad es que Federer es siempre Federer. En cualquier superficie, por encima de todo. Nadal, en cambio, tiene que adaptarse a la hierba, traduce sus propias exclamaciones: «Come on!», grita en Centre Court, en lugar de «¡Vamos!».

Pero sobre hierba, Rafa sigue poseído por el instinto cruel del matador. Un *killer* precoz. Llega a la final al tercer intento, mientras Federer lo hace al quinto. A los veinte años podría ponerse al mismo nivel que Laver y su lejano prototipo, Borg, los únicos dos tenistas capaces de ganar en el mismo año París y Wimbledon en la era del Abierto (Borg tres veces, la última en 1980). Puede emular a Manolo Santana, el único español capaz de conquistar Londres cuarenta años antes. Federer tiene en su haber 47 victorias consecutivas sobre hierba y aspira a su cuarto Wimbledon. Es el favorito, pero con una fisura en el pensamiento. Ganar en Wimbledon ha sido siempre el gran sueño de Nadal, y enfrentarse a Nadal en la final de Wimbledon es la pesadilla menor de Federer. ¿Qué cuenta más, el destino o el miedo? Cuenta saber sacar lo que se lleva dentro. Restablecer lo que ya se tiene. Y Roger Federer tiene un don que luce más sobre hierba: es el mejor del mundo.

De esta suerte, derrota a Nadal, su némesis, ahuyentando fantasmas y tensiones, tormentos y malos presagios. Entra definitivamente en la historia del tenis vestido con una chaqueta *vintage* de color crema, con la que se presenta en la cancha para jugar la final. Para lograrlo emplea cuatro sets (6-0, 7-6, 6-7 y 6-3), dos horas y cincuenta minutos, en las que concentra las ansias de meses. Los juegos fluyen rápidos en el Centre Court, los rebotes matan las certezas. Un hilo de hierba es suficiente para desviar una carrera. El primer set, en efecto, pasa en un santiamén, devorado por un Federer modelo Federer contra un Nadal un poco menos Nadal. «Roger cambia mucho el juego, usa el golpe cortado —explica Rafa—. Al principio ni siquiera sabía lo que tenía que hacer para seguirle el ritmo». Seis juegos a cero, tres puntos de rotura de servicio. El primero sellado por una derecha lanzada por Roger con la desesperación racional del campeón, escapando entre aplausos de un intercambio asfixiante. El último cerrado por un *passing* de revés perfecto, inalcanzable, laveriano. Roger con la cabeza alta. Rafa con la mirada baja. A todo el mundo le viene a la mente el primer set de la final de París que el número uno ganó 6-1, que se quedó en nada, inutilizado, resto burlón de una victoria esbozada. Pero el pasado, como diría el joven y sabio Rafa, es siempre otra historia.

Puntual como un monzón, al principio del segundo set llega la reacción del español. Punto de rotura de servicio en apertura, la ocasión de servir para empatar el partido en 5-4, pero, por una vez en la vida, Rafa parece llegar con retraso al momento fugaz, al momento que vale una leyenda: tres golpes de derecha defectuosos, doble falta. ¿Miedo, Rafael? ¿O se trata quizá del abismo de los silencios del Centre Court, que parecen campeonatos jugados en el ordenador por lo compactos, vertiginosos y puros que son? En el juego decisivo, Nadal va por delante 3-1, pero un golpe cortado envenenado de Federer primero y una derecha descentrada después le cuestan la ventaja y el set. ¿Se acabó? Qué va. «Puedo perder en tres sets, podría pasar —gruñía Rafa el sábado—. Lo importante es no rendirse nunca». Exacto. Tercer set tenso, un solo punto de rotura de servicio, para Nadal. Federer empieza a dudar de su revés y lo cambia más a menudo por la derecha, su casa, su tabla de salvación. Un segundo juego decisivo y esta vez se lo lleva Nadal, que además gana el primer punto de set con un audaz saque y volea. Cuarto set, Federer se pone las pilas, acelera, poco, pero acelera, y la hierba le devuelve la velocidad: 3-1, 4-1. Un paso en falso que regala a Nadal el último atisbo de esperanza en el 5-3, después la liberación, que llega con un *passing* de revés. Federer ha ganado, ya es una leyenda. Nadal ha demostrado ser un campeón total, universal, que sobre hierba solo pierde con Federer; como Federer, que sobre tierra solo pierde con Nadal.

«Ahora esta rivalidad vuelve a gustarme —dice Roger con los ojos brillantes, justo un momento después de haber abierto los brazos hacia el cielo, sin arrodillarse como solía hacer, sino dejándose llevar por la certeza de volver a ser el más grande—. Antes del torneo tenía miedo de no lograrlo. Sentía la presión, porque perder otra vez con Rafael, después de París, hubiera sido terrible. Me siento muy aliviado.» Ocho Slams a los veinticuatro años: en la era del tenis moderno, solo Borg lo hizo mejor. «Pero Björn se retiró pronto —bromea el fenómeno—. Yo tengo intención de seguir adelante por mucho tiempo.» En cualquier caso, por número de Slams ganados, ya ha alcanzado a Agassi, Connors, Lendl, Perry y Rosewall. Solo le superan el antecesor Tilden (10), Borg, Laver (11), Emerson (12) y Sampras (14). «Hay especialistas en tierra —explica Jimbo Connors, encorbatado en el *box* de la BBC—, y especialistas en juego rápido y en hierba. Y después está Roger Federer.» Es difícil no erigirlo como jardinero supremo, gobernador de campos disparatados y sublimes, deteriorados y vivos, que llegan al final de la quincena embadurnados de vida, agotados por un cielo que, como los de Constable, conoce todas las mutaciones. Rafa tenía que salir en la primera ronda, ha caminado dentro de la final. Los envidiosos dicen que se dopa, pero por ahora la única hierba que se ha fumado es la de Centre Court. «Volveré el año que viene, y si no encuentro un *ambelivabòl* increíble como Roger, puede que gane.» ¿Qué cuenta más, el destino o las ganas de cambiarlo?

«¡Entonces es humano!», gritan desde la tribuna del Arthur Ashe Stadium. Roger Federer es humano, claro que sí. Solo los despistados o los superficiales, los que lo consideran un robot suizo ajeno al drama, no han percibido nunca el vaivén de su marea interior, que se cela bajo la elegancia de sus ademanes. En verano ha aplastado a Gasquet en Montreal, pero se ha dejado sorprender por Murray en Cincinnati.

En los cuartos del Abierto de Estados Unidos tiene que sudar más de lo previsto contra James Blake. En medio del alboroto de una pista central completamente yanqui, comete dos dobles faltas fruto del nerviosismo. La expresión tremendamente enojada, alguna derecha defectuosa, en el primer set concede tres peligrosos puntos de set a Blake, y en el tercero se deja alcanzar y burlar en el juego decisivo. Son los altos y bajos de Federer. «Hay quien sostiene —dice Blake al acabar el partido— que Tiger Woods está a punto de superar a Michael Jordan como mejor atleta de nuestro tiempo. Con todo el respeto por Tiger, me parece una broma. Pero hablemos de Roger, que acaba de ganar todos los partidos excepto el de París, que gana todos los Masters Series corriendo cuatro horas seguidas por la cancha, no caminando con un palo de golf en la mano. Yo soy el fan más acérrimo de Michael Jordan que existe, tenía su póster en mi habitación, y os digo que Federer tiene el mismo ritmo. No se deja dominar por el pánico, ni siquiera hoy, que tenía a todo el público en contra. Ataca de forma extraordinaria, se defiende mejor que cualquier otro jugador. Sirve bien, sabe volear. Cuando recupera, no se limita a lanzar la bola al otro lado de la cancha, sino que la coloca de la manera más incómoda. Y en cuanto el adversario da un golpe más débil, lo mira fijamente, con la misma mirada de MJ cuando buscaba espacio para un tercer tiempo…»

En semifinales le toca la máquina de tenis Nikolay Davydenko, que en Australia le robó un set, y lo liquida en tres. En la final se enfrenta a Roddick. Roger invita a sentarse en la tribuna a Tiger Woods, su gemelo del golf, que acude procedente de Florida, acompañado para la ocasión por su rubísima mujer, Elin Nordegren, todavía ajena a las aventuras de su marido. Y no lo decepciona: gana el torneo del Slam contra una de sus víctimas propiciatorias, derrotando en cuatro sets (6-2, 4-6, 7-5 y 6-1) al héroe que juega en casa.

Aconsejado por su mentor Jimmy Connors, Andy sigue la táctica correcta y ataca lo menos posible el revés del adversario, demostrando que ha vuelto a un nivel muy alto, pero al final se derrumba ante la clase alienígena de su némesis helvética, que a los veinticinco años se convierte en el primer tenista de la era del Abierto (y en el sexto de la historia del tenis) que conquista las cuatro grandes finales en el mismo año solar después de Rod Laver, que en 1969 cerró su segundo Grand Slam.

A los treinta años, Tiger ya ha ganado doce Majors y va a la caza del récord absoluto de dieciocho, que pertenece a Jack Nicklaus. Poner a los dos fenómenos en el mismo encuadre es una ocurrencia de escenógrafo consumado que el IMG no deja escapar. Tiger, tanto por contrato como por solidaridad entre genios, ha tomado partido por el suizo Federer, lo que ha provocado la rabia del americano Roddick («Es adulto, asunto suyo»). En el fondo se parecen. El Tigre y el Genio. La misma armonía casi líquida de movimiento, la misma capacidad para aprovechar el momento decisivo, para salir del hundimiento emocional con un solo golpe bello y difícil. En el Abierto Británico de Golf, Tiger declaró que era «un gran fan de Federer». Después de haber charlado con él un buen rato en los vestuarios, Roger le da su bendición: «Es la primera vez que encuentro a alguien que, como yo, sabe exactamente lo que significa sentirse invencible».

La excelencia en el golf y en el tenis se mide, además, con el mismo instrumento: las victorias en los Slams. Masters, Abierto Británico, Abierto de Estados Unidos y Campeonato de la PGA en el golf; Abierto de Australia, Roland Garros, Wimbledon y Abierto de Estados Unidos en el tenis. El calendario de la inmortalidad. «Cuando era pequeño la gente decía que tenía talento, pero que no me centraba, que no me entrenaba —recuerda Roger—. Había llegado a una encrucijada, tenía que elegir entre seguir el camino del talento o el del trabajo. He elegido el segundo. Ahora, cuando empieza un Slam estoy perfectamente preparado, sé cómo tengo que jugar. En los momentos decisivos predomina el instinto, pero no es casual que al final gane yo.» La presión también se ha hecho más llevadera: «Me gusta sentir mariposas revoloteando en mi estómago a la hora de servir. Pero esta vez estaba nervioso, lo admito, porque Tiger me miraba desde la tribuna. Era como cuando tus padres vienen a verte jugar por primera vez. He intentado hacerlo lo mejor que he podido. Además, me ha dicho que iba tres Slams por delante de mí, tengo que darme prisa». Necesitará otros seis años para alcanzarlo.

Lo cierto es que en otoño, en Ginebra, Suiza se salva contra Serbia en la Copa Davis gracias a un joven Djokovic, que irrita al maestro con sus hipocondrías, reales o fingidas. Y así cae otro tabú, el de Basilea. «Es uno de los momentos más bonitos de mi carrera —dice Federer recibiendo el premio después de haber derrotado a Fernando González, mientras las imágenes de sus años de recogepelotas en la St. Jakobs Halle desfilan por su mente—. De niño soñaba con ganar aquí, en Wimbledon, y hoy el sueño de ser el número uno del mundo se confirma por enésima vez. Un día especial bajo todos los puntos de vista.»

Queda por jugar el Masters. Durante la semana de Shanghái, Roger acaba con Roddick, Ljubicic y Nalbandian en la eliminatoria, y con Nadal en la semifinal, en un partido —el sexto en el que se enfrentan durante la temporada— que no aporta nada nuevo a la leyenda. Ni Rafa, el Adversario, tiene poderes contra el Fenómeno en pista cubierta. Roger embelesa con una intensidad poco usual, casi inédita. Cuando, durante los cambios de lado en el inmenso Qi Zong Stadium, miro de refilón la selva indescifrable de ideogramas que llenan los cuadernos de los compañeros chinos y japoneses, observo que están subrayados y repletos de puntos de exclamación. El pobre James Blake, primer afroamericano que alcanza una final del Masters desde los tiempos de Arthur Ashe (1978), no deja de observar el partido desde el borde del abismo, desalentado y haciendo aspavientos en su esquina, con su postura desequilibrada, consecuencia de los largos meses que transcurrió atrapado en un busto ortopédico durante su juventud. No hay nada que hacer contra el artista.

«Le agradezco a Roger su lección de tenis, ha sido agradable recibirla del tenista que está a punto de convertirse en el más grande de todos los tiempos», dice Blake al final, con la intención de quitarle drama a un partido que hacia el final de los dos primeros sets, sentenciados en poco más de una hora, estaba resultando bochornoso. Porque Su Majestad Belleza, esta es la cuestión, mejora. Sobre todo su revés, el golpe que más quebraderos de cabeza le daba de pequeño y con el que se atreve a intentar, a menudo con atino, soluciones que parecen incluso extravagantes: un revés de jugador de tenis de mesa, un pim pam a bote pronto desde la línea de fondo, mantenido con pulso y oportunidad, que acaba acariciando la línea de fondo contraria; y otro cañonazo paralelo, colocado con el goniómetro donde Blake no se lo espera. James se empeña en lanzar derechas frenéticas, en seguir el guion de quien espera poner en apuros al campeón atacando sus reveses y subiendo a la red lo máximo posible. Nada. Le devuelve bofetadas-caricias lanzadas en secuencia, derechas-junco perfectamente calibradas, suaves y feroces, insostenibles a la larga para cualquiera. Una selva de golpes maestros, las sombras diligentes de un ritmo interior perfecto. La imagen platónica del partido absoluto, interrumpida de vez en cuando por alguna audacia excesiva, por algún error salvaje.

Federer se gripa a un paso de la victoria, como le sucede de vez en cuando, freudianamente, y en el 5-2 cede el servicio a un Blake liberado de todo escrúpulo, antes de cerrar en el turno siguiente. Se adjunta el tercer Masters en cuatro finales consecutivas, un total de noventa y dos partidos: nadie superaba el muro de las noventa victorias desde las 106 de Lendl, en 1982. Solo seis derrotas —la única realmente humillante en la final de París, contra Nadal—, tres Slams victoriosos de los cuatro jugados. Nadie le gana en Wimbledon desde hace cuatro años. En 2006 nadie ha logrado, en veintiún partidos, quitarle uno solo sobre superficie *indoor*. «Por fin estoy satisfecho del tenis que juego —explica Federer sin arrogancia ni falsa modestia—. Me ha hecho falta mucho tiempo, mucho sacrificio. He tenido que acostumbrarme a ganar, pero también a aceptar las derrotas. He aprendido a elegir con cuidado en qué torneos participar. Y esto último tiene mucho que ver con mi éxito.» Profético.

LOS GRANDES ADVERSARIOS

Rafael Nadal, el anti-Federer

Disputar un partido contra Nadal sobre arcilla es, y Federer lo sabe muy bien, como adentrarse en un desierto, en una Tebaida o en una Islandia del tenis. Todo se hace difícil, trabajoso, inhóspito. Nadal te vacía mental antes que físicamente, porque incluso hoy, con 32 años, cuando el apodo del Niño ya no le encaja, puede equivocarse, pero nunca regala un punto, no cede un solo centímetro —él, único géiser, único mar inagotable sobre la inmóvil y aglomerante lava roja. Hasta Federer, perdido en un paisaje familiar, pero repentinamente hostil, ha sido durante años un héroe infiltrado en la leyenda equivocada, un turista vanidoso que no se humillaba pidiendo información o consultando el mapa. Intentaba romper la costra dura del adversario, aumentando su irritación a cada revés neutralizado, a cada derecha que Nadal le devolvía como si hubiera rebotado contra un muro de goma. De la superficie del campeón afloraba la médula del niño caprichoso que fue, el que no aceptaba la derrota y atormentaba a sus padres.

Si Roger es un mecanismo suizo, Nadal, durante años, ha sabido cómo abrir la caja del reloj y golpear el volante compensador. Clase competitiva pura. Siempre lo han comparado con Borg, y sin duda produce el mismo efecto en el adversario: la asfixia progresiva e irremediable. En la cancha, el Oso se ponía una máscara de frialdad, mientras la Fiera jugaba a cara descubierta.

Un recuerdo personal: la víspera de la final del Roland Garros de 2007, un sábado por la noche, en el O'Sullivan, un pub inglés de Montmartre, con Sebastián, su padre, y un grupo de amigos viendo el partido del Real Madrid en televisión. Cuando acaba, Rafa entra en el vestíbulo del hotel Meliá levantando los brazos, al estilo del jugador Paolino Pulici, el pelo revuelto y sudado como una Medusa, gritando «¡Increíble!». Comenta la remontada de los merengues, el gol con la mano de Messi en el partido del Barcelona. Después sube a su habitación, duerme, se despierta. Y devora. Si la exuberancia es belleza, como sostenía un viejo inglés visionario, Rafa es el esplendor.

Y si bien Rafa infunde temor en la cancha, fuera de ella es un *gentleman* que cuando te ve —digamos después de cenar en los Champs-Élysées, o en Abu Dhabi antes de la entrega de los Laureus Awards— cruza la calle o la habitación, te tiende la mano y sonríe: «Hola, ¿cómo estás?». De maravilla, campeón.

Ver a Rafa y a Roger compartiendo el protagonismo del tenis durante los últimos doce o trece años, a partes casi iguales, es un privilegio y una pasada. Un asombro continuo. McEnroe y Borg se enfrentaron catorce veces en el arco de cuatro años y ganaron siete partidos cada uno. McEnroe y Lendl llegaron a 36 (21-15 para Ivan), Becker y Edberg 35 (25-10 para Boris), Sampras y Agassi a 34 (20-14 para Pete). Federer y Nadal cierran el 2017 habiendo disputado 38 partidos (23-15 para Rafa), un número desorbitado, si bien lejano de los acumulados por Laver, Rosewall o González en sus correrías como profesionales hipócritamente desterrados del circuito de los grandes torneos. Pero lo que cuenta es que catorce años después del primer encuentro, siguen ocupando los números uno y dos del ranking mundial, a pesar de los cinco años que los separan. No se trata de dos carrozas que dan sus últimos coletazos, ni de un vejestorio y un niñato enfrentándose en condiciones desiguales: se trata de los dos mejores jugadores del momento.

De un momento que, entre otras cosas, promete mantenerse en el año 2018, y que, en 2017, nos ha regalado al menos un partido memorable, la final del Abierto de Australia. No la mejor —la final de Roma en 2006, o la de Wimbledon en 2009 siguen ahí, engarzadas como el Koh-i-Noor, el diamante Montaña de Luz en la corona de la reina madre, que puede admirarse en una visita a la Torre de Londres—, pero en cualquier caso, un partido con cinco sets emocionantes, un tenis a veces resplandeciente. El pensamiento que brota de la mente de cualquiera que haya asistido a esa final y que haya visto después a Nadal jugando en París o a Federer en Wimbledon, es el siguiente: parecen los de hace diez años —no es del todo cierto, pero hay que ser una persona muy fría para no haber acariciado esa idea, aunque sea de forma fugaz. Hace tiempo que Rafa no sale a la cancha con la camiseta fluorescente y las bermudas que lucía la primera vez que levantó la Copa de los Mosqueteros. Su inglés es ahora fluido y el mechón moreno que sujetaba con la bandana es menos abundante. Pero más allá del aspecto físico, algo ha cambiado: su tenis. El Rafa de hace doce años era un cachorro de caníbal, devolvía como un salvaje y recogía golpes por todos los rincones de la cancha, pero, confiando en sus extraordinarias dotes atléticas, acampaba sobre todo cerca de las tribunas.

El Nadal 2.0 ya no tiene las mismas piernas que a los veinte años, pero la experiencia le ha enseñado a ser más agresivo. Mantiene los pies lo más cerca posible de la línea de fondo, sube a la red más a menudo, explota un toque y un sentido de la posición que, por otra parte, siempre le ha sido innato. El revés a dos manos, el golpe al que se ha aferrado en los dos últimos años, cuando parecía que el de derecha lo había abandonado, ha dejado de ser un escudo defensivo para convertirse en un instrumento útil para completar la devolución. Mantiene los óptimos porcentajes de puntos ganados con el primer o segundo servicio, pero lo ha ido haciendo cada vez más poderoso, como ya había sucedido en el pasado en momentos puntuales (en su primer Abierto de Estados Unidos, por ejemplo). La velocidad media de la primera bola en el Roland Garros de 2017 fue de 175 km/h, pero en la final ha llegado a alcanzar 198 km/h, y 202 km/h contra Thiem. Inspirándose en su gran rival, Roger Federer, tal y como le sugirió su viejo amigo y nuevo entrenador, Carlos Moyá, Rafa ha comprendido que para seguir siendo joven es necesario renovarse, cambiar el repertorio. Acortar los tiempos, atreverse a algo más para no correr el peligro de que la competencia, obviamente más joven, casi siempre más potente y atlética, te deje atrás. Lo demás corre a cargo de la salud: sin esparadrapos en las muñecas y pinchazos en las rótulas, Rafa ha encontrado la serenidad y la autoestima, y se ha enfrentado al número uno del mundo. La evolución de la especie condensada en un solo campeón. Pero de raza.

2007. *Lágrimas, éxitos y mononucleosis*

Enero. Veo la siguiente nota en mi agenda: «Por fin veo a un Federer espléndido. Tres sets deliciosos contra un estilista menor, pero no menos divertido: el bueno de Mikhail Youzhny. Largos partidos en los que han dado la impresión de jugar por el puro placer de hacerlo. Fabricaban golpes cortados y el público suspiraba orgásmico. Al final, ha ganado Federer, como siempre. Youzhny, como todas las víctimas del fenómeno, se ha conformado con perder decentemente».

Ahí radica el problema: nos hallamos en el tercer año de su reinado y nadie odia a Federer. Ni siquiera sus adversarios. Él los abofetea y ellos se sienten honrados. En ese enero australiano, el único que no parece sucumbir a su encanto es un tal Novak Djokovic, un serbio que apunta maneras. «¿Qué sentido tiene enfrentarse a alguien en la cancha agitando la bandera blanca? —dice—. Sé que Roger es el mejor del mundo, pero yo quiero ganarle. No voy a pasar el rato. El tenis es mi vida. Quiero ganar. Convertirme en el número uno.» Claro. El tiempo le dará la razón. Pero en el Abierto de Australia de 2007 manda el Genio: tres sets a cero para Djokovic (6-2, 7-5 y 6-3), tres sets a cero para todos. Es el primero en lograrlo en un Slam después de Borg en el Roland Garros de 1980, el primero absoluto en el Slam australiano.

«Serbia como Suiza», pone en mi agenda. «Sanguineti (Edoardo, el poeta, no Davide, el tenista) diría que lo que falta es un poco de sano odio de clases. En el sentido de la habilidad. Como cuando Lendl odiaba a McEnroe, que a su vez odiaba a Connors, que odiaba a Borg. Sí, política, social y civilmente muy poco correcto todo ese odio. Pero nos divertíamos mucho, ¿no?»

En la semifinal le vuelve a tocar al pobre Roddick. Se había preparado, se había entrenado, se había convencido —tras tres años de esfuerzos infelices y de haber vuelto por fin a competir—, de que estaba a un paso de Federer. ¿Acaso no había logrado ganarle en la exhibición de lujo del Kooyong, la víspera del Abierto? Cuando el sueño se desvanece, es atroz. Tres sets y a casa. El de en medio en blanco, encajado en una secuencia de once juegos a cero para Roger, que llega a su séptima final consecutiva de Slam, un récord que no se alcanzaba desde los tiempos de Jack Crawford, en 1934. Roddick logra remontar una vez, mantener su ritmo hasta el cuatro iguales del primer set, después el número uno arranca, enfilando una perla tras otra. Leyendo, como en un libro abierto, las primeras bolas que se le vienen encima a doscientos por hora, succionando al desventurado en la red con el anzuelo perfecto de sus reveses cortados, para traspasarlo con desenvoltura suprema. Inventando, bordando, demoliendo: 45 puntos ganadores a 11, casi el doble. Tras el intercambio del 6-0, Roddick, saturado de impotencia, lanza una bola al aire, pero pierde el control de la raqueta y casi le da a un fotógrafo. Tres juegos después, Roger tiene el valor de poner en entredicho un saque directo recurriendo al juicio del ojo del halcón. «*Merci, merci, merci!*», piedad, invoca alguien de buen corazón desde la tribuna de prensa. Son las nueve de una tarde fría, pero muy luminosa. Entre el público, señoras con tacones y maridos con corbata en los *boxes* de los patrocinadores, Rod Laver visitando a su heredero. Las imágenes de la carnicería de Andy Roddick se proyectan a cámara lenta en la pantalla gigante de la cancha central.

«Si mañana leo la prensa deportiva —admite Andy al final—, tendré que tapar con la taza de café los artículos de tenis.» Todavía no se ha dado cuenta de que Roger, ese buen chico, le ha tendido una trampa hace dos semanas. «En Kooyong jugué adrede un partido basado en el estilo saque y volea —dice el taimado suizo a los franceses—. No quería darle puntos de referencia. En Kooyong, Andy le ganó a «uno» de los Federer. Hoy se ha enfrentado al verdadero.» Una mente peligrosa.

En la final contra Fernando González, a quien ha ganado nueve veces en nueve partidos, Federer entra en la cancha dándose aires de profesor que ha explicado mil veces, en mil lecciones, la vida de Luis XIV. En el reino de Roger I, *ça va sans dire*, no hay revoluciones en el horizonte. Y mucho menos Napoleones con raqueta. Se esfuerza en un set, el primero. *Feña*, apoyado por una desorganizada, pero ruidosa, claque de andinos, rompe el servicio al suizo con dos puntos ganadores de derecha en el 5-4, 40-15. Para confundir al maestro, le tira reveses insidiosos. Además, hace frío, el viento sopla con fuerza y la derecha de Federer no se decide a funcionar como de costumbre. Pero la esperanza dura poco. Una volea ganadora de Federer, un error de derecha y la ocasión desaparece como una pepita en un tamiz poco tupido. El set se lo lleva el juego decisivo, un territorio mental antes que técnico. La final también es un reducto de táctica y de inteligencia. Sorprendido por la iniciativa de *el Bombardero de la Reina*, Roger, que no tiene un gran día, empieza a revolver las aguas, subiendo más a la red, animando el intercambio para impedir que Fernando reciba tiros fáciles —rectos y centrados en la cancha—, desafiándolo con bolas en diagonal para desequilibrar su revés.

González, que no deja de ser el tercer chileno de la historia que llega a una final de Slam después de Ayala y Ríos, no abandona. Se esfuerza, poniendo en peligro su hombro, con continuos golpes de derecha; defiende el servicio con valor. Pero en los juegos dominados por Roger, solo logra llevarse las sobras: cuatro puntos de los últimos 53 jugados, con Federer dominando el juego. Y con el golpe final, un revés paralelo, claudica.

Resumiendo: Federer tiene 25 años y ya está en su décimo Slam. Desde hace un año todos afirman que es como si sus adversarios se hubieran deshumanizado: disputa partidos contra cifras, récords y fantasmas de la historia. A sus 25 años y medio representa lo que habría podido ser Rod Laver si el *apartheid* de los profesionales no le hubiera robado cinco años de participación en el circuito de los grandes torneos. Solo Borg había logrado tantas victorias a una edad más temprana, los 24. Pero *el Oso* se detuvo en la vía número once, vaciado por un tenis tan inalcanzable como el de su heredero suizo e infinitamente más agotador.

«Mejoro sobre tierra año tras año —explica el fenómeno—. Me acerco a Nadal. Puede que incluso logre ganar el Roland Garros, cerrar el Grand Slam. Además de ser un sueño, sería la única manera de que esta temporada fuera mejor que la pasada.»

Ha logrado encadenar tres veces tres Slams, siempre se ha atascado en el cuarto. Los astrólogos interpelados antes de la final por un periódico local, incluido un versado y barbudo hindú, sostienen que 2007 será un buen año, pero fíate de los astrólogos. Al concluir la quincena australiana, cuando los reporteros a la caza de una frase para titular sus artículos lo ponen entre la espada y la pared, Federer se cuelga una etiqueta cómoda y banal: «¿Un genio? ¿Yo? Creo que soy el mejor tenista del mundo. Si quieren pueden llamarme genio porque derroto fácilmente a muchos de mis adversarios, porque tengo un estilo diferente de los demás y porque gano incluso si no estoy en plena forma. Puede que todo junto signifique que lo soy». No es un engreído, todo lo contrario. Pero el patrocinador le ha puesto la camiseta equivocada a principio de temporada: limpia y anónima como algunas marcas que solo se encuentran en los *duty free*. Uno de esos polos planchados e inútilmente caros que suelen llevar los americanos aburguesados cuando juegan a golf en algún resort de los trópicos. Ese tampoco es Roger. Bajo su apariencia suiza se oculta un alma asaltada por las dudas, inquieta, febril. Si un día se encuentra atrapado por la perfección excesiva, puede que se acuerde de que fue un niño raro, voluble y neurótico. De momento, tiene bastante con ganar el Slam del año y proclamarse soberano absoluto.

La primera derrota del año tiene lugar en el Indian Wells: 7-5, 6-2 contra el reaparecido Guillermo «Willy» Cañas. Parece una liberación, incluso para Roger, ahogado en sus récords y en una superioridad que roza el bochorno. «Tenía que suceder tarde o temprano», comenta, aparentemente seráfico. Con una racha favorable de 41 partidos tras el traspiés contra Murray en Cincinnati, Roger iba a la caza del récord de imbatibilidad que hasta ese momento poseía, según la opinión mayoritaria, Guillermo Vilas (46 éxitos en 1977); según una minoría de heréticos a los que no les falta algo de razón, Björn Borg que, a pesar de sus 49 éxitos, renunció a dos partidos entre 1978 y 1979. «Sois vosotros, los periodistas, quienes os preocupáis por los récords —añade—. La verdad es que yo pienso en un partido cada vez, y me preocupo incluso cuando tengo que enfrentarme a un perdedor afortunado en la primera ronda.» Aclaración algo oportunista, pero justificada, visto que en la primera ronda le elimina —como no le sucedía desde hacía dos años y medio— precisamente un perdedor afortunado, es decir, Cañas, derrotado en las clasificaciones por el mediocre Alexander Waske y sucesivamente repescado. Y aquí está el meollo de la cuestión. El argentino, ex número ocho del mundo, volvió al circuito en septiembre, tras ser descalificado durante quince meses por dopaje. Con cuatro torneos menores ganados en 2006, una convocación triunfal en la Copa Davis y un título ATP en Costa do

Souipe en febrero, «Willy» ya se ha colocado en el número 60 del *ranking*. ¿Una vuelta sorprendente?

Resulta irónico, teniendo en cuenta el registro poco limpio de los argentinos, que han tenido que encajar otras suspensiones de jugadores excelentes como Coria, Chela y Puerta (dos veces), aunque Guillermo siempre ha afrontado la cuestión con serenidad y siempre se ha declarado inocente. En febrero de 2005 dio positivo por hidroclorotiazida, un diurético, y en agosto del mismo año fue descalificado por dos años, aunque después se los redujeron a quince meses porque la ATP achacó el positivo a «una negligencia no significativa».

«Fue el mismo médico de la ATP quien me suministró por error la sustancia prohibida —cuenta Guillermo, moñito de viuda del sur y sonrisa ratonil a lo Eli Wallach—. Yo solo cometí la ingenuidad de no comprobar lo que era. Cuando me detuvieron en la puerta de Flushing Meadows, en 2005, me sentí una mierda. Gasté 700.000 mil dólares en abogados, y a eso hay que añadirle la fortuna que me ha costado la inactividad, pero aquí estoy, y la mayoría de jugadores me han recibido bien». Federer, regular. Nada que decir acerca del partido: «Cañas ha jugado muy bien, un segundo set perfecto, yo hoy no estaba muy fino y he desperdiciado varias oportunidades, sobre todo el punto de manga en el primero.» Se muestra más receloso sobre la cuestión del dopaje: «Todos aquellos a los que pillan juran que son inocentes y les rebajan la suspensión, no me parece justo». Pero Roger saca mal y comete muchos errores, treinta de derecha. Tras el Abierto de Australia, solo se ha exhibido en Dubái, dejando un par de sets por el camino, uno de ellos a Djokovic. Durante el año en que siente el aroma a Grand Slam, su problema consiste en evitar empeñarse demasiado, desgastarse; o en exceder en el sentido contrario y acabar oxidándose. Por poner un ejemplo, en 1938 Donald Budge cerró el primer Grand Slam de la historia jugando solo ocho torneos. Pero eran otras épocas. Y, sobre todo, otras ganancias.

Pero en Miami Cañas repite: 7-6, 6-2 y 7-6 en los octavos. Nadie se esperaba de Roger semejante doble paso en falso tras siete meses de dominio absoluto. ¿Qué ha pasado? Explicación número uno, aristotélica: Federer es humano, los seres humanos se equivocan, ergo Federer puede equivocarse. Explicación numero dos: en una entrevista de Vincenzo Martucci, publicada en la *Gazzetta dello Sport* después de Indian Wells, Pierre Paganini, el preparador deportivo de Federer, menciona una puesta al día de Roger en Miami antes del torneo. En efecto, en Miami, Roger no está en forma. Se le ve lento, un poco más gordo, casi anquilosado. Su gran objetivo es ganar el Roland Garros, pero para ganar tres sets de los cinco en París, tiene que presentarse a la cita con una gran reserva de energía, física y mental. Por eso ha optado por intensificar la preparación física en vista de la primavera sobre tierra, a pesar de que cuenta con una neta superioridad técnica para imponerse en el cemento americano. Pero ni siquiera él puede permitirse jugar al límite de lo posible con las piernas rígidas o unos gramos de más, aunque el precio —un par de derrotas inesperadas y un leve descenso de la autoestima— no sea demasiado alto. En el fondo, París vale una puesta en discusión.

Federer debuta en el torneo de Montecarlo, sobre tierra batida, contra Andreas Seppi, y suda copiosamente para sacar un 7-6, 7-6 que honra a Andreas. Roger, 41 errores, no entusiasma. No es, sin duda, el jugador desatinado y desgastado que se había visto en Indian Wells y en Miami —corre, pone más interés, parece menos anquilosado—, pero tampoco es el Ángel Vengador de sus días más brillantes y despiadados. Se equivoca a menudo, se pone nervioso y los rebotes algo débiles del Country Club seguramente no le son de mucha ayuda. Se nota que intenta centrarse. Tras sus cejas espesas, Tony Roche sostiene que la temporada es demasiado larga para el tenis milesimal de Federer. El proyecto de su pupilo es, por otra parte, digno de Alejandro Magno: anexionarse todo el mundo (tenístico) conocido, de las arenas parisinas a los bosques londinenses, de los desiertos australianos a los muros de Nueva York. A todos les gustaría verlo triunfar sobre la Babilonia de las superficies, moviéndose por encima de la contingencia; al fin y al cabo, para eso estamos aquí, mezclados con el bagaje de su ejército, con la mochila y la curiosidad del testigo.

El Fenómeno elimina a Hyung-Taik Lee en el segundo turno, en los cuartos gana su quincuagésimo partido como profesional, sufriendo en un set contra David Ferrer. En semifinal, ante un

Ferrero que aparentemente ha recuperado un nivel aceptable, empieza lento, molesto por el ruido de voces y cubiertos procedentes de la terraza de los vip, que lo distraen. Ferrero rompe dos veces el servicio de Federer. Con el 3-1 en el electrónico, Roger, como un elegante dóberman que se despierta de la siesta, se sacude. Tras salvar varias oportunidades de rotura de servicio de que dispone Ferrero, encadena siete juegos que encarrilan la segunda manga y el encuentro, insensible a la consternada reacción de Juan Carlos. La impresión, un poco mejorada, sigue siendo la misma de las exhibiciones anteriores: algo impide que Federer se concentre. En cuanto vuelve a conseguirlo, el número uno se convierte en intocable, pero si se distrae corre el peligro de abstraerse del partido.

Y eso es precisamente lo que no puede permitirse con Rafa, que mientras tanto ha tumbado en dos sets al «Pavo Frío» de Berdych. ¿Impondrá el partido el tono de toda la temporada estival? se pregunta la gente. La tierra, como de costumbre, será de Rafa. ¿Hierba y cemento serán de Federer? «Nadal no pierde un partido sobre tierra desde hace mucho, ni siquiera recuerdo cuándo, así que nadie puede derrotarle», vaticina Wilander, que sabe mucho del tema, pero que como comentarista tiene tendencia a ser tajante y, en efecto, yerra algún que otro golpe. Para Mats, que como tenista ganó siete Slams, tres de los cuales en París, «el juego de Federer no es el adecuado para enfrentarse a Nadal sobre polvo rojo. Pero podría ganar el Roland Garros y completar el Grand Slam. A condición de que Nadal no se cruce en su camino». No se entiende muy bien cómo podría pasar, visto que, como sostiene el propio Mats, nadie gana a Nadal sobre tierra. Misterios de la lógica combinatoria de los campeones.

El domingo, Nadal demuestra que esta vez Wilander tenía razón. Federer se deja envolver por sus rotaciones izquierdas casi sin reaccionar; duda en el saque, es prácticamente incapaz de variar los golpes, de intentar un asalto convencido, se deja ablandar en el fondo del campo durante dos sets todavía más secos que el resultado, 6-4, 6-4. Es la quinta derrota consecutiva contra el español, una racha infernal. Una malaria mental que lo extenúa cada vez que tiene a Nadal frente a él.

Verlo tan vencido causa impresión. Federer *el Sublime* reducido a un peregrino extenuado que se arrastra por la cancha sin rumbo, sin saber qué hacer, dominado por una fuerza superior y por un apreciable desconcierto interior. Pobre rey. El resultado es la más humillante de las (pocas) derrotas sufridas en los últimos cuatro años. El partido que peor ha jugado, el descalabro menos justificable. Para el español, es el septuagésimo séptimo partido consecutivo ganado sobre tierra. De Federer, en cambio, se esperaba algo más. «He cometido demasiados errores con la derecha, me he puesto nervioso, me he venido abajo mentalmente en el segundo set —admite con una sonrisa—. Pero he obtenido muchos datos útiles en este partido. Físicamente estoy en forma. Ya lo veréis en París.» Tras el maravilloso Abierto de Australia, quizá pensó que le había sacado ventaja incluso a Nadal. Se ha confiado, ha empezado a pensar en el Roland Garros demasiado pronto.

La etapa de acercamiento al Bois de Boulogne es Roma. Todos dan por descontado una final entre los dos favoritos, la tercera consecutiva para Nadal, que ha ganado las dos últimas, mientras que Federer había perdido de mala manera contra Mantilla en 2003. Pero en Roma, donde llega con mucho anticipo, Federer no está tranquilo. Durante esa semana se consuma el divorcio con Tony Roche, y de Suiza llegan misteriosos rumores que apuntan a una posible mononucleosis, rumores que serán confirmados muchos meses después. Sea como fuere, el Invicto pierde en cuartos el cuarto partido del año, y lo pierde de mala manera, 6-2 y 6-4, contra Filippo Volandri, reuniendo seis juegos escasos, como no le sucedía desde 2004 en la segunda ronda de Miami, contra Nadal. También esta vez se enfrenta a un perfecto mecanismo de tierra. «Una derrota no es el fin del mundo —refunfuña sombrío y preocupado una vez finalizado el partido—. En el segundo set me sentía vacío, física y mentalmente, pero en París, donde se juega al mejor de cinco, será otra historia.»

El pésimo día del campeón, que inmediatamente se coloca por debajo, 3-0, en el primer set y se pierde definitivamente el principio del segundo, no le quita mérito al triunfo de Volandri. «Ha sido un partido perfecto, justo el que esperaba jugar con Federer —dice Filippo—. Me ha regalado algo, pero es un regalo que acepto de buen grado. El tenis da y el tenis quita, ese es su encanto. He logrado darle efecto a la pelota, he logrado mantener mi saque y he desafiado su derecha porque lo veía en apuros. He empezado a pensar en la victoria a mitad del segundo set, sobre todo en el 5-3, 15-30 y servicio, cuando todavía podía cambiar el rumbo. Pero hoy he comprendido algo que ya sabía: puedo jugar a niveles muy altos.»

Filippo, livornés, hijo del ejecutivo de una empresa farmacéutica, lleva el deporte en la sangre. Fue su tía, profesora de tenis, quien les enseñó a jugar a él y a su hermana; y otro tío, Valerio Vatteroni, fue jugador de baloncesto del gran equipo Ignis de los años sesenta y del equipo nacional. Apuntaba maneras desde que era un crío, cuando ganó un europeo sub-16. Se cruzó con Federer por primera vez en la final sub-18 de Florencia, y superó un primer obstáculo difícil gracias a Fabrizio Fanucci, el rudo entrenador que le ayudó a entrar en el mundo adulto. Se da a conocer en 2003 cuando llega a cuartos en Roma, donde le para los pies, con dificultad, el mismo Federer, y se convierte en el número 28 del ranking en 2005. Siguen dos años de crisis. Pero en esta ocasión disfruta de una larga vuelta de honor chocando los cinco a una deportiva platea de excelencia: los jugadores del Roma Totti, Mancini, Aquilani y el talismán Filippo Magnini, que durante todo el partido se desgañita y agita los brazos cada vez que su amigo consigue un punto, como si estuviera en el esprint de una final olímpica. «Desde el punto de vista del carácter, el Federer que encontré en Roma era una persona completamente diferente del chico que había conocido en Florencia —dice hoy «Filo», que de tenista ha pasado a ser un óptimo comentarista televisivo de Sky y responsable sub-18 de la FIT—. No es que entonces no fuera educado y respetuoso, pero se enfadaba mucho, no sabía muy bien qué hacer en la cancha y se tomaba a sí mismo demasiado en serio. Era obvio que sabía jugar muy bien, ya me había dado cuenta en Lille, en un satélite, de la facilidad que tenía. Todavía llevaba el pelo con mechas verdes; lo vi, pero no nos enfrentamos en la cancha. Sinceramente, la primera vez que jugué con él me impresionó mucho más que Nadal». El Federer de 2007, en cambio, era ya un fuera de serie consumado, y su comportamiento dentro y fuera de la cancha era el de «un lord inglés». «Quizás equivocadamente —prosigue Volandri—, Federer te hace sentir cómodo justo antes de jugar contra ti. Recuerdo que estábamos en el túnel que desemboca en la cancha central de Roma esperando el momento de salir y él me contaba que la noche anterior había estado viendo el partido en el Olímpico, pero no había podido hablar con ninguno de los jugadores del Roma porque ninguno hablaba inglés. Rafa también es una persona correcta, pero hace valer su apellido ya en los vestuarios. —Ese día no hubo partido entre Filo y el Genio—. Creo que esa semana me había sido destinada. Jugué como aturdido, incluso con Federer; hasta el 6-2, 5-4 ni siquiera caí en la cuenta de que estaba en la cancha central del Foro jugando con él. Pero sabía lo que tenía que hacer, esto es, encadenarlo en la diagonal del revés, ahí lo atormenté hasta el último punto del partido». El esprint de Volandri se detiene en la semifinal de 2007 contra el bombardero González. Mientras tanto, Federer va camino de París, y apunta a Hamburgo con la proa. «Cuando está en Roma, Roger va a cenar cada noche a la Taverna di Trilussa, en Trastevere —cuenta Filippo—. Y aquella noche ni él ni Mirka abrieron la boca. O mejor dicho, él no lo hizo porque Mirka la abría de vez en cuando para reñirle».

Pero no era solo por la derrota. La semana del Masters de Roma había sido difícil para Federer también fuera de la cancha. Muy a su pesar, había tomado la decisión de interrumpir su relación con Tony Roche. En efecto, al día siguiente de la derrota aparece en su página web la siguiente noticia: «Le agradezco a Tony todo lo que ha hecho, lo mucho que se ha sacrificado alejándose de su familia». Aparentemente algo normal, pero para un chico tan sensible como Roger, para quien Roche representa algo más que un simple entrenador, es una herida profunda. Ni Federer ni Roche quisieron dar ulteriores explicaciones acerca de los motivos de su separación. Después de seis Slams conquistados codo con codo, quizá para ambos había llegado el momento de seguir su propio camino. Puede que el australiano, con la vista puesta en la consagración parisina, le presionara para que se atreviera a subir a la red más a menudo, incluso sobre tierra batida, una estrategia que su pupilo probablemente no compartía del todo. También se rumoreaba que a Mirka no le gustaba el carácter cerrado de Roche, de un encaprichamiento de Federer por una joven protegida del entrenador australiano. Cotilleos. Pero, entre una cosa y otra, había llegado el momento de volver a la cancha.

Y en Hamburgo, puntual, la sorpresa. Un partido-enigma, una exhibición fulgurante. Pero, sobre todo, un alivio para los dos. Para Roger Federer, que por fin, al sexto intento, logra aniquilar a Nadal (2-6, 6-2 y 6-0) sobre tierra batida en «su» torneo, donde ha ganado cuatro de las últimas cinco ediciones, despertándose así de una pesadilla polvorienta; y para Rafa, cuya imbatibilidad sobre polvo de ladrillo se prolongaba nada menos que durante 81 partidos, dos años y dos meses, doce torneos, cinco partidos consecutivos contra Roger, cuya contribución al éxito del adversario era la más generosa. «Tenía que perder tarde o temprano —dice el Niño con sabiduría—. Así que mejor perder con el mejor.»

Roger había dejado Roma con la cabeza gacha. En Alemania, se depura, ronda tras ronda, derrotando a *Pico* Mónaco, a Juan Carlos Ferrero, a David Ferrer y a Charly Moya, casi un campeonato de España, o un recorrido iniciático que conduce al enfrentamiento decisivo. En la final, se enfrenta por un set a un Nadal embotado por la indigestión de victorias en Montecarlo, Barcelona y Roma, pero todavía combativo. Ante su némesis, que parte de un buen primer servicio y un agresivo juego al resto, Roger se olvida de respirar. Pero en el 1-1 iguales del segundo set, 15-40, servicio de Federer, cuando ya se perfila el enésimo hundimiento, el partido da un giro. Rafa, al resto, desaprovecha una bola de break, y Federer, sintiendo que no tiene nada que perder, empieza a presionar, a meter primeros saques, a moverse por la cancha para practicar ángulos cada vez más difíciles de devolver. Se encuentra entonces con un Nadal insólito que comete errores muy clamorosos, a un Nadal debilitado por meses de triunfos y por la monstruosa semifinal contra Hewitt; o quizás a un Nadal víctima del maleficio de los campeones, que impide ganar Roma y Hamburgo desde que ambos torneos son consecutivos. Federer, que huele a sangre, se crece en desmesura, y, de nuevo espléndido, atina un set de seis juegos a cero, propinando a Nadal una medicina que no probaba sobre tierra desde la final de 2005 en Montecarlo contra Coria. Un partido extraño, engañoso quizá. Pero, qué desquite para Federer de cara al Roland Garros.

París es una ciudad acostumbrada a acoger con el mismo encanto tanto a virtuosos de todas las artes como a los fuera de serie de todas las disciplinas. Gente que comprende al vuelo, que intuye, que admira el talento incluso cuando este se enfrenta a las razones del corazón. El jueves por la noche, antes de la final del Roland Garros, Esteban Cambiasso, centrocampista del Inter y «enfermo de tenis» —de Federer, sobre todo—, admira la Torre Eiffel iluminada en la noche y las dudas se disipan. «Ganará Roger. Y lo hará como un auténtico número uno, enfrentándose a Nadal en la final.» Estamos cenando cerca del Trocadero, invitados por Benito Pérez-Barbadillo, jefe de prensa de Nadal, y, obviamente, el tema de conversación es el torneo. Como suele ocurrir, Federer ha llegado a los cuartos sin perder un solo set. El primero, indoloro, se lo ha concedido a Robredo; Nadal ni siquiera eso, y en los cuartos ha propinado un 6-0 a su antiguo ídolo, ahora gran amigo y compañero de la Copa Davis, Carlos Moyá.

Las cosas no cambian demasiado en las dos semifinales, que duran seis sets y dejan pocas fisuras. Federer se deshace del molesto Davydenko que, como siempre, corre como un loco, y como tal desperdicia las ocasiones que tanto le cuesta conseguir, especialmente en el 5-2 del primer set. Por su parte, Nadal acaba con un Djokovic todavía verde. El número uno lleva 175 semanas en la cúspide del ranking y Nadal casi 100 como número dos. Cifras extraordinarias para ambos, pero no para sus adversarios, a los que las dos ballenas se tragan como si fueran plancton y digieren como polvo rojo. Roddick vive de ilusiones y nostalgia; González de un furor abstracto. Los demás no cuentan. Hasta los argentinos, una temible legión hasta hace solo cuatro o cinco años, parecen haber perdido el radar: Nalbandian se atasca regularmente, Gaudio está próximo al retiro; Coria, el mago que en 2004 perdió precisamente en París una final contra Gaudio que nunca debió dejar escapar, sufre de depresión. Se entrena en Buenos Aires, pelotea bien, «pero cuando tiene que apuntarse a un torneo —cuentan los gauchos—, empieza a dolerle todo y renuncia». Perder en el Roland Garros siendo favorito deja un tormento infame. Qué se lo digan a Federer, que ha alcanzado la octava final consecutiva de Slam, pero nunca ha ganado en París.

Federer sube en el barómetro del torneo, mientras Nadal está estable. Durante un rato perdido, los dos se exhiben en un karaoke televisivo de France 3: Nadal canta *La Bamba* a pecho descubierto, Roger un *cover* de Tina Turner que le va como anillo al dedo, *Simply the Best*. Solo cantan ellos. Los demás observan, abochornados.

En la final, la revolución suiza fracasa una vez más. No se trata de un antiguo régimen —en el fondo, el joven rey solo tiene veintiún años—, pero sí, sin duda, de un régimen paradójico. Un reino cuya soberanía coincide, salvo rarísimas excepciones, con la extensión de la tierra roja y donde el número dos del mundo derrota con regularidad al número uno. Es más, lo despelleja y lo deshuesa. Le arranca todas sus certezas, no le paga los impuestos. Roger podría saquear el primer set, es el que juega mejor, pero desperdicia diez bolas de break, la mitad, como mínimo, con grave culpabilidad. Tendrá diecisiete en todo el partido, y una de ellas se transformará precisamente en la que necesita para ganar el segundo set. Al principio del tercero, cuando podría y debería apretarle las tuercas al adversario, afloja el servicio, y con Nadal por delante dos sets a uno, en el cuarto solo queda esperar la rendición definitiva. Después de permanecer demasiado tiempo encerrado en la esquina izquierda, el número uno embelesa ocasionalmente con su revés, pero deja demasiado libre al Caníbal, no le estropea lo suficiente el revés cortado. Sirve mal —un desconcertante 38 por ciento de las primeras bolas en el primer set—, y, a partir de la mitad del tercero en adelante, empieza a equivocarse demasiado: 59 errores no forzados, 29 de derecha. Federer pone florituras y espejos al partido, Rafa lo empaqueta y se lo lleva. El número uno tenía un plan, porque «con todos los demás tenistas puedo improvisar, pero no con Nadal», sin embargo, no logra ponerlo en marcha. «No me quedan muchos más objetivos en mi carrera —murmura tras la derrota—. Cada año en París juego un torneo maravilloso, pero después llega Rafa y se lleva la copa. Es un asunto entre él y yo. Cada año lo hago mejor, y todavía soy joven. Si un día logro ganarle aquí, será una victoria muy dulce». Roger es el número uno, pero no es el amo de su imperio. Un tántalo con raqueta, al que siempre le quitan de las manos la exquisitez más deseada.

Como Agassi, Federer tiene una memoria de elefante y es capaz de recordar cada devolución, incluso de un remoto partido de júniores. Se acuerda de todas y cada una de las victorias y ha hecho una radiografía de cada derrota. No confunde nunca un rostro o un detalle. «Yo te conozco —le dice una mañana a Gianluca Vialli, que se ha acercado a Church Road para conocer al campeón y disfrutar del tenis sobre hierba, mientras le estrecha la mano—. Te vi en el Stampa Sporting de Torino hace once años. Yo jugaba el torneo sub-16, tu pasabas por allí». Vialli ya era Vialli, Federer el proyecto de un fuera de serie.

El Genio consumado llega a su querido campeonato tras haber renunciado a Halle. «Lo siento, pero no puedo», le comunica al director del torneo, Ralf Weber, al día siguiente de la extenuante final de París. Weber asiente, y hace lo correcto, porque Federer no es la clase de jugador que abandona sus compromisos por capricho. En efecto, en los años sucesivos, seguirá tomando Halle como uno de los puntos de referencia de su cada vez más reducida programación. Y en 2008, Weber recibirá como premio el privilegio de pelotear con Roger en la cancha central del torneo.

En Halle también se ubica el último precedente entre Federer y Safin, instantáneas menos descoloridas y más dolorosas que las que se recuerdan con Vialli. Junto con Nadal, el ruso inquietante ha sido el único jugador capaz de derrotarle en un torneo de Slam en los últimos dos años y medio —en Alemania, en 2006, tras temporadas grises y una grave lesión en la rodilla, en el tercer set. En resumidas cuentas, un fantasma incómodo. Un recuerdo irritante. «Antes de entrar en el campo estaba nervioso, como suele pasarme cuando tengo que enfrentarme a un gran partido —admite Roger, antes de alejar al fantasma ruso en la tercera ronda en tres sets—. Marat y yo nos conocemos desde los torneos juveniles, sé muy bien lo peligroso que puede llegar a ser.» La vida en contraposición al arte: en eso radica la diferencia entre quien ha sido el mejor por poco tiempo y quien siempre lo será.

Para Federer, el undécimo triunfo en un Slam, el quinto consecutivo en Wimbledon, es uno de los más fáciles de las dos semanas del torneo —con cinco días de vacaciones regalados por la lluvia y por la retirada de Tommy Haas antes de los octavos. Pero difícil, casi de infarto, si solo se tiene en cuenta la final, la primera que Federer juega en cinco sets en un gran torneo. Un Slam que lo coloca al nivel de Borg, a tres pasos del récord de

Pete Sampras. Federer lo rescata del fondo de su desesperación, sumergido en la luz, a veces cegadora, casi irreal, de un Centre Court privado, por primera y única vez en la historia, del techo retráctil. Lo rescata ante un parterre de jugadores de su nivel, de una talla casi abochornante, que recorre siete décadas de excelencia: Björn Borg, Jimmy Connors, John McEnroe, Manolo Santana, Jack Kramer, Boris Becker y Goran Ivanisevic, el croata zurdo al que le ha pedido que entrenen juntos antes del *big match* para acostumbrarse a las potentes rotaciones de izquierda de Nadal. Han transcurrido veintisiete años exactos de la legendaria primera final entre Borg y McEnroe, y en la cancha hay dos herederos a la altura de la situación. Levanta la copa Federer, pantalones largos y americana color crema que encajan perfectamente con las palabras que habría usado el barón Von Cramm, el último *gentleman*, que nunca ganó Wimbledon: «Al estrecharle la mano, le he dicho a Rafael que se merecía ganar este partido tanto como yo. Y que estoy contento de haberle ganado ahora, porque es más joven que yo».

El Mejor tuvo que sudar sangre en cinco sets (7-6, 4-6, 7-6, 2-6 y 6-2) contra un Nadal que, entre la mitad del cuarto set y el principio del quinto, parecía haber descifrado los secretos de la hierba y hallado el antídoto para una molestia en la rodilla, e incluso para los golpes de su adversario, que parecían hechos a medida para el Centre Court. Los golpes, precisamente. El servicio impecable (veinticuatro saques directos), temible y decisivo como el de Sampras, la derecha, las voleas, la magia fría y puntual de la que eran capaces Borg y Wilander, sacan de apuros a Roger en los momentos determinantes. Sucede en el primer juego decisivo, tras un set muy tenso, 5-4 para Nadal en el segundo set, con un golpe magistral que solo el balear es capaz de hacer y una volea muerta que hasta McEnroe le envidiaría. Más tarde, en el sexto juego del quinto set, un *passing* a todo correr al estilo de Lendl, reforzado por otro golpe ganador, terrible, al estilo de Sampras, que lo conduce a tres bolas de break decisivas. En resumen, Federer condensa en un partido toda la historia del tenis. Se pelea incluso con el Ojo de Halcón, el replay electrónico protagonista de reproducciones de jugadas cuanto menos discutibles, descendiente directo del Cíclope, que tanto hacía enfadar a McEnroe.

Nadal, que en el quinto set se coloca en una posición decididamente mejor, está a un paso de ganar al Number One, y se coloca dos veces 15-40 sobre el servicio de Federer justo en el quinto set. Pero falla una derecha fácil, que probablemente le habría abierto el camino de la victoria. «Rafa está jugando un tenis increíble —dice Roger—. Desde la línea de fondo, no puedo decir que hoy me ha arrasado, pero a menudo he tenido la sensación de que dirigía el juego. No lograba ser agresivo, subir a la red cuando quería porque él me lo impedía.» En el 15-40, el infierno. «Dios mío, he pensado, se me está escapando la victoria. Ha sido duro, he tenido miedo, pero, por suerte, hoy he servido bien, he jugado con inteligencia y he tomado las decisiones correctas.» El 5-2 del quinto set es el momento de una alegría peligrosa. «Por poco me echo a llorar, he tenido que concentrarme y relajarme. Me pasaban mil cosas por la mente.» Dos años antes, en Australia, Rod Laver en persona había bajado de la tribuna y de su pedestal en la historia para premiarlo en la cancha, emocionándolo. En esta ocasión, solo llora después del punto de partido, cuando acaba tumbándose a lo largo de la red, al estilo de Borg. «No me esperaba que Björn me premiara, pero ha sido bonito encontrarlo, intercambiar con él un par de "abrazos suecos" después del partido. En la cancha, mientras jugaba, sabía que esta era una gran ocasión, quizá la más grande que he tenido hasta ahora. Y no quería perderla delante de él.»

Pasadas las emociones y calmados los nervios, en verano asistimos a una exhibición extravagante, uno de los primeros ejemplos —el último por ahora es la Laver Cup— de la garra del dúo artístico Rafa&Roger a nivel comercial y de imagen, además de deportivo. En Palma de Mallorca, se encuentran en la «Batalla de las superficies», una pista mixta, mitad tierra y mitad hierba, una ordalía medio en serio y medio en broma —tienen que cambiarse de zapatillas en cada cambio de lado—, para decidir cuál de los dos, si el dueño de la tierra o el rey de la hierba, es más universal. El partido se resuelve en el juego decisivo a favor de Nadal en el tercer set. Después de eso, vuelven a la seriedad.

«*Is good sometimes to lose*», de vez en cuando perder sienta bien, sugiere Federer durante una rueda de prensa en

Nueva York, ciudad en la que está para ganar su cuarto Abierto de Estados Unidos consecutivo, a pesar de albergar algunas dudas. Novak Djokovic le ha aguado el principio de la temporada sobre cemento, superándolo en una final muy reñida en Montreal, y la sospecha de que el chico de goma serbio pueda convertirse en un tercero incómodo del tenis empieza a hacerse más palpable. En Cincinnati, Federer ha encontrado la victoria, pero el póker en Nueva York es algo muy serio. Una hazaña que Connors y McEnroe no lograron realizar, conquistada por última vez por Tilden, que en Nueva York enfiló seis victorias, pero corrían los años veinte. Federer sabe que posee un talento de naturaleza impenetrable, detesta a quienes ponen en duda su primacía, pero, a veces, especialmente cuando al otro lado de la red está esa piraña llamada Nadal, es el primero en dudar de sí mismo. Cartesianamente, hasta el límite. Hasta tal punto que al día siguiente de cada triunfo, acapara periódicos para hojearlos, es más, devorarlos, en busca de paradójicas corroboraciones. Roger necesita comprobar, verificar, «que todo esto está pasándome a mí», como ha admitido pacífica y metafísicamente.

Los corredores de apuestas dan como ganador a Federer 1 a 2, a Nadal 5 a 1, y a Djokovic 6 a 1. Roddick, finalista el año anterior, llega incluso 14 a 1. Los demás siguen cuotas que animan la apuesta y desaniman los pronósticos infaustos para el suizo. «Para ganar en Nueva York, también se necesita un poco de suerte», advierte Björn Borg, que en América ha perdido (*oh, yes!*) cuatro finales.

En la final, Federer se encuentra delante del nuevo niño prodigio, Novak, un año menor que Nadal y casi tan peligroso como él; o mejor dicho, más peligroso todavía sobre superficie dura, como fue fácil de prever la víspera. Pero en el momento de asaltar el palacio de invierno, Novak pierde el empuje. El Mejor, con su nuevo atuendo «de chico malo», vestido de negro de pies a cabeza, no se descompone más de la cuenta, o al menos eso parece: 7-6, 7-6 y 6-4. Acalla sus pensamientos negativos, el recuerdo del partido de Montreal, y consolida el tercer Slam de la temporada. El duodécimo de su carrera, el que lo sitúa en la misma posición que Roy Emerson y a dos del récord de catorce de Sampras. Es la tercera vez que Federer completa tres cuartos de Slam, en las últimas once finales de torneos mayores siempre ha sido el protagonista de la escena. Un récord monstruoso.

«Puedo ganarle a Roger, tengo que convencerme de que puedo hacerlo —había dicho Novak la víspera—. Si no creo en mí mismo, ¿cómo puedo tener una oportunidad?». Federer no intenta quebrarlo, ni transformar el partido en un reto sobre la diagonal de la derecha. Prefiere hacer el papel del asesino frío y sofisticado, alternar bofetadas de derecha con afilados reveses cortados, introducir sombras de duda en el juego universal, pero a veces inconexo, de Djokovic. Ni siquiera tiembla cuando el adversario va 6-5, 40-0 y servicio. Sigue insistiendo sobre el revés de Novak, que, justo en el momento de apretar los dientes, se deja llevar por la tensión y desperdicia tres puntos de set. Esfumado el 40-0, Novak vuelve a disfrutar de dos ventajas, pero nada, otra cadena de errores que culmina con una doble falta que ofrece a su rival la posibilidad de hacerse con la primera manga en el juego decisivo. En la segunda manga, Djokovic va 4-1, pero es neutralizado con diez puntos ganados de forma consecutiva por Federer, que vuelve a imponerse en la muerte súbita por 7-2. En la última manga, Roger logra la rotura de servicio decisiva para rematar posteriormente con un 6-4. El reino de Federer está a salvo por ahora, a sus estadísticas de vértigo se añade una primicia: nadie había logrado ganar Wimbledon y el Abierto de Estados Unidos cuatro años consecutivos. Pero Roger es el primero que sabe que Novak volverá a intentarlo.

Federer llega a Shanghái para el Masters con el depósito medio vacío, como muchos otros. En los tres meses que han seguido al Abierto de Estados Unidos ha jugado quince partidos y ha ganado un solo torneo, el que más le interesaba, Basilea, conquistado en la final contra el zurdo finlandés Jarkko Nieminen. En China pierde de mala manera el primer partido de vuelta contra Fernando González, pero es una crisis pasajera; durante el resto de la semana no concede nada más, ganando sin mucho *pathos* —por esta vez— a Nadal en la semifinal y a Ferrer en el *big match*. Apiñados en una salita del Qi Zhong Stadium, Miguel Luengo de la Agencia Efe, Vincent Cognet de *L'Équipe*, otros habituales de las salas de prensa internacionales y yo logramos hablar con él después del partido. A la pregunta de si podemos esperar mejoras en el futuro, Federer responde haciendo gala de su lado más pragmático. «Podría ser más espectacular. Me gusta mucho jugar para el público, pero, si lo hiciera siempre, acabaría perdiendo más a menudo. La lección que he aprendido en los últimos cinco o seis años es que más vale jugar cinco partidos y ganarlos que ganar espléndidamente tres y perder los otros dos. Es imposible no perder nunca, pero yo soy como un boxeador que cuando sube al ring nunca cree que acabará sobre la lona.» Los tres tenistas que lo han puesto contra las cuerdas han sido «Nadal, Agassi y Sampras. Tres jugadores especiales. ¿El mejor de todos? No puedo juzgar la época de Rosewall y Laver, mientras que Borg, McEnroe y Agassi han sido grandes cada uno a su manera, pero creo que el más grande es Sampras. Cuando está en racha es invencible.» Un homenaje debido y un perfecto lanzamiento publicitario.

«Roger puede batir todos mis récords», sentencia Sampras durante el tríptico de ricas exhibiciones que cierran la temporada. «Pete podría estar entre los cinco mejores del mundo», dice Roger devolviéndole el cumplido. Amabilidades. Comparar a campeones de épocas diferentes —¿cuántas veces lo hemos oído?— es imposible, y en los pocos casos en que se puede plantear, acaba siendo una comparación desigual, a veces grotesca. Federer ha sido capaz de ganar a *Pistol* Pete cuando todavía era un tenista de verdad, en 2001, en Wimbledon, la comparación se agotó en ese momento. Queda la ilusión, las ganas de viajar en el tiempo. Pero la victoria de Sampras en el último show parece poco creíble, no pactada, pero en cierto modo concedida por Federer. Por otra parte, no está en juego solo la gloria, sino una suma conspicua para ambos que aumentará en la cita de marzo en el Madison Square Garden. Si Sampras hubiera perdido todos los retos, ¿cómo habrían vendido la segunda parte?

Tres jugadores para un puesto
2008-2012

2008. Viva Rafa

A veces el tenis se parece más a un *after hours* agotador que a un deporte. Acaba una temporada e inmediatamente empieza la siguiente, se juega cada semana, los jugadores se embriagan de husos horarios y jet-lag. Incluso los más fuertes, los que mejor aguantan la adrenalina, corren el peligro de coger una cogorza tarde o temprano. El día más largo de la historia del tenis en Melbourne empieza a las once de la mañana del sábado 15 de enero de 2008 y acaba a las 4:33 h de la madrugada del domingo, más de diecisiete horas de tenis, un récord. La culpa la tienen la lluvia, las pataletas de Venus Williams —que se niega a abandonar la cancha central— y los dos partidos maratonianos del día: Federer-Tipsarevic y, sobre todo, Hewitt-Baghdatis, el último, que ha tenido una duración de cuatro horas y cuarenta y cinco minutos y que, por decisión de organizadores codiciosos o inexpertos, se ha jugado casi a medianoche. Bajo el techo de la Rod Laver Arena, que había sido cerrado para proteger la cancha central de la llovizna que caía sobre Melbourne, Federer repasa durante cuatro horas y veintisiete minutos una de las asignaturas obligatorias de los campeones: la humildad.

Janko Tipsarevic, que acaba de posicionarse en el número 49 de la ATP y destaca por sus cualidades, lo mantiene con la cabeza gacha sobre los apuntes durante cinco sets. Un tipo que se presenta con aires y gafas de intelectual comprometido, pero que tiene el ímpetu de Gattuso. Federer, espléndido en las primeras dos rondas, no está en racha, devuelve mal las bolas, falla el derechazo. Con un primer set 5-3 a su favor, se deja remontar; en el segundo set, juega a trompicones y se apoya casi exclusivamente en el servicio (treinta y nueve saques directos al final), antes de adjudicárselo en el juego decisivo. Tipsarevic gana el tercer set, se hunde en el cuarto y en el quinto resiste hasta el 10-8 final. La idea de derrota atraviesa la cabeza del Fenómeno, que solo se ha visto obligado a jugar un quinto set en un Slam en diez ocasiones, y los pobres periodistas europeos corren el peligro de rebasar el cierre de la edición, pese a las diez horas de ventaja que proporciona el huso horario. Cuando apagan los ordenadores, prácticamente es la hora de levantarse y de volver a la cancha.

«He visto a Federer nervioso, el partido se ha resuelto por una diferencia mínima —dice Tipsarevic—. Hay muchos tenistas, incluso buenos, que entran en la cancha a jugar contra él con la única esperanza de estar a la altura. En cambio, hay que estar convencido de poder derrotarlo. Incluso Federer es humano, tiene miedo a perder y ofrece una posibilidad, pero solo puede aprovecharla quien no le teme.» Janko lleva tatuada en el brazo la frase del príncipe Myskin («La belleza salvará al mundo»), el protagonista de *El idiota*, de Dostoievski. «Lo estoy leyendo por tercera vez», precisa. Federer, en cambio, cual delicioso iletrado, no tiene libros de cabecera. «Me falta tiempo para leer, demasiados deberes por hacer». Y tiene que cuidarse.

En Sídney pasó una noche en el hospital por culpa de una intoxicación alimentaria; en Melbourne, explicará después, contrajo la mononucleosis. Una leve, visto que jugará el resto de la temporada, porque la enfermedad del beso puede llegar a truncar una carrera si se contrae de forma virulenta. Con Paganini ha reprogramado un entrenamiento de cara al Roland Garros, y quizás este exceso de previsión le cuesta una derrota en la semifinal de tres sets contra Djokovic. El número uno está a salvo; gracias también a la derrota de Nadal a manos de Tsonga, el futuro se presenta un poco más manejable. «Nadal y Federer han dominado los últimos dos años —dice Djokovic tras consumar el regicidio—. Creo que para los apasionados del tenis de todo el mundo es positivo ver caras nuevas. Hoy he tenido la sensación de que el público no estaba de mi parte, he tenido que enfrentarme a dos adversarios, pero lo entiendo. Espero que la próxima vez sea diferente.» Un exceso de optimismo.

En Dubái, otro chico de la quinta de 1987 hace sonar definitivamente la alarma. Se trata de Andy Murray, que rematándolo en la primera ronda hace aflorar al pequeño Roger enrabietado de los años de juventud —el chaval que negaba la evidencia después de una derrota o que pedía contrariado el control del Ojo de Halcón, la moviola del tenis, incluso cuando el canto era evidentemente correcto. No es la petición de un tenista inseguro, es la intimidación de un rey que siempre quiere tener razón, incluso a costa de la verdad. El campeón no aguanta el delito de lesa federeridad. No lo acepta. Pero los tiempos cambian para todos. Cambian los adversarios, en el sentido de que los antiguos tienen nuevas actitudes y han aprendido a conocerlo mejor, y aparecen otros nuevos. Sin embargo, en Indian Wells, entre los federerianos empieza a insinuarse el desconcierto. Vale que tuvo mononucleosis, gruñen desde los blogs, pero ¿perder en contra de Fish en apenas sesenta y tres minutos? «A veces hay partidos así —se defiende Roger—. Lo que me sorprende es que me hayan tocado tan pocos en los últimos años.»

En realidad, perder a manos de Fish no es tan sorprendente si uno se fija en el Fish de ese año en Indian Wells. La prueba de que Mardy está en forma es el set arrebatado a Djokovic en la final de California. Por otra parte, siempre ha habido jugadores así. Los menos jóvenes (me cuento entre ellos) se acordarán de Vincenzo Franchitti, nuestro bombardero local, que en 1975 asestó un clamoroso 6-2, 6-3 a Björn Borg en Bolonia.

Sin embargo, es innegable que el Federer de 2008 suscita perplejidades y plantea incógnitas. A esas alturas de los Masters de Miami, la noticia es que las derrotas de Federer ya no son noticia. La derrota en los cuartos contra Andy Roddick es la cuarta desde principios de año. Por ahora, no ha ganado un solo torneo, es su peor inicio de temporada desde 2000. Andy no le ganaba desde 2003, once derrotas seguidas en quince partidos, ¿el fin de su reinado? «Nadie ha ganado a Roddick doce veces seguidas», improvisa Roddick, parafraseando una ocurrencia del pobre Gerulaitis. La verdad es que Federer juega bastante bien, el problema es que no lo hace en los momentos decisivos: cuatro derechas falladas en el juego decisivo del primer set, once puntos a cero del 0-30, servicio de Roddick en el 3-3 del tercero hasta el 5-3, 40-0 de Roddick. Reveses descuidados, respuestas salvajes y pataletas infantiles a causa del Ojo de Halcón, es decir, el anti-Federer. Salva dos puntos de partido, pero ya es demasiado tarde. «En los últimos seis años, nunca había fallado una pelota importante jugando conmigo —explica Roddick, *el matemático*—. Según la ley de la estadística, tarde o temprano tenía que ocurrir.»

Para intentar el asalto decisivo en París, a finales del 2007 Federer decide participar en el torneo de Estoril, y en Portugal logra ganar después de haber cedido un set a Denis Gremelmayr —Denis Gremelmayr, el número 104 de la ATP— en la semifinal, aprovechando además la retirada de Davydenko en la final. En la semifinal de Montecarlo, Djokovic también se retira, en el sexto juego del segundo set, pero como era de esperar el domingo se vuelve a repetir el guion y nueve meses después de la final entre los dioscuros, Nadal lo derrota sobre arcilla en dos sets.

En Roma, un año después de la victoria inesperada de Volandri, Radek Stepanek sorprende al pararle los pies en los cuartos con dos muertes súbitas. «Roger, ¿es el principio del fin?», le preguntan con una sonrisita sádica en una rueda de prensa. «Siguiente pregunta, por favor», responde el Genio. Stepanek, el patito feo que (misteriosamente) vuelve locas a las mujeres y cabrea a sus adversarios con su saque y volea de anófeles ciego, con sus provocaciones y su fastidiosa manera de agitar los puños cada vez que el adversario comete un error, evita ser apocalíptico. «¿Federer en crisis? —dice torciendo sus gruesos labios—. Bueno, hay quien está jugando mejor.»

«Pero ¿realmente es la tierra el problema de Federer en París?», logro preguntarle una tarde a José Higueras, el nuevo entrenador de Federer desde hace un par de meses, acorralándolo en el pasillo de los autobuses que transportan a los jugadores al Roland Garros. Higueras, como jugador, fue una sanguijuela de tierra. Llegó a ser número seis del ranking mundial en 1983, y alcanzó unas cuantas semifinales en París. Los de mi generación —o incluso un poco mayores que yo— lo recordarán por las batallas infinitas con Corrado Barazzutti. «Una vez nos dio un calambre a los dos a la vez —me cuenta—. Yo lo miraba a los ojos, pero él no se dio cuenta y se retiró un instante antes que yo.» Antes de contestar a mi pregunta, Higueras, que también entrenó a Chang, Courier, Sampras, Moyá y Bruguera, mira a su alrededor para comprobar que Tony Godsick, el manager de Federer que no aprueba las confesiones de los entrenadores acerca de su protegido, no esté en los alrededores. «No, la tierra no es el problema —admite—. Quitando a un jugador, Federer les gana a todos, incluso en tierra batida. Su problema es Nadal. Para derrotarlo en tierra, Rafa tiene que jugar mal y su adversario tiene que estar en racha.» «Así que Roger no tiene posibilidad de ganar», insisto. «No he dicho eso. Si creyera que Federer no puede hacerlo, no lo entrenaría. Pero Nadal, como Borg, juega todos los puntos con la misma intensidad y es capaz de hacerlo durante cinco sets sin disminuir el ritmo.» «Entonces, ¿cómo se lo puede poner en apuros?» «Con saques potentes. Arriesgándose. Obligándolo a cansarse en la respuesta. Quitándole tiempo.» La teoría está muy bien, pero no le sirvió de nada la semana pasada, en Hamburgo, donde Roger volvió a perder contra su carnicero favorito. Tampoco lo ayudará en París, todo lo contrario, en el torneo Philippe Chartier esta vez es una masacre. Si alguna vez, cuando eran niños, han sido víctimas de un abusón que les ha dicho en el patio «tú no juegas»; si alguna vez les han quitado la pelota, les han tirado el estuche de lápices de colores por el suelo, saben lo que siente Roger Federer durante la final en «el patio» del Roland Garros. Su único consuelo es que le ha tocado un abusón amable, el más amable y respetuoso de los abusones: Rafael Nadal. Para empezar, lo neutraliza (6-1, 6-3 y 6-0); después, para rematar, se disculpa en el micrófono. «*Sorry, Roger. Merci*». Perdóname, Roger, si apenas te he dejado cuatro juegos. Perdóname, Roger, si te he humillado. No era mi intención. Perdóname también por la lluvia de aplausos angustiados que se han levantado de la tribuna al cabo de dos juegos para animarte. Una caricia atroz, que quema cuando eres el número uno del mundo. Primer juego, primera rotura de servicio, y ya todo el mundo se da cuenta de cómo acabará, incluidos Vilas, Pietrangeli, Santana, Noah y los demás fuera de serie invitados a la masacre. «Creo que no irá más allá de ocho juegos», murmura sombrío Ion Tiriac en su *box*. «Esperemos que haga más que Almagro», gruñe Andrés Gómez, ganador en 1990. «Quién sabe si durará más de una hora y media», sonríe malhumorado Victor Pecci, finalista en 1979, antepenúltimo año de la era Borg.

Borg calla, a tres metros de la desesperación de Federer y de la gloria triunfadora de Nadal. El sábado había dejado caer unos comentarios optimistas sobre Federer, pero nunca lo había visto estrellarse contra el muro Nadal en directo. Su heredero, su clon moreno y zurdo, el único, después de él, que ha logrado ganar este torneo cuatro veces consecutivas, veintiocho victorias sobre veintiocho partidos en el Roland Garros. *Undefeated*, como diría Michael Buffer con su voz inconfundible en un combate de boxeo en Las Vegas. Durante el torneo, no pierde un solo set, como solo lograron hacerlo Borg en París, durante la era del Abierto (en 1978 y 1980), y Nastase (en 1973). Tres finales consecutivas del Roland Garros arrebatadas a Roger Federer. Las dos primeras eran rotundas, esta tercera, un K.O. técnico, un gancho que te acorrala contra las cuerdas. La diferencia es que el árbitro del tenis cuenta solo los puntos, no a las personas. Nunca se había visto a un número uno perder así en una final de Slam. Solo Brian Gottfried, en 1977, lo hizo peor en París, tres juegos en total. Pero Gottfried era finalista por casualidad y al otro lado de la red estaba el señor Vilas.

Nunca se había visto a Federer cometer tantos fallos. Tan resignado, impotente y ausente. Tan derrotado. Solo se defiende en los siete primeros juegos del segundo set, cuando se lanza hacia delante, como le ha dicho Higueras, en un cuerpo a cuerpo, dándolo todo en la red. En el octavo juego, a la cuarta bola de break, un *passing* de revés paralelo a bote pronto, el enésimo, lo crucifica. Ha tocado fondo. El Campeón no gana más juegos. No sufría un 6-0 desde 1999, en Queen's, contra Byron Black, tenía 17 años. Al final, hasta se oyen algunos pitidos poco generosos, de vergüenza ajena quizá. Cincuenta errores no forzados, cinco puntos conseguidos a duras penas —en tres sets— con el segundo servicio. Un Federer irreconocible. «Sigo siendo yo —suelta desde el palco donde se entregan los premios, la sonrisa desdibujada y heroica tras la tortura, consciente de su situación, arrancando una carcajada al público—. Lo siento por esta final. Esperaba poder hacerlo mejor.» El colmo de la sinceridad. «Todos quisiéramos ser Roger —deja caer Rafa, incapaz de mostrarse exultante, humilde como siempre, compungido, casi avergonzado—. Porque él siempre es el mismo, tanto cuando gana como cuando pierde.» Debería sonar a piropo, pero parece un epitafio.

Así las cosas, este es el peor año para Su Majestad Belleza desde hace mucho tiempo. En tierra batida parece ser impotente contra Nadal. Ambos lo saben. Todo el mundo lo sabe. «Hoy Rafa ha jugado mejor —murmura educado—. Pero no es una cuestión mental, como pensáis vosotros. He intentado resistir, no quería ponérselo fácil, pero Nadal lleva unas semanas jugando de una forma increíble. El año que viene volveré a intentarlo. ¿Ganaré alguna vez en París? Si queréis que os diga que no, allá vosotros. Yo digo que sí, aunque admito que el hecho de saber que Rafa volverá a estar al otro lado de la red no ayuda.» Nadal tiene veintidós años, cinco menos que Federer, y sigue mejorando. Su revés cortado es mucho más preciso, su golpe plano es mucho más efectivo, presiona dentro de la pista, en defensa sigue siendo un muro infranqueable y su globo es perfecto. Es el número dos desde hace 150 semanas. ¿Cómo se le consideraría si no hubiera compartido con Federer la misma página de la historia? «Hoy he jugado un partido perfecto, y Roger ha cometido demasiados errores, si no, no se explica», declara en la rueda de prensa. En el vestuario, casi molesto consigo mismo, pregunta a quienes le estrechan la mano: «¿No habré exagerado?». La diferencia entre él y Borg, hasta ahora, es que Borg también ganaba sobre hierba. Hasta ahora. En los últimos dos años, Nadal ha logrado llegar a la final contra Federer en Wimbledon, y en 2007 estuvo a punto de conseguir lo impensable. «La derrota más dura de mi carrera» dice, acariciándose la cicatriz. Pero ahora Rafa está mejor que nunca. «En la hierba no pierdo desde hace cinco años» zanja Federer con los ojos hundidos. Cinco años, como Borg: dos historias paralelas. La noche de la final, Federer cena pan y melancolía mientras Rafa celebra la victoria con todo el equipo en el Cafè de l'Homme, enfrente de la Torre Eiffel. Dentro de dos semanas empieza Wimbledon. Quizá habrá una historia diferente que contar.

En Halle, Federer, como un titán, vuelve a tener los pies en la tierra y se reconcilia con su fuerza —aunque en lugar de tierra hay hierba. Gana a Pippo Kohlschreiber en la final, y en Wimbledon, durante trece días, no les deja ni las migas a sus adversarios.

Su partido ideal, el que prefiere recordar cuando habla con los periodistas en rueda de prensa, es la final del Abierto de Estados Unidos de 2004, el partido en el que derrotó a Lleyton Hewitt. «Perfecto desde el principio hasta el final». Con su cárdigan de trescientas libras esterlinas, consigue otra victoria similar en los cuartos de Church Road contra Mario Ancic —el último jugador que le ganó en estas canchas en 2002. Cuarenta golpes ganadores, seis errores y un solo punto perdido en su servicio en el primer set. Desde que empezó el torneo, el número uno ha ido mejorando la estadística en el saque, el testigo de la salud sobre la hierba. Anic da lo mejor de su saque y volea durante un set y medio, después se va muy lejos. Federer parece el del nuevo anuncio de televisión de Nike, en el que enfila la bola en el cuello del jarrón de cristal con una dejada y responde con una sonrisa a la ráfaga procedente de la lanzapelotas de su entrenador. Intocable, encantador y arcádico. Los dos —Federer y Mario— contrajeron la mononucleosis, pero se ve que el seguro privado de Federer es más eficiente.

En el torneo *revival* de sus ex bestias negras, tras Hewitt y Ancic, en la semifinal reaparece Safin, que en 2005 lo derrotó en las semifinales del Abierto de Australia. Diecisiete semifinales de Slams consecutivas y el Fenómeno aún sufre por esa derrota. «Tuve incluso un punto de partido y me dolía tanto el pie que al final casi no podía caminar. He vuelto a ver ese partido, Safin y yo lo dimos todo. Por eso Marat siempre me da miedo, independientemente de su posición en el ranking.» Pero Marat no logra darle la réplica. «Con Roger no puedes jugar derechas, porque empieza a zarandearte de aquí para allá —suspira tras una paliza de tres sets—. Cuando está bajo presión, corta el revés para que te acerques a la red y te asesta un *passing shot* en paralelo. Quien tiene un buen revés intenta cargarlo de efecto y se pasa, falla o acaba tocando la cinta, si vas al juego decisivo, Roger coloca el saque directo. Parece sencillo, pero no hay nada que hacer.» Así pues, por tercer año consecutivo, Wimbledon vuelve a acoger el duelo de Federer contra Nadal. ¿Podía ser de otro modo? «Son grandiosos, tendré el orgullo de decirle a mis hijos que jugué contra Federer y Nadal. Para mí, como para ellos, lo que cuenta es la adrenalina, no el dinero» concluye Marat.

En París siempre ha ganado Nadal; en Londres, Federer, pero este año el Niño ha estado muy cerca de conseguirlo. Ha pasteado su primer torneo sobre hierba en la cancha del Queen's y está impaciente. En la semifinal, usando la cuarta solo en caso de necesidad, derrota a Rainer Schüttler, y al salir de la cancha ayuda a una fan algo patosa a hacerse una foto con él en el Centre Court. Se ha entrenado con McEnroe, tiene fe. «Si el domingo gano, mi carrera cambiará. Pero Roger sigue siendo el número uno, el mejor, y aquí ha ganado seis, perdón, cinco veces. Espero que no haya una sexta», bromea Rafa.

«Creo que podría seguir ganando Wimbledon los próximos diez años —responde Federer; y los músculos se le tensan bajo el cárdigan—. Pero Rafa ha mejorado muchísimo y lo veo difícil. Es un competidor prodigioso y, como en los demás enfrentamientos directos, me lleva ventaja. Cada vez que me enfrento a él tengo muchas ganas de derrotarlo. Fuera de la cancha hablamos mucho y nos respetamos. El año pasado, en Madrid, hasta me pidió que jugáramos juntos un dobles. Puede que un día lo hagamos.»

Federer está en la sexta final consecutiva. Como Borg, que la perdió en 1981. Como William Renshaw, que la ganó en 1886. «Por aquel entonces, el campeón vigente solo jugaba la final —aclara Federer—, no se esforzaba como lo hacemos nosotros.» Tal vez, viendo el ritmo que llevan él y Rafa, no estaría mal recuperar esa fórmula antigua, conocida como *Challenge Round*, y dejar que trabajen los demás.

Después pasa lo que pasa, y es como asistir al crepúsculo de una era. El Templo se abre para Rafa Nadal al cabo de cinco sets y de casi cinco horas de tenis inolvidable, furioso, en ocasiones surrealista. El Niño gana 6-4, 6-4, 6-7, 6-7 y 9-7, puntuación que resplandece en un Centre Court casi sumergido en la oscuridad; porque Nadal gana a las 21:17 h de la noche, tras dos interrupciones por lluvia, en el cuarto punto de partido. Se tumba en la hierba y se echa a llorar después de que el campeón falle la última derecha. A continuación escala las tribunas, como hizo por primera vez Pat Cash en 1987 y, ligero como un Peter Pan, pasea por el tejado cercano al Royal Box, sobre la cabina de la CBS, estrecha la mano a los príncipes de España, Felipe y Leticia. Es el primer español que lo logra después de Santana en 1966.

A estas alturas, es difícil no considerarlo el mejor tenista del mundo, aunque el ordenador siga designando a Federer como él. Nadie, después de Borg y Laver, había logrado ganar Slams tan diferentes entre sí, tierra batida y hierba, en el mismo año. La proeza es monumental y llega con una final rebosante de épica y de lluvia. La más impresionante del milenio, una de las mejores de todos los tiempos. Una colección de golpes asombrosos, de vuelcos al corazón, un bárbaro vaivén de puntuaciones. El partido más largo de todos por número de juegos, 62 —el récord, 48, entre Drobny y Rosewall, se remonta a 1954— y por duración —cuatro horas y cuarenta y ocho minutos—, que supera incluso la leyenda que esculpieron Borg y McEnroe en 1980. Como en aquel partido, este enfrenta a los dos mejores tenistas del mundo, dos estilos de juego opuestos, ferocidad contra gracia, dos modos diferentes de ver la vida. Como un palíndromo perfecto, gira alrededor de los ejes del juego decisivo, pero al revés: Borg perdió 18-16 la batalla contra los nervios en el cuarto set, pero acabó triunfando en el quinto. Esta vez, Federer gana dos sets, resucita en el segundo, cuando todo parecía perdido, con dos puntos de partido rescatados y una doble falta de Rafa que le sirve de salvavidas, pero tiene que rendirse. En la oscuridad insólita de las cinco de la tarde, cuando ha perdido dos sets y va 5-4 en el tercero, la lluvia, que cae por segunda vez y atrasa el juego una media hora, lo ayuda milagrosamente, como en 2004 contra Roddick, pero no es más que una ilusión. La última, inútil victoria del imprevisible tiempo inglés, con sus chaparrones encabritados capaces de salvar o condenar un destino. Han jugado sin diafragmas bajo el galope desenfrenado de las nubes, pero a partir de 2009 habrá un techo retráctil que defenderá la continuidad del juego y los derechos de retransmisión de las televisiones.

Los senderos del partido —que son fáciles de entender a toro pasado—, estaban marcados desde el principio. Federer tiene problemas con el lado izquierdo, por eso se aferra a la derecha y aún más al servicio (veinticinco puntos directos). Roger es capaz de producir derechas milagrosas y de hacer virguerías con el revés y el *passing shot*, de lograr que el adversario se alargue, pero no de romperlo, ni de superar el complejo de inferioridad que lo subyuga a Rafa y que le hace desperdiciar once de doce puntos de break. Cuando vuelven a la cancha, Rafa parece haber perdido algo de tonicidad. Roger, afianzado por el servicio y animado por Mirka, Gwyneth Paltrow y, por momentos, todo el Centre Court, logra lo imposible e iguala el resultado. Vuelve a llover y se interrumpe el quinto set en el 3-2, 40-40 para Federer, otros treinta minutos. A la vuelta, el número uno tiene entre manos un punto de break, en el 5-4 llega a dos bolas de partido. Pero Nadal sigue minando la seguridad de su adversario ya entrada la noche londinense, y en el quinto set, donde no existe la muerte súbita y el miedo no tiene cabida, lo obliga a contradecirse, a temblar. Y a caer.

¿Fue correcto acabar de noche, o casi, una final semejante? «Casi no veía la pelota —se queja Federer mientras habla con periodistas franceses y alemanes—. Hemos jugado el torneo más importante del mundo en condiciones en las que normalmente es imposible jugar.» Nadal, honrado como siempre, también lo admite: «Hacia el final, no se veía nada». Aplazarlo hasta el lunes en el quinto set quizá no habría asegurado el sol, pero sí la luz del día, aunque, sin duda, le habría quitado emoción. Mejor así. Mejor para todos, salvo para uno. Y la temporada de las decepciones todavía no ha acabado para Federer.

Su reino entra en fase de liquidación el 18 de agosto, al día siguiente de la final de los Juegos Olímpicos, pero la paciencia se le ha acabado mucho antes. «El otro día estuve en la villa olímpica —dice Federer en Pequín—. Se respira el espíritu de los Juegos, es muy agradable, pero para mí fue imposible relajarme porque todos los atletas querían hacerse una foto conmigo. Normalmente no me importa, pero día tras día no es la preparación ideal para alguien que quiere ganar una medalla de oro.» Se nota que Roger Federer, el rey sobre la barra de equilibrio, ha dejado atrás la serenidad olímpica, está algo desestabilizado y bastante nervioso.

La derrota de Wimbledon ha sido un duro golpe, un placaje importante. Entre Toronto y Cincinnati no acierta una, ni en la primera ni en la segunda ronda. Al final del partido canadiense, en que lo derrota Gilles Simon, es el primero en estar sorprendido. «Nunca creí que iba a perder un partido así.» ¿Mononucleosis? ¿Nadalitis? «Creo que necesitaba un partido como este», declara en Ohio tras el 6-0 a Ginepri, en el tercer set. Pero en la ronda siguiente se deja arrasar por Ivo Karlovic. Nadal, en cambio, llega a la semifinal y cuando empiezan los Juegos ya tiene la seguridad aritmética de convertirse en número uno al finalizar el torneo olímpico, independientemente del resultado.

Roger no lo acepta. Ni siquiera acepta una broma inocua o un exceso de afecto. Primero el nombre de Berdych, el checo que lo ha derrotado en Atenas, que algún gracioso hace parpadear en el marcador mientras se entrena con el leal Wawrinka. Roger esquiva a los periodistas y vuelve al hotel echando humo. Después el entrometimiento de sus compañeros peones, del plancton olímpico que rodea al pez gordo de paso por la bajamar, incómodo como un cachalote en un acuario. En las fotos se le ve sonriente porque se lo impone la buena educación, pero lo hace a regañadientes. La verdad es que Federer vive los primeros días en Pequín, a la espera del latoso debut con Tursunov, como ha vivido los últimos meses del circuito, en un limbo vagamente bilioso. Es el número uno del mundo, pero no lo es. A Roger le gustan los Juegos y siente su presión. Planea reconquistar, hacia finales de año, el cetro que todavía no ha perdido, y se topa continuamente con Nadal. El chico simpático. El chico que pelotea como Ronaldinho en los entrenamientos y que siempre sonríe. El peor de los enemigos, incluso desde el punto de vista mediático. «Puedo recuperar mi récord en unas pocas semanas, encontrarnos en la final es una posibilidad, ya veremos quién lo pasa peor —gruñe—. Por ahora me dedico a los Juegos y no me preocupa la clasificación mundial. De un año a esta parte, Rafa lo está haciendo muy bien, se ha convertido en el número uno, yo espero hacerlo igualmente bien aquí. Además, me gustaría disfrutar de la ceremonia de inauguración, que coincide con el día de mi (vigésimo séptimo) cumpleaños. No puedo imaginar un cumpleaños mejor, salvo que coincida con el nacimiento de un hijo, pero eso todavía no está programado. Solo espero no tropezar al entrar en el estadio y comerme una buena porción de pastel.»

En efecto, Suiza ha vuelto a elegirlo como abanderado. Federer tiene en gran consideración, teñida de sentimentalismo y venada de hiel, los Juegos Olímpicos. «Conocí a mi novia en Sídney hace ocho años, durante uno de los mejores momentos de mi carrera. Quedé cuarto y desaproveché la ocasión de ganar una medalla. Desde entonces, ganar la medalla de oro para mi país se ha convertido en uno de mis sueños. En Atenas tuve el honor de llevar la bandera por primera vez, fue una sensación especial. La historia de amor con Mirka sigue al cabo de ocho años, en cambio la vuelta al estadio duró diez minutos. Por eso elijo la primera.» Prefiere las caricias a los pescozones, y este año ha recibido algún que otro bofetón. Este año infeliz está haciendo aflorar su fondo amargo, ácido a veces. Los ricos también se amargan. «Aquí se respira una atmósfera extraordinaria, es bonito formar parte de esto, pero tendréis que perdonarme si lo que quiero es ganar el oro. ¿Qué valor tiene para mí? Quizás el mismo que una victoria en Wimbledon, no estoy seguro, pero es una victoria de la misma envergadura. Por ahora he visto que hay mucha gente jugando bien. Hace tiempo que estoy convencido de que en cada torneo de tenis hay un grupo nutrido de ganadores en potencia. Me cuento entre ellos, que quede claro.»

Una banderilla que no lo salva del arpón de la duda. «Las dos últimas semanas no han sido muy buenas, es cierto. He perdido partidos que no debería haber perdido, y eso duele. Pero, por otra parte, no he jugado mal. Toronto y Cincinnati no son torneos que van a hacerme llorar durante meses. A estas alturas de mi carrera, lo que cuenta son los Juegos y el Abierto de Estados Unidos. Aquí hace calor, no sé si la contaminación tiene algo que ver, pero sé que el clima no va a decidir quién gana y quién pierde. También sé que todo el mundo espera algo más de mí porque así los he acostumbrado en los últimos cinco años.» Nobleza obliga. Y pobre del que subestime el oro chino. «Nunca me han gustado las protestas (a favor del Tíbet) que se han suscitado en Europa. Yo quiero participar en estos Juegos Olímpicos y perseguir mi sueño. Espero que sirva para dar a conocer mejor al pueblo chino.» Pobres de los subversivos que atacan el poder, ya sean tibetanos o nadalianos.

Pero la rabia, contenida a duras penas, no le impide escaparse de Olimpia. Agua sucia, enjuague de campeón que se escurre en un mal día de lluvia y errores. Un partido latoso, desatinado e inconstante que acaba tardísimo. Contra James Blake ya había perdido un set en ocho encuentros, en Pequín le deja dos consecutivos, 6-4 y 7-6. Un sello anticipado sobre el certificado de garantía de Rafael Nadal. Nos esperábamos un partido simbólico entre ambos, un paso de testigo, o bien una victoria de «hasta pronto» del fenómeno venido a menos; en cualquier caso, una final apasionante, única en el tenis olímpico. Nada. Se equivoca, sufre mucho en el saque, pifia golpes que no son imposibles. Ruptura de servicio en el décimo juego del primer set, un atisbo de esperanza en el segundo cuando remonta el 0-2, después la muerte súbita, 7-2 a favor de un Blake impecable. Y sincero: «Roger no tenía su mejor día.» Pero ya nadie se acuerda de la sonrisa del campeón. En Pequín se queja de todo, incluida la programación, según él poco acertada, del torneo olímpico. «Hace calor, hay mucha humedad, llueve, no tiene sentido jugarse la medalla en seis partidos en cuatro días, más los dobles. Una semana no es suficiente, se necesitan al menos diez días.» Tras haber desperdiciado la última respuesta, se quita con rabia la bandana y sale con la cabeza baja, como una flor bajo el peso del agua sobre la corola, de la cancha central, salpicada por los variopintos impermeables del público chino que regala aplausos en miniatura. No es una salida muy honorable para la última representación del número uno. Después de la doceava derrota de la temporada, sin trono y sin certezas, la pregunta es qué clase de Federer se presentará en el Abierto de Estados Unidos dentro de diez días.

Los dobles salvan la situación del Genio. En pareja, con un Wawrinka al rojo vivo —tras haber derrotado a Bhupathi y a Paes, Federer finge calentarse las manos apoyándolas en su compañero—, superan a los Bryan Brothers y, en la final, en cuatro sets, al modesto y trasnochado dúo vikingo Aspelin-Johansson. Un poco de oro va a las arcas. El honor del abanderado está a salvo.

De esta suerte, el *very declining*, muy decadente Roger Federer, como escriben los periódicos deportivos yanquis, llega a Nueva York con el ungüento del éxito olímpico. Y sin que a nadie le dé tiempo a decir ni pío, gana la tercera final Slam del año. En el fondo no está tan mal para un viejete en apuros. «Pero si solo tengo veintisiete años, no soy tan mayor. Ganar los dobles en Pequín me ha ayudado a digerir la decepción que me han causado las derrotas en los individuales, ahora puedo estar un poco más tranquilo.»

El partido que marca el giro son cinco sets contra Andreev,

una victoria tonificante que llega tras un éxito más fácil, pero reconfortante, contra Stepanek. En los cuartos, Gilles Muller dura poco; en la semifinal hace picadillo el tenis algo rancio de Novak Djokovic en cuatro sets, bajo un cielo lívido y ventoso, empapado como un pañal y atestado de jets que las compañías han hecho despegar a toda prisa ante la preocupante e inminente llegada del huracán Hanna, que aterriza puntual en Flushing Meadows una hora después de que acabe la primera semifinal. Interrumpe, pues, la segunda entre Murray y Nadal, con el escocés en ventaja de dos sets, pero por debajo de un punto de rotura de servicio en el tercero. El resto de la jornada se aplaza.

La telecéntrica organización del Abierto de Estados Unidos ha dudado un par de horas antes de trasladar el partido entre Nadal y Murray, en principio programado en la pista central antes del de Federer, a la pista Louis Armstrong. Para intentar salvar (inútilmente) el súper sábado de los *network* televisivos, los verdaderos dueños del torneo, se ha hecho naufragar la regularidad del mismo. Desde el primer momento, tras el brillante primer set, queda claro que Federer tiene un buen día. El segundo set lo estropea él solo, y para cerrar el tercero se inventa un nuevo golpe, un oxímoron técnico, una especie de remate-globo con el que responde a un remate vago de Djokovic, dejándolo abatido en la red. El cuarto set fluye con facilidad. Convertido en número dos y libre de su otro yo, monstruoso e invencible, ¿puede decirse que ya ha remontado su temporada en el infierno? «Hoy he vuelto a sentir en la cancha las sensaciones de antes, el tenis que sé jugar en esta superficie. Ahora lo único que necesito es ganar el último partido. Mi verdadera segunda casa es Wimbledon, pero a estas alturas de la temporada un título en Nueva York es lo que cuenta, porque volvería a competir para alcanzar los catorce *grandes* que ganó Sampras. ¿Con quién preferiría enfrentarme en la final? Murray tiene las armas suficientes para derrotar a Nadal, y para Andy jugarse aquí la primera final de un Slam sería más sencillo que hacerlo en Londres. Aunque tras el partido increíble que hemos jugado en Wimbledon, el adversario que desearía de verdad es Rafa». Grandes enemigos, gran honor. Pero el destino quiere que no sea en Nueva York.

Así como se disipa el recuerdo del huracán tras un par de días luminosísimos, el ciclón Rafa también remite en la semifinal tras meses de tempestad, y en el horizonte de Federer aparece el cielo despejado. Tras tres Slams fallados, el Gran Convaleciente vuelve a ganar un Slam, el único en que todavía era campeón saliente, sobre el querido cemento de Flushing Meadows. Le facilita la tarea, todo hay que decirlo, un Andy Murray muy intimidado por la ocasión, su primera final en un torneo mayor, y quizás algo cansado, pues el huracán Hanna le ha robado un día de descanso. Tres sets a cero (6-2, 7-5 y 6-2), la rendición de Fort Murray. Los británicos se habían ilusionado con un *replay* de Fred Perry, el último inglés que en 1936 ganó un Slam justo en Nueva York, pero el poco inspirado Andy, de Fred Perry solo tiene la camiseta y los pantalones. No la pasta que hace falta. No es que Federer juegue un partido fulgurante —demasiadas imperfecciones para entusiasmar—, pero es suficiente para salvar la situación y la temporada, y contener, de momento, el asalto de la *nouvelle vague*. La hemorragia de puntos y de autoestima se ha detenido. Antes de él, nadie había ganado dos Slams durante cinco años consecutivos. Roger lo logra en Flushing tras haber hecho lo mismo en Wimbledon en 2007. «No me deis por acabado tan deprisa», había advertido dos semanas antes. Tenía razón.

La temporada se cierra para Federer con otro éxito en Basilea, esta vez contra el coco Nalbandian, que acaba como un espantapájaros, pero con dos derrotas contra un Murray envenenado, en Madrid y en el Masters, donde Federer sale en la fase de liguilla, derrotado de nuevo por Simon en el debut. Nadal, tras haberse retirado en París-Bercy per una tendinitis, se salta la cita de Shanghái y la final de la Copa Davis contra Argentina, pero concluye triunfalmente como número uno en 2008, el año de su consagración definitiva. No como comparsa del Genio, sino como coprotagonista de una serie que es un éxito de taquilla. Federer tiene que inclinarse, aunque con cuidado, porque la lumbalgia lo tortura, pero puede consolarse pensando que el año ha acabado.

2009. París, ¡por fin!

Cien grados Fahrenheit, que corresponden a 38 Celsius, es la temperatura a la que en Australia, el país del agujero de la capa de ozono, los tenistas empiezan normalmente a derretirse. El

Novak Djokovic edición 2009 tiene un umbral de combustión un poco más bajo. Para fundirse en los cuartos del Abierto de Australia le bastan 37 grados. Dos sets a uno para Andy Roddick, 2-1 en el cuarto, y el campeón vigente, que lleva un set medio pálido como un muerto, dice que no puede más. «Sentía calambres y dolor en todo el cuerpo —explica—. Sé que hay quien piensa que me retiro fácilmente (cuatro veces en los Slams), pero no es así. Me retiro cuando no puedo seguir. Y hoy no se podía respirar.»

Es la semana más calurosa de los últimos cien años. Al sol hace como mínimo diez grados más de los que marca el termómetro a la sombra. Las Canon y las Nikon de los fotógrafos, que se cuecen bajo el cielo de la cancha central como empanadillas en un microondas, queman los dedos. Si sales de la sala de prensa para intentar llegar a la Vodafone Arena, como hicimos el compañero Daniele Azzolini y yo, te ves obligado a dar marcha atrás al cabo de treinta metros. Para evitar la evaporación de los jugadores, el Abierto de Australia ha adoptado desde hace tiempo una política de exceso de calor (EHP), que permite a los árbitros suspender un partido de tenis si las temperaturas suben demasiado. Pero para aplicarla tienen que concurrir simultáneamente un conjunto de factores: temperatura, irradiación, viento y humedad. Ayer hacía un calor seco. Alguna vez se ha jugado incluso a 38 grados —por lo tanto, sostienen los organizadores, Djokovic no tiene por qué quejarse.

Pero dejando aparte el calor, hace tiempo que se oye hablar de los Cuatro Magníficos, aunque este es quizás el primer Slam en que todo el mundo espera un esprint de los cuatro. Murray, que en la exhibición de Abu Dhabi ha logrado derrotar tanto a Nadal como a Federer, es el finalista del Abierto de Estados Unidos. En Melbourne sale en la cuarta ronda contra Fernando Verdasco, el otro zurdo español. Djokovic, como hemos visto, es el segundo en esfumarse. Quedan Rafa y Roger.

El primero llega a la final superando, precisamente contra Verdasco, una terrible prueba de iniciación: cinco horas y cuarto de latigazos. El segundo, deshaciéndose de Del Potro y de Roddick. Es la primera vez que se encuentran tras la final de Wimbledon del año anterior, y de nuevo es un gran espectáculo. Tres años antes, Federer se había echado a llorar de alegría mientras Rod

Laver le entregaba la copa, pero esta vez llora de desesperación. Porque ante el mismo público y en el mismo teatro, *el Cohete* pone la copa en manos del Otro. Alguien escribió que las lágrimas son la caligrafía de las emociones, lloramos para culminar una gran alegría o un gran dolor. Federer, tras haber dejado la final a Nadal en cinco sets aniquilantes (7-5, 3-6, 7-6, 3-6 y 6-2), también llora de rabia por no lograr contenerse. Le gustaría hacer el papel del campeón guay, impecable incluso ante la derrota, pero no puede. Tras pasar unos buenos cinco minutos inmóvil y con la cabeza gacha, sufriendo la cruel espera del derrotado («En esos momentos querrías irte corriendo a los vestuarios a darte una ducha fría y a pensar en otra cosa. En cambio, tienes que quedarte.»), se le rompe el alma al acercarse al micrófono. *It's killing me*», susurra, todo esto me está matando. Y eso que decían que era un robot. Acto seguido se aparta, con el corazón puesto al desnudo ante quince mil personas, incapaz de pronunciar una sola palabra mientras Nadal lo abraza y lo consuela. «*Sorry*, Roger —le murmura Rafa al oído antes de repetirlo en el micrófono—. Sé lo duro que es para ti este momento. Pero recuerda que eres un gran campeón. Eres uno de los mejores de la historia y seguro que tarde o temprano ganarás el decimocuarto Slam.» Quienes conocen a Rafa saben que habla con sinceridad. En Melbourne se consuma el tercer acto de un regicidio. Los dos primeros habían sido representados el año anterior en París y en Wimbledon. El tercero añade una dimensión a Rafa, que nunca se había adjudicado una final de un torneo mayor sobre cemento, y que gracias a la victoria se convierte en el primer jugador, después de Agassi, que gana en tres superficies diferentes. Federer no ha jugado mal, en algunos momentos incluso ha desempolvado sus trucos más eficaces, pero ha sacado de un modo lamentable (52 por ciento de primeros saques) y, a medida que avanzaba el partido, ha perdido táctica y se ha consumido mentalmente, como siempre le pasa con el Niño. Trece derrotas en diecinueve encuentros, cinco de siete en Slams. Las cifras de una neurosis.

Por debajo de un punto de rotura de servicio nada más empezar, con la primera doble falta, 4-2 por encima más tarde, se deja alcanzar, de nuevo con una doble falta, y superar 7-5. En el segundo ha sido más agresivo, especialmente con el revés, ha luchado y ha igualado. En el tercero, cuando Rafa ha empezado a acusar las cinco horas y cuarto que había jugado dos días antes en la semifinal, ha tenido ocasión de dar la estocada. Pero solo ha despuntado la hoja, desperdiciando con tres reveses impresentables tres bolas de break. Y ha pagado en el juego decisivo, cerrado por la enésima doble falta tras un maravilloso remate de volea de Nadal. En el cuarto set, Nadal ha tomado aliento, y en el quinto, Federer, tras haber cedido el servicio 3-1, ha dejado de jugar, atontado por el brío superior, casi inhumano, del Monstruo, roto por sus golpes liftados de izquierda que sacan a la luz la fragilidad de su revés y por los *passing shots* que lo disuaden de subir a la red. Un sudoku sin solución.

Es la dialéctica del Monstruo: si te quedas en la línea de fondo, te agoto; si me atacas, te perforo. Tras cuatro horas y veintitrés minutos, el último juego, recrudecido en la enésima doble falta, es una auténtica capitulación. Puede que el día de más que pasó atormentándose mientras Nadal hacía un viaje de ida y vuelta al infierno contra Verdasco, no fuera precisamente el bálsamo que todos creían. No para la delicada materia gris del Genio. Pero, más que un demérito de Federer, se trata de un mérito de Rafa, que sigue mejorando. El rey de la tierra habría podido conformarse, pero no lo ha hecho. Ahora tiene un revés penetrante, sabe usar el juego ofensivo además del defensivo. Es un rey salamandra, capaz de atravesar el fuego, de regenerarse a través de lesiones y cansancio. A su edad, Federer todavía no había ganado un Slam; Rafa ya tiene seis en su palmarés. ¿Ha llegado la hora de preguntarse quién es el verdadero heredero de Laver?

«No pienso en el Grand Slam —sostiene—, porque vivo en la realidad y sé muy bien que en el tenis nunca está dicha la última palabra. Cuando gané mi primer gran torneo, no sabía si sería el último, nunca soñé con llevarme a casa tantos ni recibir la copa del Abierto de Australia de manos de Rod Laver. Ahora estoy contento con lo que tengo, pero intentaré ganar más. No me siento un rey, y ni siquiera me siento mejor que hace cinco horas. En la vida siempre hay que mantener el sentido de la medida.» Comprender el sufrimiento de los demás, lo ayuda a mantener los pies en el suelo. «Las lágrimas de Roger me han emocionado —dice el hombre que no se siente un rey—. Cuando un gran campeón muestra tan abiertamente sus emociones da una gran lección al mundo del deporte. Nunca me ha dado vergüenza llorar, mientras miraba a Roger pensaba que un día podría tocarme a mí sentir las mismas sensaciones. En un día como hoy, saber que tu victoria mortifica a alguien que consideras tu amigo, además de tu rival, atenúa un poco la alegría.» Ni Kipling lo habría expresado mejor.

Para Federer, Melbourne es la segunda etapa, la más importante y dolorosa de un impalpable bradisismo. De un calvario de lujo sembrado de derrotas —excelentes, pero derrotas al fin y al cabo—, que se inaugura el 10 de enero en las semifinales de Doha contra Murray (6-7, 6-2 y 6-2), que continúa el 1 de febrero en la final del Abierto de Australia contra Nadal, el 20 de marzo en la semifinal de Indian Wells de nuevo contra Murray (6-3, 4-6 y 6-1) y el 4 de abril en Miami contra Djokovic (3-6, 6-2 y 6-3). El 18 de abril, sobre tierra roja, le para los pies en la tercera ronda de Montecarlo su amigo Wawrinka (6-4, 7-5). ¿Tú también, Stan?

Una larva estupenda, en eso parece haberse quedado el Capeonísimo. Un atleta todavía capaz de una magia comedida, de alcanzar las finales y las semifinales, pero que cuando llega el momento de poner en práctica el sortilegio necesario para hacerse con la victoria, cae presa de una narcosis prolongada y se pierde en la costumbre de la derrota, que ya se ha convertido en algo patológico. El exnúmero uno del mundo sigue cayendo como una partícula cansada. Entre bastidores, el dolor de espalda, que sigue fastidiándolo, y la preocupación por el embarazo de Mirka, que durante tres meses le da algunos problemas. Descubren casi de inmediato que se trata de gemelas, pero, como de costumbre, no dejan que se filtre la noticia. *Never complain, never explain*, el lema extraoficial de la familia real inglesa. *Keep calm, and be Federer.*

Roger se casa en abril y la luna de miel acaba en Roma. En la semifinal, la lluvia le echa un cable a Djokovic, que pierde el primer set a causa del nerviosismo y tiene que enfrentarse a un posible 0-3 en el segundo, antes de que un chaparrón le conceda una hora de descanso y provechosas reflexiones en los vestuarios. Tras la pausa, Federer alcanza el 3-1 tanto en el segundo set como en el tercero, pero en ambas ocasiones el Genio pierde el contacto consigo mismo, como lleva meses sucediéndole. Golpes de derecha aplastados, reveses deformados. Y, sobre todo, la incapacidad para cubrir el campo con la ligereza de los buenos tiempos, mientras Djokovic suelta sus golpes *foulard*. En Miami, donde llovía, el partido ha seguido el mismo guion. Federer se inclina sin convicción cuando tiene el marcador en contra, como si fuera presa de un reuma más mental que físico. Uno de esos días en que, como dice Ornella Vanoni, nada duele más que recordar la felicidad perdida.

«Salir derrotado de los torneos siempre es triste porque estaba acostumbrado a ganarlos —admite—. La lluvia ha ayudado a Novak, pero yo no debería haberme dejado acorralar, no suelo desperdiciar ocasiones como esta. De todas formas, veo progresos en comparación con Montecarlo, ahora solo tengo que continuar entrenándome, sobre todo el saque, que con el dolor de espalda no funciona como debería, especialmente en los momentos cruciales.» El séquito de periodistas que lo acompaña fuera de la rueda de prensa mantiene la triste compostura de quienes siguen el féretro de un ser querido. Algo queda de la *dominanzia*, como dice Djokovic en ítalo-serbio (o en latín tardío), que duró cuatro años y que parece haberse evaporado. Imaginárselo ganando Wimbledon es desafiar al azar. Y ya no digamos París…

Pero el tenis, como dice Panatta, es un deporte diabólico. En cuanto crees que lo has descifrado, se te escapa de las manos. En el Masters 1000 de Madrid, Federer consigue una nueva victoria, y qué victoria, 6-4 y 6-4 contra Nadal. En la tierra natal de Nadal. La última vez que logró derrotar a su némesis fue en el Masters del 2007, y la última vez sobre tierra, en Hamburgo ese mismo año. Y, mira por dónde, Madrid es el torneo que ha sustituido a Hamburgo. En aquella ocasión, Nadal también estaba de vuelta de una semifinal agónica —contra Hewitt—, esta vez contra Djokovic. Por otra parte, Rafa no está en perfecta forma. Le duele la rodilla desde que derrotó a Djokovic en la final de Roma; su médico de confianza, Ángel Ruiz-Cotorro, le diagnostica tendinitis rotuliana. Ese es otro de los motivos por los que no logra volver a alcanzar la estratosfera *in extremis*, como había hecho contra Djokovic, para repescar un partido perdido.

Federer, en cambio —¡sorpresa!— es el mejor Federer desde hace mucho tiempo. Concentrado, enérgico, listo para soltar su derecha en los momentos cruciales. ¿Dónde han ido a parar sus demonios, los miedos que lo condicionan desde hace dos años? ¿Y el famoso síndrome de Nadal? Parece que está remitiendo. Pero la tierra natal de Rafa no es la tierra donde este se siente en casa. En Madrid se juega en altitud, lo que seguramente favorece a Federer y a Djokovic, y fastidia mucho, pero que mucho, los golpes de Nadal. Además, la pista central de la Caja Mágica está recién estrenada, es polvorienta y rápida, todavía no se ha afianzado.

Otra cosa que hay que tener en consideración es que, en Madrid, Federer no tiene nada que perder. Nadal es el súper favorito, y eso favorece el estado anímico de Roger. Para acabar —y este es el argumento que tiene más peso—, Rafa ha llegado a Madrid tras un arrollador inicio de temporada sobre tierra: Montecarlo, Barcelona y Roma, tres títulos en tres semanas. Lo mismo que escalar en la misma etapa el Ventoux, el Galibier y el Tourmalet, los puertos más duros del ciclismo. En el Izoard se desmorona. Por otra parte, Agassi declaró dos días antes de la final que estaba seguro de que Nadal estaba listo para ganar el Grand Slam, y puede que haya sido un poco gafe. En el Roland Garros, la mala suerte adopta el nombre de Robin Söderling. El ruido de la caída es idéntico al del puñetazo de Buster Douglas noqueando a Mike Tyson en Tokio, en 1990, al de los pelotazos de Ghiggia y Schiaffino aplastando a Brasil en la final de los Mundiales de 1950, o el de la canasta de Alexander Belov, que arrebata la medalla de oro del cuello de los americanos en los Juegos Olímpicos de Múnich de 1972. Algo inesperado que te cuesta reconocer. Una descarga eléctrica de 220 voltios, un golpe en el ángulo muerto. Nadal no ha perdido nunca en el Roland Garros. Nunca. Cuatro participaciones, cuatro victorias, siete sets por el camino, tres finales en las narices de Roger Federer.

Rafa creía, esperaba, que iba a batir el récord que compartía con Björn Borg, que se iba a convertir en el primer tenista ganador de cinco Copas de los Mosqueteros consecutivas. Pero tras ganar 32 sets consecutivos en el Bois de Boulogne, un pariente lejano de *el Oso*, el número 23 del ranking mundial, nacido en Tibro, Suecia, que nunca había pasado de la tercera ronda en un torneo Slam, le para los pies en los octavos (6-2, 6-7, 6-4 y 7-6), en un día muy ventoso en que no está en racha. El *killer* viene de la nada. «Ahora espero que Björn me escriba un mensaje de agradecimiento —dice Robin, ojillos azul hielo llenos de sarcasmo—. Es más, preferiría que me llamara.»

Tres semanas antes, en Roma, Söderling había conseguido ganar a duras penas un juego contra Nadal 6-0, 6-1. En 2007 se había peleado con él en Wimbledon, y después se había burlado de él imitando «el culito», el gesto —ajustarse los calzoncillos antes de servir— que el español tiene costumbre de hacer. Rafa se había ofendido. Söderling lo dijo alto y claro: «Nadal no me gusta nada».

Nadal juega mal, incluso muy mal. Corto, sin agresividad, con nerviosismo, poniéndoselo todo fácil al adversario. ¿Planes para Wimbledon? «El único plan que tengo por ahora es bañarme en la piscina de mi casa.» Así le había respondido Rafa, el filósofo de sonrisa compungida, unas noches antes a la salida de un restaurante a un amigo que disertaba acerca de récords futuros y futuribles: «Nadie es eterno. —Parecía modestia, pero era una profecía. Ahora se trata de elegir al sucesor—. Están Murray, Verdasco y Del Potro. Pero mi favorito es Federer. Para él sería el Slam de su carrera. Después de haber perdido tres finales contra mí, se lo merece».

Federer, por su parte, pasa las tres primeras rondas del Slam sin mostrar al mejor Federer. En París ha jugado mejor en 2005, 2006 y 2007, pero siempre se ha estrellado contra la muralla Nadal. El Federer versión 2009 es diferente del auténtico Federer. Wilander escribe en *L'Équipe* que es un «neuf Federer». Un jugador que ha pasado por una crisis profunda, que ha madurado y que está a punto de ser padre. «Estoy convencido de que el mejor Federer todavía está por llegar —pronostica Mats—. Pero el que ha entrado en la cancha antes de los cuartos todavía no es el que esperaba».

En octavos se llega a un paso de lo irreparable, del desastre definitivo. «Una mujer embarazada no debería llevarse estos sustos», susurra alguien desde la grada de la pista central cuando Roger, con una derecha colocada prácticamente con los ojos cerrados sobre la línea, salva un punto de rotura clave en el tercer set. Tommy Haas va por delante dos sets a cero, y Mirka, la señora Federer, madre inminente, resopla, se agita, aplaude en el *box* de los jugadores, se ajusta la falda ligera sobre la barriga. Con una rebeca rosa sobre los hombros y el pecho casi desbordándosele en el escote generoso, Mirka no ha escuchado esta vez los consejos de su marido, que en Madrid había declarado: «Me gusta tenerla a mi lado, pero de ahora en adelante tiene que pensar sobre todo en la salud de las niñas». Se espera la llegada de las herederas para agosto, pero ni siquiera embarazada, Mrs. Federer ha querido perderse la gran ocasión del cabeza de familia.

París es el Slam que le falta para alcanzar a Agassi, a Laver, a Perry, a Budge y a Emerson, los únicos cinco jugadores capaces de ganar al menos una vez los cuatro grandes torneos. Si lo ganara, alcanzaría catorce títulos e igualaría el récord de Pete Sampras. «Si no lo consigue ahora ¿cuándo lo hará?», murmuran los escépticos. Federer también lo sabe. Con solo pensarlo se turba, se pone nervioso. Entra en la cancha con la cara más contraída que de costumbre, los ojillos hundidos, evita mirar al público. «Habrá pasado toda la noche sin dormir, repasando el partido Söderling-Nadal en televisión», dice alguien maliciosamente. Porque si bien Nadal hacía de obstáculo insalvable, también servía como pretexto para justificar las derrotas sobre tierra batida. El Fenómeno, como habían previsto los pesimistas, se coloca por debajo dos sets a cero contra un adversario al que había derrotado ocho de las diez veces que había jugado contra él en las últimas siete ocasiones. Falla la derecha y sufre en los pulsos sobre la diagonal del revés, el golpe preferido de Tommy. En el tercer set sigue el mismo guion que el primero: 4-3 para Haas, y Federer manda largo la enésima derecha. Bola de break: Haas serviría en el 5-3 en el siguiente juego. En ese momento, Roger, el Roger al viejo estilo, se materializa en la cancha: derecha de dentro a fuera, servicio ganador. Cuando Haas falla el golpe siguiente, un grito unánime une la cancha con las gradas. Federer descarga su rabia y toda la pista central le sigue. Son momentos que hacen rechinar la historia. En el juego siguiente, Haas se suicida —doble falta, error de derecha y volea que golpea los pies del juez de línea de fondo, ¡hop!— y se desliza hacia la derrota, en el quinto set.

Mirka, rubia y en absoluto impasible, aplaude enloquecida. Roger está a salvo, ha alcanzado los cuartos y sigue vivo. «Los jugadores invencibles solo existen en la prensa —dice Roger—. Mi escenario ideal era derrotar a Rafa en la final, pero ahora tengo que concentrarme en mi parte del cuadro.» Quizá jugando un poco mejor, campeón.

Contra Monfils, en los cuartos, se aprecia un brillo más constante por parte del ex Intocable. Cuando llega a las semifinales admite que está nervioso porque todo el mundo espera que gane. París lo ama. «Lo siento desde hace años, pero esta vez es más fuerte. Cuando voy por la calle o en la lanzadera, o cuando salgo a cenar, es como si todos me dijeran que este es mi año. Lo gritan desde las motos, me hacen luces y me piden autógrafos y fotos. Es como si todo París estuviera pendiente del torneo. En Suiza no tenemos Slam, pero en París me siento como en casa. Por eso hoy estaba nervioso en la pista. Nadal está fuera, Djokovic está fuera, Murray está fuera. Pero no hay que dar por sentado que ya haya ganado».

El gran miedo se pasa en la semifinal. Queda el último *thriller*. «Un paso más», exhala Federer mientras Del Potro abandona llorando la pista central. Federer danza una vez más un paso después del delirio: cinco sets, tres horas y media de partido, un miedo atroz a doblarse ante el gaucho larguirucho y un poco mustio con el que no ha perdido ni siquiera un set en cinco encuentros. Ahora el sueño de toda una vida está al alcance de su raqueta, a un Söderling de distancia. Mats Wilander y Björn Borg, dos jugadores que en el Bois de Boulogne han hecho verdaderas escabechinas, observan cómo Robin da la puñalada a González en cinco sets. Robin es el séptimo finalista vikingo de la historia, después de Sven Davidson y los ya citados Borg, Wilander, Mikael Pernfors, Stefan Edberg y Magnus Norman. Edberg se dejó encantar en otra edición enloquecida, la de 1989, por los malabarismos chinos de Michael Chang. Pernfors es quizás el finalista perdedor que más se parece a Söderling, un finalista-intruso, derrotado en 1986 por Lendl. Magnus, que en el 2000 desperdició la respetable cantidad de diez puntos de partido contra Guga Kuerten, está hoy en la tribuna comiéndose las uñas en el papel de entrenador de Söderling. Tiene el aspecto y la mirada de uno de esos personajes que en los *thrillers* psicológicos escandinavos conducen un camión lleno de troncos y ocultan cadáveres en la cámara frigorífica. Inteligente, incluso brillante, pero poco popular entre sus compañeros y sus compatriotas. Un talento que a los veinticuatro años, tras algunos problemas físicos, parecía perdido. «Magnus ha hecho un buen trabajo con él —dice Wilander— le ha hecho comprender que era inútil entrenarse tanto y desperdiciarlo todo enfadándose en la cancha. Que intentarlo es mejor que no intentarlo.»

Contra Delpo, el *«neuf Federer»* se esfuerza a menudo en los intercambios largos, y acaba arrinconado en las esquinas por los golpes del gaucho. Después, Juan Martín mengua, sobre todo en el servicio, y reaparece el Federer genio-geómetra, artífice de trayectorias imposibles, de intercambios ganados con sangre fría. Y de dejadas arrolladoras. «Es un golpe muy importante para mí en este torneo», admite.

Es un Federer que se parece al de antes de 2003, cuando todavía tenía que demostrar que era el Mesías. Sufría entonces, sufre ahora. Pero tiene más experiencia. «Es una sensación diferente de la que tenía en la época en la que dominaba, pero llegar a la final tras partidos como este todavía me da satisfacción, y quizá me siente bien. ¿Miedo del domingo? No, excitación más bien. Sé que puedo hacer historia». «¿Echarás de menos a Nadal?», le preguntan al final, en francés. «*Pas trop*», no mucho, responde. Seguro que habla en serio.

Y como un peregrino que se ha perdido en el camino demasiadas veces, como un fiel de nuevo iluminado por una revelación de la que casi había abjurado, al final, Federer logra arrodillarse sobre la tierra prometida y llora ante su Meca personal. Observando la puntuación (6-1, 7-6 y 6-4), la final es un anticlímax, pero también uno de los momentos fundamentales de la carrera del Genio. Roger se quita el mono, un peso de encima. El decimocuarto Slam lo pone al mismo nivel que Pete Sampras, pero por delante de él en una clasificación separada, visto que el americano nunca ha sido el rey de París. Y lo eleva a un rango todavía más alto, pues solo otros cinco tenistas lograron ganar al menos una vez antes que él los cuatro grandes torneos. El último, Andre Agassi, se presenta, puntual, lampiño y más sonriente que nunca, para bautizar a su sucesor, al que entrega la Copa de los Mosqueteros.

El triunfo de Monsieur Federer, aclamado por los parisinos como un De Gaulle raqueta en mano, es también la revancha de los tenistas con un juego ofensivo, que en los últimos 26 años, desde los tiempos del atacante integral Noah, han patinado en Francia contra la tribu de los jugadores de tierra. Allá donde McEnroe, Edberg, Becker y Sampras perdieron, el Genio se ha impuesto.

Lo hace en un partido previsiblemente incoloro, contra un Söderling que enseguida adopta el papel de víctima. Punto de rotura de servicio en apertura, parcial de 6-1 en solo veintidós minutos de juego, juego decisivo en el segundo set, sellado por cuatro saques directos en cuatro turnos de saque (diez, en todo), que Federer resuelve con un contundente 7-1 tras cuarenta y nueve minutos de juego. Servicios, *passing shots*, y, sobre todo, dejadas exquisitas. La única inquietud la proporciona el salto a la pista de Jimmy Jump, cuyo nombre es Jaume Marquet Cot, agente inmobiliario de Sabadell especializado en irrumpir en eventos deportivos. Logró incluso colarse en las fotos oficiales del Manchester, tras la semifinal de la Liga de Campeones con el Barcelona, una obra maestra. Bandera del Barça en ristre, llega saltando hasta Federer e intenta ponerle una barretina antes de ser derribado por los miembros de seguridad. Se le nota un juego o dos, después finiquita la ejecución. De este modo, tras una juventud muy feliz, una falsa decadencia, largos meses de pasión y humillación, de haber cedido el cetro de Wimbledon a Nadal, de la mononucleosis, del dolor de espalda y del tormento interior, Federer, futuro padre, entra a los veintiocho años en la cuarta fase de su carrera. Talento insumiso primero, dominador absoluto después y más tarde esclavo de Nadal. Henos aquí ahora ante un Federer diferente, un tenista que ha conquistado el Grial justo el año en que quizá ha jugado peor en París. Cuatro sets contra Mathieu y Acasuso, cinco contra Haas en los octavos y contra Del Potro en la semifinal. Un calvario con respecto a los plácidos paseos de antaño. Pero lo que cuenta, el verdadero éxito, ha sido recuperarse, volver a ser el primero tras una época de desmoralización y de eventos que habrían podido hacerle descarrilar. Ya no tiene nada que demostrar. Quizá nunca llegue a ser el Más Grande —los dos Slams solares de Laver son inalcanzables—, pero seguramente es el mejor del tenis moderno, inaugurado por la era del Abierto en 1968. Queda en pie el duelo con Nadal, el número uno reinante, el rey de la tierra exiliado por una rodilla maltrecha, que desde Mallorca le envía la más noble de las investiduras: «Estoy contento, te merecías esta victoria». La eternidad en un mensaje de texto.

«El Slam que me faltaba»

Federer, confiésalo, habías perdido la esperanza...

«Perder tres finales consecutivas ha sido duro, especialmente la primera vez. Pero siempre he sabido que el día en que Nadal no estuviera en la final, ganaría yo. Y al final ha pasado. Qué gracia, ¿no? Había perdido la esperanza, pero seguía creyendo. Porque sabía que era un tenista demasiado bueno para no ganar también aquí. Pero no me he alegrado cuando Rafa ha perdido, lo respeto demasiado.»

¿Estabas nervioso antes de la final?

«Estaba nervioso al principio del tercer set, porque me he dado cuenta de lo cerca que estaba de conseguirlo. He empezado a preguntarme: ¿Y si gano? ¿Qué significará?»

¿Qué significa ganar 14 Slams y hacer el Grand Slam de carrera?

«Igualar a Sampras es una sensación increíble, especialmente después de haber perdido un par de Slams contra Nadal. Hacer el Grand Slam quizás era más difícil hace treinta años, en la época de Laver, porque la hierba era más rápida y había más especialistas de tierra o hierba. O puede que por eso sea más fácil hoy día, no lo sé.»

No ha sido un torneo fácil...

«He estado cerca de la derrota muchas veces, en situaciones desesperadas, como contra Haas, y también en esta final las condiciones eran terribles. Entonces he pensado en Agassi, en su victoria de 1999 en esta pista, en la suerte que había tenido. Ha sido perfecto recibir el premio de sus manos.»

¿Sigues siendo el más grande de todos los tiempos?

«No sé si llegaremos a saber quién es el más grande de todos los tiempos, pero me complace estar entre los mejores. Si tuviera que retirarme hoy estaría satisfecho de mi carrera, pero no lo haré. Amo demasiado el tenis, aunque sé que el tenis no es para siempre. Intentaré ganar todos los Slams que pueda. No soy un adicto a los récords, pero estoy orgulloso de los míos.»

¿Qué has pensado en el último juego?

«Solo he pedido que yo sirviera bien y que él cometiera cuatro faltas. Después me he arrodillado porque es mi manera de expresarlo, lo hago desde que derroté a Sampras en Wimbledon en 2001.»

¿Te ha asustado la invasión de campo?

«Un poco. No es la primera vez que pasa, normalmente esta gente lo hace de profesión, me piden perdón y yo les digo que vale, pero que no me toquen. Esta vez he necesitado algo de tiempo para recuperarme.»

¿Es el mejor triunfo de tu carrera?

«De pequeño soñaba con Wimbledon, pero desde que vi a Rafa ganar aquí, he querido imitarlo. Es la satisfacción más grande de mi carrera, y llega en el momento justo, cuando mi mujer está embarazada y yo estoy a punto de convertirme en padre.»

La noche entre el 23 y el 24 de julio, en la clínica privada Bethanien de Zúrich, llegan las gemelas Charlene Riva y Myla Rose. «Es el momento más bonito de nuestra vida —informa Roger en su página web—. Mirka, Myla y Charlene se encuentran bien y gozan de óptima salud.» La gente se pregunta si el Roger padre será más competitivo o se volverá más casero. En años anteriores, Pat Cash, Andrés Gómez, Petr Korda, Albert Costa, Boris Becker, Yevgeny Kafelnikov y Andre Agassi ganaron un Slam después de haber sido padres. Un solo hijo por cabeza, contra los tres del récord de entonces de Jimmy Connors, que en 1982 logró ganar Wimbledon y el Abierto de Estados Unidos y siguió poniéndoselo difícil a los compañeros más jóvenes, ya fueran solteros o casados. Entre 2015 y 2016, Djokovic romperá todos los récords llegando a cinco tras el nacimiento de su primogénito Stefan. Murray también ganará su segundo Wimbledon y su segundo oro olímpico siendo ya padre, y Stan Wawrinka todos sus Slams. Pero esa es otra historia. Y mientras tanto, se ha jugado Wimbledon.

«Esta vez Roger me ha engañado.» *Gate* 60 del aeropuerto de Gatwick, embarque para el vuelo Londres-Bolonia, 6 de julio de

2009 por la tarde. No es Roddick quien se queja, sino Angelo Tonelli, el decano mundial de los fotógrafos de tenis. Durante la final, como sucede desde hace más de treinta años, estaba sentado en la zona de los fotógrafos y apuntaba con el objetivo el punto de partido para Federer, tras el interminable, maravilloso y algo surrealista quinto set arrancado a Roddick. «Esperaba que Roger se echara al suelo, como ha hecho siempre —dice Angelo, con su cara de Robert Mitchum de Casalecchio, sonriendo—. En cambio, el muy maldito ha pegado un salto que ni que fuera un canguro. Y la foto me ha salido sin cabeza.» Quién sabe si esa foto equivocada podría convertirse precisamente en «la» foto. No solo del torneo, sino de toda una época.

¿Por qué? En primer lugar, porque, como dice Angelo, en los últimos Slams Roger se arrodillaba y lloraba, en actitud casi humilde ante la historia y el récord al que parecía acercarse cada vez más, pero que nunca llegaba. Esta vez ha saltado porque ha superado ese umbral, y de impulso: un uno-dos París-Londres que lo ha lanzado hacia lo alto, más allá del listón de Sampras. Puede que no se haya dado cuenta, pero ese salto, ese elevarse del suelo como un Air Federer, es el verdadero símbolo de su hazaña.

En segundo lugar, porque en esa foto Roger no tiene cara, como no puede y nunca podrá tenerla el Mejor Tenista de Todos los Tiempos. Sencillamente porque no existe. Antes el rostro del mejor era el de Tilden, el de Kramer, el de Laver, hoy es el de Roger. Mañana quién sabe. Parece un discurso académico, pero es la verdad. Las épocas no se pueden comparar porque son estructural e íntimamente diferentes. ¿Cómo hubiera jugado Federer con la Dunlop de madera de Laver? ¿Cuántos Slams habría podido ganar con las raquetas de hoy día y una alimentación más energética alguien como Pancho González? (El jugador que tras haber conquistado dos Slams pasó a ser profesional y durante diez años sacudió a los mejores, y que, cuando por fin llegó al tenis del Abierto, prácticamente a los cuarenta, todavía sembraba el terror en la cancha con sus rugidos.) La verdad es que quedan un montón de nominaciones que nunca llegarán a ser un Oscar.

Ciñéndonos a los tiempos más recientes: Laver, dos Grand Slam, que no es broma; Borg, tres veces el doblete Roland Garros-Wimbledon; Rosewall, una carrera infinita en los Slams, primera victoria en 1953, última final en 1974; y, obviamente,

Federer, que en el último mes ha colocado al fenómeno de Sampras unas nubes más abajo. Para nosotros, sus contemporáneos, el Más Grande es él, un chico de los años treinta preferiría a Tilden, mientras que nuestros nietos todavía no tienen ni voz ni voto.

Pero ¿tan importante es saber quién es el mejor? Me planteo la pregunta tras las dos últimas finales de Wimbledon y me convenzo definitivamente de que no lo es. Lo que cuenta son los grandes partidos, los grandes momentos. Las imágenes que te roban el corazón y se quedan en tu retina. El salto de Roger. Una volea a medio campo de Roddick, de la que pocos lo consideraban capaz, o algunas medias voleas de revés de Federer. Lo que cuenta es la historia humana que está detrás del peloteo. Ver a Roddick desinflarse lentamente, ver cómo, después de sufrir dos roturas de servicio en el ocho iguales del quinto set, empieza a darse cuenta de que solo es cuestión de tiempo, de que va a perder de todas formas, pero también de que, como solo los mejores jugadores saben hacer, sigue sin rendirse a pesar de que su esperanza se disipa cada segundo que pasa.

Para los cronistas, la tarde de la final se convierte en un momento inolvidable. El sol va y viene, el viento azota la hierba, hace volar las hojas y después se calma como si quisiera dejar paso a una divinidad oculta. Al silencio ensordecedor del Centre Court le sigue el fragor de los aplausos. Y el tiempo, que se dilata y se condensa, que parece cambiar de sustancia mientras algo increíble sucede en la pista y arranca a nuestras almas desencantadas de periodistas un insólito estupor. «Este partido no acabará nunca.»

De alguna manera es así. Partidos como este no acaban nunca. Lo sabe, lo ha intuido Roger, que durante la noche del domingo al lunes solo ha dormido dos horas para ver las imágenes de la historia increíble que ha vivido, que lo sorprende y lo supera. «Quería ver el último punto desde todas las posiciones, comprender como lo habían visto los espectadores, los periodistas, la gente que estaba delante de la televisión.» Lo hemos visto, Roger. Eso es lo que cuenta. Y quedará grabado en nuestra memoria para siempre. Como algunas fotografías que no podremos dejar de mirar durante toda la vida y que cada vez nos revelan algo nuevo y misterioso.

El domingo en el Centre Court hay más historia de la que una jornada puede contener, y se condensa toda en el momento en que Andy Roddick, tras cuatro horas y dieciséis minutos de partido, lanza un derechazo al cielo y convierte a Federer en la leyenda. La puntuación en el marcador es la siguiente: 5-7, 7-6, 7-6, 3-6 y 16-14. Nadie ha visto 15 Slams en la historia del tenis, ni siquiera Pete Sampras, que ha hecho once horas de vuelo de Los Ángeles a Londres para aplaudir al genio suizo que le ha quitado un récord que parecía imbatible. En palabras de *Pistol* Pete y para no escatimar retórica: «Un buen chico, un amigo, una leyenda y ahora un icono.» Tampoco ahorran cumplidos Rod Laver y Björn Borg, los grandes antecesores presentes en el Royal Box junto con Sampras, que reciben a Roger como el último y definitivo buda en la cuna del tenis, la sala de los trofeos del All England Club.

Por otra parte, no es día de ahorro ni de escatimar emociones. La final más larga de la historia del Grand Slam por número de juegos (77), con una manga récord para Wimbledon, la quinta, cuya duración ha sido de noventa y cinco minutos y 30 juegos. Un set en serie en el que Roddick ha servido diez veces, sabiendo que si perdía el saque perdía el partido, antes de ceder en la undécima. Un duelo mental «que hubiera podido durar horas y horas», como ha dicho Federer. Digámoslo, pues: una final épica. Al año del que parecía haber sido el partido del siglo, he aquí una nueva máquina escénica perfecta, cinco actos que apenas duran media hora menos que el primero, pero sin las interrupciones a causa de la lluvia, que con el techo retráctil son imposibles. En la primera manga, Federer ha desaprovechado cuatro bolas de break y pierde el set; gana la segunda y la tercera en el juego decisivo, que en el segundo set lo salva de una desventaja de 1-5, y después 2-6 servicio de Roddick. En el 6-5, Andy falla un increíble punto de partido forzando una volea alta de revés. Hay un golpe de escena en el cuarto set, que gana el americano, después se abre el quinto e interminable acto.

Federer, al igual que hace dos años, ha vuelto a jugar golpes que, si pudieran tocarse, parecerían piedras pulidas por el agua del río: lisas, perfectas, de una belleza transparente. Solo ha perdido un set contra Kohlschreiber en la tercera ronda, después ha vuelto a dejar en blanco a Söderling, a Karlovic y a Haas. Saca como quizá no haya hecho nunca en su carrera y consigue 50 saques directos, un récord personal. Pero le tiembla el pulso de vez en cuando, preguntándose cómo puede aguantar el ritmo ese tipo con la gorra, cómo puede resistirse a las puñaladas de sus golpes cortados, cortos y ensañados, letales abriendo la pista a la zona de derecha. Roddick ya ha perdido en Wimbledon, en 2004 y 2005, dos finales contra Roger, y otra en el Abierto de Estados Unidos en 2006. Desde hace seis años se ha transformado en un coyote tenístico que persigue incansablemente a dos extraordinarios correcaminos como Federer y Nadal. En Church Road juega esta vez un torneo extraordinario —sacándose de encima al héroe local, Murray—, y una final que, a pesar de haber perdido, puede iluminar una carrera. Llena de constancia, valentía, saques y esfuerzo. Después del primer set habría podido hundirse con la volea que Federer posa sobre una base inestable de viento, jugada en campo abierto y fallada increíblemente, protagonizando un auténtico momento de Primo Pascual —el primo pringado del Pato Donald—, ese tipo de momentos que solo viven los eternos pringados. Pero el coyote de Nebraska aúna fuerzas y se aferra al saque bomba, al revés remendado. Obtiene dos bolas de break en los ocho iguales y él no las desperdicia, Federer las salva. Al final se rinde a algo más grande que él, pero lo hace con su acostumbrado sarcasmo, como el Holden Caulfield del tenis. Quemado por la decepción atroz de haber vuelto a fallar en un torneo que lleva toda la vida soñando con ganar, pero capaz de felicitar a Roger («Un campeón que se merece todo lo que ha ganado») y de dejarle caer a Sampras: «*Sorry* Pete, he intentado salvar tu récord, pero no he podido». «Sé lo que sientes —le dice Roger, que intenta consolarlo—, el año pasado perdí un partido parecido contra Nadal.» «Sí, pero tú ya habías ganado cinco veces», le responde Andy. Y los quince mil espectadores de la pista central, entre los que se encuentran Russell Crowe y Woody Allen, le dedican una ovación calurosa. Era el héroe destinado a la derrota, no podía hacer nada más. Como dice Federer, el deporte es cruel.

Para Roger, tras el primer Roland Garros y la paternidad, es, en cambio, un verano perfecto. «Cuando era pequeño, nunca creí que iba a ganar tanto, es una emoción casi irreal. ¿No estuvo Nadal? Lo siento, no fue culpa mía. Batir el récord en el torneo más grande, donde todo había empezado, en presencia de los ídolos de mi infancia es un círculo que se cierra. Ahora en mi vida no existe solo el tenis, pero que nadie se asuste, como pone en mi camiseta («*No finish line*»), seguiré jugando durante mucho tiempo.» Sí, el mejor tenista de la historia nunca existirá porque, como también dice Laver, «en todos los deportes solo se puede ser el mejor de la propia era». Ahora tenemos a alguien que se acerca mucho al ideal. Quizás el mejor tenista posible.

Pero los invencibles también se despistan. Tras la derrota contra Tsonga en Montreal y un nuevo triunfo contra Djokovic en Cincinnati, Roger llega a la ciudad que nunca duerme con el rodaje de la rutina nocturna de su familia. Su insomnio está planeado. «Antes de un partido estoy solo, pero cuando tengo un día de descanso, yo también duermo en la habitación de las gemelas. Estoy aprendiendo a cambiar pañales, los hombres deben aprender a hacerlo.» Muy tierno, el soberano. Por otra parte, el eslogan del año en Flushing Meadows es «*It must be love*», tiene que ser amor.

El Abierto de Estados Unidos empieza sobre el cemento húmedo y frío a causa de un monzón fuera del ecuador térmico. Federer observa su reino con la mirada del patriarca. Hace cinco años, cuando ganó su primer título, era un chavalote que había escapado de un destino de genio incomprendido. Ahora es «*simply the best*», simplemente el mejor. Con veintiocho años y casi cincuenta millones de dólares atesorados, Roger prepara el biberón de las gemelas y observa desde lo alto a sus *baby* adversarios. Nueva York ama a Federer. «Y Roger ama Nueva York, aquí se siente arropado por el afecto del público», dice Lynette Federer, la abuela más joven y fascinante del circuito. Pero se olvida de decir que eso pasa en todas las capitales del tenis. En la Gran Manzana, el número uno del mundo busca el sexto título consecutivo, una magia lograda por última vez por «Big» Bill Tilden entre 1920 y 1925. Richard Sears llegó a ganar siete títulos consecutivos, pero eran cosas del siglo XIX, cuando al campeón vigente le bastaba con ganar un partido para reafirmarse.

Nadal ha descendido del trono al número tres en menos que canta un gallo, para él, la parte baja del cuadro. «En 2008, después de triunfar en París y Wimbledon, llegué aquí con posibilidades de ganar —explica Rafa—. Pero estaba demasiado cansado. Este año, en compensación, creo que estoy demasiado fresco.» Tras la chocante derrota contra Söderling en París y la dolorosa renuncia a Wimbledon, ha pasado el resto del verano entre el sofá, la camilla del fisioterapeuta y Mallorca. Nueva York es el único Slam que le falta, pero sobre el cemento del Flushing nunca ha brillado y la rodilla dolorida es una incógnita que pesa. Este no es su año, por lo que parece. En cambio, Federer, el patriarca, ha resurgido tras las angustias de los últimos meses. Mejor aún, se ha liberado. Los ejes a cuyo alrededor ha girado la temporada han sido la victoria de Madrid —antes de eso, él no había ganado nada y Nadal lo había ganado casi todo, Abierto de Australia incluido—, y la derecha colocada tocando la línea en el octavo de París contra Haas, cuando ya estaba al borde de una derrota en el quinto set que quizá habría cambiado el destino del tenis. Pero Roger mantuvo el golpe en el campo y, con la complicidad del eclipse de Nadal, ha cumplido su karma.

El golpe de las semifinales de Nueva York que lo envía al punto de partido con Djokovic es, en cambio, de los que se recuerdan durante mucho tiempo. Globo de Nole, carrerilla, *passing* cruzado bajo las piernas, de espaldas a la pista, que clava en la red al número cuatro del mundo y entusiasma a toda la pista central, incluso al autor de la proeza. «El mejor golpe de toda mi vida.» El entusiasmo es contagioso. «*The wicked shot works!*», dice Bud Collins, el decano de los periodistas tenísticos americanos, en la sala de prensa. ¡Abracadabra! Tres sets, ni extraordinarios ni estupendos, arrancados a un Djokovic incapaz de aprovechar las numerosas ocasiones que su adversario va sembrando, y Roger está de nuevo ahí, en su sitio. En los últimos 17 torneos mayores solo ha sido derrotado una vez en la final, y nunca en las 22 semifinales. La primera pregunta que le dirigen a Novak Djokovic, que sonríe resignado y herido, es la más banal: «Novak, ¿este tipo es un dios o solo un genio?». De Madrid a esta parte, analiza Djokovic, «Roger ha perdido un partido. Ni siquiera él es invencible, es decir, responde a menudo con golpes cortados y eso te proporciona ocasiones de entrar en campo. El problema es que ahora está jugando el mejor tenis de su vida. El modo en que juega, la manera de enfrentar el partido… hay algo diferente. Está más tranquilo y eso lo hace aún más peligroso.»

En la sexta final consecutiva en el Arthur Ashe Stadium, Roger no tiene que enfrentarse con Nadal, como todo el mundo, excepto Argentina, esperaba. Le toca Juan Martín del Potro, *la Torre* de Tandil, que 32 años después de Vilas, 19 después de Gabriela Sabatini —qué nostalgia—, espera llevarse a la Pampa un título del Abierto de Estados Unidos. En semifinales se ha hecho con el tercer partido consecutivo contra Nadal, pero es un Nadal que parece la sombra del campeón, pues la distensión abdominal que ha sufrido hace tres semanas se ha transformado en algo más grave y es un milagro que haya llegado a las semifinales.

Para Federer, Del Potro es el sexto adversario de las seis finales de Nueva York. En Australia ha quedado como un colegial, en París ha puesto nervioso al Maestro durante cinco sets. En los últimos meses, Del Potro ha mejorado muchísimo, pero jugar la primera final Slam de su carrera contra *The Living Legend* es otra historia. «Es el día más bonito de mi vida, todavía no me lo creo. Desde que era pequeño, desde que vi este estadio por primera vez, he soñado con ganar este torneo.» El Slam de las Américas. Lo importante para él será mantener la cabeza fría y los pies en la tierra, cosa que le resultará más difícil vista su «altitud», como dice Nadal.

Quien pierde la cabeza en la final, contra todo pronóstico, es Federer. Una reclamación de revisión del bote con el ojo de halcón realizada, Delpo, con mucha flema en el 5-4 del segundo set, le roba la posibilidad de escaparse dos sets a cero y Roger se lo toma muy mal, como también hará más adelante, encarándose de mala manera con el juez de silla Jack Garner e insultándolo, lo que le costará una multa de 1.500 dólares. Algo insólito en él. «No puede esperar dos segundos para que yo pida un ojo de halcón —gruñe—, pero puede esperar diez a que lo haga él. Las reglas son iguales para todos, ¿no?» Garner intenta calmarlo, pero Federer no atiende a razones. «No me diga que mantenga la calma. Me importa un pimiento de qué hablaban ustedes dos, y no me explique las reglas a mí, las conozco de memoria.» A pesar de todo, gana el primer set, y podría cerrar en cuatro, pero, a la larga, los derechazos de Juan Martín son como puñetazos en el hígado, lo desfondan, lo desalientan, lo acorralan contra las cuerdas. Del Potro consigue el set en el juego decisivo, y en el quinto, a Federer ya no le quedan fuerzas. Punto final: 3-6, 7-6, 4-6, 7-6 y 6-2. «La vida sigue», dice entre dientes el Genio cuando acaba el partido. Y esta vez queda claro que bajo la diplomacia yace mucha rabia.

Lo bueno de viajar, de cambiar continuamente de escenario, es que se suelen producir encuentros interesantes. Federer y Del Piero se respetaban a distancia, como en algunas historias medievales, cosas de caballeros sin miedo ni tacha. Tienen cosas en común, la misma cordialidad, discreción y pasión por el deporte. El tenista que se muere por el fútbol, que está informado de todos los campeonatos, que conoce a Totti, a Figo, a Batistuta y a Cambiasso, y que durante la Liga de Campeones no se despega de la televisión. El futbolista que coquetea con el tenis y el básquet, y que en su autobiografía cita a Federer en el top10 de sus deportistas preferidos. Alex le ha enviado su libro al número uno del tenis, Roger le ha correspondido con un calendario dedicado a su hijo Tobias. Se encuentran en Valletta Cambiaso, provincia de Génova, donde el Genio juega para ayudar a su país a desempatar contra Italia en la Copa Davis. Semanas de mensajes de texto para ponerse de acuerdo («Llegaré el jueves», «Ok, te espero»), gracias al amigo en común, Vittorio Selmi. Después del entrenamiento en Vinovo, Alex, con su mujer Sonia y su hermano Stefano, conduce hasta la costa.

Primero un apretón de manos, más tarde el entrenamiento de Roger con su compañero de equipo y amigo de infancia Chiudinelli, y por fin el encuentro en la sala de los jugadores suizos. «Descubrí a Roger —bromea Alex—, en el torneo de Milán de 2001. Crecí mirando al último McEnroe y a Noah, que me gustaba mucho, pero de Roger siempre me ha impresionado la facilidad y la naturalidad con la que juega, la sencillez con la que ejecuta todos sus golpes. Un absoluto fuera de serie. Y un chico muy agradable.» Parece un autoretrato. Roger intenta informarse sobre la derecha y el revés de Del Piero, pero su nuevo amigo no se tira faroles. «El tenis siempre me ha gustado, pero soy autodidacta. ¿Si subo a la red? No, pero me gustaría. Digamos que juego como jugaría el profesional más limitado con la mano equivocada. Pero le echo muchas ganas y mucho entusiasmo.»

El suizo intenta pronunciar alguna frase en italiano. «Sé leer perfectamente el menú del restaurante. *Penne all'arrabbiata.* ¿A que lo pronuncio bien?» Se informa sobre el estado de su Basilea natal, y Alex le cuenta sus vacaciones en Estados Unidos, primero en Orlando y después en el Caribe. Hablan de sus hijos pequeños, de su educación, de las alegrías que les dan. De la edad, que no condiciona a quien tiene un talento flexible y movimientos puros. «Roger me ha dicho que todavía soy joven —dice Alex riendo—. Y yo le he dicho que tiene razón. Treinta y cinco años es la edad ideal para jugar.» Pero todavía no sabe cuánta razón lleva. Para llegar a tiempo a Génova, Federer ha viajado en un jet privado desde Nueva York y ha aterrizado directamente en Liguria. Ha tenido que hacer las maletas muy deprisa y no ha podido traer ningún regalo, mientras que Alex le ha traído dos camisetas del Juventus. Una blanca y negra con el número 10 y otra *verdeoro* con el número 1 y el nombre «Federer» en la espalda. «Roger es un número uno.» Un número uno del tenis que de pequeño jugaba bastante bien al fútbol. ¿En qué posición lo harías jugar, Alex? «Centrocampista *trequartista*». De mago. Obvio, ¿no?

En Génova, Roger se entrena, o poco más, contra Seppi y Bolelli; en Basilea se deja burlar por Djokovic, y en París hasta por Julien Benneteau, el número 49 del mundo. En Londres, donde se ha desplazado el Masters, son rebajas de temporada. Portobello Road está plagada de turistas, incluso los tenistas olfatean el aire navideño. Federer pierde tres sets (6-4, 4-6 y 7-5) en la semifinal contra Davydenko, el campeón insulso al que siempre había derrotado —doce veces en doce partidos—, el quinto que logra la escabechina Federer-Nadal en el mismo torneo (los demás: Del Potro, Djokovic, Murray y Nalbandian, a los que se unirá Davis Goffin en 2017). «Nikolay ha jugado mejor que yo, aunque no ha sido un gran partido. Me siento aliviado porque esta es la última rueda de prensa del año y estas las últimas preguntas que me hacéis.»

Davydenko, que ha tenido que quedarse en Londres un día más para jugar, y para ganar esta vez, la segunda final consecutiva del Masters, también siente la atmósfera navideña. «Pero si hubiera perdido, ya estaría volando hacia las islas Maldivas, no sería una tragedia.» *Jingle bells.* Y el último día de escuela, aunque el fin de semana siguiente españoles y checos se jugarán la final de la Copa Davis, se esperan las notas y que suene el timbre. El Federer maltratado en la 02 Arena tanto por Del Potro como por Davydenko, aprueba con matrícula de honor. «Ha sido un año fantástico, a pesar de todo. Ganar consecutivamente Roland Garros y Wimbledon ha hecho de este el mejor momento de mi carrera. ¿Si me arrepiento de algo? Acabaré el año como número uno por quinta vez, no creo que pueda quejarme demasiado.»

LOS GRANDES ADVERSARIOS

Juan Martín del Potro, el derecho a intentarlo de nuevo

¡Crac! El ruido de una rama que se quiebra, la ráfaga amarilla que parece alcanzarte antes de que puedas interceptarla. Una derecha de Del Potro. Los que asistieron a la final del Abierto de Estados Unidos de 2009 se acuerdan. «Uno de los partidos que me gustaría volver a jugar», dijo Federer, el derrotado. Su deseo se ha visto cumplido. «La derecha de Nadal quizá sea mi preferida —analiza Federer cuando le piden que haga una clasificación de los golpes más devastadores del milenio—. Pero el de Juan Martín es plano. Y jugado de esa manera, el margen de error es mínimo. Para poder responder como es debido tienes que estar en una buena posición en la cancha, y él lo logra incluso estando muy atrás. Eso es lo que me gusta de Juan Martín, no tiene miedo de tirar. No le importa si falla, sigue intentándolo hasta que encuentra su movimiento, el ritmo justo. Usa una apertura muy amplia, de manera que te da la impresión de que está atrasado con respecto a la bola, pero al final siempre se encuentra en la posición correcta.»

Kafelnikov, Sampras, Courier, claro está. Y los bofetones de Fernando González, apodado *Mano de Piedra* y *el Bombardero de la Reina*. Y el mismo Federer, obviamente, Su Majestad Belleza. Pero la derecha de Delpo es otra cosa. Como dice Nadal, «si dejas que Del Potro suelte un derechazo, eres hombre muerto». Si estás sentado entre el público, te lo esperas, sientes como corta el aire. Un halcón que vuela a 300 por hora y que casi le arranca la mano al adiestrador que le ofrece la osamenta de la presa. Un escalofrío, un número de circo. La atracción que te mueres por ver. Una masa de aire que se desplaza, que atemoriza. Una fracción de segundo en que contienes la respiración y te pones en pie de un salto. Aplausos. Es lo que querías, ¿no?

En 2009, un Delpo veinteañero, descarado y temerario, usó el machetazo de su derecha —tras haber cortado de un tajo a Nadal en la semifinal— para deforestar al Genio que en el Arthur Ashe había logrado cinco títulos consecutivos. Parecía el principio de algo grande, bárbaro. Entre 2010 y 2015 se interponen en su carrera cuatro operaciones de muñeca. La primera en la derecha, las tres siguientes en la izquierda, en el arco de un año y medio. Mucho sufrimiento y algún que otro partido inmenso —en Londres, en Río, en la final de la Copa Davis contra Croacia— durante esos años llenos de dudas y de dolor. Y de días torcidos, en los que Delpo estuvo a punto de dejarlo todo y cerrar la última puerta a sus espaldas.

«El peor momento fue en 2015, en Miami —cuenta a *L'Équipe*—. Acababa de operarme por segunda vez y estaba intentando volver a entrar en el circuito. Me había dado cuenta de que no podía jugar. Basta, me dije, se acabó. Me duele demasiado, así no puedo seguir. Volví a casa y estuve dos o tres meses sin hacer nada, estaba muy deprimido. Un día, el cirujano americano Richard Berger me llamó por teléfono y me dijo que quería intentar operarme por tercera vez.» Gracias a Berger volvió a jugar. No es el Delpo de antes, de acuerdo, su revés es poco más que una muleta. Pero Juan Martín todavía sabe cómo hacer daño. A pesar del dolor, del miedo a volver a lesionarse, de la rutina de sufrimiento que se ha convertido en su liturgia cotidiana. «Cada día tengo que hacer cuarenta minutos de ejercicios de estiramiento y estabilización. Me gustaría entrenarme más en la cancha, ejercitar el revés para llegar a los partidos con menos ansiedad, pero es lo que hay. La única manera de salir de esta es ser optimista.»

Un lunes cualquiera de 2017, que acaba en una tarde eléctrica, Delpo vuelve a deslumbrar a su manera en el Abierto de Estados Unidos. Transforma el Grandstand de Flushing Meadows en una parte de Tandil, Argentina, destruyendo en cinco sets las esperanzas, en absoluto infundadas, de Dominic Thiem, el número ocho del mundo. Por debajo de dos sets, febril, realiza una hazaña que pasará a la historia. Ha conseguido el tercer set, y en el cuarto ha remontado 2-5, salvando dos puntos de partido en el 4-5. A esas alturas, el quinto set era un guion ya escrito. La hinchada, que luce camisetas blancas y azul cielo, ha desatado el infierno, Thiem se ha postrado con una doble falta desesperada en el segundo punto de partido. Delpo está plantado en medio del campo como un palito, su apodo, *el Palito*, los brazos larguísimos levantados al cielo oscuro de Nueva York. Un crucifijo laico, un monumento de carne a la pasión por el tenis. Juan Martín de los Milagros. «Hacia la mitad del segundo set no podía respirar, había tomado antibióticos, quería retirarme. Pero el público y la ruptura de saque del tercer set me han dado fuerzas para seguir.» En los cuartos lo ha vuelto a hacer, otra vez contra Roger. Esta vez en el cuarto set. Un partido menos histórico, menos clamoroso, un poco más crepuscular comparado con el de ocho años antes, pero con analogías suficientes para poner en marcha el recuerdo, para que se intuya lo que podría ser.

Para Federer, Delpo es un fantasma que vuelve agitando una hoz. Hace tiempo que todo el mundo está de su lado. Está con su mirada azul de mañana panamericana, de cordillera alta, de niño herido, ingenuo y feroz, que vuelve a ser bueno y feliz. «La gente me quiere y viene a verme porque sabe lo mucho que he sufrido —cuenta—. Quieren ver mi derecha, como la tiro cada vez más fuerte. Y a mí me gusta hacerlo, ver que se ponen de pie, entusiasmados. No siempre pasa, pero cuando estoy en forma todavía puedo ser peligroso para todos.» Soñar vale la pena. Más que nada, porque Del Potro ha soñado muchas veces, muy bien y con mucha fuerza, que volvía al vientre del Arthur Ashe Stadium para jugársela con los mejores. Con el Mejor. Sin estar del todo seguro, pero con todo el derecho del mundo a intentarlo de nuevo.

2010. *Siempre Maestro*

«Es cierto, ahora soy padre, pero no creo que Murray se enternezca en la final por eso. Hace 150 mil años que Gran Bretaña no gana un Slam.» Estamos de nuevo en Melbourne. Federer ha dado el biberón a las gemelas, Charlene Riva y Myla Rose, y después ha entrado en la pista para cambiarle el pañal al número diez del mundo, Jo-Wilfried Tsonga, en la semifinal del Abierto de Australia. Ejercicio que le ha requerido tres sets y ochenta y ocho minutos, y que ha dejado al doble de Mohamed Ali atontado y dolorido como el original tras un gancho de Ken Norton. La tarea más pesada de la jornada es responder al final del partido a las preguntas de Jim Courier, exnúmero uno que de feroz cincelador ha pasado a ser un agudo comentarista de televisión. El Genio se las apaña bien. Aparte del comentario sobre el embarazoso desayuno *british*, el resto es un revoleteo de chascarrillos, de guiños y de respuestas algo malignas pronunciadas con tempestuosidad. «¿Cómo me he preparado para el Abierto de Australia? Tumbado en el sofá mientras vigilaba a mis hijas. Querido Jim, Lendl y tú necesitabais sudar entrenando, a mí me basta el talento.» Una pizca de afable soberbia, cuyo tono, que no su contenido, irá suavizando con los periodistas consumados. «Yo también me preparo físicamente, es obvio —explica el fenómeno—, pero siempre he estado convencido de que para un tenista lo importante es entrenarse en función de sus necesidades. No soy un gran fan de correr en la playa.»

En cambio, su adversario, Andy Murray, veintidós años, que afrontará su segunda gran final después de haber perdido en Nueva York contra Roger en 2008, se ha convertido en un fanático del *fitness* desde hace un par de años. El escocés, que también tiene talento para dar y vender, ha confesado que después de que Nadal lo derrotara en Wimbledon decidió invertir en su físico. Fichó a dos o tres fisioterapeutas, frecuentó los gimnasios con asiduidad de *bodybuilder* y pasó semanas enteras cociéndose bajo el sol despiadado de Miami. Cuida mucho su salud, adora el boxeo, practica yoga y, para adiestrar sus reflejos, se entrena con unas bolas especiales con forma de estrella que rebotan del modo más inesperado. «Si nos estás escuchando, Andy, quiero que sepas que voy a por ti —dice el divo Roger al micrófono de Courier riendo maliciosamente—. Te colocaré una volea, tú responderás con un globo y yo te colaré un *passing shot* entre las piernas.» Quién sabe dónde entrena el Genio su humorismo.

El domingo de la final, por una vez, el que lloriquea —no deja de ser el Slam de las lágrimas—, el que se atasca delante del micrófono, con la nuez que le sube y le baja por la garganta como si fuera un pavo, no es Federer, sino el escocés. A quien de todas formas hay que reconocer el mérito de no desanimarse tras los dos primeros sets y de arrastrar a Federer a un dramático juego decisivo en el tercero, perdido 13-11 tras cinco puntos de partido (para ser sinceros, dos desperdiciados de mala manera con una derecha y una volea más bien fáciles), que primero ha ilusionado y después ha destrozado las esperanzas del reino. Es obvio que hasta el guay y resuelto Murray ha sentido la presión de millones de pupilas británicas observándole, incluidas las miopes, pero muy implicadas, del premier Gordon Brown, escocés como él. «He recibido mucho apoyo de los míos en las últimas semanas —dice Andy con el trofeo de plata del derrotado en las manos y la voz rota—. Siento mucho no haber ganado para vosotros. Sé llorar como Roger, lástima que no sepa jugar como él.» *Nice one*, Andy. «No te preocupes —le responde Federer—, tú también ganarás un Slam.» El número tres del mundo confía en no tener que esperar la próxima era glacial o la extinción de los suizos para lograrlo. Murray habría podido hacer algo más, pero en Melbourne el Genio ha vuelto a adoptar su forma divina y ha concedido un solo set por cabeza a los golpeadores rusos Andreev y Davydenko. Un padre de Slam. «Mis gemelas no estaban hoy en la tribuna porque tienen seis meses escasos. Un día también vendrán a verme jugar. He ganado más de lo que habría podido imaginar, pero siempre he sabido que los afectos, los amigos y la familia es lo que cuenta en la vida, y eso me ha ayudado a mantener la estabilidad en los momentos difíciles. ¿El Grand Slam? No es lo más importante, no estoy pendiente de los récords, será lo que tenga que ser. Lo primero que haré mañana por la mañana es despertar a mis hijas porque soy muy feliz.»

ϒ

En el segundo Masters 1000 de la temporada, con el intervalo de la alegría australiana, llega el tercer fracaso. En Doha, antes del Abierto de Australia, Roger había vuelto a perder con Davydenko, en Indian Wells ha salido en la tercera ronda contra el reaparecido Baghdatis. En Miami, Tomas Berdych lo tumba en tres sets. Un Federer pésimo: 61 errores no forzados, un punto de partido desperdiciado. «No he jugado bien, no encontraba el *timing* justo. Hay algo que no funciona en mi juego y tengo que entender qué es exactamente. Porque no debo perder partidos como este.» Algo de culpa tiene el virus que ha pillado en febrero, y también el hecho de que a estas alturas los torneos menores le sirven solo de entrenamiento. La carestía de emociones que ofrece el tenis después del Abierto de Australia, y las pocas que repetidamente obtienen los Cuatro Magníficos —digamos Cinco, si añadimos a Del Potro—, dan que pensar. Djokovic está sufriendo una involución técnica en la que Todd Martin, el consejero americano que debería haberle calibrado el saque, pero que, por lo que parece, le ha desequilibrado los demás mecanismos, tiene una parte de responsabilidad. Del Potro ha sufrido varias lesiones. Murray, involucrado en la polémica acerca de la Copa Davis y de la mala época que está pasando el tenis inglés que, *my God*, ha llegado a provocar una interpelación parlamentaria en Westminster, no da una y sostiene que se ha desenamorado del tenis. El único que por ahora da señales de recuperación es Nadal, que encima ha pasado varias semanas de 2009 en la enfermería. Por desgracia, hace años que la distancia entre los cuatro Slams y los demás torneos ha ido aumentando en términos de interés, dinero y visibilidad mediática, y si antes los primeros en salir perdiendo eran sobre todo los torneos de segunda y tercera, ahora también corren peligro de contagio los Masters 1000.

La situación no es mejor sobre tierra batida. Todo lo contrario. En el torneo de Estoril, Federer pierde con Montañés, y en Roma —tras rendirse en dos sets al demonio de Nadal en Hamburgo—, Ernests Gulbis lo derrota en la primera ronda. Contra el principito mimado del tenis, hijo de un millonario dueño de media Letonia, Roger decepciona por enésima vez al Foro en una jornada lluviosa más báltica que romana. El cielo, una manta gris; las bolas reducidas a madejas amarillas a causa de la humedad. La federación letona de tenis tiene un presupuesto de pocos miles de euros, pero Ernests se desplaza en jet privado y su padre le ha pagado desde pequeño a los mejores entrenadores, como Niki Pilic, que decía de su pupilo: «Si tuviera hambre, se convertiría en un campeón.» Pero tras los cuartos de París en 2008, parecía haberse perdido entre lesiones y juergas de toda clase. «Ahora entiendo que el tenis es mi trabajo, no mi pasatiempo —jura el descarado de rizos castaños—. Antes pasaba tres días entrenando y otros tres con los amigos. Ahora tengo un equipo completo y un programa de entrenamiento. Y esta victoria es un shock.» Los ricos también ganan de vez en cuando. «Sí, es el tercer partido que pierdo este año y es frustrante —masculla Roger con el morro torcido de los días tristes—. Al final, me sentía sin recursos, mi saque no funcionaba. Creo que a estas alturas de mi carrera, un mes y medio sobre tierra batida no será suficiente para preparar París. Derrotas como esta te hacen comprender lo difícil que es dominar el tenis.» ¿El primer atisbo de duda que hará que Federer renuncie del todo a la temporada de tierra roja en 2017? Roma, por otra parte, no es adecuada para Federer. El Genio nunca ha logrado levantar una copa en la pista central, y ha llegado dos veces a la final, en 2004 con el modesto Mantilla y en 2006 con Nadal.

«Eso es lo que hace especiales a Roger y a Rafa, ellos juegan el mejor tenis cinco o seis veces al año, pero casi siempre ganan —sostiene, entre otros muchos, Robin Söderling, que en 2009 representó en París el «casi» más grande de la carrera de Nadal—. Pero no quiero ser recordado solo por aquel partido, después he seguido ganando», me dice Robin en Roma durante una entrevista acordada por Veso Matijas, el manager croata que descubre y se ocupa de los campeones patrocinados por Lotto. Todavía no sabe que, esta vez, en Roland Garros las cosas van a verse como reflejadas en un espejo: victoria contra Federer en los cuartos, derrota contra el Niño, sediento de venganza, en la final. Contra Roger, la lluvia, que interrumpe dos veces el partido, le echa una mano transformando sus golpes de derecha en pesados cubos de agua fría. Es la última de una hilera de 23 semifinales de Slam consecutivas, que duraba desde 2004, cuando fue derrotado en la tercera ronda por Kuerten en París. Federer desperdicia un punto de partido en el segundo set antes de la interrupción, y una ventaja de 2-0 en el cuarto set. «Robin ha jugado magníficamente. Sé que no puedo ganar siempre, me sentía a gusto, pero el terreno lento le favorecía a él.» Su reino como rey de la tierra roja ha tocado a su fin.

La reina, la de verdad, vuelve a hacer acto de presencia en Wimbledon después de 33 años. La última vez había sido en 1977, cuando Isabel II celebró su *silver jubilee*, sus veinticinco años de reinado, y acudió para premiar a Virginia Wade, su último súbdito que había ganado el torneo. En las últimas semanas, el tema principal de todas las discusiones ha sido la reverencia dirigida al Royal Box, abolida por voluntad del duque de Kent, nieto de Jorge V y presidente honorario del All England Club. Los tenistas tienen la libertad de hacerla o no al entrar y salir del Centre Court, y prácticamente no lo hace nadie, pero la presencia de Su Alteza Real es una excepción. El independentista escocés Murray crea una polémica cuando declara la víspera: «Todavía no he decidido si la haré o no», aunque acabará haciendo una genuflexión junto a Jarkko Nieminen.

Isabel II llega a media mañana, un par de largas horas antes del partido inaugural, programado a la 1 p. m. hora inglesa. Escoltada por un considerable número de agentes de policía y de los servicios secretos vestidos de paisano, visita las canchas y se reúne con Federer, Nadal, Serena Williams, Martina Navratilova y Billie Jean King. Después, un desayuno frugal en compañía de Virginia Wade y de Tim Henman y acto seguido toma asiento en el Royal Box para asistir al partido entre Murray y Nieminen.

En 1926, la visita a Church Road de la reina María, abuela de Isabel II, causó un gran desbarajuste. Mary quería aplaudir a la divina Suzanne Lenglen, la campeona invencible de aquella época que, ocupada en unos dobles y desconocedora de la presencia real, la hizo esperar una hora. Cuando se dio cuenta de la horrible metedura de pata, Lenglen intentó pedir perdón por su delito de lesa majestad, pero los periódicos la crucificaron. En el partido siguiente, el público la abucheó sonoramente y sin piedad —al fin y al cabo, Suzanne era francesa—, y la divina, consternada y llorando a lágrima viva, decidió retirarse. Desde entonces no volvió a poner los pies en Wimbledon.

En 2010, el que acusa la turbulencia es el rey del tenis, es decir, Federer, que en los cuartos contra Berdych ya sale de la escena. Es el año del partido más largo de la historia, cinco sets ganados en tres días por John Isner contra Nicolas Mahut, pero a Berdych le bastan cuatro —regulares, además— para desahuciar definitivamente al campeón vigente. «Tomas ha jugado bien, pero el partido se lo he regalado yo —dice Roger entre dientes, ácido como nunca—. Tengo problemas en la pierna derecha y en la espalda desde la final de Halle. No es una lesión propiamente dicha, sino dolores, pero que hoy me han impedido jugar como habría querido. A algunos adversarios los conozco desde hace diez años, no pueden reinventarse de golpe. En este momento no me encuentro del todo en forma. Ha sido una lástima.» Lástima también por la poco usual caída de estilo. Su antiguo ídolo, Rod Laver, podría recordarle fácilmente que las excusas del perdedor no le interesan a nadie. «¿De verdad ha dicho eso? —sonríe sorprendido Berdych, que en la final acabará en todo caso sometido por Nadal—. A mí me parecía absolutamente en forma. Es la primera vez que Roger intenta justificarse. Pero no pasa nada, lo respeto muchísimo.» La verdad es que la última vez que Federer jugó como Federer fue en Australia, en febrero. Desde entonces, ha empezado una tortura china de partidos desperdiciados.

Pero, como saben hasta los niños, querer no es poder y, en efecto, en Halle, donde Hewitt le birla la final tras siete años de derrotas, ya se advierten las señales de un tropiezo en Wimbledon. En las primeras rondas de la Championship, en las victorias en el quinto set contra Falla y en el cuarto contra Bozoljac, los problemas han vuelto a aflorar. Contra Berdych, el Genio se sitúa por debajo ya en el primer set, en el segundo empata gracias a un desastroso juego de saque del checo y en el tercero se hunde. El partido se decide en pleno cuarto set, del cuarto al séptimo juego, donde Berdych logra una de las mejores exhibiciones de su carrera, no solo usando el servicio y la derecha anómala, sino por fin el corazón y el nervio, con el que rompe el saque del adversario mediante un *passing* de derecha que arranca de cuajo la raqueta de las manos del Fenómeno, en posición en la red para bordar su jugada. Roger se lo toma tan mal que incluso se pone desagradable con una periodista que se atreve a preguntarle si, con él fuera del torneo, el 2010 será el año de Murray. «Vete a tu casa a hacer los deberes», le responde con descortesía. Pero quizás está diciéndoselo a sí mismo sin saberlo.

Reto Staubli es uno de los mejores amigos de Federer, un suizo de aspecto elegante y espigado con la sonrisa simpática e irónica, con un carácter muy comedido. Y sincero. Conoce a Federer de toda la vida, de cuando jugaban juntos —Reto es once años mayor que el Fenómeno— en el campeonato de interclubes suizo, y por eso sabe interpretarlo como pocos. Gracias a Vittorio Selmi pude verle en el Covent Garden durante una representación de *Manon* —sí, durante Wimbledon también pueden hacerse otras cosas además de ver partidos de tenis—, y, en uno de los descansos, salió a colación el mal momento que atravesaba el Genio. «En mi opinión, Roger necesita un entrenador —dice Reto, la mirada algo perpleja, mientras ciñe con el brazo la cintura de su encantadora novia y sostiene con la mano libre una copa de Chardonnay con la que indica en el aire la diferencia entre el Federer ideal y el real—. Roger es tan superior que siempre debería jugar a este nivel (y coloca la copa a la altura de su hombro), pero a menudo acaba jugando a este (copa a la altura de la cadera).» Federer escucha lo que su amigo Reto —y no solo él— le aconseja desde hace tiempo, y cuando acaba Wimbledon ficha a Paul Annacone, el entrenador de toda la vida de Pete Sampras.

Roger no ha tenido hasta ahora muchos entrenadores técnicos. Tras Peter Carter llegaron Peter Lundgren, Tony Roche y, por un breve periodo, José Higueras. En cualquier caso, Federer ganó mucho antes y después de Roche, por lo que se hace difícil creer que haya algún técnico en circulación que pueda enseñarle algo al tenista más triunfador de la historia. Pero en los últimos meses, le ha faltado un entrenador. No un genio de la táctica o de la técnica, sino una figura cualificada sin muchas ansias de protagonismo, capaz de ayudarlo a concentrarse y dispuesto a trabajar con Severin Lüthi. Roger no necesita entrenar como un triatleta, sino mejor de como lo ha hecho en el último periodo. Annacone ha acompañado a Sampras durante un largo trecho de su carrera, por eso ha estado en contacto con la magia del Gran Tenis, un aspecto que siempre ha seducido a Federer.

En Toronto todavía no se aprecia la influencia de Annacone —hay quien sostiene que no se ha apreciado nunca—, y la ducha escocesa que le propina Andy Murray después de la final («Sigue siendo un gran jugador, pero es normal que haya perdido un poco en los últimos años»), irrita aún más al Genio. «Hace dos años también me habían dado por acabado, y después gané París y Wimbledon. Ya llevo 16 Slams, es cierto, pero 20 es un número que me gusta». Un tira y afloja, el tema de los recurrentes «finales de Federer», que seguramente seguirá adelante hasta que termine su carrera.

En Cincinnati llega la victoria contra Mardy Fish. En Nueva York, y hasta la semifinal, Roger se confirma como el rey de la noche: 18 victorias en 18 partidos nocturnos jugados en el Abierto de Estados Unidos. El número uno supera con relativa tranquilidad los octavos contra Jurgen Melzer, y en los cuartos casi exorciza con un aquelarre de viento y magia al demonio Söderling. El sueco lo humilló en París, pero en Flushing parece el espectro transparente del mistral y de los trucos de Roger, que lo obligan a correr por la cancha como un jamelgo agotado. «En la pista central, el viento sopla por todas partes —explica el brujo de Basilea agitando los dedos en el aire—. Sobre todo si hace frío, te entra en los oídos, en los ojos. Pero hoy, jugar con tanto viento ha sido un reto, la oportunidad de hacer algo diferente. La verdad es que antes odiaba jugar con viento, pero ahora me parece todo lo contrario. Me divierto. Por otra parte, el problema más grande del viento es el servicio, pero yo tengo mucha soltura, no me dejo condicionar por el lanzamiento de la bola. Estoy acostumbrado a jugar con lluvia, sol o viento. Exceptuando la nieve, juego donde me digan.» Pero la decepción está al acecho y tiene el rostro endemoniado de Novak Djokovic.

Todos los autobuses de Manhattan llevan en los lados el retrato del Más Querido, y sus adversarios corren el peligro de que su autoestima resulte lastimada, por eso los padres del «Joker», apreciado imitador de números improvisados, se han hecho imprimir la cara de su hijo en las camisetas que lucen con orgullo en la tribuna, desde donde no dejan de aclamarlo, incluso cuando el Arthur Ashe se convierte en el vigésimo séptimo cantón suizo. Durante tres horas y cuarenta y cuatro minutos, cinco sets esquizofrénicos, el Arthur Ashe parece una gigantesca montaña rusa, y Roger acaba perdiéndose en las montañas serbias de la semifinal. En el quinto set consigue dos puntos de partido —5-4, 15-40, servicio de Djokovic—, pero los desperdicia fallando dos derechas. Y su golpe estrella también lo traiciona dos juegos después, cuando en el primer punto de partido a favor de Nole se marcha fuera. Acaba 7-5, 1-6, 7-5, 2-6 y 7-5, y es la tercera vez en un año —después de Indian Wells y Miami contra Baghdatis y Berdych— que Federer pierde tras haber lanzado una bola para cerrar.

El lunes, después de que Nadal le birle la final a Novak, conquiste el Slam y complete los cuatro grandes, Roger desciende al número tres del ranking mundial. Obviamente se habla de ocaso. «No puedes jugar durante quince años consecutivos y permanecer siempre en perfecta forma —se defiende—. He obtenido resultados increíbles, ahora hay muchos adversarios fuertes, mental y físicamente, a quienes enfrentarse. Pero siento que todavía puedo competir con ellos.» Así es como se desvanece la cita entre Nadal y Federer en Nueva York, que pierden la ocasión de convertirse en los dos primeros tenistas capaces de jugarse al menos una vez las cuatro finales de Slam. Uno de los pocos tabús que en 2017 los dos chamanes todavía no han logrado abatir. Quién sabe si algún día lo lograrán. Nueva York sigue siendo el mejor lugar del mundo para cumplir sueños, pero el reloj de Times Square marca el tiempo para todos.

Que los años pasan, también lo sabe sin duda otro *highlander*, Francesco Totti, que tras el partido Basilea-Roma de la Liga de Campeones, en octubre, recibe a Federer en los vestuarios y, antes de regalarle la camiseta con el número diez, le suelta una ocurrencia de anuncio: «¿Qué? ¿Todavía juegas con la raqueta?» Sí, Roger Federer todavía juega y todavía gana. Todavía se emociona y contiene a duras penas los lagrimones cuando lo hace en su ciudad, en la que obtiene el séptimo título, el cuarto de la temporada después del Abierto de Australia, Cincinnati y Estocolmo —donde derrota a Florian Mayer—, al final de un año con altibajos. En 2009, Novak Djokovic había interrumpido su idilio con el torneo de Basilea y Federer se venga precisamente de él en tres sets (6-4, 3-6 y 6-1) que aúnan grandes jugadas y fallos bastante burdos, *Federer moments* y remates algo bochornosos. Los ricos también lloran y, por otra parte, el Mejor siempre ha admitido que Basilea es el torneo más emocionante de la temporada para él, hasta el punto de que hace tiempo que rumia comprárselo para seguir viviéndolo incluso cuando decida abandonar la raqueta. Antes de Basilea, ha perdido en Shanghái contra Murray, y después se ha dejado sorprender por Monfils en París-Bercy, y en los cuartos para más inri. También se mantiene al margen del estrés de la Copa Davis y evita así socorrer a Suiza, que se juega la permanencia en el World Group en Astana, Kazajistán, donde pierde a pesar de la presencia de Wawrinka. La Ensaladera parece interesarle cada vez menos a Federer, que en ese periodo prefiere las clases al juego de equipo. El papel de maestro de tenis le queda que ni pintado. En efecto, en Londres vuelve a dar una lección derrotando a Ferrer, a Murray y al indisciplinado Söderling en la primera ronda; les siguen Djokovic y, en la final, Nadal, que por primera vez llega a un set del único título importante que se le resiste. Rafa viene de tres éxitos consecutivos en los Slams en tres superficies diferentes, pero también acaba delante de la pizarra del maestro Federer en tres sets (6-3, 3-6 y 6-1) que duran algo menos de una hora y cuarenta minutos.

A Federer, en el umbral de los treinta, le toca hacer de aperitivo y de postre en un año principalmente relleno por el Niño, y alcanza los cinco Masters de los monstruos sagrados Lendl y Sampras. El Federer que durante largos meses parecía algo indolente y en retroceso no habría salido airoso de las charadas tácticas de Nadal. El buen juicio de Annacone ha contribuido a recomponer a un Federer tácticamente desdibujado y a limar detalles. Un revés menos cortado y más audaz que lo arranca, en rapidez, de la esquina izquierda donde lo segregaba el golpe zurdo de Rafa, una búsqueda más constante de la red y del peloteo corto, posiblemente en cinco intercambios. Ingredientes a los que hay que añadir un servicio casi intocable —100 por cien de puntos en la primera bola durante el primer set. En definitiva, la receta de la victoria obtenida en el azul exaltado de la O2 Arena, abarrotada por más de 17.500 espectadores, entre los que se encuentran Thierry Henry, Maradona y Ron Wood. En el vientre del estadio, el premio para Federer, además de la gloria y las ganancias, es un apretón de manos de Dieguito. «Parecía que él estaba más nervioso por conocerme que yo por conocerle a él. Y yo lo estaba mucho», declara al acabar el partido. El Genio que toca al Pibe de Oro, el brazo divino alargándose hacia la mano de dios. Si nos referimos a golpear la pelota, imposible encontrar una metáfora mejor.

2011. A la sombra del «Joker»

«Al fin y al cabo, no es el fin del mundo». Ya, pero se le parece. En el Abierto de Australia del nuevo año, Nadal y Federer ruedan precozmente fuera del torneo. La salida de Rafa es más clamorosa y dolorosa porque el Niño iba en busca del cuarto Slam consecutivo, no del Grand Slam de verdad, que hay que cerrar en el mismo año solar. En cualquier caso, una hazaña monstruosa que se desvanece de mala manera por culpa de la intromisión del amigo, habitualmente frágil, Ferrer, y sobre todo, por un problema en la pierna. Fuegos artificiales en el cielo y las cenizas de Nadal en la cancha. Doce meses antes, el Australia Day había traído mala suerte al Niño, que tuvo que retirarse en el tercer set de cuartos de final contra Andy Murray —su último partido perdido en un Slam. Esta vez sigue compitiendo con un estoicismo y una deportividad ejemplares, y hasta se queda en la cancha para admirar la pirotecnia festiva en compañía de su adversario, pero el partido español, que acaba 6-4, 6-2 y 6-3, dura en realidad unos cuantos juegos. Dos a cero a favor de Ferrer en el primer set, un salto, una mueca. Rafa espera al cambio de lado para que le venden el muslo izquierdo y vuelve a la cancha sacudiendo la cabeza. Lo demás es dolor. Compartido. Federer queda eliminado antes de la final en el cuarto Slam consecutivo, de forma contundente, también en tres sets (7-6, 7-5 y 6-4), por Djokovic, como en septiembre en Nueva York y como tres años antes en Melbourne, siempre en semifinal. Es la tercera vez en seis años —y en 25 ediciones— que él y Rafa no estarán en la final del Slam. Y siempre pasa en Australia, el Slam de las sorpresas, donde el mundo está al revés.

«Puede que sea pronto para hablar de un cambio de guardia», sonríe Novak con su cabeza oscura de Joker. En realidad, hace al menos tres años que Nole no ve la hora de despertarse del Día de la Marmota tenístico —¿se acuerdan de la película en que Bill Murray revive las mismas 24 horas una y otra vez?—, es decir, de emanciparse del duopolio íbero-helvético. Aunque no haya sido por cuestiones cabalísticas, ha salido de la cancha saludando al público, atestado de compatriotas, con el pulgar, el índice y el anular levantados, símbolo de la tríada serbia. «No sé si asistimos al inicio de una nueva era, pero hoy en día hay muchos jugadores capaces de derrotar a Federer y a Nadal en los grandes torneos, las cosas están cambiando. Creo que es positivo para el tenis.»

Con respecto a la semifinal de 2008, que ganó, Djokovic demuestra ser un jugador más maduro, insistente desde la línea de fondo, con un saque más sólido, mentalmente ganador. Federer sufre enseguida, denota inseguridad en la táctica, está siempre lejos de la red. Algo desgastado. En el torneo acaba contra las cuerdas en la segunda ronda contra Gilles Simon, un Djokovic en versión *light*, esta vez por K.O. técnico, encajando además un parcial de cinco juegos a cero tras haber tenido la ventaja de 5-2 en el segundo set.

En la final, Nole se zampa a Murray, antiguo compañero de infancia. «Andy y yo hemos jugado como sub-12, sub-14, sub-16 y sub-18, prácticamente hemos crecido juntos y entramos entre los cien primeros al mismo tiempo —cuenta—. Es agradable estar en la cima del ranking en compañía de un amigo. Además, es muy buen jugador de fútbol, antes del torneo me ganó un par de veces.» ¿Y Roger y Rafa? «Siguen siendo los mejores, sus resultados no son comparables con los míos ni con los de Murray. Yo he madurado. Hace tres años me sentía el número uno, ahora soy más realista, pero quiero ganar más Slams. En el cemento, claro está, pero también en Wimbledon y en París.» Un programa de gobierno, pero Roger defiende con orgullo su papel de jefe de la oposición. «Tomad nota deprisa, pero retomemos el tema dentro de seis meses —refunfuña reacio a la perspectiva de un desguace inminente—. Hoy Nole ha sido mejor que yo, pero creo que he jugado un buen partido, estoy bien de salud y contento con mi tenis». Pero el viento ha cambiado.

Sopla el mistral en la Costa Azul, y los camareros del Country Club se apresuran a atar las velas de las terrazas para proteger el almuerzo de los vip. Una tempestad que levanta bolsas y papeles, despeina a las señoras, desmonta media estación de la televisión francesa y, al cabo de unas horas, acaba sacando de la pista central un enser de lujo llamado Roger Federer.

Un genio de celofán, transparente e irritable, que revolotea a merced del viento fuera del torneo ya en los cuartos, estrujado 6-4, 6-4 por un zurdo que esta vez no es Nadal, el hombre que en Montecarlo, torneo tabú del suizo, lo ha derrotado en tres finales consecutivas. El conspirador de turno es Jurgen Melzer, número nueve del mundo, austriaco y zurdo como el feroz terrícola prenadaliano de los años noventa, Thomas Muster, pero de estilo contrario. Fama de *playboy* y cabello ralo, Jurgen, gracias a los consejos del viejo Jokke Nystrom, ha dejado de ser un brillante, pero inconstante *outsider*, todo saque y volea y ocasiones desperdiciadas, para convertirse en un top 10 peligroso en cualquier superficie.

La derrota con Melzer es el nadir provisional de una temporada que no quiere arrancar. De una primavera pasada admirando las maravillas de los demás, especialmente de Djokovic, y preocupándose por el pinchazo que ha sentido en la espalda mientras jugaba al golf. Y con razón, porque la lumbalgia jugará un papel duradero en esta temporada de derrotas. Las finales perdidas en Dubái y Miami contra Djokovic y Nadal, la semifinal de nuevo perdida con el serbio en Indian Wells, harían las delicias de cualquiera, pero no del Mejor, que en California se ha consolado yendo a ver a los Lakers en compañía de Sampras, pero que en Roquebrune, entre las escaleras del Country Club, que a él se le antojan las de Escher, está fuera de fase. Lento, abatido. De vez en cuando tiene alguna salida de orgullo hacia el final del set, pero nunca se coloca por encima tras los tres primeros juegos. El golpe moral es contundente. Melzer, que tras el primer juego se había encerrado en los vestuarios con su fisioterapeuta haciendo presagiar un retiro precoz por un dolor en la espalda, lo reta con la derecha y lo remata con el revés, robándole continuamente tiempo e iniciativa. El número tres desperdicia siete bolas de break, patalea, tira pelotazos contra las lonas mientras impreca contra las divinidades helvéticas, los ojos hundidos que relampaguean de rabia. Sirve de poco. El viento de los treinta años le ha despeinado el aura y ahora acecha amenazador. Los adversarios ya no lo consideran invencible y él no se resigna a ese cambio de estatus. Es más, reacciona negando la evidencia. «No he jugado mal, la puntuación no refleja el juego que se ha visto en la cancha. A parte de Nadal, nunca había perdido con otros zurdos en los últimos siete años, aquí he llegado tres veces a la final, no es la tierra lo que me molesta. Ahora vuelvo a Suiza a entrenarme, en pista cubierta si hace mal tiempo. En Madrid me veréis más preparado.» Lo creemos bajo palabra. Pero, por ahora, tiene mala pinta.

En Roma, más de lo mismo. El regicida de turno es Riccardino Gasquet. En París, Federer vuelve a levantar cabeza, pero a esas alturas los adversarios que hay que derrotar para conquistar la Copa de los Mosqueteros se han convertido constantemente en dos, como si hubiera subido un nivel de videojuego. El resultado es que, tras haberse vengado de Djokovic en semifinales, todavía le queda enfrentarse al juicio de Nadal. Para ganar la más fatigosa de sus finales en París y alcanzar a Borg —cinco títulos—, Rafa no puede eximirse de descarnar con paciencia a su víctima preferida. Uno de los mejores Federer que se han visto en tierra, todo hay que decirlo. Gestos puros, que una victoria habría fusionado con la historia, y que la derrota, si bien no borra, desvaloriza. El mejor Federer, en París, no vale un Nadal regular.

Por otra parte, el tenis es un deporte que vive de geometrías físicas y mentales, y en la cancha siempre gana el que obliga al adversario a sudar en el rincón más obtuso de su mente. Djokovic es un monje shaolin, un atleta de videojuego que sabe cómo hacer que Nadal se pase de revoluciones, pero que todavía se siente subyugado por la elegancia de Federer y le permite golpes de derecha y reveses a la altura de la cadera, sondeando y exaltando el *timing*, la fluidez. Nadal es un campeón de sumo que, como Borg, te empuja hacia lo incierto. Se enroca en el revés de Federer con la fusta de su izquierda; a la larga, le mina la seguridad con la resistencia al cansancio. Lo explica muy bien Borg, que usaba el mismo bisturí mental y (casi) el mismo escalpelo técnico: «Derrotar a Nadal sobre tierra es la hazaña más difícil que existe.» En verdad, al principio Rafa corre el peligro de caer en el abismo contra Isner, después recupera la confianza poco a poco. Contra Roger, en la final, se vuelve opaco prácticamente en todo un set, el primero, después gruñe y se remonta. En el segundo despega, se deja alcanzar por culpa de la lluvia que interrumpe el partido y cierra en el juego decisivo. No logra rematar el partido en el 4-2 del tercero, sufriendo el espléndido retorno de Federer, ovacionado por el central, pero en el cuarto lo derrota al viejo estilo. El mismo de Borg contra McEnroe: hacha contra estilete. «Me gusta volver a la final de un Slam —dice el Genio, ausente desde principios de 2010—. El año pasado tuve una crisis entre París y Londres, ahora mi objetivo es ganar Wimbledon y volver a ser el número uno.»

Pero ni siquiera la hierba lo ayuda, ni siquiera el Centre Court, que era su jardín y que ahora se ha convertido en una selva llena de peligros que acechan tras los matorrales oscuros. La emboscada fatal se la tiende en los cuartos Jo-Wilfried Tsonga, uno de los pocos atacantes que quedan en circulación. El detalle inédito es que el Genio pierde tras haber estado en ventaja dos sets a cero. Es la primera vez que ocurre en 178 partidos jugados en los torneos de Slam, la segunda vez en toda su carrera. Federer ya no domina, no asusta. Juega divinamente, pero no subyuga. Para ser sinceros, el palmarés de Federer en el quinto set no es excepcional: 16 victorias y 13 derrotas. «Pero cuando perdía cuatro partidos al año llegaba pocas veces al quinto set», se justifica, poniendo el orgullo por encima de la lógica. A estas alturas de la temporada, Federer ya ha perdido ocho partidos y ha ganado un solo torneo menor, Doha, en enero. Los depredadores que pueden cazarlo se han multiplicado.

Tsonga, francés de origen congoleño, nacido en Le Mans, nunca ha sido un fenómeno de resistencia a causa de las muchas lesiones que ha sufrido. Un demonio en la proximidad de la red, un pequeño fantasma en la malla de los partidos que cuentan. Y sin embargo. «No me he dejado dominar por el pánico, ni cuando iba 6-3, 7-6 en desventaja. He pensado: estoy en el Centre Court, la tribuna está abarrotada y Roger Federer está al otro lado de la red. Si mantengo la calma, puedo conseguirlo.» Creativo durante los intercambios, frío entre un punto y otro. *Confident*, como dicen los ingleses, seguro de sí mismo. El que derrapa bajo las bombas de servicio de Jo —18 puntos directos, 76 por ciento de saques en el tercer set— es Federer. «No creo que sea el final de una era», se defiende. Me encuentro mejor que el año pasado, estoy en forma y soy feliz. Me estoy entrenando como nunca lo había hecho y cuento con volver a ganar muy pronto, a partir de la próxima Copa Davis. Me gustaría igualar el récord de Sampras de siete victorias en Wimbledon, pero ese no es el motivo real que me empuja a hacerlo. Mi objetivo es ganar torneos. Y hoy en día no es fácil para nadie ganar un Slam.» Ni siquiera para un exinvencible. Djokovic, que derrota a Tsonga en semifinales y levanta su primera copa Challenger concediendo un solo set a Nadal el domingo, ocupa su lugar. Hay un nuevo jardinero en circulación.

«No veo la hora de cumplir los treinta», dice Roger cuando abandona Londres. Y, como previsto por los observadores más atentos, su deseo se cumple el 8 de agosto. *Happy birthday, Mr. Federer.* Las celebraciones estimulan las estadísticas, las comparaciones. A los treinta años, su antepasado más ilustre, Rod Laver, obtenía su segundo Grand Slam; Ken Rosewall jugó su última final de Wimbledon a los 39; a los 33, edad simbólica, Agassi volvió a colocarse en la cabeza del ranking. Al tocar la tercera edad deportiva, súper Rog es número tres del mundo, pero no tiene ningunas ganas de que lo sacrifiquen en aras de la mejor juventud.

«Todavía puedo ganar grandes torneos —declara desde Montreal, donde vuelve a competir para preparar la escalada al Abierto de Estados Unidos—. Nadal y Djokovic han tenido que hacer cosas especiales para superarme, pero yo estoy en paz conmigo mismo. Claro que me gustaría volver a ser el número uno, pero el tres tampoco está tan mal.» George Clemenceau, el primer ministro francés, sostenía que todo lo que sabía lo había aprendido después de los treinta, pero era un político, no un atleta. Si te dedicas al deporte, a los treinta normalmente añades detalles a los salones ya decorados, reparas fisuras, das una capa de pintura fresca sobre los récords. En la caja fuerte de los récords de Roger solo falta una medalla de oro individual en los Juegos Olímpicos que Nadal ya se ha colgado del cuello en Pequín, y quizás una Copa Davis, que tanto Nadal como Djokovic ya se han llevado a casa. «Lo más importante es mantenerse en forma, evitar las lesiones. A los veinte años era fundamental el entrenamiento, a los treinta lo necesito para saber si voy bien. Las ganas no se han desvanecido, puede que en la última final que he jugado en París no estuviera del todo convencido, pero son cosas que pasan, no hay que dar por sentado que uno siempre juegue su mejor tenis en el partido más importante.»

El problema del Federer versión 2011 es que le cuesta llegar a los partidos importantes. En el mes de julio en Berna, con Wawrinka, contribuye a la victoria sobre Portugal en el *play off* de ascenso, que permite a Suiza acceder al Grupo Mundial, pero en Canadá y en Cincinnati, Tsonga y Berdych, en los octavos y en los cuartos respectivamente, le paran los pies. La buena ocasión llega en Flushing, pero Roger se deja sorprender incluso en una de sus madrigueras preferidas. ¿Se imaginan por quién? Más que una revancha es una nueva versión, un guion digno de Hollywood. «Un partido espléndido, uno de los partidos más bonitos de mi vida», afirma Djokovic. Para Federer es un drama en cinco actos: 6-7, 4-6, 6-3, 6-2 y 7-5. Una montaña rusa que quita el hipo. Empieza con una hora y cuarto de retraso por culpa de la lluvia, y dura casi cuatro. Como en 2010, Nole vuelve a ganar y Federer vuelve a perder, después de haber tenido dos puntos de partido a su favor. Con el agravante de haber disfrutado, como Tsonga en Wimbledon, de dos set a cero de ventaja.

Durante una hora y media, Federer baila al viejo estilo, los pies sobre la línea de fondo, robándole el alma y el aliento a su adversario con bofetadas de bote pronto, golpes de derecha como navajazos y reveses cortados. Roger parece ser de nuevo el del Roland Garros, el mago capaz de infligir la primera derrota de la temporada a Djokovic propinándole un partido de los suyos. Respira en el tercer set, se hunde en el cuarto y remonta en el quinto 5-3 y 40-15, servicio a su favor. A pesar del prolongado apagón, parece haber conquistado la séptima final del Abierto de Estados Unidos y haber consumado la venganza contra su heredero. Pero en el primer punto de partido, Nole cierra los ojos y coloca un golpe cruzado sobre el primer saque de Federer, un golpe que por sí solo merecería una medalla al valor tenístico. Un golpe absurdo que Roger interpreta como una ofensa, una injusticia sin más. En la segunda, una cinta se burla de él, Roger se desanima y encaja un parcial de 11 puntos a uno. Fin del juego.

En la derecha decisiva, Djokovic instiga al público («El Abierto de Estados Unidos es el Slam del ruido, ¿no?»), y tras la victoria improvisa un baile mientras la trenza rubia de su futura esposa, Jelena, ondea en la tribuna. Alegría justificada. En la final derrota a Nadal y firma un año que ha dominado desde el principio hasta el final, con el único paréntesis de París y del Masters. Para Federer, en cambio, se trata de la undécima derrota de su carrera con un punto de partido a su favor, la cuarta que encaja tras haber conducido el partido dos sets a cero. Las dos primeras, contra Hewitt y Nalbandian, fueron errores de juventud. Las últimas, contra Tsonga en Wimbledon y contra Djokovic en Flushing Meadows, dos señales de alarma. El 2011 es el primer año desde 2003 en que no consigue ni un título en el Slam.

El caramelito son la Copa Davis y el Masters. En el otoño cosmopolita y disperso del tenis, Roger digiere la bilis de Nueva York ganando doce partidos consecutivos. Tras cancelar los torneos en Asia, conquista los últimos dos de la *regular season* en Basilea y París-Bercy; y en el desempate para acceder al World Group de la Copa Davis contra Australia, se venga de Hewitt y de la vieja herida que le infligió el Canguro Luchador en 2003 durante la Davis. Hewitt ha ganado dos ensaladeras a lo largo de su carrera, Roger no tiene aún ningún título, pero con *Stan the Man* a su lado, el objetivo ya no parece tan imposible como antes. Djokovic, algo agotado por 69 victorias en 73 partidos y diez torneos ganados, brilla mientras tanto en el palco del presentador Fiorello. Rafa, que no gana un solo torneo en el Roland Garros, llega al Masters eclipsado por las lesiones, cargando sobre sus espaldas la desmoralizante derrota contra Mayer en Shanghái. Murray enciende la prensa local con una frase neoliberalista («¡Basta con las aportaciones estatales a los tenistas británicos!»), pero sigue sometido a examen. El papel de Tsonga, Berdych, Ferrer y Fish va del de perdedor al de huésped inesperado. En resumidas cuentas, el gran nombre de la cartelera sigue siendo el de Roger, que ya ha sido Maestro cinco veces. «Sé que hay gente convencida de que podría retirarme en 2012, después de los Juegos Olímpicos —dice—, pero no tengo ninguna intención de hacerlo. Con Nike, ya hemos decidido qué ropa llevaré en París en 2013. Me gusta programarlo todo con una antelación de dos años como mínimo.»

En Bercy, donde ha dado un repaso a Tsonga, lo único que no ha podido programar ha sido el sueño de las gemelas. Una de ellas se ha subido a su cama a las cuatro, la madrugada antes de la final. Pero Londres, a partir de Mary Poppins, es el reino de las institutrices. El Masters vuelve a poner un par de veces en su camino a Jo, el francés, acosador oficial del año, pero Roger no se hace de rogar. En la final tarda un poco más de lo debido, casi dos horas y veinte minutos, pero al final cierra el 2011 de la misma manera que el 2010, es decir, como Maestro. Es su sexto título, un récord, ha superado a Ivan Lendl y a Pete Sampras. También se trata de la centésima final de su carrera y del septuagésimo torneo de la ATP que gana, cifras redondas. «Aunque no haya ganado ni siquiera un Slam, juego mejor que hace dos años. Por fin no me duele nada. Además, es normal que mejore incluso a los treinta.» Parece un ramalazo de orgullo algo fanfarrón, pero es la verdad. Federer lo demostrará de nuevo después de 2013, su temporada más negra. Si uno quiere, si tiene la voluntad de hacerlo, se puede mejorar incluso a los 35. «En el *indoor*, Roger sigue siendo el mejor del mundo —dice Nadal, que en la fase de liguilla ha sufrido un humillante 6-3, 6-0 con el Genio—. Porque el rebote es regular y no hay viento, ni sol, ni otros elementos que puedan molestar.» Una frase de la que alguien se acordará siete meses después, en Wimbledon.

LOS GRANDES ADVERSARIOS

Novak Djokovic, el otro invencible

Marsella, febrero de 2008. Dirk, un compañero holandés del *Telegraaf* y yo, estamos sentados en el salón del hotel de la costa que pocos meses antes había acogido a los All Blacks durante los Mundiales de rugby. El sofá rojo de delante lo ocupa el cuerpo flexible del nuevo fenómeno del tenis mundial. «Mira —responde el campeón cuando le pregunto si de verdad posee la combinación para abrir la caja fuerte de Federer—, se ha construido una leyenda en torno a él, pero nadie es invencible. Roger es uno de los jugadores más grandes de la historia del tenis, cada vez que alguien lo derrota es como si hubiera un terremoto, pero no es así. Algo está cambiando. He ganado un Slam, Nadal tiene unas ganas enormes de ser el número uno y nunca ha estado tan cerca de serlo. Será un año interesante. Para derrotar a Federer tienes que estar convencido de que puedes hacerlo. Y yo he demostrado que tengo lo que hace falta para lograrlo.» Esta es, en el fondo, la esencia del pensamiento y de la fulgurante carrera de Novak Djokovic. Cuando a los cuatro años se presentó ante Jelena Gencic, la nodriza del tenis yugoslavo, Nole llevaba una bolsa perfectamente ordenada, de adulto. «¿Quién te la ha preparado?», le preguntó su primera maestra. «La he preparado solo». «¿De verdad? A ver, ¿qué quieres ser de mayor?». «Número uno del mundo», respondió el crío con los ojos brillantes. Sin dudarlo. «Antes de él —contará después Jelena Gencic, fallecida hace unos años— solo otra niña me había dicho lo mismo, se llamaba Monica Seles.»

Hay una senda secreta que comunica directamente las montañas de Kopaonic, donde sus padres Sdrjan y Diana, dos buenos esquiadores, tenían una pizzería, con la pista central del Roland Garros; una senda que cruza la Rod Laver Arena de Melbourne, el Arthur Ashe de Flushing Meadows y el Centre Court de Wimbledon. Pero para descubrirla y recorrerla hay que ser ese niño que a los cuatro años ya sujeta la raqueta y su destino, y que después crece, da un estirón, pasa por una guerra y muchos otros desengaños. A los veinte gana su primer Slam, a los veinticuatro besa la hierba más sagrada del tenis y aterriza en el centro exacto de su sueño —el primer lugar de la clasificación mundial—, y a los treinta completa en París el circuito de los Slams y levanta su trofeo tabú, la Copa de los Mosqueteros. A veces la vida es un juguete que funciona. Para vivir el cuento de hadas que se había contado a sí mismo, Nole vivió más aventuras que Pulgarcito. Esquivó bombas en la guerra de los Balcanes y se mudó solo, recién cumplidos doce años, a Alemania para frecuentar la academia de Niki Pilic, y a Italia con Riccardo Piatti; tuvo que permanecer lejos de su familia a una edad en la que todavía se busca la protección de la madre.

«Desde que empecé a jugar, me imagino en el Centre Court, el domingo de la final. Siempre he tenido claro que eso era lo que quería hacer», dijo el día de su primer Wimbledon, en aquel 2011 ganador equiparable a 2015 y a la primera mitad de 2016, cuando en París cerró el círculo que había empezado en 2008 en Melbourne, y que consolidó más tarde con la primera Copa Davis ganada por Serbia en 2010. El trofeo que le quitó toneladas de presión que llevaba a cuestas y que saldó la primera cuenta con su alma; un alma hecha de tres cosas, como la cruz serbia que Nole forma elevando tres dedos al cielo tras las victorias importantes: Dios, patria y familia. O bien, teniendo en cuenta las dimensiones de su ego: Yo, patria y familia.

«Claro que quiero formar mi propia familia —me dijo aquella noche en Marsella—. ¿Cómo puedes decir que has tenido éxito en la vida si no tienes una familia? Es lo que más cuenta. La familia no te traiciona nunca.» No fue casualidad que en 2016, en Wimbledon, Nole, el Joker, corrió el peligro de perderse porque (sobre todo, quizá) su matrimonio con Jelena Ristic atravesaba un mal momento.

Antes de esa crisis, Djokovic había sido la kryptonita de Federer y Nadal en dos temporadas. Servicio sólido, defensa inoxidable, un videojuego humano. Tres Slams de cuatro en 2015 —cuando ganó 86 partidos y perdió solo seis, pero uno realmente importante: la final de París— y otros dos en los seis primeros meses de 2016. «Si analizamos su juego golpe a golpe —dice el viejo encantador de talentos Nick Bollettieri—, Djokovic es el mejor de todos.» Puede que no sea exactamente así, pero ilustra el efecto que hace encontrárselo delante. De los Cuatro Fantásticos del tenis, él es el señor Fantástico, el Hombre de Goma, el campeón extensible que huye del gluten pero devora a sus adversarios como si fueran minipizzas. El amigo de Fiorello, el imitador de campeones que hacía enfadar a la Sharapova con sus caricaturas en movimiento, el tenista que regala bombones a los periodistas a finales de año. El boss de un clan ampliado, el entretenedor de talento que en la cancha no quiere dejar nada en manos de la improvisación y por eso repasa cada detalle de forma maniática, del entrenamiento a la alimentación. Tras un inicio de carrera sembrado de alergias y retiradas, Nole ha comprendido cómo hacer funcionar el hardware del tenista perfecto, introduciendo un software mental aparentemente sin virus. «He aprendido a mantener mi vida privada separada del deporte —dijo después de haber ganado el Abierto de Australia de 2011, abandonando la antesala de los imperfectos—. Sigo siendo un tipo muy emotivo, pero ahora sé lo que tengo y lo que no tengo que decir; gracias a las personas que se ocupan de mí, ya no malgasto energías en cosas inútiles.»

Ironías del destino, el programa se bloqueó a causa de un mal momento sentimental y de las penas del hermano menor, tenista fallido; pero gracias a eso ha empezado a ocuparse de las cosas más cercanas, sin tener siempre los ojos clavados en el horizonte del tenis. Diluir su ferocidad en las atenciones hacia Jelena, hacia su primogénito, Stefan, nacido en 2014, y hacia Tara, que llegó a finales de 2017, ha hecho de él un hombre menos despiadado —dice él—, y más centrado en los demás, tal y como dicta la terapia de los abrazos del gurú Pepe Imaz, el extenista español que lo acompaña desde 2016. Ha ganado doce Slams y, a finales de 2015, que adelantara a Federer solo parecía cuestión de tiempo. Seguramente se topará con otros obstáculos, pero difícilmente logrará eliminar de su cuento de hadas el único insalvable, el Ogro de turno. Porque a diferencia de lo que pasa en los otros cuentos, es un Ogro bueno a quien todo el mundo adora y cuyo nombre es Roger Federer. Convertirse en el número uno del corazón de los fans es la única magia que Nole, un chico inteligente y divertido, pero poco querido por el público, nunca logró y probablemente nunca logrará. Pero quizás esa también es otra leyenda.

2012. Dos en el jardín

A partir de los treinta, Roger Federer hace las delicias de los cabalistas. Los místicos de la estadística se arroban combinando una y otra vez sus récords, ahora más numerosos que los comentarios del Talmud, con la esperanza de encontrar la fórmula esotérica que defina de una vez por todas el aspecto mesiánico del hombre de Basilea. En el año olímpico, 2012, Roger el Alquimista no esconde que le gustaría transformar por fin en oro las muchas desilusiones acumuladas a lo largo de los años en que ha participado en los Juegos.

De momento, Australia añade otra cifra mágica. Expulsando del torneo en tres sets lo que queda de un perplejo Del Potro, Federer cumple mil partidos como profesional. Una meta que en la era del Abierto de tenis solo han alcanzado otros siete campeones —ocho según los talmudistas heréticos, que también incluyen en la lista a Brian Gottfried. «Pero he jugado mil partidos, no los he ganado todos, lo cual es diferente —dice el Genio con ironía, quitándole hierro al asunto—. Para ser sincero, ni siquiera sabía que este partido era el número mil, me lo han tenido que recordar. Por otra parte, tampoco me acordé de la quingentésima, que fue una final contra Agassi en Nueva York. De todas formas, me alegro de haberlo conseguido, es una meta histórica. ¿Cómo estoy? Muy bien. Pero no creo que pueda jugar otros mil.»

Es obvio que hay que haber jugado durante mucho tiempo para alimentar tantas estadísticas. Lo demuestran las inconmensurables carreras de los demás miembros del club del mil: veinte años Connors y Agassi, veintidós Vilas, dieciséis Lendl, Nastase y McEnroe, trece Edberg. Considerando también la era pre Abierto, Rosewall y Tilden, dos que seguramente no le tenían miedo al retraso de la edad de jubilación, les ganarían a todos. Federer todavía es un chaval y puede consolarse pensando en el matusalén de Agassi, que en 2003, no en época bíblica, fue aclamado en Melbourne a los 32 años y 272 días.

Pero la cita con el decimoséptimo Slam se pospone. «No sé por qué, pero Rafa siempre juega mejor contra mí que contra los demás», dice disgustado Federer, a quien los corredores de apuestas daban como favorito antes de la semifinal, pero que tras el primer set empieza a perder terreno, confianza y seguridad en su derecha. En el segundo, los fuegos artificiales disparados sobre Melbourne lo ponen nervioso; un cuarto de hora de pausa con la nariz apuntando el cielo mientras los músculos se enfrían. En el tercero le sale el orgullo y en el cuarto (pirotécnico) tiene una oportunidad de reabrir el partido. Pero Nadal le da con la puerta en las narices.

Para salir a flote tras el devastador 2011 de Djokovic, Rafa, que una hora antes de entrar en la cancha todavía observaba su rodilla dolorida dudando entre poner en peligro la articulación o renunciar, ha rechazado la ayuda de un psicólogo y ha optado por modificar su raqueta, añadiéndole 13 gramos en la punta que desplazan su baricentro para conseguir un poco más de daño en los golpes. En Melbourne, como vicepresidente del sindicato de los jugadores, también enciende una polémica que más tarde resolverá con el presidente Federer. El motivo de la disputa es el calendario, que considera demasiado largo, con demasiados torneos sobre cemento, un tema que, como se constatará en el Abierto de Australia de 2018, nunca ha pasado de moda, todo lo contrario. «Roger siempre está de acuerdo con todo, pero es fácil ir de *gentleman* y dejar que los demás solucionen los problemas —dice Rafa adoptando el modo Camusso—. A él, el circuito le va bien tal y como está, pero yo creo que algunas cosas podrían mejorar. Será porque él tiene un físico excepcional y llega fresco como una rosa al final del año, pero para Djokovic, Murray y yo no es lo mismo. ¿Hasta cuándo seguiré jugando? ¿Hasta los veintiocho, veintinueve o treinta? Después me queda mucha vida y me gustaría poder jugar a fútbol con mis amigos o ir a esquiar.» Alto y claro. La propuesta es que la clasificación del ranking mundial tenga en cuenta los dos años anteriores, pero Federer, ortodoxo como siempre, la devuelve al remitente junto con el rechazo de utilizar la huelga en el Slam como instrumento de reivindicación del Sindicato de los Millonarios. «Mi deber es pensar en las necesidades de todos, no solo en las de los diez primeros. El ranking bienal no es del agrado de todos, y además hay que ser profesional, antes de hablar de boicot con la prensa, tenemos la obligación de buscar el consenso de todos.»

Djokovic, en la final, tampoco atiende a razones. El partido es una cantinela ronca que se convierte en un fragmento de *La Ilíada*, un plácido paseo que se transforma en un viaje al fin del cuerpo y de la mente. Un partido que empieza siendo banal y acaba siendo infernal. La final más larga de la historia del Slam (5-7, 6-4, 6-2, 6-7 y 7-5), cinco horas y cincuenta y tres minutos, que el Joker conquista al final de un quinto set mitad místico y mitad espectáculo, mitad deporte y mitad representación de crueldad. Nole, que se santigua en el punto de partido invocando la ayuda del dios de los serbios, y Rafa, que parece una versión musculosa de Santa Teresa de Ávila, una Justine en versión deportiva crucificada por la última bola de break. «Da gusto llevar al límite a tu cuerpo, gozar de ese sufrimiento.» No es más que la final del Abierto de Australia, pero parece una novela. La obra maestra de un tenis experimental que se aleja cada vez más del clasicismo suizo.

Cuando en febrero un periódico *online* serbio le pregunta a la compañía de seguros más famosa de Londres, la Lloyd's, cuánto vale el cuerpo de Novak Djokovic, esta le responde que, como mínimo, cien millones de dólares. Una cantidad que obtienen multiplicando por nueve —esto es, los años de carrera que presumiblemente le quedan— las ganancias del número uno del mundo. Se trata de una cantidad muy elevada, del todo hipotética (¿Qué prima debería pagar Nole aun siendo un hombre acaudalado?), que trae otras a colación. Beckham asegura sus piernas en setenta millones de dólares, Jennifer Lopez su trasero por veintisiete, y una sola pierna de la cantante y actriz Mariah Carey vale más de quinientos mil euros. Cifras de vértigo que en tiempos de crisis hacen reflexionar más que de costumbre.

Para jugar en el torneo de Rótterdam, Roger Federer cobra un fichaje de un millón de dólares, pero no es dinero desperdiciado. El Genio lo amortiza durante toda la semana, y en la final supera a Juan Martín del Potro. Es el primero de tres éxitos que hacen presentir que tras dos temporadas de capa caída, 2012 podría ser el año de la remontada. En la final de Dubái vuelve a dejar atrás a Del Potro y a Murray; en Indian Wells, se venga de John Isner, que lo sorprendió en la Copa Davis —¡sobre tierra y en Suiza!—; más tarde, respira en Miami, donde Roddick se da un gusto en el tercer turno. La racha ganadora vuelve en Madrid, sobre la tierra azul que el anfitrión, Ion Tiriac, ha impuesto contra la opinión de todos. «A Rafa no le gusta, y a mí tampoco —suspira el sindicalista *light* Federer—. Pero Tiriac ha hecho muchas cosas buenas por el tenis y por eso decidimos darle una oportunidad.» Feliz de estar allí, a pesar de todo, en la final Roger remonta a Berdych y se presenta en Roma con la esperanza de romper la maldición. En la semifinal, en cambio, Djokovic, que perderá con Nadal, lo detiene bruscamente. Ante un público ferviente e ilustre —Giuliano Amato y los Totti, entre otros muchos—, Federer se rinde a su pesar en dos sets (6-2 y 7-6) a una forma de tenis impracticable incluso para su talento. Un ataque continuo, racionalmente histérico, con el que el Joker domina desde hace un año el circuito. Cuando Nole se enroca sobre la línea de fondo y desde allí cañonea una semivolea tanto de derecha como de revés, hasta Federer acaba exiliado dos metros fuera del castro pretorio, sin tiempo para cargar el revés con una mano. Amén.

En cuanto llega a París, Roger encuentra la perspectiva justa, la histórica. «No, no es un récord como los demás. Este me interesa porque tiene que ver con la longevidad», dice después de la victoria en la primera ronda contra Tobias Kamke, victoria que añade una pequeña joya a su colección, pues con esta alcanza la número 233 de su carrera en los torneos de Slam e iguala a Jimmy Connors que, sin embargo, jugó el último gran torneo en el Abierto de Estados Unidos en 1992 a los cuarenta años. Es decir, Federer le lleva diez años de ventaja. «Antes del partido con Kamke ni siquiera sabía que iba a alcanzar este récord —dice con coquetería—. Gracias por no habérmelo recordado, me habría puesto nervioso. ¿Connors? Un gran campeón, lo conocí cuando entrenaba a Roddick. Hemos hablado, sé que me aprecia, pero no nos conocemos mucho, puede que porque su juego era más parecido al de Nadal.» ¿Indirecta? Qué va. «Lo admiro hasta tal punto que el próximo récord que me gustaría superar es suyo: 109 torneos ganados a lo largo de su carrera. Tengo 74, ¿qué os parece?, ¿lo lograré?». En el Bois de Boulogne, el capital sigue siendo el mismo, un óptimo torneo hasta los cuartos, donde Del Potro hilvana la precuela del memorable partido de los Juegos Olímpicos Después deja caer el hacha serbia, tres sets y adiós Ville Lumière. Menos mal que en Wimbledon se jugará dos veces.

La primera, entre junio y julio, tiene un aire familiar, a pesar de que, por una vez, Federer —que, estableciendo un nuevo récord, ha llegado a la final por octava vez en las dos semanas de Championships— no esté bajo los reflectores. Pero no solo él, porque también brilla por su ausencia Nadal, que en la segunda ronda se ha caído en un agujero de nombre Rosol y, con la rótula calcinada, decide tomarse un retiro prolongado que al final será de siete meses. ¿Quién queda?

Pregunta: «Andy, ¿qué hacías hace 74 años?» Respuesta: «Nada de especial.» Andy Murray tiene un sentido del humor ártico, la expresividad de Buster Keaton, y encima es escocés. Pero al cabo de dos semanas de atracones y entusiasmo, a los ingleses ya les da igual, porque el chico ha logrado lo imposible, o al menos lo que toda Gran Bretaña creyó que lo era durante tres cuartos de siglo: que un jugador británico llegara a la final de Wimbledon. El último fue Henry Wilfred «Bunny», *el conejito* Austin, un *dandy* esmirriado, educado en Cambridge, el primero que tuvo el valor de presentarse en el Centre Court en pantalones cortos. Corría el año 1938, Inglaterra y Europa estaban a punto de entrar en guerra. Y precisamente luchando para Hitler, moriría el hombre que Austin derrotó en la semifinal, Henner Henkel. Austin perdió el gran partido contra el inmenso Don Budge, y según los corredores de apuestas, Murray sucumbirá en la final al divo Federer, pero la noticia es que Gran Bretaña entera se estremece como una debutante en su primer baile por el arisco Andy, que es el equivalente tenístico del *tweed*.

Una entrada para el Centre Court (imposible de encontrar) vale miles de libras esterlinas —hay quien dice que 45 mil, pero quizás es el camello Abramovic quien hace correr el rumor—, así que ante la pantalla gigante colocada sobre la Murray Mountain, la ex Henman Hill que se eleva dulcemente al lado de la pista número uno, se agolpa una muchedumbre de fans con taquicardia, e incluso Isabel II, en pleno jubileo, comunica que sigue de cerca las hazañas de Murray. Andy hace gala de su flema acostumbrada, pero cuando sale de los vestuarios y repasa el poema de Kipling sobre la victoria y la derrota, tiembla comprensiblemente como un flan. Los analistas afirman que si gana se convertirá en un deportista de 65 millones de libras esterlinas, y la agencia XIX Entertainment, que también representa a Beckham, no cabe en sí de satisfacción.

Federer huele la sangre. Percibe el olor a Slam, el decimoséptimo, que se le escapa de las manos desde hace dos años y medio. En la tercera ronda las pasa moradas contra Julien

Benneteau —otro francés, un año después de Tsonga—, que llega a dos puntos de un clamoroso traspié. En los octavos, además de a Xavier Malisse, tiene que enfrentarse al dolor de espalda. Superados el belga y la lumbalgia, Roger vuelve a estar a la altura de sí mismo y de su muestrario de maravillas, primero contra Youzhny y después contra Djokovic. Un Joker poco creativo, afligido por un resfriado, que en los momentos decisivos del partido, en el tercer set y al principio del cuarto, se reencarna en el Djokovic pre-2011, el campeón venido a menos que no es capaz de ganar los partidos que cuentan. En sus cinco últimos encuentros, Nole no ha perdido ni una sola vez, pero en toda su carrera nunca ha tenido ocasión de conocer al Federer que se alimenta de gasolina verde. Y se nota. A pesar del dolor de espalda, que lo obliga a jugar con camiseta interior, de ocuparse de las gemelas y de la madurez incipiente, Federer sigue brillando sobre la hierba. «Estoy extasiado —dice Roger con todo el misticismo que su naturaleza helvética le permite—. No ha sido un torneo fácil para mí, y todavía me falta ganar la final. Sentiré mucha presión, pero tras el punto de partido desperdiciado contra Djokovic en el Abierto de Estados Unidos el año pasado, he trabajado muy duro para llegar hasta aquí. Es maravilloso y estoy contento de jugar la final contra Andy.»

En la otra semifinal, Murray ha derrotado a Tsonga en cuatro sets (6-3, 6-4, 3-6 y 7-5). Después de haber cedido el tercer set, Andy había visto perfilarse en el Centre Court la melancólica silueta de Tim Henman y de sus cuatro semifinales desperdiciadas (Andy ya llevaba tres). Una vez evitado el terrible fracaso, sus compatriotas esperan de él que sacrifique al novillo cebado y ponga fin a la carestía. Pero han echado la cuenta sin la huéspeda. Sin la lluvia. Un error imperdonable en estas tierras.

Murray, en versión regia, domina a Roger en el primer set; en el segundo tiene a su disposición cuatro bolas de break y una en especial, desperdiciada en el 4- 4, le hubiera permitido servir el segundo set. Pero basta con un revés regalado y el Genio se adjudica el set con una volea de revés digna del mago Merlín. En el 2-1 del tercer set, la lluvia obliga a cerrar el techo. Cuando cuarenta minutos después el Centre Court se vuelve a llenar de murmullos, como una sala de baile en la que empieza la velada, y el partido se convierte en un *indoor* más adecuado a sus toques

(¿recuerdan las palabras de Nadal en el Masters?), Roger adopta definitivamente el papel de Su Majestad Belleza, el Federer que une potencia y precisión, que se mueve y golpea con destreza alienígena con el revés para asestar acto seguido una derecha todavía más agresiva, con más efecto en la red. El corazón del partido es el interminable sexto juego del tercer set, veinte minutos, 26 puntos jugados. Murray, como Pedro, cae tres veces sobre la hierba, confundido por los remolinos del Genio, y tres veces se levanta antes de capitular en la sexta bola de break (4-6, 7-5, 6-3 y 6-4). Lo demás son ovaciones de cariño hacia Andy, a su resistencia a la adversidad, digna de un Churchill. En el marco de una final histórica también tienen cabida los últimos récords arrancados al yanqui Sampras, el ídolo de Roger, y a William Renshaw, el hombre que dio forma al tenis en la época de la reina Victoria. Las lágrimas maduras de Roger y los hípidos imparables de Murray tras la entrega del premio conmueven a los quince mil espectadores reunidos en el Centre Court y a los veinte millones que asisten al evento desde sus casas viendo la BBC. Es el discurso de un rey fallido, no del escocés huraño, sino del novio de una nación. «Me habían hablado de lo difícil que es jugar la final de Wimbledon —balbucea—, pero vosotros, el público, lo habéis hecho más llevadero.» *God save* Andy, en cualquier caso.

Dos años después, cuando pocos, o quizá solo él, seguían confiando en ello, Roger recupera el trono en el ranking ante sus maravillosas gemelas, protagonistas felices de la grada de honor del Centre Court en brazos de Mirka y de la abuela Lynette. Roger lo planeó cuando ya era un padre feliz, pero un número uno jubilado anticipadamente. «Seguiré jugando porque quiero que mis hijas vean a su padre ganar en la pista. —Parecía un deseo algo manido, pero era un vaticinio—. Sé que muchos me han dado por finiquitado en los dos últimos años, y también ha habido momentos difíciles por mi parte. Mi vida ha cambiado, tengo una familia y dos hijas de las que cuidar. Pero he seguido creyendo en ello, y el ejemplo de los grandes atletas, como Michael Jordan, Tiger Woods y Valentino Rossi, me ha servido de inspiración. Ganar Wimbledon siempre es maravilloso, y hoy he jugado mi mejor tenis, pero tengo los ojos puestos en algo más duradero, en dejar el mundo del tenis mejor de lo que lo encontré.» Fin del primer capítulo.

Y

Un mes más tarde, en el lugar que ocupaban los paneles verdes aparecen otros nuevos de color lila, con cinco aros y la horrible imagen de Londres 2012 —la representación visual de un calambre— estampados encima. Se ven muchos militares de infantería vestidos de camuflaje y gorra, los mismos que vigilan como si fuera un *check-point* en zona de guerra el perímetro del All England Club y que registran a los espectadores con un detector de metales. Ni rastro de los patrocinadores históricos, Rolex y Slazenger, sustituidos por marcas profanas, inéditas en estas tierras: Coca Cola, McDonalds, Omega. Y jugadores vestidos con todos los colores del arcoíris en lugar del blanco tradicional. «¿Chocante? No, qué va, divertido. Sabíamos que iba a ser así. —Philip Brook, el presidente de Wimbledon sonríe y se reclina en la silla—. Cuando en 2004 nos ofrecieron formar parte de la aventura olímpica, todos estuvimos de acuerdo en que era lo apropiado para Wimbledon y para el tenis».

En Londres se corre, se salta, se rema, se pedalea y se lanza la jabalina. Wimbledon ha sido alquilado («prefiero decir ofrecido», precisa Brook) al LOCOG, que no es un golem, sino el comité organizador de los Juegos. Los Juegos son un torneo de tenis que no es Wimbledon y tampoco pretende serlo, a pesar de jugarse en Wimbledon. Por segunda vez en la historia después de 1908, cuando el club tenía su sede en Worple Road. En comparación con los Championships cambian muchas cosas, casi todas. Los cuadros de los individuales contienen 64 jugadores en vez de 128; el formato de los partidos pasa a tres sets en lugar de cinco (salvo la final masculina). Además, cambian los colores que hacen de escenario y los artículos de promoción comercial, de la ropa. Si a Serena Williams «no jugar de blanco en Wimbledon me incomodaría», casi todos, Federer y Djokovic en primer lugar, lucen uniformes con los colores nacionales.

Lo más difícil ha sido poner a punto los campos apenas tres semanas después de los Championships aprovechando terrones de hierba pregerminada, un auténtico trasplante que pone a punto los doce campos, de un total de diecinueve, utilizados por los Juegos. «Nuestro equipo de jardineros, guiado por Eddie Seward, ha realizado algunas pruebas en el Centre Court, todo ha salido perfectamente», asegura Philip. Para permitir la rotación, también Federer y los demás grandes se han visto obligados a entrenarse de cuatro en cuatro en siete campos, con horarios iguales para todos. Democracia olímpica. «Mr Brook, ¿se corre el peligro de que el experimento modifique permanentemente el aspecto de los Championships? «Oh, no. El año próximo todo seguirá como siempre.»

Los Juegos Olímpicos son una batidora, el tenis solo es uno de los ingredientes. Dejas SW19 para ir a ver un encuentro de judo y cuando llegas jadeando, tras una hora de metro, en la puerta te encuentras con un colega que te dice con una sonrisa de sorpresa: «Pero, ¿adónde vas corriendo? Si ya se ha acabado». Para asistir a una jornada absolutamente inútil en Portland, donde la regata no se celebra a causa de la falta de viento, son cuatro horas de tren de ida y cuatro de vuelta. Así que llego al estadio olímpico justo en el momento en que Bolt acaba de ganar los 200 metros. Paciencia. En Pequín pude disfrutar de la final de los 100 metros cuando el Relámpago llegó a la meta. En compensación, el levantamiento de pesas es un *show* fantástico, en efecto, siempre está abarrotado. Y en el voleibol, Italia, en el Earls Court, decididamente despierta más interés que una cuarta ronda con las gradas prácticamente vacías.

Pero en las semifinales, las entradas para el Centre Court se agotan por fin. Kobe Bryant, en la tribuna, firma autógrafos y hay más hinchada argentina que cuando juega Messi en el equipo nacional. Y Federer, que derrota a Del Potro 3-6, 7-6 y 19-17, tras cuatro horas y veinticinco minutos de calidad a menudo sublime. Un récord no solo para los Juegos, sino para todos los partidos en tres sets de la historia del tenis Abierto; el anterior fueron las cuatro horas y tres minutos de la semifinal de 2009 en Madrid entre Djokovic y Nadal. Un tercer set que parte corazones, una tarde delirante, fantástica, escalofriante. Es más: supercalifragilisticoespialidoso, porque un partido como aquel parece salir del bolso de las maravillas de Mary Poppins. Pero la esencia, la emocionante sustancia de un partido que todos recordaremos siempre, no radica exclusivamente en sus cifras y en sus récords, ni en la belleza del juego, el vaivén de infarto de la puntuación o el valor absoluto de los dos actores extraordinarios que llevan el *show* a la escena, porque una cosa es que Isner y Mahut alcancen el Guinness y otra que lo firmen Delpo y Súper Rog, espero que estén de acuerdo. No, lo más importante es que el partido que parecía no tener fin se juega en los Juegos Olímpicos. Dentro de algo más grande, no para el tenis, sino para el deporte. El partido que por fin concede a Roger Federer la certeza de una medalla individual será recordado como el que ha grabado definitivamente los cinco aros en el corazón cándido y un poco altivo del tenis. Hay colores en la cancha —la camiseta roja de Roger, la azul de Delpo—, y en el futuro los gestos blancos adquirirán un matiz diferente. Un partido como aquel crea historia y leyenda, esculpe los recuerdos, edifica una tradición.

Para los tenistas, los Juegos Olímpicos han sido durante años un evento espurio, un honor subestimado. En Londres ya no es así. Como en un juego de espejos dorados, Wimbledon ilumina los Juegos y los Juegos dan una luz nueva a Wimbledon. Fue algo que ya ocurrió en 1908, pero en Worple Road, y en un mundo muy lejano al nuestro. Esta vez, la luz está cerca y es casi cegadora. Hasta para un fuera de serie como Roger. «¿Qué efecto le provoca haber ganado una medalla para Suiza?», le preguntan al finalizar el maratón (olímpico, esta vez sí). «*It's big. Big*», responde el Genio, que ha fallado el podio individual durante tres Olimpiadas. Medalla de madera en Sídney, todavía peor en Atenas y Pequín, donde suavizó la desilusión con el oro en dobles. 17 Slams, una enormidad, pero nunca la alegría diferente, ecuménica, de un podio olímpico individual. Por eso la emoción que siente en Londres es *big*, grande. Digamos incluso XXL, como el abrazo final, el gesto casi fraternal, *very olympic*, con que Federer acoge sobre su hombro la cabezota abatida del pívot Del Potro, la primera vez en todo el partido en que Juan Martín, campeón definitivamente consagrado, agacha la cabeza. «Se hace difícil hablar después de una derrota semejante —suspira—. Al final, partidos como este han de tener un ganador. Se necesita un poco de suerte, a mí me sonrió en la final de 2009 en Nueva York (el único Slam después de 2005 que se había salvado del trío Federer-Nadal-Djokovic), y esta vez le ha sonreído a Roger.» Y Roger asiente. «Le he dicho a Juan Martín que tiene que estar orgulloso de cómo ha jugado —dice Roger—. En las derrotas no hay ni un solo aspecto negativo porque te obligan a crecer. En Sídney me encontré en la misma situación que hoy, con Tommy Haas perdí la ocasión de jugarme el oro y el bronce. Doce años después, por fin estoy seguro de tener una medalla entre las manos. Ha sido necesario mucho tiempo, y hoy también algo de suerte. En Wimbledon me siento como en casa, siempre ha sido así, y precisamente por eso me considero una persona afortunada y creo que toda mi generación lo es, porque podemos jugar los Juegos en Wimbledon.»

Todavía queda por ver de qué metal será esa medalla, y Roger, alquimista antes de la final, siente que la victoria sobre Del Potro puede hacer de piedra filosofal, mutar la esperanza en oro. Pero cuando el carrusel de Church Road toca a su fin, es Andy Murray el que deja de retozar y aterriza en el País de las Maravillas. En un Wimbledon de colores y al revés de lo que le habría gustado a Lewis Carroll, donde en vez de guardar silencio el público hace la «ola», el resultado de la final también parece estar escrito en un espejo: Murray derrota a Federer 6-2, 6-1 y 6-4. Lo contrario de lo que pasó un mes antes en los Championships, cuando Roger había triunfado por séptima vez derrotando al escocés de revés contundente y corazón de Conejo Blanco. Paradojas e ironías del deporte, los británicos llevaban 76 años esperando para aplaudir a un ganador autóctono en Church Road, esto es, desde la época del dominio de Fred Perry, en 1936, y esta vez entonan *God Save the Queen* para celebrar un triunfo del que no quedará ninguna constancia en los libros sagrados del torneo. *Rule, Britannia*, no solo sobre las olas, sino también, finalmente, sobre la hierba. Sin embargo, envueltos en alegría, subsiste un recelo, la duda de si lo que Murray ha domado como un gaviero entre mil soplos de viento es un mar verde auténtico o falso. El Centre Court parece el Royal Albert Hall durante la última noche de los Proms de la BBC, llena de orgullo insular y de Union Jacks recortándose contra el lila olímpico. Pero el primer día de los Championships de 2013, el hombre que inaugurará el torneo será el último que ha salido derrotado de la cancha.

En el podio femenino acaban Serena Williams, Maria Sharapova y Victoria Azarenka, es decir —si lo permite el ordenador—, las tres mejores tenistas del mundo. En el masculino, ausente Nadal, además de Federer (número uno) y Murray (cuatro), también consiguen llegar hasta el final Djokovic (dos) y Del Potro (nueve), que ha derrotado a Novak con el bronce, es decir, el campeón del Abierto de Australia de 2009 que, sin lesiones, vale un puesto fijo entre los top 5. La única nota que desentona son las finales. Inexistente la femenina, decepcionante la masculina, dominada en menos de dos horas por un Murray soberano que en el último set pierde un solo punto de su servicio frente a un Federer de corazón vacío y músculos flojos. «Ha sido un torneo difícil, al final estaba emocionalmente vacío —admite Roger, que de todas formas se lleva a casa su primera medalla individual tras haber participado cuatro veces en los Juegos—. Es lo mejor que podía hacer por Suiza y estoy orgulloso de ello.» Murray sabía que no podía fallar. Después del último saque directo colocado a 215 por hora en las narices de Federer, por primera vez se le lee pura alegría en la mirada. Se encarama a la tribuna del Centre Court y hace las delicias de los pequeños fans abrazando en mundovisión a su novia, Kim Sears, y a su madre, Judie, acto seguido salta al campo para colgarse del cuello también la plata en dobles mixtos con Laura Robson. «Durante esos años, he tenido que encajar derrotas dolorosas, pero esta es la victoria más hermosa de mi vida. No tengo un Slam, pero sí una medalla de oro en los Juegos Olímpicos, y la sensación es maravillosa, también porque competía con los mejores. El público de los Juegos es fantástico, hoy me ha regalado algunas millas más por hora en los tres últimos servicios, pero también me ha servido de inspiración ver a Mo Farah ganar los diez mil metros en el Mundial de atletismo.» *Happy and glorious*. También al otro lado del espejo.

El cuento de hadas de Murray continúa en el Abierto de Estados Unidos, donde gana su primer Slam y donde por fin se sacude el mono del tío Fred Perry que desde hacía años llevaba sobre el hombro. Roger, que en Cincinnati ha vuelto a tumbar a Djokovic, se para en cambio en los cuartos contra Berdych, su némesis intermitente. El tenis, por otra parte, gusta de ciclos que se repiten, incluso cercanos. En Shanghái, tras el paréntesis de la Copa Davis, en que, como era de esperar, salva a Suiza del retroceso con Holanda, Murray le para los pies, mientras que Delpo le birla la victoria en casa, en Basilea, y lo derrota también en la vuelta de las finales de la ATP de Londres.

A pesar de la derrota, Federer pasa la ronda y en la semifinal vuelve a someter a Murray. La final se convierte en un desempate entre reyes. La gana el número uno real, Djokovic, que cierra el partido en dos sets con un *passing shot* de auténtico soberano (7-6 y 7-5) y pone fuera de combate al número uno moral. La primacía de la clasificación no está en discusión, Federer la reconquistó en julio, pero ha vuelto a abdicar a principios de noviembre, en cualquier caso después de haber alcanzado las 302 semanas en la cima del ranking, el enésimo récord. Sobre la mesa había una corona virtual, con la que Nole se hace tras haber doblado a sablazos el florete del Genio. Acto seguido, Novak se golpea el pecho y se arroja sobre su clan en un abrazo que parece una melé. Un final noble tras una semana plebeya en la que Federer firma los puntos más bellos, incluido una derecha pegada por detrás de los hombros en el juego decisivo, y Djokovic los más importantes.

Nole vuelve a ser Maestro, la primera vez lo fue en 2008, y se merece la cátedra. No ha logrado repetir —era imposible— la maravilla de un 2011 como Terminator, pero ha confirmado el gran salto de calidad mental. Frenado por los problemas familiares —la muerte de su querido abuelo Vladimiro durante el torneo de Montecarlo y una afección respiratoria de su padre, que lo obliga a realizar varios viajes a Belgrado mientras está en Londres—, ha sellado la temporada cerrando el Masters invicto y sonriente, superando a Federer tras haber hecho las delicias incluso de los periodistas, a los que ha ofrecido una vez más bombones en la sala de prensa. Djokovic cierra el 2012 como *primus inter pares*, el mejor de los Cuatro Magníficos. La buena noticia que llega de Londres es que Federer, decepcionado como un niño al que le han roto un juguete y tras un par de temporadas atormentadas, parece haber recuperado el aliento y la inspiración. *En attendant* Nadal, el tenis puede relajarse.

Federer sindicalista. Votad por Roger

«El Roger "político" también ha sido extraordinario». Giorgio di Palermo, que de 1996 a 2009 tuvo el cargo de *tour manager* del sindicato de jugadores, una especie de enlace entre estos y el torneo, y después pasó a ser miembro de la junta directiva de la ATP que gobierna los asuntos del circuito masculino mundial, ha tenido la ocasión de conocer de cerca a Federer. «He tenido el privilegio de verlo crecer —cuenta—, de tratarlo a menudo desde que tenía diecisiete años hasta que se ha convertido en una leyenda. Recuerdo las cenas en Dubái, a las que también asistía Lundgren, en 2001 y 2002, durante las que hablábamos de la responsabilidad que conlleva ser el número uno del tenis. Más tarde, cuando Roger lo fue, me paraba y me decía bromeando: "Giorgio, ¿qué tal lo hago?" Ni qué decir tiene que lo hacía estupendamente».

Federer ha sido elegido cuatro veces presidente de la junta de jugadores, una especie de parlamento de los tenistas que hace de órgano consultivo de la junta directiva para todos aquellos asuntos que les atañen, y durante sus mandatos el circuito ha pasado por momentos delicados.

«Roger se vio obligado a hacer de presidente tanto por su gran pasión por el tenis como por algunos cambios que acaecían en aquellos años y que daban al circuito una dirección que a él no le gustaba (eran los años en que el sudafricano Etienne De Villiers estaba a la cabeza de la ATP). Es decir, sentía que tenía la obligación de defender algunos principios. La junta directiva escucha las propuestas de los tenistas en lo referente a las reglas, calendarios, primas y todo lo que la ATP tiene que organizar. Pero a menudo no tiene una opinión unívoca, pues representa tanto a jugadores de alto como de bajo nivel, a jugadores de tierra y de cemento, de dobles e individuales, etcétera.»

Prosigue Di Palermo: «A veces hay exigencias muy diferentes y lo bueno de Federer es que se apasionaba con todos los problemas por igual y discutía acerca de ellos con competencia. Como presidente, se ocupaba de la agenda de las reuniones —imagínenselo diciendo "buenos días, nos hemos reunido para hablar de esto o aquello, el orden del día de hoy es el siguiente, etcétera—, y aunque se discutiera acerca de la oportunidad de acoger a los jugadores en las clasificaciones del Challenger, por poner un ejemplo, que era un tema ajeno a él, lograba localizar las ventajas que eso habría supuesto para los tenistas y también contabilizar lo que podía costarle al torneo acoger a 32 personas más. "Si aumentamos los gastos en los torneos, ¿no corremos el peligro de reducir la oferta si se ven obligados a cerrar? —se preguntaba—. ¿Las inscripciones a los dobles se cierran tres semanas antes o el mismo sábado del torneo?". Pero, ¿qué más le da?, podía pensar alguien, pero él consideraba que siendo más flexible los jugadores de individuales podían inscribirse en el último momento. Su posición le permitía delegar algunas decisiones, pero él siempre se interesaba por todo con una pasión y una competencia que pocos se esperaban.»

Federer fue miembro de la junta al mismo tiempo que Nadal, y durante un periodo también coincidió con Djokovic. Estilos diferentes, igual responsabilidad para con el tenis. «Si logras captar el respeto que se tienen Nadal y Federer en la cancha, comprendes mejor lo que había entre ellos en las discusiones políticas. Podían tener ideas diferentes, pero nunca se creó un clima de tertulia televisiva. Puede que Rafa se exprese con más vehemencia, con más teatralidad, porque es latino, pero cuando discutían sobre la necesidad de diversificar las superficies y de salvaguardar el saque y volea, Roger se apasionaba exactamente igual que el Nadal empeñado en subrayar la espectacularidad de los peloteos prolongados sobre tierra batida. En el fondo, ambos son tímidos, tanto Rafa como Roger prefieren bromear con los amigos o jugar a las cartas que estar bajo los focos. Los dos eran conscientes de que su papel conllevaba una responsabilidad y la asumieron. Yo creo que gracias a su capacidad para hacerse oír, a su carisma y al estatus que ha ido conquistando, Federer podría ser un político. O mejor dicho, Roger podría hacer muchas cosas gracias a su personalidad.»

Un largo sueño
2013-2016

2013. *La lumbalgia*

*É*ranse una vez los legionarios veteranos del Imperio romano que después de veinte años de servicio tenían derecho a un merecido descanso y a ser recompensados con tierras. Para los multimillonarios del deporte, la pensión no es un problema, pero el cansancio y las ganas de evitar algún que otro torneo de más sí. El deseo de aflojar la marcha, de conducir más despacio, choca con el denominado *committment,* es decir, con la obligación para los jugadores de alto nivel de jugar un cierto número de torneos Master 1000 y Master 500, so pena de ser multados por incumplimiento. Pero desde 2013, el más noble de los veteranos, Roger Federer, está eximido del servicio. Una regla —denominada sintéticamente por algunos «la regla Federer»— aprobada en 2009, que permite evitar un Master 1000 a quien haya jugado un mínimo de 600 partidos, haya cumplido treinta años, o lleve 12 como profesional. Para quien cumpla con los tres requisitos, la exención es total. En resumen, Roger —y los demás veteranos de éxito como Haas y Nieminen— pueden organizarse como mejor les plazca, sin incurrir en sanciones pecuniarias, pero obviamente restando los puntos que cuentan a efectos de la clasificación. Esto explica (en parte) la decisión de Roger de confeccionarse a medida un 2013 libre de citas que antes eran obligatorias, como Miami, y de torneos que en el pasado había frecuentado asiduamente, como Doha. Para algunos se trata de un privilegio —*privilegium, privata lex,* o *legge ad personam,* si lo prefieren— que para los directores de los 1000 podría suponer un posible chantaje.

¿Quieres a Federer en tu torneo? Pues paga, es decir, fíchalo *ad personam*, lo cual, en el caso del Genio, puede alcanzar el millón de dólares. En realidad, para los top12 renunciar a los Masters 1000 no supone un problema desde el punto de vista económico, pues para ellos, la ATP y los torneos aportan una prima sustanciosa a final de año que asciende a dos millones de dólares para el número uno, un millón y medio para el número dos, un millón trescientos mil para el tercero, y así sucesivamente. Además, existe una cláusula que incentiva la participación: quien se salta un Master 1000, pierde el 20 por ciento de la prima; quien se salta dos, la pierde del todo. El veterano Federer hace tiempo que no tiene que preocuparse por el dinero. A estas alturas, está más interesado en la victoria en los Slams que en el ranking y, como decíamos antes, gracias a su talento y a su fama, puede conseguir fichajes para los torneos que compensan ampliamente la pérdida de la gratificación. Un atajo del régimen de jubilación cómodo y bien remunerado, incluso en épocas de crisis. Pero, con un *cursus honorum* como el suyo —trece años de servicio, diecisiete Slams, 77 torneos individuales—, ¿quién puede reprochárselo? Los verdaderos problemas están por llegar.

El problema del año negro —el más demoledor de la carrera de Federer— sale a flote en una húmeda noche de mayo en el Foro. Federer ofrece realmente el aspecto de un veterano cubierto de cicatrices. Se mueve mal, sirve aun peor. No parece él. En Roma llega a la final, pero solo para dejarse machacar por Nadal, y esta vez la manera en la que pierde es un insulto para los corazones sensibles. Da pena ver cómo se arrastra para protegerse de los golpes de Rafa, pero hay una explicación y, de vez en cuando, aflora por debajo de la camiseta del Genio: un pequeño corsé blanco, una especie de Gibaud 2.0 que mantiene el calor en la zona lumbar.

«Yo también he pasado por algo así —dice Nadal con empatía—. En el Master de 2011, en el 6-3, 6-0, justo contra Federer. Cada día es diferente, y en el tenis actual cualquiera puede ganarle a cualquiera. Por eso siempre entro en la cancha con gran respeto para todos mis adversarios. Es humildad.» Federer recoge un juego más, 6-1 6-3, pero verlo en ese estado encoge el corazón. Por desgracia, no es la primera vez que le pasa desde el principio de la temporada. Para entenderlo hay que dar un paso atrás.

Como con ocasión de los tres partidos de exhibición con Sampras, Roger acaba la temporada 2012 con una mini gira, esta vez en Sudamérica, en la que se enfrenta a Juan Martín del Potro, Thomas Bellucci, Jo-Wilfried Tsonga y Tommy Haas. No se cansa demasiado, pero las horas extra le aumentan levemente el dolor físico y su preparación está lejos de ser perfecta. En el Abierto de Australia no le va tan mal. Pierde en cinco sets contra Murray en la semifinal. Roger gana el juego decisivo del segundo y del cuarto set, pero en el quinto la gran forma del escocés lo arrolla. La hoja de ruta que de Melbourne lo conduce a Roma está sembrada de cruces: Julien Benneteau en los cuartos de Róterdam, Tomas Berdych en las semifinales de Dubái, Nadal —que mientras tanto ha vuelto al circuito— en los cuartos de Indian Wells. E incluso Nishikori en los octavos de Madrid.

En Roma, la maldición parece debilitarse. Roger está de buen humor, tal vez porque su álbum de recuerdos se limita a las instantáneas tomadas en la península. Ganó su primer torneo como profesional en Milán, pero, en sus propias palabras, la geografía sentimental se extiende a otros rincones *made in Italy*. «Desde los júniores, he participado en muchos torneos en Italia y siempre me he sentido a gusto. Tengo buenos recuerdos de Génova y de Camogli, donde he estado buscando una playa de arena toda la semana y al final he descubierto una de rocas, un poco incómoda para mi gusto. ¿Será por eso que tengo dolor de espalda?». Y se echa a reír. El mayo romano parece haber disipado el humor negro de los días anteriores. Que falte su nombre en el palmarés es como un desgarrón en el esmoquin del torneo, un desaire que a los apasionados les cuesta aceptar y perdonar.

Pero él no se ha resignado. «Es verdad, nunca he ganado aquí, pero todavía recuerdo que estuve a punto de ganar a Nadal en la final de 2006. A lo mejor este año lo logro. Al fin y al cabo, he crecido en tierra batida, y, mientras tanto, he ganado el Roland Garros. Hacerte con este título te da la sensación de poder ganar cualquier torneo en tierra roja». Elegante, relajado, sonriente, Roger se siente cómodo en cualquier situación a pesar de todo. Tanto en las canchas de entrenamiento del Foro como en la pequeña pista del ático del hotel de Via Veneto, donde su patrocinador, Moët & Chandon, ha organizado un encuentro en el que Federer tiene el insólito papel de juez de silla de la actriz Claudia

Gerini. «Bueno, tengo que admitir que jugar al tenis con tacones no es nada fácil. ¡Brava!». Roma, escenario de la velada, no decepciona y ofrece una tarde cálida, casi veraniega.

En el torneo debuta contra Potito Starace. «Una gran persona. Le he llamado hace algunos días, nos hemos gastado algunas bromas y le he preguntado por qué ha ganado el Challenger de Nápoles y no el de Roma. Mi italiano no es muy bueno, pero con él —añade, pasando del inglés al italiano— solo hablo italiano. Así que estoy contento de jugar contra mi amigo napolitano.» De Benevento, Roger. «Sí, pero como sabe que soy hincha del Nápoles, cuando nos encontramos me dice en italiano *"ciao napoletano!"*» «Entiende el italiano y sabe algunas palabras. Es un gran chico. La primera vez que nos encontramos como profesionales, en Gstaad, yo creía que ni siquiera sabía quién era yo, en cambio se acordaba de cuando nos habíamos cruzado en los torneos juveniles. Me presentó a su madre y nos caímos bien, hablamos a menudo porque, además, yo soy muy fan suyo», me contará Poto más tarde. Hay una anécdota lingüística de ese partido en Roma. «En el primer turno había derrotado a Stepanek, en el segundo, contra Roger, el partido duró cincuenta y dos minutos (6-1, 6-2). Al volver a los vestuarios, le digo a Roger: *"Vete a la mierda, me has dado una buena paliza"*. Él se ríe y me contesta en italiano: *"Poto, es mérito de la gran cantidad de esa mozzarella tan rica que he comido"*».

En compensación, Nishikori lo tritura como si fuera un sushi en Madrid. Se lo comento una noche mientras vagabundeamos por via Veneto, antes de que yo vuelva al Foro a escribir el artículo (siempre con el ordenador a cuestas). «Es verdad, no estaba en forma, pero aquí es otra cosa. Además, te diré algo: nunca he jugado mal dos torneos seguidos. No he jugado mucho este año, y es probable que haya quien me critique porque se me ve poco, pero siempre vengo aquí para ganar, te lo aseguro.» Lo demuestra llegando a la final, después de haber derrotado a Poto en la segunda ronda y también a Gilles Simon, a Jerzy Janowicz y a Benoit Paire. La víspera del gran partido, Nadal niega que su verdadero rival sea Djokovic. «Si no recuerdo mal —dice Rafa con una de esas sonrisas suyas de lado mientras arquea una ceja mejor que

Ancelotti—, decíais lo mismo hace tres o cuatro años. Sin embargo, estamos en 2013, y seguimos aquí. La verdad es que no estabais equivocados... —dice Rafa haciendo una pausa teatral— en aquel momento. Sois periodistas, algo tenéis que escribir, ¿no? Además, pobre del que viva en el pasado».

Pero el presente de Federer está hecho de decepciones y antiinflamatorios que no sirven para evitarle, después de la masacre de Roma, el fracaso en París. Contra Simon, en los octavos, llega a las novecientas victorias en su carrera; contra Tsonga en los cuartos, no equilibra su juego y se apuñala a sí mismo con una cantidad de errores que acaban por desangrarlo. Y en Halle se repite la historia de siempre. En la segunda ronda tortura a Mischa Zverev —no le deja ni siquiera un set—, el hermano mayor de Sascha que, por ese entonces, sin motivación ni inspiración, se gana la vida dando tumbos entre Challenger y torneos ITF. En la final, logra apañárselas en tres sets tanto contra Haas como contra Youzhny. Pero esta vez, el plato fuerte de Wimbledon no llega. Todo lo contrario.

En los tres primeros días del torneo, sucede un apocalipsis. Un *Armageddon* triste, una de esas fechas que nadie querría recordar. Nadal sale de mala manera en la primera ronda del lunes y dos días después Federer y Sharapova quedan eliminados de forma indecorosa; ese miércoles de récord de retiradas en la historia del Abierto del Slam —nada menos que siete— y de recriminaciones por el estado de la hierba —demasiado seca y resbaladiza—, lo que se convierte en noticia es el fracaso de los dioses.

El golpe que se lleva el campeón, que queda fuera del torneo, es épico. Federer no pierde en la segunda ronda de Wimbledon desde 2002, cuando lo sorprendió un Mario Ancic todo talento y juventud (lástima que las lesiones arruinaran su futuro). Esta vez es Sergiy Stakhovsky, veintisiete años, número 116 del mundo —que ha ganado un solo partido en las seis veces que ha participado en los Championships—, quien recoge los despojos del campeón.

Por descontado, Sergiy es un atacante nato que juega el partido perfecto agrediendo a Federer con un saque y volea de integrista (96 subidas a la red, una cifra *vintage* incluso para Wimbledon) y sometiéndolo a un *pressing* continuo muy inspirado. También es cierto que no se le puede considerar un predestinado, un posible heredero como Federer lo fue de Sampras en 2001. Además, Stakhovsky es el sindicalista más encarnizado de la ATP, un comité de lucha del tenis que ha condenado en más de una ocasión el egoísmo de los mejores jugadores. Bajo muchos puntos de vista, en la cancha se disputa una verdadera lucha de clases que gana el proletario ucraniano.

Pero lo que pasa a la historia es la derrota de un Federer agotado, sin alma, molesto consigo mismo e incapaz de aprovechar las ocasiones. El divo de los siete Wimbledon y de los 17 Slam sale del Centre Court con la cabeza gacha y la mirada fija en las raíces de su crisis, mientras el público le dedica desde las tribunas una *standing ovation* melancólica, resignada y desorientada. Crepuscular. Wimbledon es el Slam que Federer había elegido como refugio, y dejar escapar la victoria de esta manera es como una bofetada, una humillación que pesa, y que, unida a la eliminación prematura de su gran rival, tiene un cierto sabor de «fin del tenis». De hecho, Federer y Nadal nunca han perdido un Slam simultáneamente y tan al principio.

«Perder siempre hace daño —masculla Roger—. Perder en Wimbledon, así, aún más. Me han gustado los aplausos del final, pero esta es una de las derrotas más difíciles de asimilar. El remedio es ponerse a trabajar y no dejarse dominar por el pánico. Mi presencia en 36 cuartos de final consecutivos, una cantidad muy respetable, se interrumpe hoy, pero ya pensaré en ello cuando me retire, hoy no. Nadal también ha perdido enseguida, y aunque yo lo interpreto como una señal, no hablaría del fin de una era, a pesar de ser consciente de que nadie comparte mi opinión. Estoy bien, espero tomarme la revancha el año que viene en Wimbledon y seguir jugando al tenis por mucho tiempo.» En opinión de muchos, parece el discurso de un rey a punto de abdicar. Roger demostrará que estaban —que estábamos— equivocados. Pero la tortura aún no ha acabado.

En Hamburgo se presenta con una nueva y misteriosa raqueta —con una ampliación en el cordaje, un cabezal más grande, para facilitar el impacto—, con la esperanza de encontrar la solución a un año que hasta ahora ha sido demoledor. Sin embargo, después de la melancólica derrota en la semifinal con el argentino Federico

Delbonis, número 114 del mundo, parece que el verdadero problema está en el mango. Durante toda la semana, en Rothenbaum, vemos al Federer opaco, torpe, lento e inseguro de Wimbledon. Golpes de derecha y reveses fallidos, porcentajes de error fuera de registro y un servicio que ya no hace el daño de antes, sino todo lo contrario, es él quien sufre, visto que bajo la camiseta lleva un número incalculable de parches.

Roger es un señor y no lo quiere admitir, pero este año el dolor de espalda que lo atormenta desde hace un tiempo le molesta más de la cuenta. Lo merma y lo obliga a un rendimiento alterno. Un partido como Resurrecto y otro como *Ecce Homo*. Con tal de enderezar la situación, se ha inscrito en dos torneos que no estaban programados, Hamburgo y Gstaad, una de sus guaridas más antiguas, a la que no iba desde hace años. Pero el ambiente familiar no lo ayuda, y en los Alpes llega el momento técnicamente más oscuro del año. Daniel Brands, número 55 de la ATP, le gana en el estreno 6-3 y 6-4 después de un *bye* en la primera ronda.

En Estados Unidos es más de lo mismo. Después de la derrota contra Nadal en los cuartos de Cincinnati, Federer pierde en tres sets contra Tommy Robredo (7-6, 6-3 y 6-4) en Flushing Meadows; y pierde mal, desperdiciando bolas de break (de seis, ninguna convertida) y sudando como no lo habría hecho ni siquiera en el Sahara en los buenos tiempos. «Sé que puedo jugar mejor», dice Roger al final. «Ha sido el peor Federer de los últimos diez años», escribe John Wertheim en *Sports Illustrated*. Alguien como él merece un final diferente, ¿realmente hemos llegado a este punto? se pregunta todo el mundo. Elegir la hora del adiós es el momento más difícil para los mitos, de Borg a Schumacher, de Jordan a Maradona, la casuística es variada. En ese mismo momento, Valentino Rossi está lidiando precisamente con los dos impostores que atrapan a Federer: el orgullo de querer resurgir y la amargura de no poder hacerlo.

Las cifras son crueles. Roger, que no quedaba eliminado en tres sets en Nueva York desde 2002, en un torneo que ha ganado cinco veces (consecutivas), ahora ni siquiera alcanza una final en los torneos del Slam. Y el abolengo de sus verdugos tampoco es tan rancio: Benneteau (39), Nishikori (16), Stakhovsky (116), Delbonis (114), Brands (55). Y ahora Robredo, un ex top 10 rebosante de brío ancestral, por supuesto, pero que prácticamente tiene su misma edad (31 años) y que acaba de recuperarse de una lesión que en 2012 lo posicionó en el número 480 del ranking. Roger lo había derrotado diez veces en diez partidos, pero en Flushing se deja dominar. Durante la rueda de prensa, cuando entra en la sala con la cabeza gacha, reina un silencio de balneario fuera de temporada —la arena húmeda y las sombrillas cerradas. «Tommy me lo ha puesto difícil —admite—. Pero yo tampoco encontraba el ritmo, me he autodestruido. Es frustrante. Hace tres meses que las cosas no funcionan. No tengo continuidad, y la confianza se ve afectada por esto. ¿El Masters? No pienso en él, falta demasiado. Mi preocupación, antes que jugar mejor, es volver a moverme mejor.» La sala se vacía lentamente, se oye el rumor de fondo de las entrevistas de rigor concedidas a las televisiones. Es como una resaca cada vez más lejana.

Los que no aman el deporte y lo tratan como si fuera telerrealidad, empiezan a hablar de adiós y se escandalizan frente al orgullo del campeón que exhibe su debilidad en público. El Federer que en los Slam —su casa— saluda a la compañía deprisa y corriendo y ya no gana ni convence como antes. Tiene 32 años cumplidos, dos hijas y, según *Forbes*, un patrimonio de cuatrocientos millones de dólares. Mucha gente, quizá demasiada, se pregunta por qué no abandona.

Cuando los fuera de serie como él empiezan a patinar es inevitable que el fuego del ocaso encienda la melancolía. Quienes recuerdan al Michael Jordan bombástico de la época de Chicago, se habrán entristecido viéndolo mendigar las últimas migas de inmortalidad con los Washington Wizards. Como Pelé con el Cosmos o Del Piero en Australia. Finales de partido que hacen arquear la ceja a quienes solo se imaginan a los héroes como muchachos jóvenes y fuertes.

Pero hay que tener cuidado con no confundir las opiniones de los aficionados con las razones de los fuera de serie. Cualquier deportista —y con mayor razón si se trata de Federer, Schumacher, Pelé, Del Piero o Jordan, personas que, en definitiva, han escrito la historia del deporte—, tiene derecho a cerrar el último capítulo como prefiera, con un estampido o con un suspiro, saliendo de escena con una última voltereta o arrastrándose hasta que caiga el telón sin sentir que se le juzga a cada tropiezo o cada paso en falso. «Puede que se nos encoja el corazón al ver cómo renquean los que en un tiempo iban en cabeza —escribí en un artículo de esa época en *La Stampa*—. Nos duele, pero no tenemos derecho a escandalizarnos».

Lo admito, durante aquel septiembre de 2013 yo también estaba convencido de que se trataba de los últimos coletazos. Cito el artículo antes mencionado: «En 2008, Nike firmó un cheque de 160 millones de dólares para diez años, a sabiendas de que en 2018, con 37 años, Federer sería solo un nombre, una marca o un recuerdo, más que un jugador. ¿Quién en el lugar de Federer rompería la hucha?» Estaba muy equivocado, como el 90 por ciento de mis colegas, pero tampoco tenía ganas de unirme al coro de los buitres. «En el fondo, con un poco de suerte, la posibilidad de que el Genio logre ganar otros torneos o partidos importantes sigue sobre la mesa», concluía. «Los cabeza de serie del deporte como él están convencidos de poder volver a ganar como antes, de ganarle a cualquiera; puede que no durante toda la temporada o todo un campeonato, pero, por lo menos, un torneo o un partido. Una gran final. Alguno lo logra —Sampras, por ejemplo—, otros, no. Pero ¿quiénes somos nosotros para decidir en su lugar cuándo ha llegado la hora de decir basta?». Además, los peores momentos ya han pasado.

En Basilea, *Palito* del Potro le arrebata la sexta victoria en casa (7-6, 2-6 y 6-4), pero lo importante es que en el segundo set se vuelve a ver en la cancha a un Roger a la altura de su fama, puede que el mejor de una temporada agitada y decepcionante. En el Masters estaba acostumbrado a entrar en clase el primero, en agosto más o menos, y esperaba a los demás acomodado en su lugar. Esta vez, en cambio, llega jadeando, clasificándose en el último torneo útil, el París-Bercy, obligado a ganar al menos un partido para evitar la vergüenza de la exclusión mientras todos sus grandes adversarios —Nadal, Djokovic, Ferrer y Del Potro— lo esperan repiqueteando en los pupitres de la O2 de la Arena de Londres. También debería agradecerle a Andy Murray que no haya podido participar en el Masters a causa de una lesión. Los prudentes encargados del marketing ni siquiera han colocado su emblemático rostro en los grandes carteles repartidos por la metrópolis londinense.

«Los entiendo y los perdono —bromea Federer—. No

podían arriesgarse a poner mi cara en todas partes sin saber si me clasificaría. Lástima por todas las fotos que me hicieron en febrero, en el Indian Wells. Tiempo perdido.» Súper Rog no ha perdido su sentido del humor. Antes de él, solo Ivan Lendl logró clasificarse doce años consecutivos en el torneo de los Maestros; Andre Agassi sigue ostentando el mayor número de asistencias, 14, pero no consecutivas. Roger e Ivan *el Terrible* son marcas fidelizadas de excelencia.

«Ha sido un año difícil —admite—. He pasado mucho tiempo intentando recuperarme del dolor de espalda y he cometido muchos errores jugando en torneos en los que no debería haber participado. Ahora me encuentro bien, estoy seguro de que 2014 será un gran año para mí, pero si te soy sincero, en este momento no sé cuánto vale mi tenis.» La demostración llega en la semifinal contra Nadal, un partido con algún que otro arabesco placentero que no está a la altura del esplendor de antaño. Rafa no está en su mejor forma, pero es neta e implacablemente superior a su antiguo rival. Nunca se le ha dado muy bien el *indoor*; de hecho, se rinde dos veces a Djokovic, en la fase de liguilla y en la final. En el Masters, ha perdido las cuatro veces que se ha enfrentado a Federer, incluyendo dos semifinales (2006-2007) y una final (2010), pero esta vez logra mantenerlo a distancia y le asesta la vigésimo segunda derrota en 32 encuentros.

LOS GRANDES ADVERSARIOS

Andy Murray, el cuarto fantástico

«Mostradme a alguien que sepa aceptar la derrota con clase y os mostraré a alguien que no ganará nunca», decía Fred Perry, que, antes de convertirse en una marca, fue uno de los grandes del tenis. Tim Henman sacudiría la cabeza, Andy Murray lo suscribiría. Norteño como el inigualable Fred, muy *working class*, irónico hasta el límite del sarcasmo e irascible en la pista, sus tacos retransmitidos en directo por la BBC han escandalizado en más de una ocasión a la Little Britain. Rudo, pero sincero —recordemos el incauto tuit acerca de la independencia de Escocia que escribió el día del referéndum y el no al Brexit. A favor del feminismo en un mundo machista, eligió como entrenador a una mujer, Amelie Mauresmo. Se vio prácticamente enseguida que tenía madera de fuera de serie, pero el suyo es un tenis para entendidos que solo ofrece espectáculo de vez en cuando, un tenis racional. Lo recuerdo en unos cuartos de final de 2005 contra Juan Martín del Potro en el Roland Garros sub-18, con Delpo sirviendo saques directos desde arriba y él acertando las trayectorias con el instinto de un joven *scout*.

Cuando hace unos diez años empezó a rugir sobre los prados sagrados, era un chaval tosco y con mal carácter con una historia familiar complicada (la masacre de Dumblane, su ciudad natal, donde había estado a punto de morir, el divorcio de sus padres, la presencia obsesiva de su madre) que solo gustaba a los ingleses cuando ganaba. Bastaba un paso en falso para hacer retroceder al mocoso vestido de tweed, a lo que también contribuían sus continuas y poco afortunadas quejas en la cancha y sus inoportunas salidas de tono con los periodistas. Como cuando durante los Mundiales de 2006 declaró que estaba a favor de «cualquier equipo que juegue contra Inglaterra» y la prensa se lo comió vivo.

Después todo cambió entre 2012 y 2013, el bienio mágico en que el exantipático ganó consecutivamente el oro olímpico en Londres (bueno, en Wimbledon), en el Abierto de Estados Unidos y finalmente en la anhelada copa de los Championships, el objetivo para el que estaba programado desde que nació. «Andy Murray y Lewis Hamilton son los deportistas más queridos del Reino Unido —explican los colegas ingleses—. Pero mientras que hemos tenido muchos pilotos, Andy ha logrado algo que ningún británico había logrado después de Fred Perry, hace 77 años, ganar Wimbledon.» El evento hipnotiza a toda la nación durante dos semanas al año, hasta el punto de que, según un bufete de abogados y analistas de economía, el absentismo laboral ocasionado por el interés de sus hazañas en Church Road le han costado cuatro mil millones y medio de euros a las empresas. En 2009, una entrada para asistir a su semifinal del

Centre Court alcanzaba las 7.500 libras esterlinas en la reventa, y la BBC cambió la programación para retransmitir sus turnos. «La Reina y James Bond apoyan a Andy» (fíjense, James Bond, no Sean Connery u otros actores), escribían los periódicos, e Isabel II le escribió una carta dándole ánimos. «La he separado de la pila de las facturas», dijo él con su acostumbrado laconismo.

Hasta que Simon Fuller, dueño de una famosa empresa de relaciones públicas, aceptó suavizar su imagen y convertirlo en un tenista más popular. Pero Andy, un chico mucho más interesante, inteligente e irónico en privado que en público, también ha puesto mucho de su parte. La foto en el podio olímpico con la Union Jack sobre sus hombros de 2012 le sirvió para conquistar la simpatía del gran público, y ni siquiera el atrevido tuit a favor de la independencia escocesa ha comprometido su imagen, hasta el punto de que la marca deportiva Under Armour lo ha elegido como su nuevo rostro. Fanático del fútbol (ha escrito para la web de la UEFA), fascinado por Mourinho, Andy, a quien también le encanta el boxeo, ha esculpido su cuerpo al estilo de Wolverine en el gimnasio, practicando bikram yoga y comiendo sushi. Ha planificado su futuro abriendo «77», una agencia de representación. Por lo demás, intenta llevar una vida de antidivo lo más alejada posible de los focos en su villa de Surrey, con Kim, sus adorados perros y sus dos hijas. Y, cuando puede, invita a otros tenistas británicos a entrenarse con él en Miami o detiene el tráfico y baja de su todoterreno para salvar a un perro en peligro, demostrando una sensibilidad poco habitual.

Para colocarse en la cima del ranking ha tenido que ponerse la máscara del sabio Ivan Lendl y esperar a que los otros tres Magníficos empezaran a evaporarse. Se ha convertido en número uno a los veintinueve años y seis meses, el tenista de más edad que ha alcanzado la cima por primera vez después del treintañero Newcombe (de 1974), pero, que quede claro, Andy se lo merece absolutamente. Empezó a triturar la herencia del antepasado Fred Perry en 2012, firmando el primer Slam masculino en el Abierto de Estados Unidos; poco antes, había triunfado en los Juegos de Londres

—con Federer, caray, y sobre hierba. Después llegó la consagración en Wimbledon (2013), la reconquista de la Copa Davis (2015), el segundo oro olímpico en 2016 (un récord), precedido por el segundo Wimbledon, que logró tras haber dejado a su casi gemelo Djokovic las finales de Melbourne y de París, y haberlo sorprendido en Roma. En la actualidad, Andy es un héroe nacional cuyo secreto quizá resida en el hecho de haberse criado fuera, en ser un *nowhere man*, como diría John Lennon. «Cuando era pequeño, todos los torneos se jugaban, como mínimo, a seis horas de distancia de mi casa. Siempre era el outsider, el visitante. Así fuimos creciendo mi equipo y yo.» Para volver a colocar a un tenista de casa en la final de Wimbledon y borrar un bochorno que ha durado un siglo, los inventores del tenis al final han necesitado a un extranjero.

2014. Edberg & volea, llega la Davis

Año nuevo, vida nueva. A principios de 2014, Federer entra en la pista con Stefan Edberg como asesor técnico, o entrenador a tiempo parcial, al lado del sempiterno Lüthi, y con una nueva raqueta negra. Parece la del cordaje aumentado que utilizó el verano pasado, empujado por la desesperación, que, sin embargo, le hizo quedar fatal contra Delbonis y Brands. Tras el experimento, volvió a la raqueta anterior por un tiempo, la Wilson BLX Pro Staff Six One 90, con la que juega desde 2012, pero parece que el invierno lo ha convencido del necesario cambio de rumbo.

En Australia pierde contra el irreductible Hewitt en la final de Brisbane, y en Melbourne llega a la semifinal por undécima vez consecutiva, superando a Tsonga en los octavos y a Murray en los cuartos. Stefan Edberg, con quien se entrena desde hace un mes, ha empezado a susurrarle al oído. Durante un set, vuelve a verse a un Federer agresivo en la red y seguro de su servicio; mérito también de la nueva Wilson «aumentada» que, con un cordaje de 98 pulgadas cuadradas en lugar de las 90 estándar, le evita algunos golpes en el marco de la raqueta y le aporta profundidad y potencia. En Melbourne volvemos a ver, por encima de todo, a un campeón recuperado. El dolor de espalda que lo atormentó en 2013 ha desaparecido («¡Qué bien sienta despertarse por la mañana sin sentirse viejo!», exulta) y en la cancha se nota. Sigue sufriendo algún que otro apagón mental, muy evidente en el cuarto set contra el escocés: muchos puntos de rotura de servicio desperdiciados, dos golpes de derecha que es mejor olvidar en el 5-4 del tercer set, el punto de partido y la ventaja de cinco puntos a dos desaprovechados en la muerte súbita, que pierde y que lo obliga a jugar un cuarto set, en el que Roger cae en una espera desorientada. Pecados veniales contra un Murray aún convaleciente después de una operación de espalda en octubre. En la semifinal contra Nadal, corre el peligro de convertirse en una historia aparte.

«Lo sé —dice quitándole hierro al asunto—. Debería haber ganado más deprisa, hay muchas cosas que habría podido hacer mejor. Pero cuando pinta mal, hay que mantener la calma y no pensar demasiado en los errores.» En los cuartos, Wawrinka ha derrotado a Djokovic en uno de sus épicos partidos australianos, y en Lausana y Basilea ya sueñan con la primera final de Slam exclusivamente helvética de la historia. «Stan contra Djokovic me ha entusiasmado, no paraba de chocar los cinco con Mirka —cuenta Roger—. Pero si ahora nos ponemos a pensar en la final, nos encontraremos en el mismo avión de vuelta a casa.» Para Murray, «comparar al Federer de ahora con el de hace seis o siete años, el que siempre ganaba, no tiene sentido», lo cual es una verdad a medias o, si lo prefieren, una mentira a medias.

Lleva algo de razón, pero si bien es cierto que Federer no gana un Slam desde Wimbledon 2012 y que acaba de recuperarse del dolor de espalda, también lo es que Nadal convive con un dolor crónico en la rodilla; y en Melbourne ha añadido al catálogo de sus achaques una terrible ampolla que le atormenta la palma de la mano y que ha obligado a su médico habitual, Ángel Ruiz-Cotorro, a viajar a Melbourne con una máquina de radiofrecuencia denominada *Indiba*, que favorece la cicatrización. «No tengo un cráter en la mano, como algunos han escrito, pero es cierto que en el servicio se me podría escapar la raqueta y que con el vendaje pierdo un poco de sensibilidad.» El español es el número uno de la ATP, el favorito, a pesar de la superficie y de la herida. Aspira a su segundo Abierto de Australia, es decir al doble Slam de su carrera, un pequeño paraíso al que ni siquiera Federer —solo Laver y Emerson— ha accedido. «Cuando nos entrenábamos en Dubái —explica Roger, misterioso, antes del partido—, hablamos sobre cómo ganar a Rafa, Stefan tiene unas cuantas ideas al respecto.» Ejemplo banal: subida a la red a la primera ocasión. Sin embargo, la teoría no es suficiente y la vigésimo tercera derrota llega puntual. Es la novena en once partidos jugados en los torneos de Slam, donde Federer no logra superar a Rafa desde 2007.

Federer intenta atacar un poco más, pero sin la convicción, la energía y la terquedad necesarias. Falla mucho con el revés y no sirve como sabe hacerlo. Gracias a las 42 subidas a la red, logra 23 puntos, y con la segunda pelota de servicio gana el 50 por ciento de los puntos. Juega unos cuantos saques ganadores más que Nadal (34 contra 28), pero comete el doble de errores no forzados (50 contra 25). «El resultado del trabajo con Edberg se verá en primavera», dice tajante, encogiéndose de hombros. Y nosotros, melancólicos de 2013, estamos más que dispuestos a creerle. En el fondo, Suiza ha encontrado un sustituto digno de Federer: Stan *The Man* que, en la final, gana su primer Slam contra Nadal y venga a su amigo.

Con la llegada del buen tiempo, Roger conquista un Grand Slam muy personal, pero no en la cancha, sino en la vida. El martes seis de mayo, Mirka da a luz a los gemelos —Leo y Lenny—, a cinco años de distancia de Myla Rose y Charlene Riva. «¡Es un milagro!», tuitea Federer, feliz, de nuevo padre, al que sus amigos definen como «embelesado». Al parecer, los nombres son un homenaje a Leo Messi y al músico Lenny Kravitz, dos de los ídolos del ídolo del tenis apasionado del fútbol. En el fondo, el milagro es relativo. La tendencia a dar a la luz gemelos es here-ditaria —la hermana de Federer también tiene gemelos—, y entre los fuera de serie en otros deportes, Michael Jordan y Pelé ya habían llevado a cabo la hazaña —pero limitándose a una sola pareja, mientras que Roger ha igualado los títulos ganados en los Abiertos de Australia con la prole. Los corredores de apuestas ingleses, rapidísimos, estiman en 200 a 1 las probabilidades de que Leo o Lenny ganen Wimbledon en el futuro —un poco más altas, en ese momento, las de que el número 4 de la APT participe en los Internacionales de Italia, tras haber renunciado a Madrid.

Después de Australia, Federer ha dado a entender que por fin tiene intención de volver a afrontar seriamente la Copa Davis. Por primera vez desde 2012, se ha alineado en la primera ronda y ha contribuido a derrotar a Serbia, debilitada por la ausencia de Djokovic. Con Wawrinka como segundo en individuales, y fresco de Slam, las posibilidades de levantar la Copa son sin duda mayores que cuando le respaldaban Kratochvil o Manta.

Entre Dubái e Indian Wells se reta en duelo con Djokovic, y en el Golfo logra ganar a Novak —sexto título en Dubái— en remontada por primera vez en su carrera, aunque le cede la final californiana. En los cuartos de Miami llega el primer fracaso verdaderamente sorprendente de la era Edberg contra Nishikori; después, Federer vuela rumbo a Ginebra para jugar un reñido cuarto de Copa en el que hace las veces de *deus ex machina*: tras la caída inaugural de «Stanimal» contra Golubev, Federer consigue el punto del 1-1 contra Kukushkin y pierde en dobles al lado de un Wawrinka muy rígido, pero gana el primer partido decisivo del torneo en el 2-2 contra el ruso de Bra, Andrey Golubev. En la semifinal, siempre en Ginebra, está Italia. ¿Será este su año?

La final de Montecarlo confirma que en el mapa hay más de un cantón. Antes en el tenis había un suizo, ahora está Suiza, es decir, la nueva empresa Rog&Stan, que juega en tierra roja la final del primer Masters 1000 del 2014. En la semifinal contra Federer, Wawrinka —ahora número tres de la ATP— ofrece una demostración impresionante de potencia unida a precisión; en la otra mitad del cuadro, Federer se libera en dos sets de un Djokovic con una lesión de muñeca. ¿Y Nadal? Bastante maltrecho. El Niño ya estaba fuera en cuartos. El *derby* Basilea-Lausana es, en cualquier caso, una joya desde el punto de vista técnico, estadístico y emocional. En Montecarlo, Roger ha jugado tres finales que ha perdido con Rafa; Wawrinka nunca ha ganado un Masters 1000, y en 14 partidos solo se ha salvado una vez del molesto compatriota, precisamente en Montecarlo, en 2009, contra un Federer en luna de miel. Tres años más joven, Stan ha crecido lenta y pacientemente a la sombra del Maestro. La victoria de Melbourne lo ha destetado y entra por primera vez como favorito en el Principado con un partido entre dos estilistas que, por ahora, juegan el tenis más jugoso del Tour. El *masterchef* de la raqueta, Mister Revés contra Su Majestad Belleza. «Roger y Stanislas son amigos y se respetan mutuamente —me explica Claudio Mezzadri la víspera del juego—. Por eso no será un partido fácil para ninguno de los dos. Wawrinka estará más tenso, pero no creo que haya habido nadie, en la historia del tenis, con un revés tan potente y preciso a la vez. Si juega como en la semifinal, ganará al Federer que conocemos hoy.» Pronóstico acertado. Por otra parte, hay poca gente que conozca tan bien a Roger y a Stan. Durante el juego mantienen un pulso sobre la diagonal del revés. En el primer set, «Stanimal» paga caro su estado emocional, pero en el segundo se relaja y, una vez ganada la muerte súbita, alardea contra un Roger aparentemente cansado. «Ya, con los suizos nunca gano —bromea el Genio en la sala de prensa al recordar cómo perdió la final de Marsella contra Pippo Rosset, hace catorce años—. Pero estoy muy contento por Stan, para él ganar este torneo ha sido muy importante.» Una gran demostración de madurez, la rebelión del eterno segundo, es el tercer Masters 1000 que se les escapa de las manos a los Magníficos Cuatro de los últimos 36 celebrados.

Al final, Federer se presenta en Roma, pero se marcha enseguida. Pierde el primer partido después del nacimiento de los gemelos Leo y Lenny en tres sets (1-6, 6-3 y 7-6) contra Jeremy Chardy. Al principio es un partido perfecto, después variable y al final tenazmente desganado por parte de un Roger que desaprovecha un punto de partido en la muerte súbita (6-5), después de estar de nuevo por debajo 4-2. «Es una derrota que no duele tanto —esboza Roger, de nuevo víctima del maleficio de los Internacionales—. Cuando era más joven lloraba al acabar un partido así, pero con los años he aprendido a reaccionar mejor. Al salir de la cancha estaba enfadado y frustrado, pero me he dicho a mí mismo: vale, hagamos la rueda de prensa y después a casa». La víspera del partido ya había contado que su mujer, Mirka, atareada con los cuatro pequeños, le había recordado sus deberes como cabeza de familia.

Se presenta en el Roland Garros con un solo título ganado en 2014, el de Dubái. Poco, sin duda, pero las prioridades cambian a lo largo de la vida. Los genios también tienen familia, y parece como si el destino hubiera aplicado la ley del talión cuando sale del Boulevard Périphérique a manos del más impertinente y libertino de los solteros del circuito. «Ya sé que todo el mundo ama a Federer —dice el autor del crimen durante el acto de entrega del trofeo—. Pido perdón por haberle ganado». Y regala otra sonrisita de las suyas, una a lo Ernests Gulbis que, cuatro años después del federericidio de Roma, vuelve a cometer otra fechoría eliminando en los octavos al tenista de los mil récords. En los últimos 40 Slams, Federer solo había perdido antes de los cuartos de final en Wimbledon contra el ucraniano Stakhovsky, y en el Abierto de Estados Unidos contra Robredo, en 2013. En el 5-3, 40-15 del segundo set, Roger también desaprovecha de mala manera la ocasión de llevar dos sets de ventaja, y se deja replicar una rematada que en otros tiempos habría cerrado soberanamente. Perdido el segundo set, va por debajo en el tercero, remonta en el cuarto, que gana, y en el quinto se rinde a las garras del adversario. «Mis hijos me ayudarán a no pensar mucho en esto —dice con resignación patriarcal—. Además, creo que todavía puedo ganar en Wimbledon.»

Tres semanas después, solo le falta un partido para cumplir su promesa en Church Road, la final. Devorado Halle como aperitivo por séptima vez y superados sin problemas los Doherty Gates, se quita de encima, sin perder un solo set ni un solo turno de servicio, a Paolo Lorenzi, Gilles Müller, Santiago Giraldo y Tommy Robredo. Concede un set a Wawrinka en los cuartos, y en la semifinal se despide de Milos Raonic, la máquina canadiense de los saques directos, como si se tratase de un estudiante nervioso ante un examen —«Gracias, siéntese, vuelva a presentarse cuando esté más preparado». Es su novena final en Wimbledon. «Sé que ya no me quedan diez años más de juego —dice, feliz como un niño al que le acaban de arreglar un juguete roto—. La primera final fue un sueño, intentaré disfrutar de esta todo lo que pueda.» Entre Roger y el final feliz solo se interpone Djokovic, el serbio rabioso en estado de abstinencia de Slam. Nole ha conseguido el sexto y último título en 2013 en Melbourne, pero se ha dejado arrebatar las últimas tres finales por Murray y por Nadal. Murray ha sido eliminado en los cuartos —bajo la mirada apenada de William y Kate— por Grigor

Dimitrov, que intenta quitarse de encima la fama de niño Federer incapaz de crecer, pero que no logra pasar el examen del serbocroata. El domingo Djokovic hace lo que debe, lo que pocos fuera de Belgrado deseaban: gana su segundo Wimbledon y está tan contento que arranca la hierba del Centre Court y se la come, literalmente. Nadie podrá decir que es herbívoro por casualidad.

La victoria le permite volver a ser el número uno del mundo, el regalo de bodas perfecto, ya que la semana después de los Championships se casará con Jelena Ristic, su novia de toda la vida, en un convento de Sveti Stefan, en Montenegro. La novia está embarazada y en octubre se espera la llegada de un pequeño Djokovic.

Roger Federer hace lo que puede contra la furia serbia, es decir, lucha durante casi tres horas y cinco sets (6-7, 6-4, 7-6, 5-7 y 6-4), salvando incluso un punto de partido en el cuarto. Al principio, se defiende divinamente; después, intenta la ofensiva con la táctica de *chip & charge*, corta y ataca, o siguiendo la segunda de servicio hasta la red, como le sugirió Edberg. Sirve muy bien —29 saques directos contra 19— y en los tres iguales del quinto set desaprovecha una bola de break que podría colocarlo a un paso de su octavo Wimbledon. Finalmente, la gasolina se acaba. Cuando asesta el último revés, los 15 mil espectadores que atestan el Centre Court y que rebosan amor por el viejo campeón, no se sorprenden, pues hace mucho que intuían cómo acabaría el partido.

Mirka asoma a Myla Ros y a Charlene Riva por el *box*, y Roger las mira con ternura antes de bajar púdicamente la mirada. Las niñas hacían el gesto de la victoria. «No, ellas también se han dado cuenta de lo que ha pasado —dice Roger tras superar un momento de tristeza—. A duras penas logro entender cómo he podido llegar al quinto set con un atleta del nivel de Nole. Incluso ha habido un momento en el que he pensado que podía conseguirlo. De todos modos, ha sido precioso sentir el amor del público. Nos vemos el año que viene.» Ningún padre de cuatro gemelos ha ganado un Slam, y solo cuatro tenistas han logrado ganarlo después de los 32 años, pero Federer, con casi 33, no tiene ninguna intención de rendirse. Hacía dos años que no se clasificaba para una gran final, pero en las dos semanas de los

Championships ha demostrado que, al menos sobre hierba, todavía puede ponérselo difícil a cualquiera.

Federer llega estupendamente a su cumpleaños y propina un 6-0 y 6-2 a Peter Polansky en su primer partido del Abierto de Canadá en Toronto, y disfruta al día siguiente del afecto de todo el mundo. Como marido y padre feliz, no podría estar más satisfecho. Según la revista *Forbes* es, junto con el carroza de Tiger Woods (38 años), el atleta más rentable del planeta. Su valor comercial ronda en ese momento los 46 millones de dólares al año, una nimiedad. Más que Cristiano Ronaldo, Messi, Usain Bolt, Kobe Bryant y LeBron James.

«Mis hijos son lo primero, pero todavía me lo paso bien jugando al tenis. A mi mujer le gusta viajar conmigo, los gemelos no se dan cuenta y, además, viajar por el mundo es bueno para su educación. Cuento con seguir jugando mucho tiempo, pero ¿quién sabe lo que pasará dentro de uno, tres o cinco años? A mí también me gustaría saber cuándo me retiraré, pero no puedo; tengo una buena vida y espero poder seguir jugando por mucho tiempo.» *Happy birthday, Mr. Tennis.*

En Canadá, Tsonga le estropea la fiesta de cumpleaños, pero el disgusto no deja huella, porque Roger solo necesita una semana para recuperar el toque mágico y el entusiasmo de un niño. No hay más que ver el tuit con el que celebra la victoria en el Masters 1000 de Cincinnati, un «yeeeaaahhhh!» de adolescente; tres sets de esplendor y estremecimiento al mismo tiempo ganados a David Ferrer, 6-3, 1-6 y 6-1. Es el grito de alivio de quien no levantaba un trofeo de Masters 1000 desde hacía dos años —el último precisamente en Cincinnati—, y el grito de felicidad del joven enamorado del tenis que sigue viviendo en el genio y que, a una semana del inicio del Abierto de EEUU, empieza a pensar que, sin dejar de considerar las lesiones y las distracciones de los demás, recuperar Nueva York no estaría tan mal. Por otra parte, en Ohio, Federer ha liquidado, uno detrás de otro, a tres top 10 —Murray, Raonic y Ferrer— y ha conquistado el octogésimo título; solo Connors, con 109, y Lendl, con 94, tienen más que él. La final con Ferrer, 65 años entre los dos, es la más «vieja» en la historia de los Masters 1000. «Entrenarme con mi ídolo de la adolescencia no me pesa», —explica, dedicando una amplia sonrisa al estilo de Jaimito a Edberg—. Además, juntos nos divertimos como locos».

Υ

Pero a veces no hay súper entrenador que valga, porque en la cancha tienes que apañártelas solo, sobre todo en Nueva York, la ciudad más cínica del mundo, donde nadie te regala nada. Arreglártelas solo, apostando quizá por una táctica muy elemental. «En los dos puntos de partido para Gäel, he pensado que se había acabado, que lo único que podía hacer era luchar hasta el final, sin cometer errores estúpidos y obligándole a sudar. Solo eso.» Sin embargo, con la ayuda de sus dioses y de su derecha, Federer anula los dos puntos de partido en el cuarto set. Aprovecha la sorpresa y un par de dobles faltas de Monfils, hasta ese momento en buenísima forma, y remontando por novena vez en su carrera una desventaja de dos sets, conquista su novena semifinal del Abierto de Estados Unidos. «Me he aferrado al partido y al servicio, y algo ha cambiado. En el quinto set me sentía bien: a medida que el partido iba adelante, jugaba cada vez mejor. Una gran sensación.» Roger está vivo, viva Roger.

«Nunca pensé que iba a ser entrenador —dice Edberg disimulando su alegría—, pero Roger es especial, no lo habría hecho por nadie más. No creo que marque mucha diferencia, pero un poco sí…» Nadie ganó como él en cemento, 159 victorias; dejó atrás incluso a Agassi. Federer podría y debería cumplir seiscientas semanas en el top 5 contra Marin Cilic, el bombardero de Medjugorje al que un día se le apareció Ivanisevic, el jugador que fue descalificado durante cuatro meses en 2013 por haber tomado un estimulante, circunstancia que él disfrazó de lesión. Pero esta vez, el croata palíndromo lo rechaza con servicios a 230 km/h, con ráfagas de golpes de derecha, con reveses que son martillazos y con voleas impecables. «Sí —murmura Federer—, creía que ganaría este torneo. Este decimoctavo Slam no habría añadido nada a mi vida, porque soy un hombre feliz, pero habría significado mucho para mi tenis.» A pesar de todo, el objetivo del año ya está en el punto de mira: «Me dedicaré a la Copa Davis, la próxima semana se celebra la semifinal en Ginebra, contra Italia, y el hecho de estar en la liza con nuestros vecinos hace que sea más interesante. Stan (Wawrinka) y yo queremos ganar, no importa cómo; además, enfrentarme a Italia tiene un significado especial, porque en 1999 debuté en la Davis precisamente contra los *azzurri*».

Por primera vez en diez años, en Flushing Meadows, ninguno de los mejores —Federer, Nadal, Djokovic y Murray— juega una final de Slam. El torneo lo gana Cilic, con un *crescendo* impresionante que el domingo arrasa también a Nishikori. La contestación de Roger a quienes mencionan por enésima vez un posible cambio de guardia es cordial, pero contundente. «Dijeron lo mismo cuando Stan ganó en Australia, pero después Nadal ganó en París y Novak y yo llegamos a la final de Wimbledon. Sacad las conclusiones que queráis.»

Los italianos en versión fronteriza somos los primeros en darnos cuenta de que la Copa Davis se ha convertido en una prioridad o, mejor dicho, en «la» prioridad del año para Federer y compañía; en Ginebra se impone la cocina internacional, y el Palaexpo parece la mesa de un banquete, pero lo malo es que el plato principal son precisamente los italianos. Por otra parte, las agencias de viaje helvéticas ya han reservado, desde hace meses, los paquetes para las vacaciones de diciembre en la final de París, dando por sentado que Tsonga y compañía eliminarán a los checos, y que Roger y Stan devorarán a una Italia que ya tiene bastante con participar en la primera semifinal al cabo de 16 años. Fabio Fognini, *Foña*, se lo toma a broma: «Bueno, yo ya he reservado para las Maldivas. Qué va, es broma.» El capitán italiano, Corrado Barazzutti, más serio, sueña «con aguar la fiesta» a los simpáticos vecinos, y elige como compañero de Foña a Simone Bolelli, recién número 76 del mundo tras un buen Abierto de Estados Unidos, a quien prefiere al teórico número dos, Andreas Seppi (número 48). En realidad, es Federer quien agua la fiesta a los italianos desde 1999: 3-2 en Neuchâtel y 3-2 en Génova, en 2009.

«En Neuchâtel, Federer no era todavía el jugador extraordinario que conocemos ahora —cuenta Paolo Bertolucci, el CT de esa Italia ya lejana—. A menudo erraba el revés, se ponía nervioso, no era constante. Pero, ya entonces, se veía que iba a ser un gran jugador, aunque no tanto como lo ha llegado a ser. Le dije al capitán de Suiza, Claudio Mezzadri: "¿Me lo prestarías?". Al fin y al cabo, no había nacido tan lejos. Siempre he dicho que es culpa de los Alpes, que no dejan pasar a las cigüeñas.» Para el exnúmero uno, que en los tres últimos brillantes años ha pasado muy a menudo de la Ensaladera, esta podría ser la última oportunidad para llenar uno de los pocos huecos que quedan en la vitrina de trofeos de su chalet de Wollerau.

Cuando los cronistas de la Copa le preguntan cómo se siente al jugar ante tanta gente, 18.000 espectadores, en un Palaexpo inmenso y rimbombante, Roger se ofende un poco. «Desde luego no es la primera vez que juego en Davis; en estos últimos quince años siempre he participado, por no mencionar los Juegos Olímpicos.» Traducción: quiero ganar esta copa, y tras el 2-0 de Suiza en la primera jornada, la meta histórica se acerca.

Simone Bolelli intenta ponérselo difícil y juega un partido sólido y brillante, pero cede en tres sets (7-6, 6-4 y 6-4). En realidad, los italianos esperaban obtener el punto de la esperanza en el segundo partido individual entre Stan *The Man* Wawrinka y Foña, pero esta vez el ambiente de la Copa Davis no inspira a Fabio. En dobles, Lüthi deja descansar a Roger y, con Chiudinelli a su lado, Stan no logra cuadrar el balance contra Bolelli y Fognini. El sábado, que debería haber sido la jornada del triunfo helvético, se convierte en la de la loca esperanza italiana. En el fondo, para conquistar la final contra Francia solo hace falta ganar a Federer y a Wawrinka en individuales. «San Jenaro está presente, pero si la virgen de Lourdes también nos echa una mano, mejor», sintetiza Fognini que, a juzgar por la frecuencia con la que invoca a los santos durante los partidos, tiene una relación privilegiada con ellos. «Mejor para los fans de Roger, que aún podrán verle jugar en la cancha», ironiza Stan. Los hosteleros de Ginebra lo agradecen de corazón. El domingo, día del centésimo séptimo triunfo de Valentino Rossi, que gana el Gran Premio de San Marino en Misano, el otro fuera de serie transversal anula la distancia y coloca a Suiza en la final de la Copa Davis por segunda vez en la historia desde 1992. Roger gana en tres sets a Fognini (6-2, 6-3 y 7-6) y, al final, a hombros de Stan Wawrinka y del capitán, Lüthi, saluda emocionado a un Palaexpo en pleno orgasmo patriótico. La cita es en Lille, del 21 al 23 de noviembre, contra la Francia de Gasquet, Monfils y Tsonga.

ϒ

Enfilando una curiosa vía Francígena, que para llegar al norte de Francia pasa por Asia, Roger también gana, por primera vez en su carrera, el Masters 1000 de Shanghái, derrotando a Gilles Simon 7-6 y 7-6. A los 33 años, empieza a parecerse al proverbial sabio chino sentado en la orilla del río. Desde la orilla del Huangpu ve pasar los cadáveres de Djokovic, dominado en semifinal; de Nadal, de baja por una misteriosa apendicitis; de un Wawrinka perdido; y de Murray, confundido tras el resultado del referéndum escocés y cuya participación en el Masters de Londres no está confirmada. En Shanghái, Roger corre el peligro de fracasar en la primera ronda contra Leonardo Mayer (cinco puntos de partido salvados), pero, pasado el susto, cambia de marcha, pone el intermitente y vuelve a apropiarse de la segunda posición de la ATP por primera vez desde mayo de 2013. Adelantándose a Nadal, empieza a rondarle por la cabeza una idea estupenda: recuperar la primera que, después del terrible 2013, parecía a años luz de distancia. Mientras tanto, puede dedicarse en cuerpo y alma a un final de temporada que incluye Basilea, París-Bercy, la final de la Copa Davis contra Francia y el Masters de Londres donde, en teoría, podría recuperar el cetro del ranking.

En Basilea, dulce hogar, Roger gana el torneo por sexta vez derrotando a David Goffin 6-2 y 6-2 en la final, y la idea de recuperar el trono del tenis —que perdió en octubre de 2012— empieza a tomar cuerpo. La víspera de Bercy apenas está a 500 puntos de distancia de Djokovic en la «Race», la clasificación que solo tiene en cuenta los resultados del año solar. Hasta el fin de la temporada, están en juego 2.500 puntos. Nole tiene que defender tanto la victoria en París como la del Masters, Roger «solo» dos semifinales, y además cuenta con 150 puntos extra si gana todos los partidos de la final de la Copa Davis. «Volver a la cumbre sería algo especial —declara—. Porque es lo que más se valora en el tenis y, después de todas las finales y lo que he jugado este año, estoy contento de tener una posibilidad. Pero estoy seguro de que Nole, que ahora es padre, estará aún más motivado.» Tras el éxito en Basilea, el suizo puede presumir de haber ganado al menos seis veces en seis torneos diferentes durante su carrera: Wimbledon, Halle (siete), Dubái, Basilea, Cincinnati y el Masters (seis).

Antes de presentarse en el torneo de casa, Federer ha estado entrenándose algunos días en tierra pensando en el partido de la Davis, aunque hay quien cree que sus tuits «manchados» de tierra son una broma, ya que la temporada en la hierba está en su momento culminante. Gilles Simon se pica y le provoca al estilo de Mourinho: «La gente siempre apoya a Federer, juegue donde juegue. Espero que al menos en Lille, los franceses no le apoyen, porque para ganar la Copa necesitaremos hasta el calor del público». Pero Roger ni se inmuta: «Ya conocemos a Simon, habla mucho y lo que dice no me sorprende. Sé perfectamente lo que me espera en Francia. Para ganar dos o tres puntos en Lille, tendré que entregarme a fondo. Hemos hablado mucho de eso con Wawrinka.» En medio está el Masters, y en la escuela de alto nivel de la 02 Arena, un altercado entre docentes pone en peligro las ambiciones suizas.

En París-Bercy, Roger se para en los cuartos contra Raonic y tiene que despedirse virtualmente de la esperanza de destronar a Djokovic. Habría sido una hazaña incluso para él. En efecto, en el Masters, y tras un mes de descarríos posparto —en octubre ha nacido Stefan—, Djokovic, con tres partidos ganados en la vuelta, ha blindado aritméticamente su primacía. En la semifinal, se venga de Nishikori y conquista la cuarta final del Masters por tercera vez consecutiva.

El 6-0 y 6-1 que Federer le propina a Andy Murray en cincuenta y seis minutos en el último partido de la fase de liguilla es algo hermoso y terrorífico al mismo tiempo. El despliegue de un ejército, listo para la batalla, formado por un solo hombre, o una de esas carreras que solemos ver en los documentales sobre naturaleza, con el león musculoso y ágil que sale disparado hacia la pobre gacela. Parece como si Federer se hubiera quitado de encima, si no diez, al menos cinco años, pero, tras una semifinal contra Wawrinka —casi medieval por su ferocidad y por el veneno que aflorará luego—, la lumbalgia y el golpe de escena llegan de la mano.

«Tendréis que perdonarme, pero a mi edad, y con la final de la Copa Davis la próxima semana, sería demasiado arriesgado jugar», explica Federer, disculpándose, sobre todo, con quienes han llegado a pagar setecientas libras esterlinas y tendrán que conformarse con un espectáculo de reserva, un set de exhibición entre Djokovic y Murray —al que pescan en Surrey a punto de irse de vacaciones mientras ponía los bermudas en la maleta.

El *derby* interminable con Stan Wawrinka, que gana pasadas las once de la noche (después de dos horas y cuarenta y ocho minutos de partido) 4-6, 7-5 y 7-6, deja huellas imborrables. Un remate acrobático y —¡ay!— Federer nota un pinchazo en la espalda que tanto le ha dolido el año pasado. Intentar jugar contra la apisonadora serbia en esas condiciones sería, casi seguramente, dañino, y seguramente inútil. A ciencia cierta, humillante. Por otra parte, Federer no es la clase de jugador que planta un partido ya empezado. Es la tercera vez que se retira en 1.222 partidos y quince temporadas como profesional, y siempre antes de entrar en la cancha. En 2014 ya ha ganado 72 partidos y ha perdido doce con el retiro, si quiere alejar la jubilación no puede arriesgarse a agotarse física y mentalmente. Además, en el horizonte hay una ocasión histórica. Lille vale una cátedra, pero en el relato helvético se ha abierto una grieta.

Decía Orson Wells que, en Suiza, siglos de calma han dado al mundo chocolate y relojes de cuco. En el tenis suizo, en cambio, todo pasa en una noche: crímenes (tenísticos) y fechorías, achaques y venenos. Protagonistas: Roger Federer y Stan Wawrinka. En Londres, Stan se ha ofendido muchísimo, sobre todo por culpa de Mirka, la mujer de Roger, que, en su opinión, sostenía con demasiada vehemencia a su marido, en apuros durante el *derby* helvético. Mrs. Federer habría tachado de «quejica» a Stan, que, en efecto, fue a quejarse ante el juez de silla, Cedric Mourier. «Me di cuenta de que Stan se ponía nervioso cuando se encontraba en el lado de la cancha cercano al *box* de Federer. Le pregunté qué le pasaba y él me contestó: "Cada vez que tengo que servir, la mujer de Federer se dirige a mí, es insoportable". Por eso me di cuenta de que se había enfadado con ella.» Según el chivato de John McEnroe, los dos amigos discutieron animadamente en los vestuarios. Rencores que se remontaban al último Wimbledon —cuando Mirka ya había ostentado el papel de fan desenfrenada— y a las acusaciones de escaso patriotismo que Stan le había hecho al Genio tiempo antes.

Nada nuevo bajo el sol. La antología de las rencillas entre

colegas de Copa Davis podría llenar volúmenes enteros de historia del tenis. Los dos gallitos argentinos, Vilas y Clerc, no se soportaban; entre Barazzutti y Panatta nunca hubo *feeling*, pero ganaron la Ensaladera juntos. En España, durante años, hubo una guerra entre Bruguera y los Sánchez; en Australia, entre Hewitt y Tomic (padre e hijo), y antes entre Philippoussis y Rafter. Y en la Copa Grand Slam de 1990, faltó poco para que los pasionales yanquis Brad Gilbert y David Wheaton se pegaran en el cambio de lado. Bob Hewitt y Frew McMillan eran el dúo más fuerte de la historia en la cancha, pero fuera de ella apenas se dirigían la palabra. «Ha sido una anécdota en un partido muy tenso, pero ahora ya está resuelto», ataja Wawrinka, a quien tampoco le ha gustado ver al capitán Lüthi en el *box* de Roger. Para estos tranquilísimos suizos, que nunca la han ganado, la Copa Davis de sus sueños está a punto de convertirse en la copa de los venenos. ¿Chocolate y cucú? ¿En serio?

En el estadio Pierre Mauroy de Lille, el suspense dura un día. Wawrinka coloca a Suiza en ventaja dominando a Tsonga; Federer, en cambio, pierde en tres sets contra Monfils. Entre la mala suerte y las riñas, la suerte helvética parece echada, pero la Davis es una competición hecha de antiguos sortilegios, de plata y de milagros, por lo que podría ser que el Federer catatónico y dolorido del viernes resucite el sábado en dobles, se posicione heroicamente en la red al lado de Stan *The Man* y cambie la historia. En medio de una final con suspense, un doble sin *thrilling*. Mirka, la esposa ultra, se ha quedado en casa con los niños, como suele hacer durante los partidos de Copa, un ambiente que no le gusta demasiado. «Un juez de silla no puede conceder una entrevista —estalla Federer cuando el corresponsal del *The Daily Telegraph* le pregunta sobre lo sucedido en Londres—. De todas formas, el hecho de que Stan haya hablado o no de mi mujer, es irrelevante. En los vestuarios lo hemos discutido tranquilamente, ya no tenemos edad para tonterías. Solo quería estar seguro que no quedaba nada sin aclarar. Stan y yo somos amigos, no enemigos, pero puede que haya pasado algo, en el 5-5 del tercer set había mucho ruido.» Wawrinka apoya la moción: «Sinceramente, no creo que el juez haya hecho lo correcto. Ya había habido un problema con una corrección (que Federer no había oído) y había mucho jaleo».

Cualquier cosa que pasara, Roger y Stan, de nuevo amigos, ganan en tres sets a Richard Gasquet y Julien Benneteau, demostrando que el oro olímpico de Pequín no fue una casualidad. En la Davis, los dos suizos se habían equivocado más de una vez, y en tierra roja nunca habían ganado, pero, contra el voluntarioso Julien y su frágil amigo Gasquet (el peor en el campo), se esfuerzan un poco justo al principio del segundo set. «Ganar en dobles ha sido un alivio —admite Rog con una sonrisa panorámica—. Se lo agradezco al equipo médico que hizo un gran trabajo con mi espalda. Ahora estamos donde queríamos estar».

Al tercer día, la resurrección se completa y el Federer evanescente y dolorido del primer día se transfigura y entra glorioso en la cancha, deslumbrando al pobre Gasquet en una hora y cincuenta y seis minutos de humillación pública (6-4, 6-2 y 6-2). Llámenlo si quieren Lázaro Tell. Es una larga parábola que termina, llena de emociones y de recuerdos para los que empezaron la aventura con él, como Peter Carter, que ahora ya no está. Entre la ola de los aficionados y las lágrimas de emoción del Genio, uno se pregunta si la Davis ha enriquecido, o completado, el palmarés de un Federer eterno, o si su firma es la que ennoblece la antigua Ensaladera.

Todos los grandes del tenis, de Borg, Becker, Edberg, McEnroe, Sampras, Agassi y Djokovic a Nadal, la han levantado al menos una vez; solo le faltaba a él, el vigésimo primero entre los veinticinco números uno de la era del ordenador (post 1973). «Hacía quince años que le iba detrás —dice tras la dejada bordada con hilo de seda que le ha proporcionado el último punto y la genuflexión ritual en la tierra roja—. Estoy contento de haber participado en un momento épico de la historia deportiva de mi país, pero este éxito pertenece a todo el equipo. A Stan, que se ha esforzado muchísimo en estos años, y a los otros chicos. He ganado lo suficiente en mi carrera como para no necesitar esta victoria solo para llenar una casilla.» Es el orgullo, un poco fanfarrón, del fuera de serie que, tras haber amado la Davis, ha acabado considerándola (sin razón) un añadido, casi una molestia de la que ocuparse en los ratos perdidos. Un trofeo fósil e infravalorado que estorbaba la preparación y la programación. Ningún tenista suizo ha ganado tantos partidos de Copa (50), pero Roger, en su mejor época, casi siempre participó para respetar el contrato, para evitar que Suiza quedase relegada en la serie B (y no siempre, ya que en el desempate de la salvación de 2013 contra Ecuador, el mérito fue de Wawrinka).

Pero a los 33 años, Roger ha comprendido que ha llegado la hora de llenar las lagunas y las estrellas se han alineado como por arte de magia. La ausencia de Nadal y Djokovic, el *boom* de Wawrinka en Australia y el calendario favorable en enero, lo habían convencido de que sí, de que esta vez podía conseguirlo, además, sin demasiado esfuerzo (una visita en Serbia, la emoción inesperada en Kazajistán, donde pone remedio al derrumbamiento de Stan, el plácido paseo en Ginebra contra Italia). La víspera del partido, la espalda dolorida y el incidente con su amigo podrían haber desbaratado los planes, pero, paradójicamente, el equipo realmente incoherente y maltrecho ha resultado ser el de Francia, confuso por las elecciones equivocadas del CT Clement y por las lesiones (reales o presuntas) del número uno de los gallos galos, Jo-Wilfred Tsonga. Roger ha apretado los dientes y los 27.000 espectadores presentes en el Pierre Mauroy lo han aplaudido como se aplaude a un héroe que pertenece a todos. «No, las emociones del primer Slam y de la primera Copa Davis no pueden compararse», contesta a quien le propone un paralelismo, incoherente para él, que en el tenis ha ganado más que nadie. Ya le quedan muy pocas casillas por marcar.

2015. El paraíso puede esperar

¿Quién ha dicho que los campeones del deporte viven en un mundo hecho de entrenamientos, partidos, aeropuertos y hoteles de lujo? Roger Federer, por ejemplo, secundando la tendencia nacional, también está interesado en el mercado monetario y financiero. Lo demuestra la atención con que a principios de 2015 sigue el abandono por parte de Suiza del cambio mínimo frente al euro y pone al franco suizo a la par de la divisa común, lo cual provoca el hundimiento de la cotización de la Bolsa de Zúrich. «¿Significa eso que tendré que ganar más?», bromea en Melbourne. En dieciséis años de honorable carrera, ha guardado en la caja fuerte 88 millones de dólares, y mantiene a su numerosa familia —mujer y dos parejas de gemelos— con un promedio de 56 millones de dólares al año (fuente, *Forbes*).

Probablemente algunos de sus contratos «caseros» (Credit Suisse, Rolex) están pagados en francos, por lo que si el Genio gasta su dinero en el extranjero, sale ganando; los beneficios de los torneos son en dólares, es decir, pueden devaluarse si los utiliza para comprar pañales y biberones en Basilea (gracias a Alessandro Merli por la explicación). Además, debe de tener algunos ahorrillos, visto que hace poco se ha gastado 8 millones de euros para que le construyan una casa modelo Frank Lloyd Wright en el lago de Zúrich. Pero, como buen ciudadano, está preocupado por las consecuencias que el abandono del cambio por parte de Suiza puede causar en la economía de su país. «Es un acontecimiento que ha tenido repercusión en el mundo entero, y, por consiguiente, también sobre mí. La vida es cada día más cara, hay que adaptarse. Me deja perplejo la manera en que ha sido tomada la decisión. Obviamente, es una elección que no favorecerá el turismo, pero Suiza es muy hermosa, sigan viniendo a visitarnos.» Como segundo trabajo, en el caso de que las entradas procedentes del tenis disminuyan, nadie le negará un empleo en la oficina de turismo. Y allí pagan en francos. Roger no quiere ni oír hablar de disfrutar de la jubilación. Todavía no.

La víspera del Abierto de Australia, en la final de Brisbane, donde ha derrotado 6-4, 6-7 y 6-4 a Milos Raonic en dos horas y cuarto de gran tenis, ha alcanzado el récord de mil victorias como profesional. Gracias a ello, ha entrado a formar parte de un club que solo consta de otros dos miembros: Jimmy Connors, *recordman* con 1.253 victorias, Ivan Lendl, que alcanzó las 1.071. «Es un momento especial, un éxito diferente de los demás de mi carrera —dice el número dos del mundo—. Cuando sobrepasé la meta de las quinientas o de las ochocientas victorias, no sentí nada, normalmente los números no me dicen nada, pero, por alguna razón, el mil significa muchísimo, es un número grande, se necesita tiempo para contar hasta mil.» Premian su octogésima tercera copa de la ATP Tour, la primera en Brisbane, Rod Laver y Roy Emerson, dos leyendas australianas que también han tenido una larguísima carrera. Por poner un ejemplo, entre torneos, abiertos y torneos reservados a los profesionales, Laver ha ganado unos doscientos títulos en el arco de casi 25 años. Federer no podía elegir una manera mejor de presentarse al Abierto de Australia. «Al principio de mi carrera nunca creí que alcanzaría tanto. ¿El récord de Connors? A mi edad sería difícil alcanzarlo, pero nunca se sabe.»

Pero en Melbourne le resulta fatal el uno–dos confeccionado enteramente en Italia. En la segunda ronda, Simone Bolelli le quita un set; en el tercero, besa definitivamente la lona contra Andreas Seppi. Bang.

En los diez anteriores, Andreas no había llegado ni siquiera cerca, pero, como diría Vitas Gerulaitis, nadie puede ganarle a Seppi 11 veces seguidas. Ni siquiera Federer. «Por primera vez en mi carrera, he logrado dominar las emociones —explica un Caldaro engañosamente impasible—. Y eso me ha ayudado. No he pensado en la puntuación, sino en que podía obtener un resultado especial que se une al éxito de 2008 contra Nadal en Rótterdam.» Ningún otro *azzurro* ha derrotado en el curso de su carrera a los dos fenómenos del tercer milenio. Hay hazañas que te esperas de alguien original como Fognini, por ejemplo, pero Seppi es como la gota que agujerea la piedra, el método aplicado a la humildad. Andreas conquista el partido en cuatro sets (6-4, 7-6, 4-6 y 7-6), tres horas y dos juegos decisivos de inspiración contra el hombre de los 17 Slams y los cuatro títulos en Melbourne. Un Federer algo agarrotado al principio. Seppi muestra una derecha —normalmente su golpe frágil— implacable, y actúa fríamente en el juego decisivo. Sella el partido con un derechazo «que es una locura», como lo define Federer mientras lo abraza en la red. Al final del partido, el marcador de las estadísticas muestra cincuenta ganadores para Andreas (Federer 57, pero con 55 errores contra cincuenta), y, como pasa a veces, un punto menos ganado (144 a 145). Andreas, para quien lo conoce bien, es un bromista. «En los vestuarios —comenta su entrenador riendo— me ha dicho: "Sartori, te doy unas alegrías que ni siquiera una mujer te daría".»

En realidad, Seppi ya había derrotado a Federer en Melbourne. Más o menos. «Nos entrenamos el viernes antes del torneo —cuenta Massimo Sartori, su entrenador de toda la vida—. Y Andreas le arrebató un set, 7-6, algo que nunca había pasado.» Una señal que transmitió optimismo al clan de Seppi y preocupación al del suizo. «Antes del partido le he dicho a Andreas que era un buen momento, pero que si Roger lo atacaba, esta vez tenía que tirar, no levantar la trayectoria, de lo contrario lo quebraría.

Al principio Roger subía a la red a menudo, pero cuando ha visto que Andreas colocaba siempre un tiro pasado, se ha puesto nervioso y ha cambiado de táctica.» Una derrota que no mella la simpatía que se profesan.

«Somos amigos de Federer y de su equipo, a menudo nos entrenamos juntos —explica Sartori—. Recuerdo que una vez le dije: cojo una cesta y vamos a pelotear. Roger me contestó en italiano: "A Roger le gusta la cesta". Nos echamos a reír. "Habré hecho tres minutos de cesta en toda mi vida, prosiguió, además si vamos a la pista ahora, cuando hayas acabado las pelotas yo estaré aun firmando autógrafos". Durante el entrenamiento lo da todo, incluso grita. Si le metes un buen golpe se divierte y suelta "¡Oh, qué golpe de campeón!". Sonríe siempre, siempre está contento. Nos ha invitado mucha veces a entrenar en Basilea, por desgracia nunca hemos podido encajar la invitación con los compromisos. Ahora, cuando nos vemos, me saluda diciendo "¡Hola, hombre Plose!", por el patrocinador que llevo en la gorra.»

Federer sigue muy de cerca todo lo que pasa en el Tour. «Conoce perfectamente la carrera de Andreas, con él puede hablar en alemán. Seguramente le decepcionó perder en Australia, pero sabe que perdió contra alguien que trabaja duro, no contra la improvisación. Sabe perfectamente que no hay muchos tenistas que, como Andreas, hayan resistido diez años entre los primeros 70. Ese día, cuando nos vimos en los vestuarios después del partido, las ruedas de prensa, las entrevistas con las televisiones, etcétera, os digo la verdad, me sentía incómodo. Estaba contento por Andreas, pero lo sentía por Roger. Le importan mucho los Slams, no es como una derrota en un torneo normal. En cambio, fue él quien se acercó para felicitarme. "Habéis jugado un buen partido, os felicito, ahora disfrutad del torneo".»

La versión pública del análisis del partido que hace Federer tras la derrota es menos alegre, pero al menos es bastante perspicaz. «Hemos jugado muchos partidos juntos, sé que Andreas tiene un buen golpe tanto de derecha como de revés. Y también sabía que cuanto más rápido se movía en el campo, más puntos obtenía del servicio y más peligrosa se hacía la situación. Lamento mucho salir así del Slam, porque en los entrenamientos estaba en forma, pero hay que felicitar a Andreas.» Fluctuaba en el aire una posible remontada contra Djokovic para volver a ser número uno del mundo. Proyecto aplazado. Hasta Dubái, Federer se va de vacaciones.

Por desgracia, Seppi se para en la siguiente ronda contra Kyrgios. El torneo lo gana el Djokovic de siempre, que se prepara para su mejor temporada. En Dubái, Nole tiene que rendirse ante la frescura de Federer, que lo hace picadillo a la vuelta de las vacaciones, especialmente con el servicio, en dos sets. Pero en Indian Wells, *el Number One* vuelve a apropiarse rápidamente de su papel de azote y se toma la revancha, como siempre en la final, sobre el Patriarca.

En abril se vuelve a jugar sobre tierra, y el pésimo atraque en la Costa Azul, donde pierde en la tercera ronda en dos sets contra Monfils, convence definitivamente a Federer de que ha llegado la hora de permitirse un viaje al Bósforo. «Es una ciudad que siempre he deseado visitar —dice anunciando su participación en la ATP 250 de Estambul—. Mis fans turcos por fin podrán verme en directo.» Algo parecido dirá para justificar su participación en la espléndida exhibición de equipos en la India. La finalidad del viaje no es solo admirar Santa Sofía y la Mezquita Azul con la nariz hundida en la guía Baedeker. «Cuando acabe mi carrera, quiero visitar sitios nuevos», dice zanjando el asunto con brusquedad. Federer ha motivado su renuncia a defender la Copa Davis aduciendo que necesita descansar, pero dos días después de la triste derrota de Suiza en Bélgica está en Nueva York para asistir a una exhibición con el fiel Dimitrov, su pseudoheredero, de quien ha empezado a hacer de *manager* (una relación que se interrumpirá a finales de 2017), y que, mira por donde, lo acompaña en su viaje al Bósforo con un cuadro atiborrado de desconocidos. Si no fuera por los 55 millones de dólares de valor comercial que le atribuye *Forbes*, se podría sospechar que en vez de turismo se trata de economía doméstica, de la necesidad de financiar su fundación o de complacer a un patrocinador. O puede que de contentar a su mujer, quién sabe. Turista, sí, pero no por casualidad. Turquía se convierte en cualquier caso en el décimo noveno país en que Roger rellena el cheque del ganador. «Una semana difícil, cuatro partidos duros, en la final he ofrecido el mejor tenis», dice el Federer pachá. Solo Gimeno Traver logra arrebatarle un set en los cuartos, mientras el trabajo más arduo contra Cuevas en la final es salvar tres puntos de set en el juego decisivo del segundo set que habrían podido alargar el trámite.

En Madrid, la siguiente etapa, su torneo dura un solo partido, que pierde en tres sets contra Nick Kyrgios, y el binomio perdedor Montecarlo-Madrid ayuda a Federer a concederse una preparación suplementaria sobre tierra roja participando en los Internacionales de Italia. Por otra parte, en Roma, Roger es casi como Totti, el capitán de corazones, alguien a quien se aplaude independientemente de lo que haga. Solo le falta la liga, entendida como una victoria. En los cuartos maneja como quiere a un subyugado Berdych, 6-3 y 6-3 sin tener que sacar lo mejor del repertorio, y en la semifinal se deshace del (in)fiel Wawrinka con otro plácido paseo (cincuenta y cuatro minutos, menos de lo que dura un aperitivo en Roma). En la sala de prensa todos empezamos a pensar que sería una ironía que el Mágico lograra romper la maldición romana justo el año en que ha participado en el torneo casi por casualidad.

Pero en la final se detiene ante el escalón número 39 en un partido digno de un guion de Hitchcock, el genio del suspense. Federer *versus* Djokovic era la final prevista por la clasificación —número uno contra número dos del mundo—, y por lógica, visto el apagón en los cuartos de Nadal, que de momento sobre tierra parece la pálida copia de sí mismo. Entre Roger y Novak ya ha habido 38 réplicas. 20 a favor de Roger y 18 para Djokovic. «No creo que Novak sea tan favorito —se atreve a decir la víspera del partido—. Nos conocemos perfectamente, pero sobre tierra roja nunca se sabe, de vez en cuando hay algún resultado sorpresa.» Djokovic se ha hecho con la copa de Roma tres veces, en 2008, 2011 y 2013. Las condiciones de la pista central —resbaladiza, con la tierra mal extendida, que en cuanto sopla un poco de viento desaparece y en la línea de fondo puede transformar cada paso en una trampa— también aportan su dosis de incertidumbre. Nadal se queja de las condiciones de la pista desde el primer momento, mientras que Djokovic, tras haber puesto en su sitio a Ferrer, no tiene pelos en la lengua. «Empezaron a prepararla hace solo tres semanas, y no es aceptable a nivel profesional. Para nosotros, los jugadores, cuenta hasta el más mínimo detalle, y en esta pista se corre el peligro de torcerse un tobillo. Adoro Roma (y, como perfecto relaciones públicas de sí mismo, tras las victorias, subraya ante las cámaras "esta bellísima Roma"), pero si el torneo quiere mantener su estatus, tiene que cambiar de mentalidad.» Una bofetada al sueño romano de sentirse el quinto Slam. Y la enésima confirmación de que, para los protagonistas, el Foro sigue siendo un ensayo general, no el horario de máxima audiencia en el que fallar un golpe es pecado mortal. «A mí me importa tanto ganar en Roma —corta Federer— como conseguir cualquier otro título. El problema es el campo. Nos da miedo movernos en él, esperemos que lo pongan en condiciones a tiempo.»

El peligro más grande, Novak Djokovic lo corre el domingo después del partido, cuando al descorchar la botella de champán (marca Moët & Chandon, histórico patrocinador de Federer, todo sea dicho para deleite de los detallistas) el tapón le golpea la nariz. Una tontería que podría haberle costado un ojo de la cara, literalmente. Nole le birla sin problemas el cuarto título romano a Roger Federer en una hora y cuarto. Una final más bien fría (6-4 y 6-3), poco emocionante, hecha de intercambios cortos o cortísimos —saque, respuesta y poco más—, casi todos ganados por Nole. Como si en lugar de la escasa y mal esparcida tierra de la pista central, el número uno y el número dos tuvieran bajo sus pies sólido cemento. Es el partido menos jugado y menos sudado de toda la semana para Nole, que ha llegado al Foro tras tres semanas de relax y con alguna toxina circulando por su cuerpo biónico y sin gluten. Poco a poco, ha ido recuperando la forma y ha demostrado ante un público de récord la distancia que hay en este momento entre él y el más cercano y noble de sus perseguidores. Su dominio no conoce fronteras, también por falta de antagonistas. En el cemento ha ganado el Abierto de Australia, después Miami e Indian Wells; acto seguido ha devorado otros dos Masters 1000 sobre la tierra de Montecarlo y Roma. Para entregarle el premio se desplaza hasta la ministra Maria Elena Boschi, a la que quizás el tono monocrático de Novak le recuerde un poco el de Matteo Renzi.

Para Federer, elegante como siempre, pero a veces algo fané, el Foro sigue estando maldito, cuatro finales en los últimos 12 años, y cuatro derrotas. «Habría deseado hacerlo mejor, pero Novak ha sido muy bueno —farfulla— ¿El Roland Garros? No se pueden olvidar diez años de Nadal, además allí se juega al mejor de cinco sets.» A los que le preguntan qué opina del proyecto de desplazar los Internacionales a Fiumicino (según el presidente FIT, Binaghi, y el del CONI, Malagò «en el Foro no se cabe»), responde poniendo en duda el planteamiento de manera poco diplomática: «No sé si esta búsqueda de lo más grande a toda costa es una elección inteligente para el tenis. En mi opinión, en el Foro hay espacio suficiente».

Federer y el fútbol: número 10 *ad honorem*

En el fondo, le habría gustado ser futbolista. Recordemos que de pequeño jugaba como delantero centro del equipo juvenil del Concordia, «mientras que Marco Chiudinelli era el líbero del Basilea, tuvimos grandes batallas. A los doce años tuve que dejarlo, el tenis ocupaba todo mi tiempo, pero me gusta pensar que habría podido ser un futbolista profesional. Jugaba de atacante, de delantero centro, era un líder. «Estoy seguro de que habría sido un óptimo capitán.» Opinión que confirma Christian Gross, el exentrenador del Basilea, quien tuvo a Federer como invitado en un entrenamiento con su equipo en 2004.

Cuando hace muchos años, Roger conoció en Doha a Daniel Batistuta, veterano de grandes temporadas con la Fiorentina, él —que seguía todo el fútbol sin limitarse a su Basilea y se mantenía informado en general, sobre todo de la evolución del Roma, del que siempre ha sido hincha—, fue quien más se emocionó. Se ha visto con Francesco Totti en varias ocasiones y ha peloteado con él, pues el capitán del Roma es también apasionado del tenis, además de un ferviente fan de Batistuta. «Una vez los presenté en el Olímpico —cuenta Vittorio Selmi, el histórico *tour manager* de la ATP que tiene en su haber una reserva inagotable de anécdotas sobre Federer—. Mientras conversaban, pasó por allí Simone Perrotta, otro gran apasionado. Totti lo paró y le dijo "Me han dicho que querías jugar un partido. Pues mira, te he encontrado a alguien", dijo señalando a Federer.»

Federer fue también uno de los rostros de Euro 2008.

Ese año en Wimbledon, cuando se cruzaba con un italiano hacía el gesto con la mano al estilo de Luca Toni y se informaba sobre los esquemas tácticos de los *azzurri*. «¿Colocaréis a diez en la portería o esta vez dejaréis al menos un jugador en el ataque?», preguntó antes de un partido. Ha declarado varias veces que su segundo equipo es Italia, y en los Mundiales de 2006 lo apoyó públicamente. Una fiebre que estalló durante la Copa Mundial de Fútbol de 1990 en Italia. «Estaba de vacaciones en Italia con mi familia, tenía nueve años y mis equipos preferidos eran Alemania e Italia. Mis primeros héroes fueron Schillaci y Baggio, más tarde Zidane, Figo y Ronaldo.» Pero Roger también tiene ídolos domésticos. «Massimo Ceccaroni, cuatrocientos partidos jugados con el Basilea, una leyenda. Nuestros adversarios jurados son los del Grasshoppers Club; Basilea y Zúrich se tienen ojeriza.» Suizo, pero en absoluto neutral.

Una semana después, en París, su papel de comentarista lo obliga a cambiar de tema, y pasa de la logística a la seguridad. Un joven fan, que quiere hacerse un *selfie* con él a toda costa, logra entrar en la pista central al final del partido esquivando a los guardaespaldas. En el mundo del tenis, cada vez que se produce una invasión de campo, aflora el recuerdo sanguinario de Gunther Parche, el hincha enloquecido de Steffi Graf que apuñaló a Monica Seles en Hamburgo en 1993. Esta vez no hay ningún cuchillo, ni siquiera el palo de *selfie* de turista japonés, pero a Roger le sienta muy mal. «Hay que aumentar los controles. No hablo solo por mí, sino por todos los jugadores, tienen que garantizarnos la máxima seguridad. No ha pasado nada, pero no ha sido una situación agradable.» No es la primera vez que pasa en París. En la final de 2009, el invasor profesional Jimmy Jump saltó a la pista e intentó ponerle una barretina en la cabeza. La organización pide perdón y Roger puede consolarse con la cábala, pues la final de 2009 fue la única que logró ganar en el Roland Garros. Puede que una vez pasado el susto, quiera retuitetar el *selfie* al cabo de un par de fines de semana.

Quien se coloca delante del objetivo es Wawrinka, el amigo

que en los últimos años ha pasado de ser fan a reputado adversario de su ídolo del pasado. Su encuentro en semifinal es una *delicatessen* para los *gourmets* del tenis y, al mismo tiempo, una encrucijada importante del torneo. En Roma, Roger se había impuesto con solvencia, por eso la víspera del partido, Stan *The Man* tuitea haciendo gala de su ironía una foto en la que se asoma por detrás de una careta de cartón de Federer y se pregunta: «¿Lograré esta vez hacer el papel de ambos?» Muchos esperan que sea así, porque con un buen guion podríamos asistir a una *Gran Belleza* de Oscar. Pero no Federer, que en los cuartos de final contra Berdych llega a la pista escoltado por nada menos que catorce guardaespaldas. «Me animo pensando que vaya como vaya en la semifinal, este año ganará un suizo, e intento ser realista.»

Pero en este torneo de contratiempos esquivados, el destino quiere que Federer acabe por tropezar. Durante la semifinal para el Roland Garros, parece como si un duende malvado merodeara por las pistas. Primero es el marcador de la pista central, que se desprende del emplazamiento de las televisiones por efecto del fuerte viento e hiere a un espectador en el brazo derecho, lo que obliga a interrumpir el partido entre Tsonga y Nishikori durante treinta y siete minutos; más tarde, en el estampido del público en el punto de la victoria del francés da la impresión de que las gradas están a punto de derrumbarse. El Roland Garros tiembla y la eliminación de Federer, a merced del viento de tramontana y de los reveses de Stan, enloquece el sismógrafo de las emociones del Suzanne Lenglen. «Durante toda la vida he tenido que aceptar una rivalidad que yo no he buscado contra el genio más grande de la historia del tenis —dice la víspera Wawrinka, que admite el complejo de Edipo tenístico que sufre desde hace mucho tiempo—. No es fácil ganar a la persona que más te ha ayudado en tu carrera, pero creo que he jugado mi mejor partido sobre tierra.» Todavía no sabe que no es cierto, que su mejor partido, sin distinción de superficie, será la final, una obra maestra ejecutada en bermudas con la que negará a Djokovic el sueño de un Grand Slam que parecía estar ya a su alcance.

«Jugar en estas condiciones es duro —apunta Roger al final del partido —. Y eso hace todavía más impresionante el partido de Stan. Todos sabemos de lo que es capaz, pero la victoria en

Australia me había sorprendido, siempre pensé que aquí tenía más posibilidades. Ha llegado la hora de que me centre en Wimbledon, mi verdadero objetivo.» Si la competencia lo permite.

En 2004, en Inglaterra, una señora vio a un chaval que prometía con una raqueta en la mano. «Eres bueno, te mereces un regalo», le dijo. El premio eran tres pelotas con el autógrafo que Fred Perry había firmado diez años antes. En efecto, el chaval, un tal Andy Murray, se las apañaba muy bien en la pista; de hecho, al cabo de 77 años, las pelotas también llevan su firma. Murray ha decidido subastar esas joyas esféricas, las únicas con los autógrafos de los dos últimos campeones británicos de Wimbledon, a beneficio del St. Peter Hospice de Sussex, la institución donde su antigua fan, la señora Gail Sargent, enferma de cáncer, ha pasado los últimos años de su vida. A pesar de la desilusión de París, el favorito es indudablemente Djokovic, el campeón saliente. Federer, que viene del octavo triunfo en la final de Halle contra Seppi, comparte con Murray el resto de los pronósticos, y los dos se encuentran puntualmente el viernes para jugar una semifinal que parece más bien una final al estilo de *All-Comers*, nombre que tuvo hasta 1922 el partido que clasificaba al mejor retador salido del marcador en el *challenge round*, el juicio contra el campeón vigente.

Federer va por su décima final en Church Road, la trigésimo séptima en total en los Slams, solo Connors, con once, lo hizo mejor que él. En los cuartos, se ha librado del intruso de lujo, Gilles Simon, en una hora y media, y ha demostrado que sigue siendo un hábil jardinero. Saque, volea y todo lo demás. Simon le ha roto el servicio una sola vez. Algo que no pasaba en 116 rondas; rachas que impresionan, sobre todo cuando acaban. En teoría, el Genio sigue siendo el mejor jugador que existe en hierba. Quince títulos, 140 a 19 entre partidos ganados y perdidos, lo dicen las estadísticas y todo el mundo lo sabe. A sus casi 34 años, ha perdido un par de décimas en la respuesta y sabe que un Murray en condiciones puede derrotarle en el prado encantado del Centre Court, que él conoce desde hace ya tres decenios. «El servicio importa —explica frunciendo sus gruesas cejas—, pero solo si sabes jugar bien la línea de fondo. Andy es rápido, cubre bien la pista, sabe leer el juego a la perfección y tiene una de las mejores respuestas que existen. Además, está en buena forma.»

Tras el bienio mágico 2012–2013, un par de temporadas regulares, la operación en la espalda y una comprensible disminución de la motivación habían sacado a Murray del encuadre. La boda con Kim Sears y las sugerencias de Amélie Mauresmo, la entrenadora embarazada, lo han tranquilizado y lo han ayudado a madurar y a recuperarse. Ya no le duele la espalda, el largo invierno del descontento parece tocar a su fin. En definitiva, Andy quiere volver a levantar la copa de oro. «Todos jugamos para conquistarla —sonríe Federer—. Pero aunque ganes, te la dejan tener solo una hora. Gracioso, ¿no?», comenta sonriendo. La felicidad suele irse de las manos rápidamente, como el verano inglés, y durante el fin de semana los sueños de gloria de Andy y de Roger se desvanecen.

En la semifinal, el desempate dura tres sets en los que Federer, en efecto, juega al estilo de Federer. Admirándolo, hasta los más escépticos sienten escalofríos de placer, sobre todo cuando un pasante de revés —sostenido con pulso firme y salido de la nada, que, como en un espejo mágico, desvía el proyectil de derecha disparado por Andy Murray a tiro hecho—, roza los arbustos de brezo arraigados desde hace casi un siglo en la Club House. Un golpe que no explican los libros, un golpe defensivo que es a la vez ofensivo como una estocada. Una locura desde el punto de vista anatómico, y, desde la perspectiva estadística, el punto del 0-30, servicio de Murray, en el último juego de la semifinal.

«Lo que está haciendo Roger es una anomalía estadística», tuitea Andy Roddick con la boca abierta. No, no es anómalo, es único y probablemente irrepetible. A los 33 años y 11 meses, Federer es el finalista más mayor de Wimbledon, después de Ken Rosewall (39 años y 8 meses), que lo logró en 1974, es decir, a eras geológicas de distancia. Roger activa la máquina del tiempo y de ella sale su mejor partido de los últimos dos o tres años. Sobre todo en los primeros servicios: 20 saques directos, una sola bola de break concedida, en el primer juego del partido. El público también se da cuenta; durante dos horas, anima a Murrray y lo obliga a meterse en el partido, se enardece cuando se defiende, pero el héroe local se dobla, imposibilitado ante los primeros que impiden cualquier rebelión al resto, ante los derechazos inexorables y las caricias a la red del Fenómeno. «Ha sido uno de los mejores partidos de mi vida —dice Andy—, pero no sé si alguien ha jugado tan bien como juega Federer a su edad. Puede que Agassi, o Connors, o Serena Williams. Atletas poco comunes.» Fáciles de querer y difíciles de explicar. «Yo sé por qué sigo jugando —dice Roger—. Tiene que ver con la felicidad que leo en los rostros de la gente, hasta en el Royal Box, después de que haya ganado un partido. El aplauso del público me ha seguido hasta los vestuarios».

Pero el domingo a las cinco de la tarde (más o menos), el gran sueño de Roger Federer se desvanece cuando una bola rebota de mala manera y se va fuera, permitiendo a Novak Djokovic obtener el punto definitivo en el cuarto set. El Joker gana 7-6, 6-7, 6-4 y 6-3 en dos horas y cincuenta y seis minutos, bajo un cielo gris que a mitad del tercer set deja caer algo de lluvia y obliga a los jugadores a dejar la cancha durante unos veinte minutos. No hay octavo trofeo para Roger, sino tercero para el fuera de serie serbio que defiende su título. Es el primero que lo logra desde 2007, rechazando de nuevo a Federer a un año de distancia y alcanzando a su entrenador, Boris Becker, con tres títulos. El gran momento del partido se vive en el juego decisivo del segundo set, que a algunos les recordó el legendario de la final de 1980 entre Borg y McEnroe. Federer lo arrebata por 12 puntos a 10, anulando 6 puntos de set (más uno antes del juego decisivo). En el primer set, Federer ya había quebrado en cero e iba con ventaja, pero Djokovic, aparentemente muy tenso, recuperó la desventaja. Algún arrepentimiento en el tercer set, sobre todo cuando cede el saque un instante antes de que llueva. En el cuarto, en cambio, el partido ya tiene un dueño, con un Nole descarado y «sólido como una roca», en palabras de Federer. Novak, además, tiene la satisfacción de igualar el balance con Federer, 20 victorias cada uno. «Esta noche, Boris y yo nos permitiremos una cerveza o una copa de vino», bromea el celiaco. Federer encaja la derrota con clase. «Nole no ha jugado bien solo hoy, también jugó bien ayer, y la semana pasada, y el año pasado y el anterior. —Acto seguido, tranquiliza a sus fans—. ¡Hasta el año que viene!»

Roger se cobra una pequeña venganza apenas un mes más tarde, cuando en Cincinnati, por primera vez en su carrera —¡imposible!— , derrota en el mismo torneo al número dos del mundo, Andy Murray, y al uno, Novak Djokovic, el dominador absoluto de la temporada. Una trayectoria limpia, cinco encuentros sin perder un solo set, que en Flushing mejora añadiendo un partido. Lástima que para levantar el trofeo en los Slams se necesiten siete victorias.

Durante el verano, el Fenómeno se ha inventado el SABR, *Sneaking Attack By Roger*, como su clan ha bautizado una patente no del todo original. Un sistema para explotar el segundo servicio del rival, que consiste en avanzar unos pasos hacia la red como un espía y en restar semivoleando como un malabarista para adueñarse de la red. El invento recuerda a las antiguas guerras de mano izquierda de John McEnroe, pero llevadas (demasiado) a su extremo. Por otra parte, Harrison Ford ha vuelto a las salas con un nuevo episodio de *La guerra de las galaxias*, y Roger Federer, el predador del Slam perdido, también quiere una continuación en Flushing Meadows, el Broadway de la raqueta. «Está en forma. Es rápido. Ataca mucho más que antes y no te deja respirar», admite Djokovic en Cincinnati.

«Hace unos años, empecé a pensar a largo plazo —, dice Federer desarrollando el concepto antes de hacer trizas a Wawrinka en la semifinal—. Ahora juego mejor la volea y soy más agresivo, tener una raqueta más grande me ha sido de ayuda. A mi edad, si quieres seguir en la cúspide tienes que saber cambiar. Y creo que estoy jugando mi mejor tenis de siempre».

Puede que tenga razón. En agosto ha cumplido 34 años, y, seis años después de la derrota con Del Potro, siete desde el último de sus triunfos consecutivos, está de nuevo en la final. Lástima que tenga que volver a enfrentarse con Djokovic. En la semifinal, Nole se ha entrenado, o poco más, dejando tres juegos (6-0, 6-1 y 6-2) al campeón saliente Marin Cilic, mermado por una lesión en el tobillo. Roger está a un paso del decimoctavo Slam, pero sabe muy bien que se tratará de un cuerpo a cuerpo con la historia del tenis. «Entre Nole y yo, será un duelo muy físico», prevé mientras su entrenador, Edberg, impasible como el maestro Yoda, le susurra los últimos consejos («Subir a la red tú debes»). Para los federianos de toda la galaxia, solo queda esperar en la Fuerza.

Pero el domingo, contra el guerrero de Belgrado, Roger, *el jedi*, vuelve a estar en la película equivocada y en el lado equivocado del mito. En efecto, Djokovic lo domina en cuatro sets (6-4, 6-7, 6-4 y 6-4), helando la sonrisa a los 25 mil neoyorquinos que durante tres horas han mostrado su desagrado contra él como si fuera Darth Vader en persona. Se encarama a la tribuna para saludar a su clan, y cuando se encuentra delante a su amigo Gerard Butler, protagonista de la superproducción histórica *300*, lo abraza gritando: «¡Esto es Esparta!». En efecto, tras una prórroga de tres horas por lluvia, el número uno del mundo ha conquistado el segundo Abierto de Estados Unidos a su manera, es decir, luchando. Sin dar un paso atrás. Porque si bien nadie sabe jugar al tenis mejor que Roger Federer, nadie —por aquel 2015— es mejor que Novak Djokovic. «Es impresionante —reconoce el Genio, que paga un primer set mediocre con el servicio y alguna que otra ocasión desperdiciada—. Ya lo veréis, ganará más Slams.» En 2015, el serbio ha jugado las cuatro grandes finales, una hazaña que solo Federer (en 2006, 2007 y 2009) y Rod Laver (en 1969) habían logrado; además, ha ganado Indian Wells, Miami, Montecarlo y Roma. Ha alcanzado al mítico Tilden en los Slams, y está a un paso de atrapar a Borg y a Laver. Todos se preguntan si a sus 28 años aún le queda tiempo para llegar a los 14 de Nadal o a los 17 de Federer. Las Termópilas se quedan cortas, Djokovic es más bien la Estrella de la Muerte.

El guerrero serbio no se detiene en otoño y se lleva el Masters 1000 de Shanghái y de París-Bercy, cerrando la temporada con 82 victorias y solo seis derrotas. La más dolorosa contra Wawrinka en París. La única después de Flushing es la de la fase de liguilla del Masters, en la que Roger, que ha recibido buenas palizas del Joker en sus feudos más prestigiosos, logra pararle los pies por tercera vez en un año. Súper Rog, patrón de los carrozas con talento, no se rinde, no tira la toalla. Después de Nueva York, ha contribuido a mantener a Suiza en el cuadro principal de la Copa Davis, desanimando a los no irresistibles holandeses De Bakker y Huta Galung. Pero le ha ido mal tanto en Shanghái —donde ha salido prácticamente enseguida tras un *bye* con Ramos-Viñolas—, y en Bercy, con una tercera ronda dejada a Isner. El contraataque llega en Basilea, donde derrota a Nadal en la final para alegría de sus compatriotas. Hace veintiún meses que los dos grandes rivales no se encuentran. Nadal lucha y logra arrebatarle un set, pero no logra evitar que Federer celebre su séptima victoria en St. Jakobshalle. «Sé que he tenido días mejores con el revés de Rafa y con la derecha —admite—, pero ha sido un partido de alta calidad y creo que todo el mundo se lo ha pasado bien. Estoy muy contento de volver a ganar después de lo que pasó en Shanghái».

En Londres, archivado un éxito fácil contra Berdych, dobla en dos sets también a Djokovic, pero tras un partido más reñido contra Nishikori y la semifinal arrebatada a Wawrinka, tiene que volver a dejar paso a la alegre perversidad del Joker. «Me arrepiento de dos cosas de esta final —explica—. Habría podido servir, y sobre todo responder mejor a la segunda pelota. Pero algunas veces he tenido demasiada prisa y otras he esperado demasiado. De todas formas, ahora pienso más en las vacaciones que en el tenis. Estoy muy satisfecho de mi juego en la red y de mi servicio, pero lo más importante es seguir en forma y ser rápido en la cancha.» En el último partido del Master, el Genio, en efecto, parece llegar siempre con retraso a las jugadas supersónicas del adversario. «Novak es el ejemplo perfecto, el juego de piernas no lo es todo, pero lo ayuda a salir de las situaciones más difíciles. ¿El año que viene? Los Juegos Olímpicos no son mi objetivo principal. Australia está al caer, a la vuelta de la esquina, después ya veremos. No tengo un objetivo concreto, volver a ser número uno o dos o seguir siendo número tres... Por desgracia, he perdido todas las finales importantes en Wimbledon, en Nueva York y aquí, pero considero el 2015 un buen año. Novak ha jugado bien cuando debía hacerlo, hay que felicitarle. Pero la calidad de mi juego ha sido buena y eso me satisface. La satisfacción es importante a mi edad.» Qué pillo.

A principios de diciembre, Federer publica en Facebook el comunicado de su inesperada separación de Stefan Edberg. Su puesto en el equipo lo ocupará Ivan Ljubicic, exnúmero tres de la ATP, viejo conocido en Italia, donde se formó tenísticamente bajo la guía de Riccardo Piatti. «Tras dos años de éxito, quiero darle las gracias a Stefan Edberg, el ídolo de mi infancia, por

haber accedido a unirse a mi equipo. Ha sido un sueño convertido en realidad —escribe Federer—. A pesar de que su colaboración estaba prevista hasta 2014, Stefan aceptó prolongarla y lo
aprecio mucho. Me ha enseñado tanto que su influencia en mi
juego se prolongará. Siempre formará parte de mi equipo.
Severin Lüthi, con quien trabajo desde 2008, seguirá siendo mi
entrenador principal, Ivan Ljubicic trabajará con él. Tanto Daniel
Troxler, mi fisioterapeuta, como Pierre Paganini, mi preparador
deportivo desde hace muchos años, seguirán formando parte de
mi equipo técnico.» Una pequeña revolución en el mundo de
Roger, donde generalmente reinan la continuidad, la previsibili-
dad y la tranquilidad. En 2007, el Genio se resintió durante un
tiempo del doloroso adiós a Tony Roche, esta vez la transición
debería ser menos traumática. Es posible que Edberg ya no tenga
ganas de viajar y se dé cuenta de que ya no puede hacer mucho
más por él. Ljubicic es más joven, tiene las ideas muy claras en
cuanto a la táctica y conoce a la perfección el circuito; además,
hecho fundamental, siempre ha tenido una óptima relación con
Federer. Su tarea no es fácil, suceder a Edberg puede ser complicado, pero también es un reto fascinante.

«Roger ha atravesado varias fases técnicas en el curso de su
carrera —me explica Massimo Sartori a finales del 2017—.
Edberg ha inaugurado el cambio más evidente, el más visible. Sus
sugerencias han hecho que Federer comprendiera mejor en qué
momento tiene que subir a la red y por qué. En los últimos tiempos hemos visto que a menudo responde y sube a la red por la
derecha o que responde y se queda atrás, en la izquierda. No son
acciones casuales, alterna una pelota más agresiva y otra más
pesada, golpea y sube más a menudo, obteniendo más puntos con
su segundo servicio. Cuando Nadal se impuso como su gran
adversario, a Roger empezó a pesarle, se ponía nervioso, se nota-
ba porque solía golpear la pelota con el borde de la raqueta en el
revés. Utilizar una raqueta más grande le ha sido útil, lo ha tranquilizado. Ljubicic, en cambio, lo ha ayudado a seleccionar los
servicios, especialmente el segundo, que durante años ha jugado,
sobre todo, con golpe cortado y para el que hoy suele utilizar el
liftado o *kick serve* con la finalidad de obtener una respuesta más
fácil de rechazar con la derecha. Creo que Ivan también ha sabido
conquistar su confianza y su amistad.»

Υ

En 2015, Papá Noel entrega a todos los hombres y mujeres de buena voluntad que aman el tenis su regalo de Navidad en la India, donde se celebra la IPTL, la liga asiática que utiliza un formato de tenis diferente —el del futuro, en opinión de algunos—, más breve y espectacular y que, sobre todo, logra atraer hacia Oriente a los campeones en busca de una mezcla de relax y preparación para la próxima temporada a fuerza de rupias. Federer, Murray y Nadal ya están allí y en el curso de la conferencia de prensa se habla de muchas cosas, sobre todo de las ganas que siguen teniendo de divertirse jugando a tenis.

«No tengo ni idea de cuándo me retiraré, no hay una fecha exacta —corrobora—. Hay tantos torneos, tantas oportunidades de ganar que a veces no disfrutas de los mejores momentos. He intentado cambiar algunas cosas en los últimos años, ahora me tomo más tiempo para celebrarlos con los amigos, con la familia y con mi equipo. A medida que pasa el tiempo y te conoces mejor, sabes cuáles son tus posibilidades. Ahora sé qué puede pasar si solo cuentas con la derecha, mientras que de joven no era del todo consciente. A veces los fans me envían enlaces a algunas jugadas, los abro y acabo mirándolos todos. Algunos refuerzan la confianza en uno mismo, animan a probar cosas nuevas; otros son fruto de la creatividad y del instinto; recibo una bola y no sé qué debo hacer con ella, y de ahí nacen soluciones increíbles que incluso a mí me cuesta entender. A veces entras en la pista y, sencillamente, presientes que no puedes perder. Jugar a esos niveles es como subirse a un tren de alta velocidad, no sabes lo que puede durar, hay que seguir intentándolo y no agobiarse demasiado. ¿Djokovic? No bajará de nivel. Somos nosotros, sus adversarios, quienes debemos mejorar y sembrar la duda en sus convicciones.»

2016. El año truncado

En la sala de los trofeos de Wollerau casi no caben otros nuevos, pero, como buen suizo, Roger Federer sigue acumulándolos. El último de su personalísimo tesoro lo consigue en Melbourne, donde al derrotar a su (falso) heredero Grigor Dimitrov por quinta vez en cinco encuentros, el Genio alcanza, único en la historia, las 300 victorias de carrera en torneos Slam. La primera, que se remonta a 2000 —dieciséis años antes—, se la arrebató nada menos que a Michael Chang en tres sets condensados, en la primera ronda del Abierto de Australia. La número 100 se remonta a 2006 en Wimbledon, contra el genio local Tim Henman; y siempre en Wimbledon, en 2010, marcó la ducentésima contra el colombiano Falla. Lo bueno es que Roger no tiene ninguna intención de plantarse, todo lo contrario. Lo demuestra en el partido contra el apuesto Dimitrov, ex de Maria Sharapova y actual *toy boy* de Nicole Scherzinger que, tras años de cortejar inútilmente a Lewis Hamilton, ha cambiado de deporte.

«Es realmente emocionante —dice Súper Rog—, algo parecido a cuando alcancé los mil. No son metas en las que piensas, pero cuando las alcanzas es algo especial.» En la era del Abierto, solo Andre Agassi ha llegado en edad más temprana a la cuarta ronda del Abierto de Australia —34 años y 276 días, cien más que Federer cuando jugó los cuartos de final en 2005—, pero no cabe duda de que a esas alturas Roger es el «sabio» del circuito. «Hoy en día ganar un Slam a los diecisiete o dieciocho años es algo inimaginable —explica—. El tenis se ha convertido en un deporte duro y competitivo, hay que tener paciencia y entrenarse más que en el pasado. No hay atajos.» Roger ha empezado el 2016 en Brisbane con una derrota en la final contra Raonic. En el Abierto de Australia, antes de eliminar a Dimitrov, se ha deshecho de Dolgopolov, y entre los octavos y los cuartos se quita de en medio a Goffin y a Berdych. Pero al final de la senda lo esperan Djokovic y una bañera.

La víspera de su celebración, el duelo está en perfecto equilibrio, 22 victorias cada uno. Pero en los dos últimos Grand Slams de Wimbledon y Nueva York, Roger siempre se ha dado de bruces contra el presunto invencible. Cuando el partido se alarga, el Joker, con sus cinco años de ventaja, el culto fetichista por el entrenamiento físico —contra Nishikori, en los cuartos, le ha pedido a un recogepelotas que le ayude a hacer estiramientos— y la mente carnívora, es el favorito. «Me espero una batalla contra Federer —dice—. Habrá mucha tensión. Me he enfrentado a él y a Nadal tantas veces que nos conocemos a la perfección.»

El número uno es, o parece ser, un hombre feliz. Su hijo Stefan, de quince meses, lo reconoce cuando lo ve en la televisión. «Para ser sinceros, señala y dice "mamá"», cuenta riendo tras haber hecho picadillo a Nishikori. «Vale, pues digamos que mamá ha jugado muy bien esta tarde», replica Jim Courier con sagacidad. Federer, que tiene experiencia como padre, empieza en cambio a preocuparse por el futuro. «Me gustaría que las gemelas fueran dos superesquiadoras en vez de tenistas. Me entusiasmaría. La verdad es que la perspectiva de que pasen cuarenta años en el circuito del tenis no me hace mucha gracia.» Y además, como todo el mundo sabe, los hijos no heredan necesariamente las copas de los padres.

Se dan todas las premisas para una gran semifinal. Sin embargo, Federer sufre una humillación feroz. Una de las más aplastantes de su carrera. Absolutamente sometido, casi ridiculizado. Sin duda no es el mejor Federer, pero tampoco lo es el Djokovic lejano y desalentador que le concede un set (6-1, 6-2, 3-6 y 6-3), pero nunca la esperanza de ganar. Solo se le ha visto tan a merced de su adversario en la final del Roland Garros de 2008 contra Nadal. Pero en Australia, se juega sobre cemento, que antes era su superficie preferida, y del tercer set en adelante también en *indoor*, después de que se cierre el techo por amenaza de lluvia. «Sé que me consideráis un viejo —dice Roger haciendo rechinar los dientes—, pero yo puedo estar en la cancha cuatro o cinco horas seguidas, sé que estoy a la altura de los mejores. Esta vez solo me habría gustado jugar un poco mejor».

El verdadero desastre sucede después del torneo. «Me estaba bañando con las niñas —contará tras la artroscopia que le hacen en Suiza después de una rotura parcial del menisco—. Hice un movimiento que he hecho millones de veces en mi vida, pero esa vez noté que algo crujía en la rodilla. Una sensación extraña. Después fuimos al zoológico, pero sentía la pierna floja. La rodilla se hinchó y me hicieron una resonancia que confirmó el diagnóstico del médico. Ha sido un *shock*, porque pensaba que acabaría mi carrera sin tener que pasar por el quirófano.» Pues no.

Doce días con muletas, la rehabilitación, la reanudación del entrenamiento bajo la vigilancia de Pierre Paganini unos diez días antes de salir hacia Miami, el torneo programado para el regreso a las canchas. «Cuando me he despertado y me he mirado la pierna, por poco me da algo. Por suerte, dos o tres días después las cosas ya iban mejor, pero tengo que hacer los ejercicios cuatro o cinco veces al día.» Pasa hasta en los mejores cartílagos, pero es comprensible que alguien que nunca ha estado en un hospital y de repente se encuentra obligado a guardar cama exagere un poco. Salvo una fascitis plantar, en 2007, el dolor de espalda que lo ha ido atormentando en varias ocasiones, sobre todo en 2013, y una mononucleosis leve, el campeón nunca había tenido problemas físicos graves. Pero, con la edad, las posibilidades de que algo vaya mal aumentan y, en efecto, como Murphy y sus leyes de la desdicha pronostican, en Miami Federer contrae la gripe como un vulgar oficinista (o periodista) y no puede entrar en la pista con Del Potro. La convalecencia se prolonga.

«Roger, como de costumbre, vuelve a ser Roger muy deprisa», dice en Montecarlo Stan Wawrinka. Pero lo que pretendía ser un cumplido se revelará una profecía de mal agüero en el gafado 2016 del Genio. «Rog está en forma y no le duele la rodilla, será muy peligroso», insiste su amigo Stan *The Man* con optimismo. «Estoy descansado, física y mentalmente. También me he repuesto del virus que me impidió jugar en Miami. Llevo diez días en Montecarlo para entrenarme, la rodilla está al 100 por cien, pero para darme cuenta de cómo estoy realmente necesito algún partido —Y añade misterioso—: No se puede subestimar la dureza del cuadro de un Masters 1000, pero espero que aquí nadie me subestime».

La rehabilitación monegasca acaba con la raqueta arrojada al suelo con rabia y un aviso del árbitro en el último juego por haber lanzado la pelota contra la tribuna. La verdadera novedad no es pues la derrota en los cuartos contra Jo-Wilfried Tsonga (3-6, 6-2 y 7-5), sino la reacción crispada del Genio que, por primera vez en más de diez años, pierde los estribos en la cancha. Roger, que acaba de aparecer en la lista de los cincuenta atletas más elegantes del mundo, está enfadado consigo mismo. Tras haber deforestado una selva de apellidos ibéricos en las dos primeras rondas (García López y Roberto Bautista Agut), baja los porcentajes en el servicio en el segundo set contra Jo-Wilfried; y las subidas a la red, cada vez más nerviosas y apresuradas, se convierten en blanco fácil para los pasantes del francés. «No estoy decepcionado —concluye apretando los dientes—. La rodilla no me duele, me he movido con soltura en la pista. ¿Madrid y Roma? La víspera decidiré si jugar o no».

Al final, Federer toma la decisión de presentarse en el Foro y sacrificar Madrid por culpa del dolor de espalda, lo que hará las delicias del público italo-federiano. Pero su estado físico es irregular. «*No Roger, no party*», dice la pancarta que sus fans más acérrimos ondean en la tribuna; en el fondo, la derrota que vacía la pista en la segunda ronda contra el talento habsburgués, Dominic Thiem, (7-6 y 6-4), tras haber ganado a un Sascha Zverev congelado por la tensión, no es una sorpresa. «En los últimos cinco meses he jugado cuatro partidos, Roma era una prueba —admite—. No buscaba resultados, sino comprobar mis condiciones físicas. He tenido buenas sensaciones y me he sentido libre de probar cosas nuevas. Si durante los próximos diez días me entreno al 100 por cien, estoy convencido de que el Roland Garros irá bien».

Pero Roger no ha tenido en cuenta que está lejos de las pistas desde hace muchos meses ni la pésima conjunción astral. El dolor de espalda que lo atormenta desde hace semanas y que lo ha obligado a ausentarse de Madrid y a jugar solo en Roma, no pasa. Roger también tacha París de su programa con un doloroso trazo. De esta forma, entrega definitivamente a la historia otro de sus récords, el del número de Slams jugados consecutivamente que, a pesar de detenerse en 65, supera en nueve al del segundo de la clasificación, Wayne Ferreira. Volver a poner en peligro la musculatura con partidos a cinco sets y además con pocas probabilidades de victoria sería jugar con fuego. Una confirmación de los rumores que circulaban en Roma, donde Federer había dudado hasta el último momento de si jugar o no. Los objetivos para 2016 son los mismos que se había prefijado desde el principio: Wimbledon y los Juegos Olímpicos de Río.

El tenis derrama alguna que otra lágrima, pero sigue adelante. En 2016, el partido que cuenta se disputa entre Murray y Djokovic, dos tenistas nacidos con una semana de diferencia y que han crecido juntos en las canchas de tenis. En Australia y en Madrid, la victoria ha sido para Djokovic; en Roma, contra un Nole cansado, para Murray. En el Roland Garros, con Federer en dique seco y Nadal obligado a retirarse, tras el éxito con Delbonis, por culpa del dolor de muñeca, el número uno ha puesto las cosas en su sitio derrotando en la final a una versión algo desleída del escocés.

El hombre con el brazo y el corazón de oro

«Soy prudente con el dinero —respondió divertido a los que hace unos años le preguntaron si se ocupaba personalmente de sus inversiones y su patrimonio—. No dejo de ser suizo...» Ironías aparte, Federer posee un patrimonio que, según Forbes, en la actualidad alcanza los 600 millones de dólares y que lo coloca en el quinceavo lugar de los deportistas mejor pagados desde 1990 a la actualidad. En otra clasificación redactada por la misma revista económica americana y basada en los beneficios obtenidos en 2017, Federer está en el cuarto lugar, con 64 millones de dólares (53 millones de euros), detrás de Cristiano Ronaldo (93), LeBron James (86,2) y Leo Messi (80). Teniendo en cuenta solo los contratos publicitarios, Roger es el que gana más de todos: 58 millones de dólares. A ellos contribuyen socios de prestigio, consolidados desde hace años, algunos más de diez, empezando por los técnicos — Wilson para las raquetas y Nike para la ropa— y siguiendo con Rolex, Credit Suisse, Mercedes (que cada seis meses le entrega un nuevo automóvil según lo estipulado en el contrato), Lindt (con quien al parecer renovará el contrato por otros veinte millones), Jura (café), Moët & Chandon, Sunrise y Netjets, a los que últimamente se ha unido Barilla. Según informes de expertos en contratación, Moët & Chandon y Credit Suisse aportan respectivamente 30 y 20 millones de euros a su cuenta corriente (por cinco y diez años); Nike, 100 durante diez años; Rolex, 15 durante diez años; Jura, 16 durante siete años; Wilson, dos millones al año. Para Barilla se ha hablado de un contrato de 40 millones durante cinco (o más) años. La tournée de exhibiciones en Sudamérica de hace unos años le aportó unos beneficios de seis millones de dólares —según varias fuentes, la tarifa para las exhibiciones es de unos dos millones de dólares, que puede bajar a uno para fichajes en los torneos del circuito; con algunos de ellos —Basilea, Halle, Dubái—, ha firmado contratos plurianuales que lo obligan a participar. La prima acumulada por Federer solamente en los torneos es un récord: 111.885.682 de dólares a finales de 2017, de los que 13.054.856 son exclusivamente de 2017. El segundo, Novak Djokovic, va dos millones por debajo (109.805.403).

¿Qué hace el campeón suizo con este enorme patrimonio? Lo administra y lo invierte. En 2014 se mudó de Pfaffikon a Wollerau, siempre en el cantón de Schwyz, donde se construyó una villa al estilo de Frank Lloyd Wright, con vistas de infarto sobre el lago y los Alpes, valorada en diez millones de euros (fuente: Schweiz am Sonntag); quinientos metros cuadrados repartidos en dos plantas para la familia, más dos pisos de cinco habitaciones colocados en el mismo complejo. Con su agente de toda la vida, Tony Godsick, que está con él desde la época de la IMG, ha fundado una agencia de management deportivo, Team8, que posee la mayoría de las cuotas de participación de la organización de la Laver Cup. Forbes la sitúa en el cuadragésimo lugar entre las empresas del sector; algunos de sus clientes son Juan Martín del Potro, y, hasta finales de 2017, Grigor Dimitrov.

Pero Roger pone una gran parte de sus beneficios a disposición de su fundación (Roger Federer Foundation) para la educación de los niños en África. A lo largo de catorce años ha recaudado cuarenta millones de dólares —gracias también a exhibiciones como Match for Africa, celebrada en abril de 2017, en la que participó Bill Gates—, y ha distribuido otros treinta, que han ayudado a un millón de niños de edades comprendidas entre los cinco y los doce años. En la actualidad, tiene varios programas en marcha en Sudáfrica, Zambia, Malawi, Zimbabue, Botsuana, Namibia y Suiza, que benefician a 309.000 niños.

Sobre la alfombra verde de Church Road, ambos se encuentran a la cabeza de los cuadros, favoritos de los corredores de apuestas que, por otra parte, han visto a Federer —todavía no recuperado del todo de la lumbalgia— doblar las rodillas contra Thiem a la vuelta en Estocolmo y, por primera vez, contra el menor de los Zverev, el formidable Sascha, en Halle. Son

Championships extraños, frescos de Brexit. Es más, de doble Brexit. De la Europa de las Naciones y de la Eurocopa. «Inglaterra ha votado para salir de un gran mercado —dicen maliciosamente los miembros del All England Club, burlándose recatadamente de las desventuras del *soccer*—, pero ha acabado por perder contra un supermercado». La alusión al papelón de la banda Hodgson contra Islandia, un país menos poblado que un *outlet*, es evidente. Por otra parte, en estas tierras el sentido del humor es una religión —Churchill *docet*—, y nadie osaría decir algo a los muchos espectadores, extranjeros incluidos que, vestidos con camisetas y gorras estampadas con estrellas amarillas sobre fondo azul, hacen cola por la tarde para conquistar su lugar en el Centre Court.

La cola que llevo años observando cuando salgo por las mañanas del piso de Wimbledon Park Road que me alquila durante quince días la extraordinaria señora Radwanska —sí, como Agnieszka, pero no son parientes— es uno de los destilados más puros del espíritu británico. Con los años, se ha convertido en una feria, promovida por Lavazza, suavizada por mil atenciones y pasatiempos para los usuarios que corresponden al afecto con la confianza. «Los ingleses son muy buenos manteniendo la calma y siguiendo adelante (*Keep Calm and Carry On*) —dice una turista americana abriendo los brazos—. Creo que esta vez también será así».

Y paciencia si el Club trata de soportar, además de las burlas de un continente, el júbilo ultra de los periodistas italianos durante el partido con España. «No tienen que disculparse —concede soberana Denise Tyler, jefa de prensa del All England Club—. Ha sido divertido. Somos nosotros los que no tenemos mucho de lo que alegrarnos.» Wimbledon es un microcosmos muy *upper class*, acomodado y racional. Pocos preveían el *leave* y se han sentido educadamente fatal («*My God*, qué pensarán de nosotros ahora»). La *Little England* llena de rencor está en alguna parte, ahí afuera. Gran Bretaña, protegida por el techo retráctil del Centre Court, sigue comiendo fresas con nata.

Si esta es la pista mágica del tenis, piensa mucha gente después de los cuartos de final, Roger Federer sigue siendo su chamán. Juntos, el lugar y el hombre emanan una luz diferente. En el primer gran duelo del torneo, Roger logra ganar de manera extraordinaria un partido que, sobre todo, pierde su rival, Marin

Cilic. Lo hace remontando por décima vez en carrera dos sets de desventaja (6-7, 4-6, 6-3, 7-6 y 6-3), salvando tres puntos de partido y saliendo airoso de un 0-40 en el séptimo juego del tercer set que parece un funeral, no solo en Wimbledon, sino en toda la temporada del Genio.

Mientras tanto, Nadal ha tenido que renunciar a Wimbledon después de París. Del Potro se ha dejado eliminar por Pouille y Kyrgios se ha volatilizado en los octavos contra Murray. Federer ha navegado indemne durante una semana entre chaparrones y *sparring partner* disfrazados de adversarios, pero los servicios de Marin Cilic lo dejan a la deriva durante dos sets y hacen que parezca lento y desenfocado, especialmente con el revés. El Fenómeno no responde, no encuentra su juego, pero basta un instante de fragilidad de su adversario, un revés fácil aplastado contra la cinta cuando falta un centímetro para la meta —es decir, basta que al hombre de Medjugorje se le aparezca de repente Roger Federer en todo su esplendor pasado y presente—, para que el partido cambie de dueño. Roger arranca el servicio a su adversario y se hace con el tercer set, después con el cuarto salvando el primer punto de partido en el décimo juego. El segundo lo salva en el duodécimo juego, y el tercero en el 7-6 de un juego decisivo que cierra 11-9 tras poner la piel de gallina a todo el Centre Court, que contiene la respiración. «La verdad es que he estado en apuros durante más de una hora, mientras que Marin hacía acopio de puntos directos. Después he empezado a sentirme mejor.» Toca florecer mientras Cilic se marchita por dentro. El quinto empieza con un «jawohl!», y se cierra con dos puntos directos del Genio. Roger expulsa definitivamente del torneo al croata con dos golpes de derecha de los suyos. Zas, zas, un golpe de bisturí paralelo y otro que corta el campo. «El tenis sobre hierba es así —explica—. Los partidos pueden cambiar de rumbo muy deprisa. Basta con una nimiedad. Lo importante es saber conservar la calma y esperar.» *Keep calm* mientras la historia pasa lentamente a contraluz sin fijarse en quien pronostica desgracias.

«Milos tiene casi 35 años, podría no recuperarse», susurra malévolo McEnroe, el consejero herbívoro de Raonic, la víspera de la semifinal. Si queremos ser exactos, Roger en ese momento tiene 34 años y 338 días. Ken Rosewall, el finalista más mayor de

Championships de la era Abierto, tenía 39 (y 246 días) cuando Connors lo desintegró en 1974, y 37 (y 62 días) cuando ganó su último Slam, el Abierto de Australia de 1972. Es difícil hacerlo mejor, aunque Federer está acostumbrado a batir los récords a manojos. Aquí ya ha alcanzado a Connors en número de victorias (84), pero está por detrás de él en número de participaciones (18 contra 21). Y ha superado a la Navratilova en el absoluto, hombres y mujeres, con 307 victorias en el Slam. En la undécima semifinal de Wimbledon, su objetivo es convertirse en el finalista más mayor de los Slams desde los tiempos de Agassi (35 años y 135 días en el Abierto de Estados Unidos de 2005). En cambio, el objetivo de Raonic, 25 años, nueve menos que *el fenómeno*, es sepultarlo bajo una montaña de saques directos. Hasta ese momento, ha colocado 114 contra los 65 de Federer. Pero dejando aparte la edad y los saques directos, Federer, que dos años antes ha liquidado en tres sets, precisamente en la semifinal, al canadiense, lo tiene todo a su favor, y de sobra.

Sin embargo, le toca un partido simétrico con respecto a los cuartos. En cinco sets (6-3, 6-7, 4-6, 7-5 y 6-3) pierde una semifinal, la primera en Wimbledon, que debería y podría haber ganado. A los veinticinco años, Milos parece haber dejado atrás una parte de su futuro, parece haber madurado. Ya no se trata de golpes de saque como al principio, aunque todavía sirve a una velocidad de 231,7 km/h, un récord en Wimbledon. Su respuesta ha mejorado, su derecha hace daño y en la red juega voleas muy eficaces. Pero contra Federer, su gran virtud es no rendirse después de haber perdido el tercer set, cuando todos lo daban por hecho. El que se apaga esa tarde, que empieza con el tiro al blanco y acaba como una feria, es más bien Federer, que primero se muestra manifiestamente incapaz de aprovechar dos bolas para colocarse a un punto de rotura del servicio por delante también en el cuarto set y rematar el partido, y que después se deja arrebatar el servicio como un infeliz (¡40-0!) 6-5 para Raonic y comete dos dobles faltas, las mismas que había cometido en la ronda precedente. Ruptura de servicio perdida, partido perdido. Es la dura ley del tenis sobre hierba que Roger conoce perfectamente.

La (temporal) *finis* Federer llega ocho juegos más tarde, sellada por un resbalón que se convertirá en la imagen del torneo: el campeón caído cuan largo es en la pista del Centre Court con la bandana hundida en la hierba mientras el público entona un «ooohh!» tan suave y compacto como solo en Wimbledon puede oírse y que parece dirigido por von Karajan. «Estoy enfadado por cómo he dejado que Milos se saliera con la suya en el cuarto set, pero los diez sets jugados en las dos últimas rondas me han tranquilizado respecto al futuro —explica Federer, que ya se ha hecho una idea del porqué de aquella extraña caída, pero se la guarda—. Wimbledon es importante, pero no es lo único que cuenta. Si no fuera así, cuando saliera de aquí me metería en la nevera durante un año. Estoy un poco preocupado por la rodilla, porque ha sido una caída extraña, pero quiero que quede claro que no es una despedida. El año que viene volveréis a verme en el Centre Court.» Solo quien resbala puede volver a levantarse. Pero el daño se revela mayor de lo previsto, y a la mañana siguiente Federer toma una decisión desconcertante para muchos, para casi todo el mundo: baja la persiana y se toma seis meses de descanso. Una de las decisiones más acertadas de su carrera.

Aquel partido de Wimbledon es la última samba triste de una temporada caracterizada por achaques y lesiones, la primera en quince años sin ningún título. «Siento mucho anunciar que no representaré a Suiza en los Juegos y que no participaré en los demás torneos de la temporada», puede leerse en un post. «Tras consultarlo con los médicos, he tomado esta difícil decisión porque después de la operación necesito hacer una rehabilitación más larga. Me han explicado que si quiero jugar en el circuito, como es mi intención, sin sufrir lesiones, durante unos años más, tengo que darles el tiempo necesario a mi cuerpo y a mi rodilla para que se recuperen. Es duro, pero esta experiencia ha hecho que me diera cuenta de la suerte que he tenido a lo largo de mi carrera de sufrir pocas lesiones. Estoy más motivado que nunca y ya estoy pensando en poner toda mi energía en volver a jugar en plena forma un tenis de ataque en 2017.»

Cuatro años antes, Federer había logrado añadir *in extremis* la Copa Davis a su fabuloso palmarés. Pero de momento, o quizá para siempre, tendrá que prescindir del oro olímpico, que ganó en dobles en Pequín en 2008 y que solo acarició en individuales en 2012. En Sídney 2000 se prometió con Mirka, por lo demás, los

Juegos siempre han sido para él una decepción. Un círculo, o mejor, cinco, que se cierran. Como dicen en Río, tristeza.

¿Qué hace un genio cuando está de vacaciones? Pues juega a perseguir a sus hijos alrededor de la casa —poniendo atención en no repetir el baño fatal de Melbourne—, o bien pasea por la montaña con la mochila al hombro, y, obviamente, publica las fotos en Internet. O quizá coge un avión hacia Manacor para ir a casa de su gran rival, que también pasa por una crisis de salud y de resultados, para asistir en octubre a la inauguración de la nueva *Academy* de la familia Nadal. «Significa mucho para todos nosotros que estés hoy aquí —dice Nadal agradeciendo su presencia—, porque los valores que representas son un ejemplo para los chicos de nuestra academia.» Federer, por su parte, promete convertirse en cliente de su compañero. «Ahora sé dónde tengo que enviar a mis hijos para que aprendan a jugar al tenis.»

Hechos que confirman que entre los dos tenistas más famosos y representativos del milenio y de todos los tiempos se está sellando un pacto para el futuro. En 2017 bautizarán juntos la Rod Laver Cup, la Ryder Cup del tenis, jugando en dobles en el equipo europeo capitaneado por Björn Borg, que en otoño desafiará en Praga al americano, capitaneado por John McEnroe. Federer y Nadal son tan famosos que podrían crear una marca de éxito incluso si se retirasen, pero de momento, aunque con algunos achaques —ambos han salido de los cuatro primeros del ranking por primera vez en trece años— siguen decididos a jugar. Pero verlos en la pista vestidos como jóvenes ejecutivos, con zapatos de piel en vez de zapatillas, se hace raro. Tiene aroma de futuro y de pasado al mismo tiempo. Nadie niega que con americana y corbata se muevan divinamente, pero es como presenciar una boda y un funeral a la vez dentro de un sueño que huele a realidad. Una de esas sensaciones que no entiendes, que te ponen incómodo y que querrías sacudirte de encima lo antes posible. Por suerte, solo durará tres meses.

Para convencer a la mitad suiza de la empresa «Fed-Nad» a participar en la Hopman Cup de enero, en Perth, su reincorporación oficial tras seis meses de descanso, se pone en marcha hasta el estado de Australia Occidental. Paul Kilderry, el director del torneo de la ya tradicional exhibición por equipos nacionales que abre la temporada, cuenta que se ha acercado a Federer en un restaurante y ha conseguido despertar su interés para volver a jugar la Copa por primera vez desde 2001. Tener a Federer en el cuadro cambia la perspectiva de cualquier organizador y por eso en Perth se han rascado el bolsillo. «Se han dado cuenta de lo importante que es y su ayuda ha sido inestimable para asegurar la presencia de un jugador de su talla.» Inestimable hasta cierto punto. No existe una cifra oficial, pero el caché de el Genio ronda el millón de dólares. Una cuestión de prestigio, y también, todo hay que decirlo, de recursos para destinar a su fundación de ayuda a la infancia menos afortunada en Sudáfrica. Quién sabe si la Comunidad Europea, que vigila la aplicación del reglamento financiero, pondría objeciones a los desembolsos para un torneo que se celebra en el perímetro de la UE con ayudas de Estado no permitidas.

«Estos meses han sido un ensayo de la jubilación —bromea Federer en unas declaraciones a *The New York Times*—, pero ahora me siento regenerado y todavía sediento de victorias. Además, mis hijos, a los que les gusta mucho viajar, me preguntaban: "Papi, ¿cuándo salimos de viaje?"» Les ha contentado y también a todos los apasionados del tenis del mundo.

El despertar de la fuerza
2017–...

2017. Federer después de Federer

*T*ras seis meses de ausencia, el mundo del tenis clama por la vuelta a la cancha de Federer. Las ganas de verlo jugar son tan grandes que cuando los organizadores de la Copa Hopman abren las puertas al público para asistir al entrenamiento, seis mil personas acuden a Perth Area. «El julio pasado decidí tomarme un tiempo para cuidarme la rodilla y sobre todo para pasar más tiempo con mi familia —anuncia ante el micrófono después de una sesión de una hora con el talento local Matthew Ebden. Pero he acabado cogiéndole el gusto y, aunque en las últimas semanas los entrenamientos han sido muy difíciles, siempre he mantenido el optimismo y he procurado pasármelo bien. Además, que acudiera tanta gente a los entrenamientos me será útil para entrar en el ambiente de la competición. ¿Otro Slam? Estoy convencido de que tengo una posibilidad, trabajo precisamente para eso, pero el tiempo lo dirá. A ver cómo van los primeros cinco o seis meses, después ya pensaré en lo que tengo que hacer».

Federer aprovecha la ocasión para criticar los controles antidopaje, que considera insuficientes. «Con todo el dinero que genera, el tenis debería gastar más para luchar contra el dopaje. Los test cuentan mucho, y aunque no sé exactamente cómo se podrían recaudar fondos, estoy convencido de que es posible hacerlo. Me gustaría que se hicieran más test durante la pausa invernal, cuando todos los tenistas se preparan. Y, sobre todo, me gustaría que los controles se efectuaran en todas partes, no solo en ciertos países.» En efecto, era de dominio público que en el último Masters 1000 de Shanghái no se había visto ni una probeta. «No es la primera vez que lo digo —sostiene Federer—, para mí, de los cuartos de final en adelante —cuando la prima empieza a subir—, todos deberían estar sujetos a controles.»

Mientras tanto, lo importante sería ponerse de acuerdo sobre lo que hay que controlar. En la cancha, Novak Djokovic está acostumbrado a dejar sin respiración a sus adversarios con el ritmo apremiante de su tenis, pero, en cuanto puede, corre a oxigenar el cuerpo y las ideas dentro de un «huevo» presurizado, es decir, dentro de la cámara hiperbárica; un dispositivo legal en Estados Unidos y en Australia, pero prohibido en Europa, que a la WADA —la agencia mundial antidopaje— no le gusta nada. Una panacea para recuperarse rápidamente de lesiones y del cansancio, para desintoxicarse, reducir las inflamaciones, favorecer la circulación, reforzar el sistema inmunitario, mejorar la calidad del sueño y del bienestar en general y, naturalmente, para oxigenar masivamente el cuerpo, como en alta montaña, pero de un modo más eficaz. «No puedo utilizarla en todas partes —explica el exnúmero uno—, pero intento hacerlo en cuanto puedo, al igual que la crioterapia, porque ambos métodos son muy beneficiosos para el cuerpo. Normalmente respiramos un 20 por ciento de oxígeno, mientras que en la cámara presurizada llegamos a respirar hasta un 100 por cien.»

Djokovic empezó a utilizarla en 2011, en el Abierto de Estados Unidos, y ya por aquel entonces hubo quien se indignó y levantó un dedo acusador, sosteniendo que se trataba de una práctica ilícita, aunque sin duda él no es ni el primero ni el único que disfruta de un tratamiento que se adentra en la (amplia) zona gris de los reglamentos. La cámara es muy popular entre los jugadores de fútbol americano de la NFL, entre los jugadores de baloncesto de la NBA —incluido Dirk Nowitski— y entre los tenistas —Bethanie Mattek-Sands es una fan de la cámara hiperbárica. Comprar una cuesta varios miles de dólares (unos 75 mil), y Djokovic podría permitírsela, pero su transporte resultaría problemático; es mucho más sencillo acudir a uno de los muchos centros que ofrecen este servicio a los deportistas y a la gente en general. Una sesión de treinta minutos en un centro especializado cuesta unos doscientos dólares. El centro más visitado de Melbourne es el HyperMed Clinic de South Yarra, dirigido por Malcom Hooper, un personaje peculiar. En 2014, la Sanidad australiana le revocó el título de quiropráctico cuando descubrió que había estafado 45 mil dólares australianos —unos 30 mil euros— a un paciente con trastornos cerebrales por administrarle una terapia jamás experimentada; y, más recientemente, otro paciente —con problemas cardíacos ajenos al tratamiento— murió a causa de un infarto dentro del «huevo presurizado». Djokovic, que cuida mucho su salud, no debería tener problemas de este tipo; además, en el torneo, que ya ha ganado seis veces, empieza como favorito junto a Andy Murray, que en Melbourne ya ha perdido cinco finales, cuatro contra Nole, las dos últimas consecutivas.

El sorteo sitúa a Federer en el mismo sector del cuadro principal presidido por el escocés que, por primera vez en su carrera, llega a uno de los cuatro grandes torneos como cabeza de serie y número uno. Djokovic preside la parte baja y en el exordio se encuentra Fernando Verdasco, el zurdo español al que salvó cinco puntos de partidos la semana pasada en Doha. Murray ya perdió una final contra Roger en 2010 y no cabe duda de que a los aficionados se les hace la boca agua pensando en su posible enfrentamiento en cuartos. También en teoría, Federer debería enfrentarse, entre el tercer turno y los octavos, a dos top 10, Berdych y Nishikori, por lo que podría llegar cansado al encuentro contra Sir Murray —Elizabeth II acaba de nombrar a Andy «Knight Bachelor»—. «Aunque tengo la impresión de que a ellos les preocupa más encontrarse con el número diecisiete del mundo en su sector del cuadro, lo que a mí me preocupa es que me toque un adversario con una buena clasificación —dice bromeando (relativamente) la víspera del sorteo. La verdadera pregunta es: ¿Cuánta gasolina quedaría en mi depósito después de una serie de partidos con quinto set? Lo averiguaré jugando.»

Después, todo pasa muy deprisa. Contra todo pronóstico, Djokovic despide a Verdasco en tres sets, pero en el segundo turno tropieza con el uzbeko Denis Istomin, el rey del quinto set; Murray pierde a manos del tenis brillante y agresivo del otro Zvevev, Misha, veintinueve años, número cincuenta de la ATP y hermano mayor de Sasha, el talento reconocido a quien Rafa Nadal gana en cinco sets. El cuadro ya no tiene amos, o mejor dicho, ya no tiene a los amos que todos se esperaban. Los verdaderos, los de antaño, los de rancio abolengo, siguen ahí. En el caso de Federer, gracias también a los «peques» de la familia. «¡No pierdas, papá! Queremos quedarnos un poco más.» Y Roger les da lo que quieren. Así que Leo, Lenny, Myla y Charlene, las dos parejas de gemelos de casa Federer, pueden continuar sus vacaciones en el país de Oz.

Tras una emocionante cuarta ronda arrancada en cinco sets a Nishikori, propina un tres a cero a Misha Zverev en cuartos; después, en la semifinal, le toca la vigésima segunda edición del *derby* de Suiza contra Stan Wawrinka, que liquida a un apagado Jo-Wilfried Tsonga. «Si antes del torneo me hubiesen dicho que Stan y yo nos íbamos a encontrar en la semifinal, no me lo habría creído —dice el Genio—. Hablo por mí, claro. Hasta hace unos días ni siquiera sabía que estaba en mi sección del cuadro.» Una mentira piadosa de las que se cuentan a los niños. Federer lleva una ventaja de 18 a 3 y nunca ha perdido contra su compatriota sobre cemento. «Aparte de Nadal, Stan es quien mejor conoce mi tenis, pero mientras que con Rafa me he entrenado una sola vez, con Stan he perdido la cuenta.» Wawrinka juega dos sets con los nervios a flor de piel, agobiado por la grandeza de su amigo-rival; en el tercer set, pide que le miren la rodilla, pero logra recuperar el ritmo del partido. «En la mitad del cuarto set —cuenta Federer—, he notado que mi tenis se desvanecía. Puede pasar, de repente las cosas se tuercen y ni siquiera sabes por qué. Así que cuando hemos pasado al quinto set, Stan era seguramente el favorito.» El Fenómeno sale de la cancha y su fisioterapeuta le da un masaje en los abductores. Parece acabado, pero de repente algo —la casualidad, el capricho de una divinidad o, simplemente, el miedo de Wawrinka a la victoria— cambia el rumbo del partido. «He vuelto a encontrar la energía y la confianza en mí mismo. He vuelto a jugar bien. Stan me ha regalado un punto de rotura de servicio fácil (en el 4-2) y a partir de ese momento solo he mirado hacia delante.»

Desde que Nadal ha eliminado a Raonic en los cuartos, una idea que antes estaba prohibida y que ahora reluce empieza a serpentear bajo el cielo de Melbourne. «Cierto, entiendo que una final contra Rafa sería legendaria para todos», explica Roger el viernes, después de desmontar en cinco sets todas las convicciones de *Stanimal* y de quienes lo consideraban un buen espectáculo tenístico —a pesar de su escasa concentración al cabo de los seis meses que ha pasado haciendo de niñera. «A Rafa le tengo muchísimo respeto; sinceramente, al principio del torneo no pensaba llegar tan lejos, ni siquiera en el más loco de mis sueños. Pero, a estas alturas, lo importante es ganar».

Federer vuelve pues a participar en una final de Slam un año y medio después de que perdiera contra Novak Djokovic en el Abierto de Estados Unidos de 2015, y cuatros años y medio después de la que ganara en Wimbledon en 2012. La vigésimo octava de una carrera para la que se queda corto cualquier adjetivo y que cabe a duras penas en las listas de sus récords, que se amontonan en Wikipedia o en la web de la ATP. Al igual que para las hermanas Williams —71 años entre las dos—, que llegan juntas a la final a catorce años de distancia, el Abierto de Australia se convierte para Roger en una piscina milagrosa, capaz de regenerar fenómenos.

«Tanto Rafa como yo nos hemos dado cuenta de que para volver a estar al 100 por cien teníamos que sentirnos libres de cuerpo y de mente.» Las superficies rápidas de Melbourne lo han ayudado, «porque nosotros, los veteranos, estamos acostumbrados a golpear por instinto, sin pensar demasiado. Desde que empezó el torneo me he ido convenciendo de que no tengo nada que perder, y está funcionando.» De hecho, los más asombrados son ellos. «En octubre invité a Roger a la inauguración de mi academia en Mallorca —recuerda Rafa Nadal—. Estaba previsto que jugásemos un partido de exhibición, pero a mí me dolía la muñeca y a él la rodilla, así que al final solo peloteamos un poco. Pero ni él ni yo imaginábamos que íbamos a encontrarnos aquí, en la final.» *Rewind. Stop. Replay.* De los achaques a la inmortalidad en menos de tres meses. Trece años después, el tenis vuelve a empezar con ellos, y puede que este sea el récord más grande de la empresa «Fed & Nad». Amigos, enemigos, pero nunca simples adversarios. La primera vez, en Miami, Federer cayó inmediatamente en la cuenta —como Keith Carradine en *Los duelistas* de Ridley Scott— que jugar contra ese chaval con camiseta y bandana no iba a ser fácil; 34 encuadres después, protagonizan un nuevo capítulo.

Rafa tiene menos pelo —pero le está creciendo después del trasplante— y la camiseta sin mangas está abandonada en un cajón, aunque el empuje sigue en su sitio. Le ha bastado la magnífica y brutal semifinal contra Dimitrov, con un quinto set de una calidad asombrosa, para disipar cualquier duda («Pero ¿no estaba en crisis?, ¿no había perdido la derecha y la autoestima?»). «Me dije a mí mismo que quería ganar ese partido —explica Rafa—. Grigor también se merecía la victoria, pero he ganado yo, y soy muy feliz. La final es un sueño y jugarla contra Federer es un privilegio. Nuestra rivalidad va más allá del tenis.» El combate perfecto: Apolo contra Dionisio, la elegancia contra la pasión; la historia del tenis invadiendo la leyenda del deporte.

No se encuentran en una final de uno de los grandes torneos desde 2011, en París, donde Nadal ganó por cuarta vez en cuatro asaltos contra el Genio. Durante tres años —de 2006 a 2008—el rojo y el verde del Slam fueron suyos. Golpes de derecha, de revés y lágrimas; las amargas de Nadal en los vestuarios del All England Club, en 2006 («Creía que había perdido la única oportunidad de ganar Wimbledon»), y las inconsolables de Federer después de la primera y única final (de Nadal) en Melbourne Park, en 2009. Uno es el jaque del otro, son como los Dioscuros. El «Más Grande» y el «Hombre», que casi siempre ha ganado al más grande. En total, 23-11 para Nadal, 9-2 en el Slam y 6-2 en las finales de Slam. Pero las estadísticas pasan, como los adversarios o las lesiones, y ellos siguen ahí. «No puedo creer que vaya a jugar otra vez contra él —dice Federer—. Nos cuesta creer que sea verdad.»

«Yo creo que puede conseguirlo —susurra la víspera Ivan Ljubicic, exnúmero tres del mundo, nacido en Banjia Luka, pero criado por Riccardo Piatti en el círculo tenístico *Le Pleiadi* de Moncalieri. Ahora tengo que conseguir que él también se lo crea.» Los fuera de serie saben escuchar a quienes les susurran a su alma, y Roger no es una excepción. Federer entra mejor en el partido, se deja superar, vuelve a llevar una ventaja de dos sets a uno. Entre el final del cuarto set y el principio del quinto, la magia de sus voleas a media pista —una, paralela, verdaderamente inimaginable, digna de un caballero jedi— parece haberse evaporado. Al otro lado de la red, el Caníbal vuelve a hincar el diente. «En ese momento habría podido dejarme llevar —dice—. Sin embargo, he pensado que aún podía ganar, pese a la duración del partido.» Dos reveses regios y dos servicios rotos, la resurrección. El Genio remonta con aplomo zen de 1-3 a 5-3, sirve y conquista el partido con una derecha cruzada que Nadal, desesperado, agotado por los milagros que ha presenciado y por las ocasiones perdidas, pide comprobar con el Ojo de Halcón, la moviola electrónica. Es inútil. La victoria no le habría sentado mal, más bien todo lo contrario, pero la determinación de Federer, su tozudez, sus ganas de no rendirse a un guion que parecía ya escrito, han marcado la diferencia. Para salir de la trinchera en la que el español solía acorralarle, le ha dado un repaso a su *timing* alienígena y ha llevado al extremo el arte de la volea, que siempre ha poseído, ha dado un paso adelante y ha respondido con el brazo extendido, incluso con el revés —en vez de resistir únicamente con el golpe cortado—, para robarle tiempo a Nadal. «El quinto set ha sido el momento más glorioso de mi temporada», dirá Roger doce meses más tarde. Porque, tarde o temprano, uno comprende que todo es posible si eres libre. «No tenía intención de seguir soportando los golpes de derecha de Rafa. Lo hablé con Ljubicic y Lüthi antes del partido. No pienses en el adversario, seguía repitiéndome en la pista, golpea la pelota como tú sabes. Debes tener la cabeza despejada y ser libre de movimientos. Ya lo verás, el valor será recompensado.»

Antes de que Rod Laver lo premie de nuevo y de que Mirka se lo coma a besos, Federer llora de alegría, pero su primer pensamiento es para su rival. «El tenis es un deporte duro, no existe el empate, si existiera, hoy contra Rafa me habría conformado con eso. Pero es una victoria importante como la del Roland Garros, que antes de 2009 se me había escapado muchas veces.» Le sirve para reincorporarse entre los diez primeros, mientras que Nadal sube al número seis.

Durante la entrega de premios, pronuncia una frase misteriosa que conmociona al público: «Espero volver el año que viene, si no fuera así, ha sido muy bonito.» Pero al día siguiente se corrige: «Claro que volveré, he estado seis meses ausente para prolongar mi carrera, creo que podré jugar un par de años más. He pasado una noche muy divertida, todo el mundo estaba contento, para mí eso cuenta más que mi propia felicidad. Entre el partido, los reportajes fotográficos y los bailes, no me aguanto en pie. Ahora tengo que concentrarme en descansar. Volveré a la cancha en febrero, en Dubái. Me prepararé a fondo para el Roland Garros, pero ya sé que tengo más posibilidades en Wimbledon, y también puedo jugar bien en el Abierto de Estados Unidos». Un suspiro de alivio. Sus compromisos actuales y algunos de sus contratos expiran en 2018, pero ha sido mejor oírselo decir. Al ganar su decimoctavo

Slam, Federer ha mantenido una promesa que hizo en 2009 cuando nacieron las gemelas: «Quiero que mis hijos me vean jugar y ganar». En Melbourne están los cuatro, Myla, Charlene, Leo y Lenny, que llenan la copa de juguetes y se sorprenden de lo grande que es. «Papá, ¡podríamos comer aquí dentro!»

Aunque nadie podrá saber quién es el tenista más grande de la historia del tenis, la final corrobora que el chico de Basilea es el más amado de todos los tiempos. Un objeto de culto planetario, el campeón de todos. El fuera de serie que posee todas las cualidades: talento, elegancia y lealtad de deportista victoriano. Una fama a la que contribuye en gran medida la enorme rivalidad con Rafa, que en Melbourne recibe el abrazo casi erótico del público de la Rod Laver Arena y el virtual, pero evidente, que millones de hinchas pegados a la televisión en todo el planeta le envían a través de las redes sociales. El día de la final, los organizadores de Melbourne se han visto obligados a abrir el Margaret Court Arena para acoger a otros 10 mil fans mientras el partido se emite en directo en cinco pantallas gigantes repartidas por la ciudad. Y después de la final, Roger y Rafa han sido exhibidos en carne, sangre y raqueta también en esa pista, como emperadores de visita.

Es difícil encontrar en la historia del deporte otra rivalidad tan larga, rica y valiosa como la suya. Con el paso de los años, el rebelde que se teñía el pelo de verde se ha convertido en un icono del deporte del nivel de Diego Maradona, Mohamed Ali, Michael Jordan o Tiger Woods. Por fuera, el físico perfecto, la bandana casi oculta entre los rizos morenos, los gestos de un Nureyev de las canchas, la desenvoltura de una perfecta máquina de *marketing* que habla cuatro idiomas (incluido el alemán-suizo) que se mueve como un modelo; por dentro, el chico de siempre, que ama el tenis con locura, amable con todos (incluso con los periodistas), que a pesar de frecuentar amigos cuidadosamente escogidos siente curiosidad por el mundo que lo rodea, que adora a su familia y a su clan. Ese clan que lo ha acompañado y protegido durante los seis meses que ha pasado alejado de los torneos por culpa de la doble fractura de menisco, tres meses de rigurosa inactividad con escapadas a Dubái para asistir a la Fórmula Uno y a París para participar en la semana de la moda con Mirka. Un círculo mágico ampliado que también incluye a su *manager,* Tony Godsick, a su preparador, Pierre Paganini, a su amigo y entrenador Severin Lüthi —capitán de Suiza en la Copa Davis y, a estas alturas, un miembro de la familia—, a Ivan Ljubicic y al fisioterapeuta Daniel Troxler, que también lo había sido del maratoniano Viktor Rothlin, bronce en los Mundiales de Osaka de 2007 y campeón europeo en Barcelona 2010. Federer ya había conocido a Troxler en los Juegos de Sídney de 2014 y lo quiso en su equipo en lugar de Stephane Vivier, heredado por Dimitrov.

Durante las doce semanas anteriores al Abierto de Australia, Roger vuelve a entrenarse, a poner a punto su motor perfecto y a tensar sus músculos de seda y acero, y no lo hace con la intención de aguantar un solo torneo. Nadal se encuentra con él en Indian Wells, en un octavo de final que Federer le birla con donaire, exhibiéndose en una hora y media de tenis exquisito. En Dubái, en el primer partido después del triunfo australiano, Federer se había topado con el ruso Evgheny Donskoy, número 116 de la ATP, una derrota casi graciosa. En California, ante lo más solvente del planeta (Larry Ellison, organizador del torneo, y Bill Gates), le deja cinco juegos a Nadal. «En Melbourne tuve varias oportunidades —admite Rafa con la mirada afligida—. Esta vez, Roger ha sido sencillamente el mejor. Si no juegas en perfecta forma partidos como este, no tienes salvación porque cuando Roger logra ventaja, ya no lo para nadie.» Es la tercera victoria consecutiva del Genio contra su rival después de Basilea 2015 y del Abierto de Australia de enero. Una racha que nunca había tenido en su carrera; además, todo hay que decirlo, el Nadal de antes mordía más fuerte. «Arrancar tres partidos consecutivos a Nadal me hace sentir muy bien, os lo aseguro. Pero no puedo celebrarlo como debería porque tengo que volver a la cancha enseguida.»

En los cuartos, Kyrgios se retira antes de entrar en la pista; en la semifinal, Jack Sock se rinde en dos sets, y lo mismo le pasa a Stan Wawrinka en la final. El día del padre, Federer levanta los brazos al cielo y busca con la mirada a su madre, a su mujer y a su prole, que se desgañitan en la tribuna. Se encuentran cara a cara el adulto y el niño. Gana el torneo perdiendo el servicio una sola vez, y, sobre todo, jugando con la ligereza ardiente de los buenos tiempos. Cuerpo enjuto, con las venas de las pantorrillas y de los antebrazos marcadas como en un bajorrelieve de Fidias, estado mental superior y relajado. Djokovic y Murray, en cambio, se han esfumado en los últimos meses y ni siquiera jugarán en Miami.

«¿Qué pasará ahora? No puedo saberlo, porque a principios de año tampoco estaba planeado ganar el Abierto de Australia e Indian Wells, ahora tendré que revisar mi programa.» Un esfuerzo logístico que se vuelve todavía más apremiante después de Miami, donde se representa el tercer acto de la que ya no es una reposición melancólica, sino una nueva temporada de éxito. Cuando los fenómenos entran en la pista de Crandon Park, el público delira, parecen los dos últimos Beatles. Pero el texto y la música en este principio de temporada son exclusivamente del McCartney del tenis. Y no me refiero a *Yesterday*, sino a *Let it be*, deja que suceda. Deja que Roger Federer y Rafa Nadal duelen para reconquistar el número uno del ranking mundial.

Federer ha viajado adelante y atrás en el tiempo en el camino hacia la final. Ha superado al Next Gen, Frances Tiafoe, en la primera ronda; más tarde a una kryptonita de mediana edad como Del Potro, la mediocridad dorada de Bautista Agut, la nobleza venida a menos de Berdych, y, para acabar, la irreverencia ingenua de Kyrgios. El joven Nick se permite bromear con el Patriarca, burlándose de él con *passing shots* por debajo de las piernas, pero en el momento decisivo, con dos mini breaks a su favor, se elimina a sí mismo con una doble falta mientras todo el estadio suspira por su adversario. La señora Federer, pillada *in fraganti* en las redes sociales, le abuchea. Una vez liquidado Nick, entre Roger y la enésima porción de leyenda solo se interpone la acostumbrada orografía ibérica, pero Federer ha ganado cuatro veces en Miami y Nadal ninguna, a pesar de haber participado en cuatro finales. «Jugar contra Rafa es como escalar una montaña —dice Roger—. Me acuerdo muy bien de nuestra final de 2005, supuso un cambio en mi carrera. Todo el partido jugando derechas en la línea de fondo para demostrar que sabía luchar. Ahora es como en los viejos tiempos, nos enfrentamos cada semana. Espero que esta vez no sea la última.» Improbable. «Espero que Djokovic haya visto el partido Federer-Kyrgios —comenta Becker, el exentrenador de Nole—. Ha llegado la hora de quitarle el polvo a las zapatillas, de encordar la raqueta y de volver al trabajo.» Para convertirte en pasado, si no eres eterno, basta un momento.

En la final, Roger luce por decimonovena vez en veinte partidos, con la elegancia de siempre, la última versión de su tenis. Hasta en un baño turco, contra un Nadal nada despreciable, parece que desfile por la pasarela. Altos porcentajes de servicio (cuando obtiene el 70 por cien del saque es estadísticamente casi invencible), intercambios reducidos a lo esencial, derechas y sobre todo reveses de respuesta jugados con los pies en la línea de fondo. El tercer éxito del año contra el antiguo rival le devuelve la cuarta posición, a 6.610 puntos de distancia de Andy Murray, todavía en dique seco por culpa de un codo maltrecho. Hasta el Abierto de EEUU, Federer tiene que defender solo 1.260 puntos, mientras que a Murray le vence una letra de 6.620 puntos, a Novak Djokovic de 5.900, a Stan Wawrinka de 3.745 y a Nadal, que en 2016 no ha jugado en Wimbledon, de 2.400. Desde 2009, quien ha cerrado el año a la cabeza del ranking siempre ha ganado, de media, ocho torneos, dos Slams y cuatro o cinco Masters 1000. Tres meses después, Roger, que no conseguía el triplete Abierto de Australia, Indian Wells y Miami desde 2006, su mejor año como profesional, ya ha ganado tres torneos, un Slam y dos Masters 1000.

Cuando empieza la temporada de tierra, le toca a Nadal, que acierta un triplete parecido: Montecarlo, Madrid y Barcelona. No consigue Roma, donde el cansancio y un Thiem en racha le paran los pies. El *show* es suficiente en cualquier caso para que Federer se convenza de que no debe presentarse en París. «Lamento comunicar —escribe en su página web—, que he tomado la decisión de no participar en el Roland Garros. He trabajado duro este último mes, pero soy consciente de que para seguir jugando durante mucho tiempo en el circuito, este año tengo que evitar la temporada de tierra y preparar mejor las de hierba y cemento. El principio ha sido fantástico, pero sé que la programación es la clave de mi longevidad. Mi equipo y yo nos hemos dado cuenta de que jugar un solo torneo en tierra no era lo mejor para mi tenis y mi condición física. Echaré de menos a los fans de París, espero volver a verlos en el Roland Garros del año que viene.» Un baño de realismo. No hay que olvidar que su preparador, Paganini, ve con recelo el esfuerzo excesivo. Se desvanece el sueño de asistir a la revancha sobre tierra roja de la histórica final de Melbourne con Nadal. Ya veremos en Church Road. Duele, pero hay que admitir que a sus casi 36 años, Federer ya no es el hombre adecuado para todas las temporadas. Considerando el paseo de Nadal por los Campos Elíseos, donde gracias a un cuadro benigno se zampa a toda la competencia, la elección acaba revelándose correcta.

¿Quién ganará Wimbledon? me pregunto. Y se lo pregunto una tarde a Pat Cash mientras mordisquea una barrita energética desmigajada dentro de un yogur en el bar de los jugadores, el Players Lounge del Roland Garros. «Ganará Federer, no cabe duda —responde el Pirata, que está a punto de volver a la cabina para comentar un partido para Eurosport—. Ha vuelto a su nivel de antes, con un revés mejorado. Se ha saltado la tierra batida porque sabía que no tenía posibilidad de ganar a Nadal o a Thie; le faltan unos partidos, pero ¿quién puede ganarle sobre hierba? Puede que un Murray o un Djokovic».

En 1987, fue precisamente Cash el primero que escaló Wimbledon, encaramándose por las tribunas para abrazar a su clan tras haber negado a Ivan Lendl en la final la ansiada victoria en Championships. Un gesto que muchos, incluido Nadal, han imitado. Su bandana de cuadros y sus voleas pertenecen a la historia del tenis tanto como su paseo por la tribuna, iconos de un tenis de asalto que hoy ha desaparecido incluso en hierba.

«Ahora solo puedes subir a la red si mides 1,90 como mínimo y eres un gran atleta —dice Pat sacudiendo la cabeza—. A los chavales solo les enseñan golpes de fondo, es difícil que suban jugando como yo. Solo si cambia la tecnología. Las cuerdas de hoy día proporcionan tanta potencia añadida que se hace difícil jugar voleas con pelotas tan llenas de efecto. Los globos son lo peor, fíjate en lo que logra hacer Murray. El béisbol y el golf han puesto limitaciones, el tenis debería haberlo hecho hace diez años. En la actualidad, el mejor en la red es Murray, después diría que Nadal, que tiene una óptima posición y no se equivoca nunca.» ¿Mejor que Federer? Le pregunto arqueando una ceja. «Roger solo juega bien en la red cuando está en forma, pero a veces, ay, monta cada desastre… Sobre todo con las voleas de derecha.»

En 1987, Cash derrotó a Wilander en los cuartos, a Connors en la semifinal y a Lendl en la final, no está nada mal. «No le temía a Lendl —prosigue, y los ojos azules empiezan a brillarle—. Había derrotado a Wilander en la Copa Davis. Y en la final del Abierto de Australia, con un hombro dolorido, perdí por un pelo. El problema era Becker, con él sabía que tenía que darlo todo. Pero Boris perdió en el segundo turno, y a partir de entonces trabajé mucho con mi psicólogo para aprender a concentrarme. Teníamos una señal que él me hacía durante el partido cuando veía que aflojaba la tensión.»

Por lo que parece, hoy en día lo más difícil es estar a la altura evitando las lesiones, como Federer, que ha tomado la decisión de saltarse una cita tan importante como es París.

«A mí me pasó lo mismo. Siempre quería tomarme seis meses de pausa, pero llegaba alguien ofreciéndome dinero para jugar aquí y allá y cedía. Mi cuenta corriente iba subiendo, pero mi tenis bajaba. Al final, volví a encontrar la motivación, lástima que después de tantas lesiones mi cuerpo ya estuviera saturado.» Pero antes hubo aquel memorable sexto grado en el Centre Court. «Me sorprendía que en el mundo del tenis nadie abrazara a su equipo, así que me dije que si ganaba Wimbledon, ese año lo haría. Fui el primero en moverme con mi equipo, para mí era importante darle las gracias. Los demás tenían un preparador como mucho, yo tenía preparador, fisioterapeuta y psicólogo. Mi padre se volvía loco buscando las entradas que le pedían porque le preguntaban "¿Quién es toda esta gente?". Pero tuve que darme prisa, en Wimbledon todo pasa muy rápido, tres minutos después del punto de partido, los recogepelotas ya están en fila para la ceremonia de entrega de trofeos. Cuando los vi entrar a todos, me dije, Pat, tienes que hacerlo ahora. Pareció algo espontáneo, pero lo tenía planeado.» ¿Lendl sigue enfadado? le pregunto. «Qué va. Es una persona inteligente, me gusta estar con él, a pesar de que tiene un sentido del humor un poco particular. Un gran jugador, pero odiaba la hierba, perdía hasta con su entrenador, Tony Roche. De acuerdo, no ha ganado Wimbledon, pero sí todo lo demás. Siempre hacíamos broma: Ivan, deja algo para nosotros. Pero perdona, tengo que irme, dentro de poco empieza mi partido. ¡Nos vemos en Wimbledon!» Cuenta con ello, campeón.

Ganar el mismo año Roland Garros y Wimbledon sigue siendo una de las hazañas más difíciles del tenis. Borg lo ha logrado tres veces, Nadal dos. «Se necesitan muchas pequeñas adaptaciones, en los apoyos, en la ejecución de las voleas, en el agarre —me explica por teléfono Charly Moya, entrenador oficial de Rafa con su tío Toni durante este año—. La respuesta, vista la potencia de los servicios, es fundamental, los intercambios duran menos. Es sobre todo una cuestión mental. En tierra, Rafa se recupera de un error rápidamente, en hierba, un error puede ser decisivo. Hay que estar siempre alerta.» Para el Nadal que se ha visto a partir de Montecarlo —menos devastador que tres o cuatro años antes, pero que no deja de ser lo más parecido a sí mismo—, el doblete tierra roja y hierba no parece imposible.

Como le sucedió a Sansón, el corte de pelo no le trae suerte a Federer, que a la vuelta de más de dos meses de retiro, pierde en el debut de Stuttgart en tres sets contra Tommy Haas. El jugador, de la quinta de 1978, no lograba derrotar al suizo desde 2012, también sobre hierba alemana, pero en Halle. Federer, en la segunda derrota de la temporada, parece sujetar firmemente las riendas del partido después del primer set, y en el juego decisivo del segundo se hace con un punto de partido para cerrar el tema, pero se atasca. Tommy, exnúmero dos del mundo que ha descendido trescientos puestos y ha entrado en el cuadro gracias a una *wild card*, está encarando su última temporada y ha empezado una nueva carrera como director del torneo de Indian Wells. Pese a ello, juega un óptimo partido y lo gana aprovechando que el Genio, que sirve 23 saques directos, pero comete algunos errores de más, anda un poco oxidado.

Roger está cansado de entrenarse, no ve la hora de encontrar el ritmo justo del partido, cosa que sucede puntualmente en Halle, donde en la final fulmina en dos sets (6-1 y 6-3) a Alexander Zverev en el duelo entre el Antiguo Maestro y el campeón de la Nueva Generación. Bajo el techo del Gerry Weber Open, cerrado por culpa de la lluvia, tiene lugar la revancha de la semifinal de 2016, cuando se impuso Sascha Zverev, pero esta vez, contra el Federer edición 2017, el aprendiz queda como un mozo del taller.

Entre Roger y Rafa, dominador de la tierra roja, se libra una batalla entre pluri ganadores del mismo torneo. En efecto, ambos son los únicos de la era del Abierto que han ganado más de ocho veces el mismo evento. Rafa ha sellado diez veces tanto Montecarlo como Barcelona y París; Federer ha interpretado la novena en Halle, ha ganado siete veces en Dubái, y además de los Championships, este año podría ganar por octava vez en Cincinnati y Basilea y aspirar al séptimo Masters. A estas alturas, se trata de apostar por quién resistirá más.

Una risueña máquina de tenis

Durante los primeros años que pasó con Federer, Pierre Paganini intentaba que su alumno no se aburriera y añadía otros deportes, como el baloncesto, a su entrenamiento. Pese a que las cosas han cambiado con el tiempo, la costumbre de fraccionar el entrenamiento a lo largo del año —no solo durante la época invernal—, con convocatorias puntuales en los momentos importantes de la temporada, ha permanecido. Lo mismo puede decirse de la costumbre de usar ejercicios escrupulosamente diseñados a la medida de las exigencias de un tenista. «En el tenis tienes que ser fuerte, rápido y dar prueba de gran resistencia —explica Paganini en una entrevista concedida a Christopher Clarey publicada en *The New York Times*—. Pero no tienes que olvidar que estas cualidades deben ser puestas en práctica en la cancha, no en una pista o en una piscina. Por eso hay que crear un nexo entre la velocidad y el modo en que se utiliza en una pista de tenis. En el tenis, nueve de cada diez veces la velocidad sirve al dar los tres primeros pasos, después hay que encargarse de darle a la pelota. Por eso el entrenamiento tiene que ser especialmente intenso en esos primeros tres pasos [...]. En el tenis, no se le puede dar a la velocidad el mismo sentido que en los 100 metros. Lo que cuenta es el tiempo de reacción y cómo se coordina. No se trata simplemente de moverse rápido, hay que moverse bien, porque en un partido de tenis tienes que hacerlo muchas veces seguidas. Roger ha demostrado —como otros antes que él— que es posible hacerlo incluso después de los 30 años. A menudo, hablando con él, nos olvidamos de la disciplina que mantuvo durante años, muchos años.» Por otra parte, Roger ha seguido los consejos de

Paganini desde diciembre de 2000. «Pierre logra hacer agradable el trabajo en el gimnasio —confirma—. Yo me limito a escuchar lo que dice, porque creo en lo que hace. A veces me preguntan si sigo sometiéndome a pruebas físicas regulares y la verdad es que ya no las necesito. Solo con mirarme, Pierre entiende si estoy moviéndome bien o no, si soy lento o rápido. Le debo gran parte de mi éxito y me hace feliz haber podido contar con él desde hace tanto tiempo.»

«¿El secreto de los entrenamientos de Federer? Está en Federer...» Dalibor Sirola es uno de los preparadores más valorados de la ATP —ha trabajado con jugadores de la talla de Ivan Ljubicic, Andreas Seppi o Milos Raonic. «Tengo presente —explica el técnico croata— que he hablado con Pierre Paganini solo cinco o seis veces en estos años. En realidad, hacen prácticamente lo mismo que los demás tenistas de alto nivel, pero, para mí, Roger tiene la categoría de un Michael Jordan o un Diego Armando Maradona. Son atletas extraordinarios y únicos, nacidos para el deporte que practican.» Más allá de su indiscutible talento, otra gran cualidad de Federer a lo largo de su brillante carrera, que empezó en 1998, ha sido poseer un físico inmune a las graves lesiones que sufren sus demás colegas. Lo que ha causado más impresión en 2017 ha sido ver cómo ha recuperado su gran forma física con 36 años, después de seis meses de ausencia por culpa de la doble lesión de rodilla, el primer problema grave con el que se ha topado en tantos años de triunfos. «Todos se sorprenden de la estupenda forma física que tiene Roger a su edad, pero yo no estoy tan asombrado. Si lo observamos durante un partido y, sobre todo, durante un entrenamiento, un experto nota que su mayor cualidad es que está totalmente relajado. En general y no solo cuando hablamos de atletas de su calibre, alguien sometido a estrés mental se pone rígido. Es como poner el freno de mano y acto seguido acelerar, el coche va hacia adelante, pero no tarda mucho en bloquearse. Roger, en cambio, no transmite el estrés a su cuerpo, y no he visto esa cualidad ni en Nadal, ni en Djokovic, ni en Murray. Porque, además, cuando está entrenándose, no ves a un fuera de serie, ves la soltura de un niño feliz que juega al tenis».

Con el tiempo, Federer ha aprendido a coordinarse cada vez mejor, pero el mismo Paganini ha subrayado la capacidad innata del fenómeno de «escucharse» y entender cuándo es el momento de jugar o cuándo es el momento de parar. No es por casualidad que la palabra «prevención» sea uno de los conceptos preferidos del entrenador suizo, casi una obsesión. «Roger ha podido competir en tantos torneos —declaró hace algún tiempo a *The New York Times*— porque sabe concentrarse cuando lo necesita y pararse cuando debe. No malgasta inútilmente su energía. Para un tenista es fundamental hacer las cosas justas en el momento justo, y Roger es muy bueno en eso.» Pero incluso el físico casi alienígena de Súper Rog tiene, evidentemente, puntos débiles, la zona lumbar, por ejemplo. Lo que lo diferencia de otros es que no solo es un gran atleta, sino también un perfecto inspector de sí mismo. «Sabe a la perfección cómo funciona su cuerpo, y a menudo nos avisa de un problema con antelación. Cuando empecé a seguirlo, hace muchos años, le propuse una prueba física muy compleja, y entonces fue cuando me di cuenta de que posee una coordinación perfecta, de la cabeza a los pies. Habría podido ser un sublime lanzador de jabalina, pero también un jugador de voleibol, de baloncesto o esquiador, porque su equilibrio es excepcional. Pero sobre todo, me impactó que al final del ejercicio me explicara por qué le pedí que lo hiciera; no solo sabe qué hacer, sino también por qué. No es un consumidor, sino un creador. De joven era un artista que quería hacer arte, ahora es un artista que sabe con exactitud lo que tiene que hacer para expresar todo su virtuosismo.»

Por otra parte, antes de salir hacia Londres siempre es mejor echar un vistazo a las cuotas de los corredores de apuestas, que marcan como favorito a Federer 3,25 sobre el debilitado campeón saliente Murray (4,33), Nadal (5,50) y el cuarto de los Cuatro Magníficos, Djokovic (7). El Maestro acaba de declarar que cuenta con seguir jugando durante mucho tiempo, puede que hasta los cuarenta años; sabe que no podrá volver a ser número uno en Wimbledon, pero en una primera ronda truncada con un set y calderilla obtenida por el retiro de Alex Dolgopolov, supera los diez mil saques directos en carrera y entra en un club formado exclusivamente por Ivo Karlovic y Goran Ivanisevic, a pesar de que la cuenta se lleva solo desde 1994, lo cual es sin duda un agravante para Goran. Podría parecer un detalle estadístico, pero los detalles son la esencia del éxito. «Si quiero prolongar esta fase de mi carrera, tengo que prestar una atención obsesiva a los detalles —dice Federer—. A mis 35 años, he conseguido un equilibrio ideal que me permite divertirme y ganar a la vez. Y no quiero arriesgarme a perderlo.»

Klizan, opuesto a Djokovic, se retira el mismo día por culpa de una lesión que seguramente ya sufría, pero eso no impide que se meta en el bolsillo las 35 mil libras esterlinas (casi 40 mil euros) de la prima a cambio de una jornada laboral de cuarenta minutos. El público del Centre Court, como es comprensible, se queja. «El presidente del All England Club me ha dicho en broma que deberíamos haber jugado al menos otro set —cuenta Roger—. He ido a buscar a Novak, que estaba en los vestuarios, y se lo he dicho. Estas cosas no pueden hacerse…» Para completar la indignación colectiva, el listillo con la raqueta, Bernard Tomic, derrotado en ochenta y cuatro minutos por Misha Zverev, tiene la desfachatez de declarar: «He empezado a aburrirme a partir del primer set. La verdad es que he ganado algún que otro torneo, y a estas alturas, perder en la primera ronda no me da ni frío ni calor. Sé que jugaré diez años más (tiene 24) y que después no tendré que trabajar el resto de mi vida.» ¿No se merecería ser descalificado? ¿Sus patrocinadores no deberían darle una patada en el trasero? ¿Por qué motivo, de ahora en adelante, los espectadores deberían pagar una entrada para ver jugar a Bernard? ¡Qué aburrimiento! Tomic. «Todos jugamos por dinero», replica el cínico «Bernie», a quien le pide que devuelva el botín. Sí, Bernard, pero antes hay que ganárselo.

«Los jugadores que tienen alguna lesión deberían ceder su plaza a los que pueden jugar sin problemas», ataja Federer. Y en efecto, a partir de 2018 sus deseos serán satisfechos, pues una nueva regla preverá que el lesionado (honrado) y su sustituto compartan la prima. Sin duda, Roger no juega para redondear la pensión, todo lo contrario. Quiere conquistar su última porción de inmortalidad tenística y ha elegido el sitio justo para hacerlo.

Wimbledon, como torneo —o mejor dicho, los Championships— cumple 140 años el día en que Roger Federer y Mischa Zverev se enfrentan en la tercera ronda bajo la mirada de Gandalf, o sea Ian McKellen. Al verlos luchar sobre la hierba ya aplastada del Centre Court, por fin sin miedo de subir a la red, uno se pregunta si habrían jugado igual aquel 9 de julio de 1877 vestidos con pantalones largos de franela blanca. En realidad, las reglas originales del mayor Wingfield preveían una red mucho más alta, sobre todo a los lados, cinco pies, es decir, más de un metro y medio. En los primeros años, en las *lawn,* las pistas de hierba de la Inglaterra victoriana, se peloteaba casi siempre desde la línea de fondo. Fue precisamente el primer ganador de los Championships, Spencer Gore, un hombretón con los brazos y las piernas larguísimos, quien intuyó que acercándose a la red, al adversario le sería casi imposible superar el golpe con un *passing,* especialmente paralelo. En la final, Gore hizo picadillo en tres sets a Frank Marshall, pero el año siguiente fue derrotado netamente por Frank Hadow, que tras haberlo estudiado el año anterior, había ideado una respuesta muy astuta, un golpe nunca visto con olor de herejía, el globo. En aquellos tiempos, con raquetas que pesaban como ramas, algunas voleas a media pista inventadas por Federer y los asaltos anfibios de Zverev no habrían sido posibles. En definitiva, el saque y volea de los orígenes también fue un invento de aquella época, un antídoto a la prehistoria dominada por los prototenistas. Sea como fuere, Mischa, el ruso alemán descendiente del viejo Gore, acaba rindiéndose en tres sets (7-6, 6-4 y 6-4) ante Federer, el genio que de chaval evitaba las inmediaciones de la red «como si fuera una piscina llena de tiburones», en palabras de Peter Lundgren, el tenista que hoy, en sus mejores días, es un compendio de todos los estilos y juega un tenis atemporal.

Por su parte, en 2017, Murray y Djokovic parecen tener fecha de caducidad, como los productos lácteos. Los dos claudican en los cuartos el mismo día que Federer, con Milos Raonic al otro lado de la red, se sirve una venganza en su punto justo de frío por la derrota del año pasado en semifinales. Doce meses más tarde, el eterno incompleto canadiense demuestra estar sencillamente incapacitado. Un aprendiz, un *muggle.* Federer está en su Championships número cien, la misma meta conquistada dos días antes por Venus Williams. En la semifinal, la doceava en Wimbledon, la cuadragésimo segunda en el Slam, cifras de récord, le toca Tomas Berdych, rebautizado «Perdich» por las malas lenguas. El finalista de 2010 ha aprovechado la retirada de Djokovic, que ha salido del campo por debajo de un set y de un punto de rotura de servicio después de haber necesitado un masaje en el brazo derecho. «Es el codo —explica el Joker—. Me duele desde hace un año y medio. Los tratamientos no han servido de nada, cuanto más juego, más me duele, sobre todo con la derecha y el saque. No tenía sentido continuar. Nadie lo lamenta más que yo.»

Murray no se retira, pero en los dos últimos sets contra el californiano Sam Querrey, el sepulturero de los campeones salientes que en 2016 enterró a Djokovic, se limita a arrastrar su muleta, renqueando por culpa del dolor de cadera. Querrey, número 28 de la ATP, está en su primera semifinal de Slam, la primera en Wimbledon de un yanqui desde Roddick, en 2009. Se la jugará contra Marin Cilic, que pone fin al cuento de hadas de Gilles Müller en Luxemburgo. Por otra parte, Murray renqueaba desde que empezó el torneo —a Fabio Fognini, que ha perdido contra él en la tercera ronda en cuatro sets, le pitarán los oídos. «Es un problema que arrastro desde siempre —dice Andy—. Lo he dado todo en la pista de tenis y estoy orgulloso de ello, ahora está por ver qué tengo que hacer para llegar en forma al Abierto de Estados Unidos.» Son los cuerpos (maltrechos) de un presunto delito: la hiperactividad.

«En la vida nada pasa porque sí —sostiene Nole, el filósofo—, Andy y yo venimos de un año durísimo, también desde un punto de vista emocional. Al fin y al cabo, somos humanos.» Murray no pierde enseguida su primacía, pero su trono tiene los días contados. Nadal se lo arrebatará en septiembre, y en otoño también volverá a competir Federer, que, a diferencia de los jóvenes estajanovistas Nole y Murray, ha escuchado a su cuerpo y ha decidido descansar. «Físicamente estoy como quería estar —dice sonriendo—. Y, en el fondo, la hierba siempre es la misma.» El tenis, en cambio, sí que puede cambiar, a peor.

En la semifinal hay un solo momento —cuando la pelota se atasca en una de las raíces que han sobrevivido alrededor de la línea de fondo y él, fastidiado por haber fallado el golpe, le da una patada— en que Roger Federer pierde, por un instante, la vibración justa. El público suelta una risita porque ese banal fallo de derecha, una pequeña rebelión del universo verde contra su propio dueño y señor, le parece inconcebible.

Al final de un torneo en el que prácticamente todo el mundo se ha quejado de las condiciones de las pistas, el Jardinero Sublime demuestra también contra Berdych en tres sets (7-6, 7-6 y 6-4) por qué es justo que sea él quien se juegue el domingo el partido en el Centre Court, el que puede regalarle el octavo título en Wimbledon y hacerle superar en una sola vez a Williams Renshaw, a Pete Sampras, a sí mismo y a todas las estadísticas de la historia. Porque Federer no juega en estas pistas, las habita. Los demás, quien más quien menos, parecen estar de paso.

Se toma la revancha contra Berdych, que lo había derrotado en estas mismas pistas en 2010, peinando la hierba con un revés cortado, acariciándola con las voleas, sacudiéndola con el saque; sobre todo en el 15-40 del sexto juego del tercer set, cuando coloca dos saques directos y dos saques ganadores consecutivos que abaten completamente a su adversario, que ya había visto cómo se le iban de las manos los dos primeros sets en el juego decisivo y que, resignado, cede en el juego siguiente el servicio decisivo.

Roger vuela hacia su undécima final de Wimbledon sin haber perdido un solo set. Nadie ha jugado tantas finales como él en un Slam. Nadal, en París, ha llegado a diez por ahora. En una pancarta se puede leer: «Beli8ve», cree, con un ocho en lugar de la «e». Cilic, que en la otra semifinal se ha deshecho en cuatro sets de aburrimiento oblomoviano del yanqui Querrey, estuvo a punto de echarlo de aquí hace doce meses. Pero desde entonces, Federer ha practicado su mejor magia: curarse de sus achaques y volver a jugar una temporada como un fenómeno. «2016 fue un año difícil —dice—. Me había convertido en un canguro. Ahora, por las noches, cuelgo un letrero que pone "Papá está durmiendo" para poder descansar. Jugar otra final aquí es un privilegio. Marin me derrotó en 2014 en el Abierto de Estados Unidos, y el año pasado en los cuartos tuve mucha suerte y logré apañármelas aquí, en Wimbledon, contra él. Es un chico estupendo y espero que esta vez no juegue tan bien.»

En Croacia se preguntan si Marin tiene la fe necesaria para evitar algo que todos dan por sentado. Pero basta con levantar la vista al cielo para darse cuenta de que el destino está escrito.

En efecto, entre el sábado y el domingo, una erupción solar ha emitido partículas solares en la atmósfera que, según los astrofísicos, permitirán ver la aurora boreal desde Gran Bretaña. Si estuviéramos en la Edad Media, el fenómeno sería una señal del triunfo cósmico de Roger Federer, que en una tarde esperada por todos gana su octavo Wimbledon y destroza con delicadeza en tres sets (6-3, 6-1 y 6-4) los nervios a flor de piel y el metatarso dolorido de la víctima designada. Pero vivimos tiempos modernos, en teoría desencantados, aunque lo cierto es que, gracias a una religión cínica llamada *marketing*, los atletas se han convertido en nuestras divinidades laicas y que Roger Federer es un ejemplo único de Campeón Perfecto, un fuera de serie (aparentemente) sin miedo y sin tacha, capaz de renacer de sus cenizas (y de sus cartílagos), de detener el tiempo y de reconquistar su destino.

En la final, la magia circula al mínimo aceptable, entre las lágrimas de Cilic —que a mitad del primer set ya cae en la cuenta de que esa no es su fiesta y de que todo el mundo, de aquí a la órbita de Saturno, espera ver al divo Roger levantar la Copa— y las de Federer, al final. El croata no arranca mal, pero al Genio le basta romper un servicio para conquistar el primer set. En el 0-3 del segundo, Marin se sienta y se echa a llorar mientras señala el pie que le duele; el fisioterapeuta hace lo que puede, pero no existe una medicina para evitar que juegue en blanco; y en el tercero, ya queda claro que hay suficiente material para que esta sea una gran final. Las señales del cielo no mentían.

Todo el torneo ha sido magnetizado por Federer, y por esta vez hasta la grandeza de Wimbledon parece inclinarse un poco ante el exchaval rebelde de Basilea, que se demuestra capaz de hacerlo mejor que Sampras y que su antecesor Renshaw, volviendo a ganar los Championships catorce años después del primer triunfo (otro récord). «¡Apoyar a Roger mola!», decía el sábado Venus Williams. Y si un consenso tan planetario puede desalentar un poco, hay que admitir que el culto tiene fundamento. Su Majestad Belleza no solo juega el tenis más elegante de la galaxia, sigue ganando con más de 35 años (es el cuarto que llega a tanto en Wimbledon), y encima sin perder un solo set, sino que además lo hace sin herir, sin dividir. Sencillamente embelesando al público. La imagen de Leo, Lenny, Myla y Charlene, que con las piernas colgando del *box* y vigilados por la madre y los abuelos disfrutan de la victoria de su padre, da la vuelta al mundo.

«Creo que los gemelos piensan que se trata de un bonito campo y de una buena vista —dice Roger secándose el sudor de la cara—. Un día entenderán lo que es. Es un momento magnífico para nuestra familia y para mi equipo. El año pasado era impensable que este año fuera tan rico en victorias, pero si luchas, tienes confianza y no dejas de soñar, consigues lo que quieres. Espero que este no sea mi último partido en esta pista fantástica y que el año que viene pueda volver. Gracias, Wimbledon, gracias Suiza.» La magia también reside en una sencillez que roza la banalidad. «Su secreto consiste en dejar el tenis fuera cuando cierra la puerta —sostiene su amigo Tim Henman—. Entra en casa y se tumba en la alfombra a jugar con los niños en medio de un caos de personas.» Roger se ha convertido en un patriarca que habla cuatro idiomas, lleva esmoquin, como Cary Grant, y disfruta del apoyo incondicional de sus compañeros (¿han visto cómo lo mira Laver? ¿Y cómo lo abraza Edberg?) y de familias reales y vips, que lo adoran y han hecho todo lo posible para presenciar el partido y aplaudirlo, de Antonio Conte a Pippa Middleton y Alberto de Mónaco. Roger es la reencarnación de Tony Wilding (inciso para las dos o tres personas que todavía se acuerdan del seductor neozelandés, amigo de reyes y reinas, que se prometió con una actriz bella y rubia como él), el jugador que a principios del siglo xx tuvo embelesados durante cuatro años a los Championships.

Hoy en día, LeBron James y Leo Messi ganan más que Roger, pero nadie goza de tanto crédito económico y humano. Con sus gestos, Federer regala la ilusión de que la vida puede ser una eterna tarde de sol. Un lugar feliz, ordenado y florido como los senderos de Wimbledon. Y en el St. Mary Walk, que observo detrás de la cristalera de mi emplazamiento, el número 68, sus devotos esperan horas y horas para aplaudirlo, con la mirada elevada, como antaño se esperaba el paso centenario de un cometa o de un rey.

Los siete mandamientos de Roger

La pasión: «Amo el tenis y me gusta jugar. Fui un niño soñador, creía posibles cosas que para otros parecían inalcanzables. Eso me ayudó mucho».

La familia: «Mi mujer es mi fan número uno y me apoya incondicionalmente. A menudo hablamos sobre cuánto tiempo podremos seguir con esta vida y del hecho de que viajamos todos juntos durante los torneos, y por ahora todos estamos de acuerdo. Me pareció que los gemelos veían el Centre Court como si fuese un parque infantil y espero que algún día se den cuenta de lo que es en realidad».

El equipo: «Son los que te hacen volver a la tierra cuando tienes la cabeza en las nubes, pero también los que me animaron cuando les pregunté si creían que podía volver a ganar un Slam. Me dijeron que por supuesto, con la condición de que mi salud estuviera al 100 por cien».

El futuro: «¿Jugaré hasta los cuarenta años? Creo que sí, si todo va bien y no tengo problemas físicos. Ni siquiera creía que podía ganar dos Slams en una temporada, y ahora no sé cuánto durará. Pero si estoy bien, hasta las cosas que consideraba imposibles pueden pasar. Además, ahora juego un poco menos, me siento un jugador a tiempo parcial y es una sensación que me gusta».

El Centre Court: «Siempre he sido un jugador de grandes escenarios. En la cancha 18 tengo que esforzarme mucho, no sé por qué no golpeo la pelota tan bien como lo hago en el Centre Court. Me sienta bien enfrentarme a los adversarios más duros en los partidos que cuentan».

Los ocho trofeos: «Ganar ocho veces en Wimbledon no es algo que se programa. En mi opinión, si lo haces tienes que tener un talento inmenso, unos padres y un entrenador que, desde los tres años, te consideran un proyecto. Yo no era así, era un chico normal de Basilea que deseaba emprender la carrera tenística».

Wimbledon: «Siempre ha sido un lugar especial para mí, mi torneo favorito, porque allí jugaban todos mis ídolos. Qué bien poder ser el campeón vigente durante un año. Quise darles las gracias a todos porque, pese a que espero volver, cuando tienes 35-36 años no puedes dar nada por sentado».

Sin embargo, en Wimbledon acaba, tras 18 meses de triunfos, el 2017 tenístico de Novak Djokovic. Lo mismo le ocurre a Andy Murray, aunque, en el caso del escocés, la decisión llega más tarde. Djokovic —que tras el torneo abandona su lugar entre los cuatro primeros de la clasificación mundial por primera vez en diez años— anuncia, primero en Facebook y luego en una rueda de prensa en Belgrado, que la lesión en el codo derecho (inflamación en el hueso) que lo atormenta desde hace casi dos años y que lo ha obligado a retirarse de Wimbledon, le impone permanecer alejado de la competición el resto de la temporada, por lo que se saltará el Abierto de Estados Unidos, las semifinales de la Copa Davis y el Masters de Londres. Una decisión que estaba en el aire, especialmente tras las declaraciones del doctor Milinkovic, el médico del equipo nacional serbio. «Todos los especialistas que he consultado en Serbia y en el resto del mundo me dicen lo mismo, que tengo que descansar —explica el Joker—. El dolor en el codo se debe a un exceso de actividad, lo noto sin cesar cuando sirvo, y ahora ha empezado a dolerme también con la derecha. No ha sido fácil tomar esta decisión, creo que no me he saltado ningún Slam en los últimos diez años, y que en los torneos casi siempre he llegado al final, pero mi cuerpo tiene límites. Quiero recuperar mi forma física y volver a ganar otros trofeos, pero ahora lo más importante es curarme.» Djokovic podrá dedicarse a un evento muy importante de su vida privada. «Dentro de un mes y medio, Jelena, mi mujer, y yo seremos padres por segunda vez. Estas son las cosas que me hacen feliz. Aprovecharé para trabajar sobre algunos aspectos de mi tenis que he desatendido, estoy seguro de que estaré listo para empezar la nueva temporada.» Curiosamente, justo el 26 de julio del año anterior, fue Roger Federer el que anunció una retirada de seis meses.

En verano, el Genio sigue la estela de Nadal, vislumbra el número uno, pero no logra alcanzarlo. En el Masters 1000 de

Montreal, llega habiendo perdido un solo set en los últimos 16 partidos y solo 2 partidos de los 33 jugados durante el año (en Dubái contra Donskoy y en Stuttgart contra Haas). Pero el tercero se lo regala a Zverev, en la final, en baja forma por un dolor muscular, y deja escapar la posibilidad de una ordalía contra Nadal a la semana siguiente. Decide entonces renunciar a Cincinnati, un torneo que ha ganado siete veces, para no arriesgarse a tener una lesión antes del Abierto de Estados Unidos. Uno de los efectos colaterales de la decisión es que el 21 de agosto, a sus 31 años y dos meses, Rafa Nadal vuelve automáticamente a la cabeza del *ranking* mundial, donde había estado 142 semanas y de donde faltaba desde el 6 de julio de 2014, hace más de tres años.

Rafa está seguro de volver a apoderarse de la primacía antes del torneo, incluso si no ganara ni un solo juego, gracias a su extraordinaria temporada sobre tierra, que culmina con la décima victoria en Roland Garros, y al mecanismo de clasificación de la ATP, que impone defender los puntos de las 52 semanas anteriores. A Murray le caducan los seiscientos de la final de 2017 en Cincinnati, mientras que Nadal, a una distancia de 195, solo pierde los noventa correspondientes a los octavos de final.

Pero Federer llega a Nueva York con el destino en sus manos. Si ganara el tercer Slam de la temporada, tendría la seguridad de convertirse, a los 36 años y dos meses, en el número uno más mayor de la historia del tenis y reconquistaría la primacía que había abandonado cinco años atrás, tras 302 semanas pasadas en la cima del mundo. Pero ya a partir de la primera ronda contra el chico de Maryland, Frances Tiafoe, la cosa se pone emocionante. Frances, 19 años, número 70 mundial, sueña desde pequeño con desafiar a Federer y a Nadal mientras peotea contra la pared en el círculo de College Park, que su padre, un carpintero que había emigrado de Sierra Leona, como su madre, Alphina, había ayudado a construir.

«De pequeño jugaba con las raquetas que me prestaban mis amigos ricos o que encontraba en el círculo —cuenta—. Mi padre trabajaba allí y yo intentaba mejorar jugando por las noches o los fines de semana, es decir, cuando no había nadie.» Frances lo ha conseguido, y relativamente deprisa. A los quince años fue el ganador más joven del Orange Bowl; dos años después ganó una *wild card* para el Roland Garros, el tenista más joven de Estados Unidos que lo consigue desde la época de Michael Chang. Ya ha jugado contra Federer en Miami y ha perdido en dos sets. En Flushing, en cambio, lo mantiene sujeto durante cinco, los mismos que el campeón de Wimbledon tiene que emplear en la ronda sucesiva para sacudirse de encima a un veterano aparentemente en el ocaso como Mikhail Youzhny, 35 años, uno menos que Roger, número 101 mundial. Sin darse cuenta, Federer se encuentra dos sets a uno por debajo contra un adversario al que ha derrotado 16 veces en 16 encuentros, concediéndole la miseria de tres sets, y al que encima le dan calambres a partir del cuarto set. Se las apaña, pero comete nada menos que 68 errores no forzados. Es su victoria número 80 en Flushing Meadows, donde nunca había jugado cinco sets dos veces consecutivas. «La verdad es que no he logrado prepararme bien para este torneo, no encontraba puntos de referencia y estoy decepcionado con mi juego.» Contra Feliciano López y Philipp Kohlschreiber, todo, vértebras incluidas, parece volver a ponerse en su sitio, pero en los cuartos aparece el lobo malo de turno. O mejor dicho, un puma de 1,98 de altura, Juan Martín del Potro, que ocho años y cuatro operaciones de muñeca después de la final de 2009, y dos días más tarde de los cinco reñidísimos sets contra Thiem, vuelve a ganar a Roger en Nueva York, esta vez en cuatro sets (7-5, 3-6, 7-6 y 6-4, dos horas y cincuenta minutos), y obtiene la entrada para la semifinal contra Nadal. Para el argentino es el sexto éxito de su carrera contra Federer; para el español, la seguridad de seguir siendo el número uno. Para los espectadores, la decepción de ver cómo se esfuma por enésima vez un Federer–Nadal en el Abierto de Estados Unidos.

Bajo el nuevo techo del Arthur Ashe Stadium, cerrado a causa de la lluvia que cae sobre Nueva York, Delpo lleva a cabo una obra maestra de continuidad, frialdad y concentración contra un Federer poco concentrado que falla continuamente la derecha y que en el 5-4 del set final incluso regala a su adversario el punto de partido con un increíble error, una volea demasiado larga. Ya en el primer set, cuando había cedido el servicio con una doble falta y Del Potro había ganado el noveno juego con un derechazo invertido, se había hecho patente que *el*

Genio no tenía un buen día. En el tercer juego del segundo set, Del Potro resiste con un saque directo al primer punto de rotura de Roger, pero Federer se lo lleva 6-3. El partido, empatado a un set, se decide en el juego decisivo del tercer set. El suizo tira hasta cuatro bolas de set y a Delpo, que ha desperdiciado una ventaja de 3-0 al principio, le basta una bola de set para salirse con la suya 8-7. En el cuarto y definitivo set, la rotura del servicio llega en el 2-2, servicio Federer. Del Potro devuelve una bola alta que Federer ataca a media pista con una volea que acaba varios metros por detrás de la línea de fondo, punto de partido para el argentino. «Es mi mejor partido del torneo», dice Delpo emocionado por la ovación de los hinchas argentinos. Tiene razón, porque en la semifinal Nadal le concede solo el primer set y después se desvanece agitando la derecha. En la final, Rafa pisotea los restos del intruso sudafricano Kevin Anderson —el finalista peor clasificado (número 32) del Slam desde los tiempos de Tsonga, en Australia, en 2008—, en tres sets insípidos, y se apodera del segundo Slam del año. ¿Empatados, Roger?

Los rivales, como también resulta evidente a la semana siguiente en la Laver Cup de Praga, son, a estas alturas, una sociedad *de facto*. Su negocio es el tenis y los beneficios que se reparten, además de los millones de euros de las primas y de los patrocinadores, son los torneos. En Praga se encuentran por primera vez en el mismo lado de la red, en una versión tenística de la Copa Ryder de golf, luchando para Europa contra el resto del mundo. Una exhibición bien remunerada —Federer, que está entre los organizadores, se mete en el bolsillo dos millones de dólares—, aunque sin título en juego, que en el curso de los tres días de torneo, y a pesar del formato enrevesado, encuentra su sentido mostrando a los dos fenómenos hablando, aconsejándose en el cambio de lado, charlando con el capitán europeo, Björn Borg —el de los americanos es, obviamente, John McEnroe— e incluso jugando juntos en dobles. «¿En qué parte te gusta jugar?», le pregunta Nadal la víspera. «Normalmente en la derecha —responde Roger—, pero esta vez decide tú.» Parece comedia, visto que con un zurdo en la pista no hay mucho que escoger.

En la Laver Cup, dedicada al gran Rod, presente entre un público impresionante de campeones, los dos equipos están formados por seis jugadores. Se juega tres días, cada jugador tiene que disputar al menos un individual en los dos primeros (pero no superar los dos a lo largo de los tres días), y al menos cuatro de los seis jugadores de cada equipo deben alinearse en dobles. Los capitanes deciden los encuentros antes de las jornadas, y valen un punto el viernes, dos el sábado y tres el domingo. Gana el primer equipo que alcanza los trece puntos, y en caso de empate hay unos dobles de desempate. Por Europa, además de Nadal y Federer, están Sascha Zverev (número 4 de la ATP), Marin Cilic (5), Dominic Thiem (7) y Tomas Berdych (19); el Resto del Mundo cuenta con Sam Querrey (16), John Isner (17), Nick Kyrgios (20), Jack Sock (21), el canadiense de dieciocho años Denis Shapovalov (51) y Frances Tiafoe, de diecinueve (61, que sustituye a Juan Martín del Potro).

Federer aporta los tres puntos decisivos en el último partido del domingo contra Kyrgios, después de que Isner haya recuperado al Resto del Mundo derrotando a Nadal, pero lo más interesante del torneo se desarrolla el sábado, cuando los fenómenos juegan en pareja y ganan 6-4 y 6-1, contra Sock y Querrey, lo cual no se daba por descontado, sobre todo en *indoor*, en el campo algo lúgubre de color antracita de la O2 Arena de Praga. Dos grandes individualistas —en este caso los más grandes que existen y los más grandes de la historia del tenis— no siempre hacen buena pareja en dobles; y eso sin contar con la tensión, la emoción y las expectativas del mundo entero. «No ha sido fácil, especialmente porque los que no entienden mucho de tenis solo querían vernos ganar —comenta Federer al acabar el partido—. Pero ha sido estupendo jugar codo con codo junto a Rafa, ver cómo lo daba todo. Casi nunca hemos entrenado juntos porque ninguno de los dos quiere que el otro observe sus golpes, pero esta vez nos hemos divertido».

Sensación que, obviamente, comparte Nadal. «Teniendo en cuenta la historia que arrastramos, ha sido fantástico. Si existía un día perfecto para que esto pasara era hoy, con este ambiente, el público, todo era perfecto.» El público se divierte y Tony Godsick, el *manager* y socio de Federer, el millonario brasileño Jorge Paulo Lehman, el otro patrón, y las federaciones australiana y estadounidense, que han apoyado la iniciativa, no caben en sí de alegría. A la galería fotográfica de la rivalidad entre Roger y Rafa se añade una instantánea que nadie se esperaba: su abrazo en el momento de celebrar una victoria que, por una vez, comparten. Después volverán a competir.

Con el triunfo neoyorquino de la sección española de la empresa Fed & Nad, los dividendos están repartidos en dos partes casi iguales. Dos Slams y dos Masters 1000 cada uno, los dos primeros puestos del *ranking* recuperados de un modo contundente. Cinco títulos en total para Roger, que ha dominado la primera parte de la temporada, y cinco para Rafa que, como de costumbre, ha arrasado sobre tierra —tres años y medio después de Doha (2014) y tras ocho finales perdidas— y ha vuelto a ganar sobre cemento. Que alguien se atreva a llamarle «terrícola» ahora que tiene tres Abiertos de Estados Unidos, dos Wimbledon y un Abierto de Australia en su palmarés. Incluso sin contar sus diez éxitos en el Roland Garros, Rafa estaría a la altura de Becker y Edberg. Los Slams ganados son su único pasivo en el balance con Federer: 19 para el Genio, 16 para el Caníbal. «Tres Slams de diferencia son muchos —admite Rafa—, pero yo no vivo para ganarle a Roger, sigo jugando porque me gusta el tenis, aunque si estoy bien, todo es posible. No debería decirlo yo, pero vivimos en una época de campeones que hacen cosas increíbles.»

En Shanghái, la temperatura entre los dos sigue subiendo, ya hablamos de 38 de fiebre, es decir, con la final de China, la cifra a la que asciende el balance de sus encuentros en carrera. En la semifinal, Roger y Rafa se libran de Del Potro y de Cilic respectivamente. «La mitad de las veces que nos hemos enfrentado ha sido en una final —subraya el Genio—. Y estos son partidos que cuentan. Me gusta jugar contra Rafa, aunque los encuentros directos con él no hablan a mi favor, porque es uno de los adversarios que me ha ayudado a superarme. No tengo intención de agradecérselo, pero Rafa me ha obligado a renovar mi juego.»

Evidentemente, para mejor, porque en la final llega la goleada: Federer derrota a Nadal 6-0, 6-4 y 6-3 en una hora y once minutos de un tenis que roza la perfección para Federer, decididamente frustrante para Nadal. Es el segundo triunfo que el suizo esperaba sentado en la orilla del Huangpu, el vigésimo séptimo en un Masters 1000, el nonagésimo cuarto como profesional, el mismo número que Lendl.

La superficie rapidísima del Qi Zong Stadium, con el techo cerrado por temporal por si fuera poco, le favorece netamente, pero él no concede nada, o casi nada. Implacable en el servicio, juega un partido prácticamente perfecto, con tres saques directos y un saque ganador apenas desbocado; cincuenta segundos de juego, entra a mil por hora en el partido, le arrebata inmediatamente el servicio a Nadal y ya no se para. Fulminando con la derecha, robando constantemente tiempo y control a su rival en los intercambios. Nadal tiene un poco de suerte en el 2-1 del segundo set —30 iguales, servicio de Federer—, pero la devora. «¿Qué ha pasado? Que ha jugado mejor que yo —explica con su sencillez habitual—. Puede que yo hubiera tenido que hacer algo más, pero él lo ha hecho realmente bien.» Se detiene aquí, al cabo de 16 partidos, la racha ganadora del ex Niño, que duraba desde el Abierto de Estados Unidos. Ha entrado en la pista con una venda bajo la rodilla izquierda. «No es solo por precaución, pero ahora no quiero hablar de eso. Que quede claro que no sirve de excusa para lo que ha pasado.» Para Federer sigue en pie, aunque reducido a una esperanza estadística, el proyecto de arrancarle el número uno antes del final de la temporada. Una competición de *fair-play*. «Aunque hemos pasado alguna época de frialdad, ahora soy amigo de Rafa —confiesa Roger—. Somos diferentes en la cancha y en la vida, pero en la pista de tenis nos respetamos.»

Antes de cerrar un año rebosante de emociones, a menudo inesperadas, el Genio gana por octava vez el torneo de casa, en Basilea, derrotando a Del Potro en la final en tres sets muy reñidos (6-7, 6-4 y 6-3). Es su séptimo torneo del año, desde 2007 no lograba ganar tantos en la misma temporada. Del Potro había sido el último en derrotarlo en los cuartos del Abierto de Estados Unidos, y Federer había sido el último en derrotar a Del Potro en Shanghái. La víspera del Abierto de Estados Unidos, la «Torre de Tandil» no era más que el número 47 del mundo, después ha cambiado de marcha. La semana antes de Basilea ha triunfado en Estocolmo, ahora es el número 17, treinta posiciones devoradas en dos meses. Del Potro también había sido el único capaz de derrotar a Federer en Basilea en los últimos siete años al ganar el Abierto de Suiza en 2012 y 2013. Pero la energía consumida en las últimas semanas deja huella, y tras haber ganado el primer set y haber jugado con ventaja en el tercero, Delpo se apaga. «Me gustaría llegar a tu edad estando tan en forma como tú —bromea durante la entrega de premios—, pero no creo que lo logre.» Federer le roe otro poco de ventaja a Nadal, pero el sprint del número uno se acaba aquí. El Genio, en efecto, decide renunciar a París-Bercy, un esfuerzo objetivamente prohibitivo, para concentrarse en el Masters.

En Londres ya reina la atmósfera navideña. Bajo el árbol, un Nadal insólitamente engominado recibe el trofeo de número uno del mundo de 2017, pero pierde contra Goffin en el primer encuentro de la vuelta, y él también toma la decisión de despedirse. Su 2017 de récord se acaba aquí. En los dos partidos que faltan del grupo Pete Sampras, lo sustituirá el jugador de banquillo Carreño-Busta. Federer, en el grupo Boris Becker, empieza bien, pero no encanta; mantiene bajo control en dos sets a Jack Sock (el primer americano que entra en las finales desde la época de Mardy Fish, en 2011), que en París ha ganado el torneo que le ha valido el último billete para cruzar el canal de la Mancha. Algunas anécdotas divertidas: Federer falla un *passing* de lo más fácil porque Sock le muestra su lado oscuro, o alguna que otra magia del suizo. No es un gran partido. «Nadal se merece ser el número uno porque ha ganado más torneos —admite Federer—. Al final tenía más gasolina, y tras el Abierto de Estados Unidos mis posibilidades se han evaporado rápidamente. Estoy contento por él, no me arrepiento de nada. A mi edad, hay cosas que pasan y otras que no.»
Federer vuelve a la pista el martes para enfrentarse con Sascha Zverev, el más joven del lote, nuevo como Sock en las *Finals*. Visto el retiro precoz de Rafa, en el partido entre la Golden Gen de Federer y la Next Gen de Sascha se vive una atmósfera de final anticipada; se lo adjudica por tercera vez en cinco encuentros directos Roger, que con la victoria se asegura la entrada en las semifinales por decimocuarta vez en quince participaciones en el Masters, bueno, en las Finales del Circuito Mundial de la ATP. Zverev, dieciséis años más joven que él, lucha durante dos sets y le arrebata el segundo a un Federer muy molesto por momentos.

Pero en cuanto el Genio encuentra su servicio, Sascha se agobia y cede verticalmente al principio del tercer set. En la semifinal, tras un tercer encuentro sin pena ni gloria contra el eterno derrotado Cilic, se enfrenta a David Goffin y, salvo en Bélgica, ya se preparan estadísticas actualizadas y champán para celebrar la enésima *lectio magistralis* del campeón.

El primero que no cree en la posibilidad de ganar al seis veces maestro es el propio David. «Nunca he encontrado la clave para derrotar a Federer», declara con desánimo la víspera del partido. Los resultados corroboran sus palabras: seis derrotas en seis encuentros, dos sets a su favor en total, tres juegos ganados en el último encuentro, en Basilea. En definitiva, el elfo Goffin no sabe cómo ganarle a su ídolo de infancia, ese del que tenía un póster en su habitación. Pero lo logra.

En su primera participación en el Masters, se cumple el milagro, o el desastre, desde la perspectiva suiza, si consideramos que tras dominar el primer set, Federer empieza a lanzar una bola de break tras otra. Tras dejarse superar en el tercer set, entre fallos e imprecaciones, pierde definitivamente tanto el servicio como el hilo del partido, y abandona sin gloria (2-6, 6-3 y 6-4) en una hora y cuarenta y siete minutos el partido que debería haber sido la guinda sobre el pastel de un año extraordinario.

Con un delicioso revés y su tenis de peso pluma (entre los cien primeros del mundo, es uno de los dos o tres tenistas que pesan menos de 70 kilos), David, el número ocho de la ATP que hasta ese momento no había ido tan por delante en los grandes torneos, lleva por primera vez a Bélgica a una final del Masters. Es su victoria más importante, que llega tras haber derrotado también a un Nadal lleno de achaques, un binomio poco común. «No tengo palabras para expresar lo que ha pasado», comenta con sinceridad. Federer, en cambio, pasa sin excesiva nostalgia la última página de un año hermoso y agotador. «Me ha faltado el servicio y David ha jugado mejor que yo. Ahora me esperan dos semanas de vacaciones. Nos vemos en Melbourne.»

Las vacaciones de los tenistas son breves. Entre el entrenamiento y los primeros torneos, que empiezan a final de año, la temporada, que se cierra bien entrado noviembre con la final de la Copa Davis, no permite grandes distracciones. Tras un año de ausencia (justificada) de las pistas de tierra, para Federer la novedad de 2018 podría ser la vuelta a la superficie roja. La víspera del Masters, a Roger se le escapa que volver a presentarse en el Roland Garros es algo sobre lo que debe «reflexionar, valorar los pros y los contras» con su equipo. Pero el Genio ha confesado a quienes lo conocen bien, como Claudio Mezzadri, que no le disgustaría volver a poner los pies sobre tierra. «No toda la temporada —puntualiza Mezzadri—, solo en París, y, como mucho, en otro torneo que podría ser Roma.» Es decir, el Masters 1000 sobre tierra que más le gusta, pues Madrid se juega en condiciones muy diferentes, en primer lugar, de altitud, y en Montecarlo nunca se ha encontrado a gusto. La prioridad será evitar, como lleva haciendo en los últimos años, una programación demasiado apretada y reservar la energía para las grandes citas, es decir, los cuatro torneos del Slam y el Masters.

«¿Volver a ser número uno? Es un gran reto, el más ambicioso del tenis, pero a mi edad es poco realista —responde a quienes le plantean el tema—. Ponerme a perseguir la clasificación sería un error por mi parte.» Tras haber sido distinguido a finales de noviembre doctor *honoris causa* por la Universidad de Medicina de Basilea, Federer ha revelado que ya estuvo a punto de retirarse en 2004, recién cumplidos los 23 años, cuando alcanzó la cúspide del *ranking* por primera vez. «Había alcanzado el objetivo que me había prefijado y me lo planteé en serio. He continuado porque me dije a mí mismo que no debía demostrarle nada a nadie.»

Un talento polivalente

Federer ha cumplido 37 años en 2018. Desde hace tiempo, todo el mundo se pregunta quién será su sucesor. Por usar la metáfora de Gianni Clerici, ¿quién será el próximo Buda del tenis? Otra pregunta interesante que solemos hacernos menos frecuentemente, pero que, a diferencia de la primera, tiene la virtud de ofrecer respuestas, es: ¿Quiénes son los verdaderos antepasados de Federer? ¿Cómo hemos llegado a su tenis? ¿Qué papel tiene en la filogénesis del juego?

Si hablamos de «presencias» que han dejado una huella

profunda en su época, tanto por sus victorias como por su personalidad, podemos remontarnos a los hermanos Doherty, Lawrence y Reginald —que en la actualidad dan nombre a las puertas del All England Club—, y, antes que ellos, a los Renshaw, William y Ernests, cuya leyenda se remonta a los últimos veinte años del siglo XIX. A continuación, descendiendo peligrosamente en vertical, podríamos seguir con Tony Wilding, Norman Brookes, Big Bill Tilden, los mosqueteros franceses Lacoste y Borotra, Donald Budge, Fred Perry, Jack Kramer, Rod Laver, Ken Rosewall, Björn Borg, John McEnroe, Boris Becker y Andre Agassi (más que Pete Sampras). Otra cosa es que queramos remontarnos «a la raíz creadora», a la estirpe tenística encarnada por Federer, esto es, la de un jugador que los anglosajones definen como *all court*, polivalente, universal.

«Hay que tener cuidado con no confundir la habilidad manual con la capacidad de aprovechar toda la cancha», advierte Luca Bottazzi, exjugador profesional, gran estudioso del arte y la ciencia del tenis, profesor y divulgador, además de comentarista de tenis para Sky. «Federer nació como jugador polivalente, pero no siempre lo ha sido en el curso de su carrera. Durante muchos años no logró desarrollar el potencial que tenía desde que era joven, y tampoco las enseñanzas de sus primeros entrenadores, sobre todo de Peter Carter. Como júnior era un jugador polivalente, y lo fue hasta que ganó a Sampras en Wimbledon y se adjudicó su primer Slam. Durante la fase central de su carrera, con la llegada prepotente de Nadal, sufrió una cierta involución y se transformó en un contraatacante de fondo, una especie de Agassi camuflado, que a menudo "soportó" el tenis de Rafa. De 2013 en adelante, también por necesidad, ha vuelto a ser el campeón polivalente, ha vuelto a descubrir la impronta de Carter, los consejos de Tony Roche que no captó en el pasado, y de Edberg y Ljubicic, que ya encontraron en un Federer más maduro el terreno apto para florecer, completando la obra.»

En su árbol genealógico encontramos: «Al principio, los Doherty y Malcom Whitman (1877-1932), el americano ganador de tres Abiertos de Estados Unidos y dos Copa Davis, a caballo entre los siglos XVIII y XIX. Los Doherty lograron coordinar el trabajo que en parte habían hecho los Renshaw, y a día de hoy, salvando las distancias que la época y las herramientas imponen, habrían jugado como los tenistas que conocemos. Ya sacaban con golpe plano, cortado o liftado, y jugaban con dos reveses, plano y cortado, puede que liftado todavía no. Reginald ya servía pelotas cañoneras, la primera pelota fuerte y plana; Laurie era, como él, un atacante, pero más hábil, al estilo de McEnroe, que potente, a lo Sampras.»

Con el salto sucesivo se llega a William *Big Bill* Tilden, personaje de gran envergadura, además de fuera de serie y teórico del juego al que Bottazzi dedicó un libro estupendo. «Tilden encarnó el prototipo de jugador polivalente que sabe dosificar el servicio, jugar en cualquier parte de la cancha y "ver" el juego, es decir, leer con antelación los movimientos del adversario y estar siempre en el lugar adecuado en el momento adecuado. Después de él, otro jugador polivalente fue el barón Von Cramm, mientras que Perry fue más bien un atacante. Siguiendo la estirpe tenística, pasamos a Tony Trabert y, sobre todo, a Rod Laver, mientras que Ken Rosewall era más bien un contraatacante. El paso sucesivo nos lleva directamente a Federer. Paradójicamente, tanto Borg como Nadal —que sirven bien, dan muestra de una gran posición en la red y de voleas inmejorables, como demuestran sus éxitos en dobles— habrían podido convertirse en jugadores polivalentes, pero prefirieron quedarse en la línea de fondo, desde donde estaban seguros de poder reventarlos a todos. Una elección que sin duda les ha costado algunas lesiones y, en el caso de Borg, el agotamiento de su energía mental.»

Federer tiene la ventaja de poseer lo que Roberto Roversi y Lucio Dalla habrían llamado el «motor del mañana», un físico que le permite consumir menos que los demás incluso a pleno rendimiento, y de poder hacerlo durante catorce años consecutivos.

«Nadie consume tan poco como él a ese nivel —explica Bottazzi—. Y añadiría que nadie sabe perder mejor que Federer. Siguiendo correctamente los preceptos de Tilden y de Laver, y tras haber sido un joven terrible, ha sabido convertirse en un perfecto *gentleman* que, analizando las propias derrotas, ha encontrado la motivación necesaria para cambiar. Esta es la gran lección de Roger: cuando se dio cuenta de que ya no ganaba a pesar de jugar un tenis espléndido, supo cambiar y salir de su zona de confort. Es ridículo decir que el Federer de hoy juega voleas de revés a media pista, porque siempre lo ha hecho, pero ahora sabe cómo utilizarla. Durante muchos años lo hemos visto sometido a Nadal, ahora es como si jugando al escondite supiera dónde se esconde el adversario. Le cita dos metros más adelante, quitándole tiempo, y Nadal no tiene soluciones, o un lugar donde esconderse.» Pero volvamos al primer precepto del jugador polivalente: estar en el lugar adecuado en el momento adecuado. «Una cualidad que ha permitido a David Ferrer —que no posee la técnica de Federer o de otros campeones— enfrentarse a ellos a lo largo de los años.» En resumen, el nuevo Federer, que tanto se parece al anterior, pero que es más «consciente» que él, como dice Claudio Mezzadri, no solo sigue ganando, sino mostrando el camino. «El futuro del tenis de hoy se llama Federer. Un señor de 37 años que deja una valiosa lección: hay que saber cambiar. Nadie, hoy en día, es capaz de jugar un tenis como el suyo.» En perfecto equilibrio entre pasado y presente, y en constante diálogo con los campeones que lo han precedido.

2018. Llamadla «Norman»

> «Nadie en el fútbol debería ser llamado genio.
> Un genio es alguien como Norman Einstein.»
> JOE THEISMANN, exquarterback
> y comentarista de televisión.

«¿Lo conseguirá?». El primer whatsapp de la mañana, en cuanto enciendo el móvil —los periodistas, como todo el mundo sabe, se despiertan tarde—, es lacónico y misterioso, y, a pesar de seguir medio dormido, enseguida sé de quién estamos hablando. «Ya no hago pronósticos —respondo camino del ordenador—, pero, si gana a Berdych, sí.» Soy el príncipe de los pronósticos equivocados, pero Gene, que me ha enviado el mensaje, ya lo sabe y no está interesado en mis dotes de adivino, lo suyo es un conjuro.

Federer tiene aficionados en todas partes, el interés casi erótico que provoca es transversal y no conoce geografía o extracción social. Conozco a respetables abogados que en la cancha gritan «¡Vamos!» a cada punto, pero que estarían dispuestos a sufrir penitencias medievales con tal de verle ganar un Masters 1000; a ingenieros de éxito que, cuando emiten un partido suyo en la televisión, se atrincheran en su despacho y desconectan el móvil a costa de perder encargos internacionales; o a productores de vino que, desde hace años, prefieren ir a pescar que mirar sus partidos, pero que reciben información puntual en el móvil sobre su desarrollo entre una carpa y otra. Gene Gnocchi, el autor del mensaje, no es una excepción. Durante la época de oro de Nadal —por quien me acusa de sentir demasiada simpatía—, me confesó que la víspera de los partidos entre los dos fenómenos sale de casa y vaga por la campiña de los alrededores de Fidenza, a la espera de la noticia liberadora o del martirio. «Espero que Roger se retire pronto —gruñó el año pasado al empezar Wimbledon durante una crisis más virulenta de lo normal—. Porque no es normal sufrir tanto.»

Federer también sufre en algunas ocasiones, pero no entre finales de 2017 y principios de 2018. Australia es el País de Oz, la tierra encantada donde Federer pasaba tres meses de vacaciones despreocupadas cuando era pequeño, donde absorbía los ritos y los mitos de una nación enamorada del deporte; aun hoy, cuando está allí —fíjense bien— se le dibuja una enorme sonrisa en el rostro. Pasa la Nochevieja con su familia en Perth, donde jugará la Copa Hopman, que, naturalmente, gana en dobles con la adoradora Belinda Bencic— a juzgar por sus declaraciones, considera a Federer más como un rey taumaturgo que como un colega paternal. En la fase eliminatoria gana 3 a 0 al Japón de Naomi Osaka y Yuichi Sugita, después a la Rusia de Karen Khachanov y Nastjia Pavlyuchenkova y, finalmente, a los Estados Unidos de Jack Sock —dos sets a cero— y Coco Vandeweghe.

En la final, una Alemania temible les está esperando, pero un Roger en versión Mr. Lobo («Soy Mr. Federer, soluciono problemas») rechaza en tres sets a Sascha Zvevev y pone remedio a la previsible derrota de Bencic contra Angelique Kerber, apoyándola en dobles en el desempate. Al tocar la medianoche del último día del año, Roger sonríe a todo el mundo levantando una copa de Moët & Chandon frente al *skyline* de Perth, iluminada por los fuegos artificiales. El retrato de la salud, la imagen perfecta de un campeón realizado que no podría pedirle nada más a la vida. Al fin y al cabo, el nuevo año promete.

Mientras tanto, el Abierto de Australia —salvo Federer— amenaza con dejar de ser un *Happy Slam* para convertirse en el Abierto del seguro de salud. Murray renuncia a su participación para operarse de la cadera; Nishikori está ausente por culpa de un dolor en la muñeca que resiste a los tratamientos; y Wawrinka y Djokovic, que se habían retirado de los torneos de preparación en Brisbane y Doha, deciden participar en el último momento. Al menos hasta las semifinales, el sorteo parece allanar el camino a Nadal, aparentemente curado, y todos, sin duda, sueñan con el *remake* de la final de 2017.

«Es bonito volver a empezar —dice Federer durante la ceremonia del sorteo, en la que participa junto a Maria Sharapova—. Normalmente no vengo al sorteo, me pone nervioso. Pero la final del año pasado fue especial, volví a Melbourne tras seis meses de pausa, convencido de que, con un poco de suerte, habría podido llegar a los cuartos, quizás a la semifinal.» Al final, ha acabado ganando a Rafa. «Ese quinto set ha sido el momento estelar de mi temporada, más que la victoria en Wimbledon.» Año nuevo, ¿vida nueva? ¿Llegará el sexto trofeo austral?

Stan *The Man* es el primero en caer, vapuleado en tres sets por el proTrump arrepentido (al menos en las redes sociales) Tennys Sandgren, que se convertirá en el jugador revelación y eliminará a Dominic Thiem en cinco sets en los octavos. Del Potro se rinde a Berdych, y el finalista del Abierto de Estados Unidos, Kevin Anderson, a Kyle Edmund, que se siente a gusto en su papel de sustituto de sir Murray. En los octavos, Djokovic se ve obligado a rendirse ante Hyeon Chung —que interpreta a la perfección el papel de viceNishikori para el sector asiático— y sobre todo, al dolor en el codo que no para de atormentarle y lo obliga a anunciar una nueva pausa. Según Rafa, que no se anda con rodeos, la culpa de tantas lesiones es del cemento, en el que ahora se juega el 70 por ciento de los torneos del circuito. «Hay vida más allá del tenis y, si seguimos así, nos arriesgamos a tener problemas una vez finalizada la carrera», acusa el Niño, desatando la polémica. Y no le falta algo de razón, aunque es obvio que la situación parece más grave cuando toca a los favoritos que cuando los peones se dejan la piel.

Mientras tanto, Roger, soberano, sigue adelante sin perder ni siquiera un set, y se deshace de Aliaz Bedene, Jan-Lennard Struff, Richard Gasquet y del emboscado magiar Marton Fucsovics. En los cuartos le espera Tomas Berdych, con todos los precedentes desagradables para Federer (sobre todo, en los Juegos y en Wimbledon), y de hecho, Roger, agarrotado, corre el peligro de perder en el primer set. «La víspera del partido estaba convencido de que iba a perder contra Tomas —confesará más tarde—. No sé muy bien por qué, puede que porque estaba jugando muy bien, sencillamente; no tenía buenas vibraciones.» Superada la emoción, el Genio se pone en marcha, gana en tres sets y vuelve a llegar ileso a la semifinal —su decimocuarta en Australia—, donde lo espera Chung. En las declaraciones que concede al final del partido aflora un nerviosismo sorprendente. «Estoy convencido de que Chung lo hará lo mejor que pueda y yo intentaré fingir que no tengo nada que perder», dice a Jim Courier antes de empezar a bromear sobre el color (rosa) de sus zapatillas, que llevan la imagen de Flinders Station en homenaje a Melbourne. En los cuartos, contra Cilic, Nadal abandona la escena en el quinto set por culpa de una distensión en el muslo derecho. Es la segunda vez que se retira de un Slam. Australia, donde tuvo que retirarse contra Murray, sufrir contra Federer y perder una final contra Wawrinka por culpa del dolor de espalda, no le es muy amiga.

Por el momento, no se han visto partidos memorables. El viernes hay mucha expectativa, pero Edmund —que ha hecho un gran torneo— se derrumba ante un Cilic versión Abierto de Estados Unidos 2014, y Chung se retira cuando va perdiendo 6-1 5-2, con el pie ensangrentado por culpa de la madre de todas las ampollas. Seis meses más tarde, la revancha de la final de Wimbledon está servida, pero el campeón se rebela. «Cuando tenía su edad —responde cuando le preguntan acerca del futuro de Chung—, los expertos más famosos dijeron que me convertiría en el número uno y que ganaría todo lo que se podía ganar. Por una parte, ha sido divertido, pero la otra cara de la moneda es que ahora parece que todo ha sido fácil para mí. No es así, ganar torneos de Slam o Masters 1000 no es lo normal, es algo extraordinario.» Fíense de los pronósticos de los expertos…

La verdad es que verlo ganar el vigésimo Slam en su vigésima temporada como profesional es un guion demasiado bonito como para estropearlo. Roger es, más que nunca, el campeón de todos, lo opuesto a John McEnroe que, en Eurosport, finge sorprenderse por la amabilidad con la que Boris Becker ha tratado a su adversario Chung. «Pero qué "suerte" ni "suerte" —dice Mac—. En mis tiempos le habría enviado una caja con una rata muerta a Lendl.»

En cambio, Roger, «Mr. Nice», trata a sus adversarios con el cariño arropador y prudente que los *tombeur de femmes* entendidos y maduros dedican a sus «ex» más fascinantes, pues saben que tarde o temprano podrían volver a cruzarse en su camino. A Djokovic le desea una rápida mejoría; envía mensajes a Nadal para informarse de su estado de salud; se ha hecho amigo de Lleyton Hewitt, que tiene un carácter opuesto al suyo, y ha declarado su admiración por Marat Safin. Cuando falta poco para la final, se intercambia postales con Cilic desde las Maldivas. «Estaba allí en noviembre —cuenta el suizo—. Cuando me avisaron de que Marin estaba en el mismo *resort*, no quise molestarlo, pero al cabo de dos días él me escribió preguntándome si quería charlar. Claro que sí, le respondí, ¿te gustaría pelotear un rato?» Así que abandonaron el *snorkeling* y se encontraron en la cancha «unos cuarenta y cinto minutos, un par de veces. Sin entrenadores, solo nosotros. Fue divertido, también nos tomamos una copa y comimos una porción de pastel con mi familia, y él me presentó a su novia. Me gustó conocer al hombre que hay detrás del tenista, como ya había sucedido en parte durante la Copa Laver.»

Por otra parte, ambos ya se conocen bastante bien como tenistas, se han encontrado nueve veces y Federer perdió solamente en los cuartos del Abierto de Estados Unidos de 2014, cuando Cilic parecía recién salido del castillo de Medjugorje

—¿existirá de verdad?—, con la espada llameante en la mano y en misión especial para la bóveda celeste.

La final se juega de noche, con el techo cubierto. La temperatura en Melbourne, ha superado los 32 grados durante toda la tarde y media hora antes del comienzo Craig Tiley les anuncia que el techo permanecerá cerrado. Los amantes de la teoría del complot sostienen que se trata de un favoritismo hacia el Genio que, como es sabido, ama exhibirse a cubierto.

Falta Nadal, es decir, falta el sabor del gran evento; en efecto, y pese a sus más de tres horas de juego, algunos momentos emocionantes y algunas delicias técnicas, no es un partido que pasará a la historia, y solo será recordado porque, gracias a él, Federer suma el vigésimo grande a su leyenda. A pesar del calor, Marin entra frío en el partido, y, antes de darse cuenta, ya va 0-4, de modo que el primer set acaba en un santiamén. Se recupera en el segundo, que gana sacando las uñas en el juego decisivo. En el sexto juego del tercero, le hace un regalo a Federer y golpea duramente unas cuantas derechas, consintiendo que Roger responda con una volea de derecha a media pista liftada e inverosímil, una obra maestra biomecánica que aterriza exactamente en la línea. Pero en el cuarto set, el campeón le devuelve el favor y se deja remontar y superar por su adversario tras haber tenido la bola del 3-0. Cilic consigue forzar el quinto set, que dura tres juegos. Con todo por decidir y el marcador igualado, Roger vuelve a romperle el servicio a Cilic en el sexto juego (5-1) y cierra su trigésima final de Grand Slam con un toque de suspense, tras confirmar el Ojo de Halcón que el saque que Cilic no ha podido devolver ha tocado apenas la línea. El 6-1 final, con la Rod Laver Arena en delirio —Rod Laver, ochenta años en agosto, trasteando con el móvil para inmortalizar el momento—, y las lágrimas que Roger derrama sin freno mientras Mirka enloquece de felicidad en la tribuna, cierran la crónica de una victoria anunciada, pero no por eso menos reñida, según ha dicho el Genio.

«Ni siquiera me he fijado en que "Rocket" me estaba fotografiando, tenía la vista nublada por las lágrimas», explica el Magnífico Carroza al lado de «Norman» —nombre que recibe la Copa del Abierto de Australia en honor de Norman Brookes, el mago del tenis de principios del siglo xx, y con el que Roger la denomina familiarmente desde el año pasado. Al salir de la cancha, la aprieta con fuerza un poco preocupado «porque, como ya sabéis, mis bíceps no son muy fuertes», recorre el túnel de los campeones y se emociona ante las dos fotos de su antiguo ídolo y exentrenador, Stefan Edberg. «Esta vez he intentado contenerme, pero no creo que a nadie en el estadio le haya molestado verme tan emocionado. Les dedico esta victoria. Desde fuera, la del año pasado puede haber parecido más dura, pero esta vez me he encontrado en una situación extraña. No me esperaba la retirada de Chung en la semifinal, y no he podido dormir hasta las tres de la madrugada. Además, jugar una final de noche no es fácil. En Wimbledon te despiertas y entras en la cancha, aquí llevaba 36 horas pensando en lo mucho que significaba para mí ganar el vigésimo Slam, pero, sobre todo, en lo terrible que sería perderlo. Me estaba consumiendo; de hecho, he perdido el cuarto set por culpa de los nervios, y ahora, para ser sincero, estoy muy contento de que todo haya acabado.» Bueno, que haya acabado de momento, el cuento de hadas que empezó aquí el año pasado y que duró durante todo 2017.

No es cierto, como se afirma a veces, que, con 36 años, Federer juegue mejor que cuando era el número uno indiscutible; pero sin duda sigue siendo el que mejor juega contra el adversario más duro de todos, es decir, el tiempo. Y por eso le tiene que dar las gracias a su tenis fluido, a sus benditos cromosomas y a los cuidados que ha empezado a dedicarse antes de cumplir los treinta. El récord de Slams masculinos ya le pertenecía, veinte es solo una cifra redonda que impresiona. Le guste o no, sigue teniendo ante él otros tres escalones, todos ellos ocupados por mujeres: Margaret Court (24 títulos), Serena Williams (23) y Steffi Graf (22). Con 36 años y 174 días, se ha convertido en el tercer jugador —después de Laver y Rosewall— que conquista cuatro Slams con más de 30 años, y el único, junto con Rosewall, que ha ganado tres de ellos después de los 35. ¿Cuántos sueños más podría cumplir?

«Tener un equipo extraordinario como el mío, unos padres tan orgullosos de lo que hago y una mujer que me apoya y se ocupa de nuestros hijos ayuda mucho. Mi vida no funcionaría sin Mirka, porque no podría vivir alejado de mi familia más de dos semanas; sin ella, habría dejado el tenis hace muchos años. ¿La edad? No cuenta, solo es un número. Si sigo programándolo todo y sintiendo hambre de victoria, podrían pasar muchas más cosas buenas. En fin, veo una época interesante en mi horizonte.»

Epílogo

—¿*S*abes con quién he soñado esta noche?», me preguntó hace un tiempo mi mujer, Roberta, extenista.

—¿Con Brad Pitt? ¿Con Jude Law en versión *The Young Pope*? ¿Con el temible profe de mates de la selectividad?

—No, con Roger Federer. Estábamos en un parque precioso, rodeado de vegetación y jugábamos a tenis. Él había engordado mucho, unos treinta quilos, pero seguía moviéndose con su ligereza y su gracia extraordinaria. ¿Sabes? Es extraño, pero sigo recordando todos los detalles del sueño.

Sonreí —Federer gordo, qué raro—, y no volví a pensar en ello hasta al cabo de unos días, cuando me llamó Ray Giubilio, gran amigo y gran fotógrafo que frecuenta los torneos más importantes desde hace treinta años.

—¿Sabes que el otro día soñé con Federer?

—¡Qué dices! ¿Tú también? ¿Había engordado?

—¡Qué preguntas! Pues no, estaba en gran forma. Pero lo estaban esperando en un torneo y no apareció. Vuelvo a casa y me lo encuentro en la puerta. "No me gusta la central, no quería jugar allí", me dice. Entonces le digo que, si quiere, yo tengo una pista central estupenda en casa. Entramos y, efectivamente, ahí está, vacía y enorme, al estilo de Flushing Meadows. Y, muy satisfecho, empieza a entrenar unos cuantos saques.

—¿Y lo has dejado solo?

—Sí, parecía muy feliz. Pero al salir me topo con Mats Wilander en la puerta, que me mira con hosquedad y me dice: «Tú sabes donde está Federer, pero no quieres decírnoslo...»

El episodio se remonta a finales de 2016, cuando Federer estaba en dique seco y nadie, ni siquiera él, sabía cómo acabaría todo. Les doy mi palabra de que no me invento nada. Pero es todo tan real, profundo en cierto sentido, que parece falso. Es como un estado de trance, involuntario y colectivo, una eliminación (preventiva) del trauma que habría conmovido hasta las lágrimas a dos grandes exploradores del subconsciente como Freud y Jung.

Reflexionen un momento. Justo cuando Federer se ausenta durante un semestre, generando en sus admiradores y en el mundo del tenis la sospecha (y el terror) de que su desaparición temporal podría transformarse en una ausencia definitiva, aparece en los sueños de todos como un fantasma, una imagen psíquica. Todos guardamos en nuestro corazón a un Federer personal, privado, virtual y preciado, un conjunto de recuerdos y de sensaciones a los que recurrimos en los momentos de aburrimiento y tristeza. En estas páginas han conocido muchos de los míos.

Hasta que hemos tenido la certeza de que habríamos seguido disfrutando del Federer original, el Federer psíquico ha permanecido oculto en un rincón oscuro y protegido del subconsciente. Cuando, por primera vez en quince años, su copia real nos ha abandonado, el fantasma ha salido de la habitación del pánico y ha empezado a perturbar, o a deleitar, las noches de los apasionados. Es cierto que entre finales de 2017 y principios de 2018, el Genio, junto a Nadal, nos ha tranquilizado mucho volviendo a estar en plena forma y explicándonos que lo volveremos a ver en la cancha por mucho tiempo, tal vez incluso hasta los cuarenta años, pero la sospecha (y el miedo) están ahí. O debería decir la seguridad, porque tarde o temprano dejará de jugar, nos dejará huérfanos.

Así que, para defendernos, hemos empezado a transportarlo inconscientemente donde siempre había estado, en nuestros sueños, donde nadie podrá robárnoslo nunca y donde jugará para siempre. Gordo o no. Que le den a Mats Wilander.

Roger Federer: un campeón atento al mundo

Roger, ¿el tenis puede compararse, en algunos casos, con el arte? ¿Podemos definir una derecha, un revés o una volea como una obra maestra?

Claro, ¿por qué no? De todas formas, no soy yo quien debería decirlo. El tenis es un deporte muy elegante, si lo miras a cámara lenta y le añades un poco de música de fondo, tienes una danza. Y el ballet es un arte. El tenis también tiene esa dimensión.

David Foster Wallace, que te dedicó un libro, sostenía que asistir a tus partidos puede transformarse en una experiencia religiosa. ¿Estás de acuerdo?

Hablar con Foster Wallace fue raro, una entrevista completamente diferente de todas las demás. Al final me pregunté: ¿saldrá un buen artículo? No estaba tan seguro, no lo conocía y no sabía si de nuestro encuentro saldría algo mágico o algo horrible. Al final fue publicado y le gustó a mucha gente. Recuerdo que me dije que quizá se había pasado un poco. Y seguramente lo había hecho, pero ocurre a menudo en el deporte. «Este deportista es grande, está loco, es buenísimo, es un fenómeno». Un paso más y entras en la categoría del héroe. Se utilizan muchos superlativos, a veces incluso negativamente, pero está bien así. La parte que habla de mi relación con la prensa y los medios de comunicación es interesante. Hay que encontrar un equilibrio, como en todo. En realidad, yo me considero un tenista, nada más. Me gusta ser un modelo para los chavales y un buen representante de Suiza, porque estoy muy orgulloso de mis orígenes, pero ahí se acaba el tema.

¿Nunca sientes el peso de ser Roger Federer? El Federer público, el icono del deporte mundial, el campeón del *fair-play* que no puede permitirse errores...

Para mí Roger Federer no es un deportista, Roger Federer soy yo, lo que siempre he sido y lo que volveré a ser después del tenis. Es interesante ver cómo reacciona la gente conmigo, considerando que soy rico, famoso y un hombre de éxito. Pero también está la otra cara de la moneda, la sencillez de mi vida dentro de una realidad de locos. Mi fuerza está en la capacidad de desconectar. Cuando estoy en la cancha juego al tenis y respiro tenis, pero en cuanto dejo el círculo, no digo que me convierta en otra persona, porque siempre soy el mismo ya hable con la prensa, con los fans o con mis cuatro hijos, olvido todo lo que tiene que ver con el tenis y me considero una persona normalísima. Este equilibrio ha sido fundamental para seguir amando el tenis durante tanto tiempo. Que sea el blanco de todas las miradas forma parte del juego y no me quejo. Soy una persona simple y genuina, no hago cosas raras, así que no me resulta difícil portarme bien.

¿Hay algo que te gustaría hacer, pero que Roger Federer no podría permitirse?
Sí, muchas cosas. Me gustaría pasear, subir a un autobús, coger un tren y no tener que preocuparme de nada. En cambio, siempre tengo que organizarme. Pienso si de verdad me apetece que me reconozcan, que me fotografíen. Si la respuesta es no, es mejor que renuncie. Soy una persona espontánea, de hecho, siempre que voy a Roma para jugar un partido, me entran ganas de ir a visitar el Vaticano, de dar un paseo por ahí. Pero casi nunca es posible. Un año fui a la Piazza Navona, a la Fontana de Trevi y a la escalinata de Trinità dei Monti y solo me reconocieron dos personas porque iba prácticamente solo, sin mi familia, con unos amigos. Fue precioso. Al fin y al cabo, la vida es eso, y yo no vivo en mi burbuja de celebridad.

Hay deportistas, Mohamed Ali, por ejemplo, que han cambiado el mundo. ¿Sientes alguna vez que podría ser tu caso?
Leo los periódicos cada día, no solo los deportivos. Intento informarme. Hay noticias que son difíciles de asimilar. Mi familia y yo somos conscientes de que viajamos solo a los sitios bonitos, que no nos enfrentarnos a las realidades más duras. Leemos e intentamos comprender para formarnos nuestra propia opinión. No creo que pueda cambiar el mundo. Lo que puedo hacer es evidenciar ciertos problemas a través de mi Fundación. Sé que tengo la posibilidad de cambiar la vida a algún joven sudafricano, dándole una posibilidad gracias a la educación, un valor no negociable. Trabajamos *in situ* con organizaciones no gubernamentales, las

sostenemos con financiaciones. Pero al final, cada uno es dueño de su propio destino. No quiero parecer el tío que viene de Suiza para enseñarle a la gente cómo tiene que vivir en Sudáfrica. Quiero ayudar a los jóvenes a que se ayuden a sí mismos. La Fundación ha invertido 67 millones de dólares, tenemos un capital de diez millones, y nuestro proyecto es ayudar a un millón de niños en 2018, cuando se cumplen once años de actividad. Las experiencias que tuve viajando a estos lugares han sido las más increíbles de mi vida, y cada vez que vuelvo siento que puedo aprender algo nuevo. Vivo con los chicos, como con ellos y rezo con ellos. Me considero una persona afortunada por tener esta oportunidad gracias al tenis.

Has dicho que te gusta ser un ejemplo para los jóvenes. ¿Quiénes fueron tus modelos cuando eras pequeño? ¿Y con qué personaje público te gustaría reunirte hoy?
Al principio, mi fuente de inspiración fueron los deportistas, como pasa a menudo entre los jóvenes. Cuando empecé a crecer, entendí la importancia y la grandiosidad de Nelson Mandela. Parecerá extraño, pero a día de hoy no siento la necesidad de conocer a ninguna celebridad. Quiero pasar el tiempo con mis seres queridos y conocer a gente nueva, pero no importa que sean famosos, o que sepan quién soy. Te puedo asegurar que eso no tiene importancia.

¿Te atrae la política?
La política es interesante, sigo la suiza y la internacional, pero en el futuro me veo más como *manager* o como hombre de negocios.

* La entrevista original se publicó —en una versión distinta— en Origami, suplemento de *La Stampa*, el 15 de junio de 2016.

Todos los números de Federer

a cargo de LUCA MARIANANTONI

Año por año: partidos, torneos y clasificaciones

AÑO	PARTIDOS			TORNEOS						ATP RANK.
	V	**D**	**%**	**W**	**F**	**S**	**C**	**E**	**T**	
1997	0	0	0,0	0	0	0	0	0	0	700
1998	2	3	40,0	0	0	0	1	2	3	302
1999	13	17	43,3	0	0	1	3	10	14	64
2000	36	30	54,5	0	2	3	2	21	28	29
2001	49	21	70,0	1	2	2	7	9	21	13
2002	58	22	72,5	3	2	3	5	12	25	6
2003	78	17	82,1	7	2	3	3	8	23	2
2004	74	6	92,5	11	0	0	1	5	17	1
2005	81	4	95,3	11	1	2	1	0	15	1
2006	92	5	94,8	12	4	0	0	1	17	1
2007	68	9	88,3	8	4	0	0	4	16	1
2008	66	15	81,5	4	4	3	5	3	19	2
2009	61	12	83,6	4	3	5	1	2	15	1
2010	65	13	83,3	5	4	4	2	3	18	2
2011	64	12	84,2	4	2	5	3	2	16	3
2012	71	12	85,5	6	4	5	1	1	17	2
2013	45	17	72,6	1	2	5	4	5	17	6
2014	73	12	85,9	5	6	2	2	2	17	2
2015	63	11	85,1	6	5	0	1	5	17	3
2016	21	7	75,0	0	1	4	1	1	7	16
2017	52	5	91,2	7	1	1	1	2	12	2
2018	40	6	85,0	3	3	0	1	2	9	2
TOTAL	**1172**	**256**	**78,2**	**98**	**52**	**48**	**45**	**100**	**343**	

V: victorias. D: derrotas. %: porcentaje de victorias.
W: torneos ganados. F: finales perdidas. S: derrotas en semifinal.
C: derrotas en los cuartos. E: derrotas antes de los cuartos.
T: torneos jugados. **ATP Rank.**: clasificación a final de año.

Partidos por superficie

AÑO	TIERRA			CEMENTO			HIERBA			INDOOR		
	V	P	%	V	P	%	V	P	%	V	P	%
1998	0	1	0	0	0	0	0	0	0	2	2	50,0
1999	0	5	0	1	3	25,0	0	2	0	12	7	63,2
2000	3	7	30,0	10	10	50,0	2	3	40,0	21	10	67,7
2001	9	5	64,3	10	5	66,7	9	3	75,0	21	8	72,4
2002	12	4	75,0	19	8	70,4	5	3	62,5	22	7	75,9
2003	15	4	78,9	28	9	75,7	12	0	100	23	4	85,2
2004	16	2	88,9	37	3	92,5	12	0	100	9	1	90,0
2005	15	2	88,2	40	1	97,6	12	0	100	14	1	93,3
2006	16	3	84,2	47	2	95,9	12	0	100	17	0	100
2007	16	3	84,2	30	3	90,9	6	0	100	16	3	84,2
2008	21	4	84,0	22	7	75,9	11	1	91,7	12	3	80,0
2009	18	2	90,0	30	6	83,3	7	0	100	6	4	60,0
2010	10	4	71,4	30	6	83,3	8	2	80,0	17	1	94,4
2011	12	4	75,0	30	7	81,1	6	1	85,7	16	0	100
2012	15	3	83,3	30	4	88,2	15	2	88,2	11	3	78,6
2013	12	5	70,6	17	6	73,9	5	1	83,3	11	5	68,8
2014	8	4	66,7	40	6	87,0	9	1	90,0	16	1	94,1
2015	13	4	76,5	27	4	87,1	11	1	91,7	12	2	85,7
2016	3	2	60,0	8	2	80,0	10	3	76,9	0	0	–
2017	0	0	0	32	3	91,4	12	1	92,3	8	1	88,9
2018	4	0	100	23	4	82,6	8	2	75,0	5	0	100
TOTAL	218	68	68,8	511	99	80,7	172	26	84,9	271	63	81,1

V: Victorias. **D**: Derrotas. %: Porcentaje de victorias. Por **Tierra** se entienden todos los partidos jugados en tierra roja y azul (al aire libre y en *indoor*). Por **Cemento** se entienden todos los partidos jugados en cemento o en mezclas sintéticas al aire libre. Por **Hierba** se entienden todos los partidos jugados en césped (al aire libre y en *indoor*). Por *Indoor* se entienden todos los partidos jugados en superficie sintética o en cemento a cubierto.

Torneos ganados por superficie y tipo

AÑO	Total	T	C	H	I	GRAND SLAM	MASTERS 1000	ATP FIN.
2001	1	--	--	--	1	--	--	--
2002	3	1	1	--	1	--	1	--
2003	7	1	2	2	2	1	--	1
2004	11	2	6	2	1	3	3	1
2005	11	1	6	2	2	2	4	--
2006	12	--	7	2	3	3	4	1
2007	8	1	4	1	2	3	2	1
2008	4	1	1	1	1	1	--	--
2009	4	2	1	1	--	2	2	--
2010	5	--	2	--	3	1	1	1
2011	4	--	1	--	3	--	1	1
2012	6	1	3	1	1	1	3	--
2013	1	--	--	1	--	--	--	--
2014	5	--	3	1	1	--	2	--
2015	6	1	3	1	1	--	1	--
2016	0	--	--	--	--	--	--	--
2017	7	--	4	2	1	2	3	--
2018	3	1	1	--	1	1	--	--
TOTAL	98	12	45	17	24	20	27	6

Total: número de torneos ganados. **T**: Tierra.
C: Cemento. **H**: Hierba. **I**: *Indoor*.

Torneos de Gran Slam

AÑO	CLASIFICACIÓN				PARTIDOS			FINALES	
	Aus	RG	Wim	EU	V	D	%	W	F
1999	--	1	1	--	0	2	0	--	--
2000	3	4	1	3	7	4	63,6	--	--
2001	3	C	C	4	13	4	76,5	--	--
2002	4	1	1	4	6	4	60,0	--	--
2003	4	1	W	4	13	3	81,3	1	--
2004	W	3	W	W	22	1	95,7	3	--
2005	S	S	W	W	24	2	92,3	2	--
2006	W	F	W	W	27	1	96,4	3	1
2007	W	F	W	W	26	1	96,3	3	1
2008	S	F	F	W	24	3	88,9	1	2
2009	F	W	W	F	26	2	92,9	2	2
2010	W	C	C	S	20	3	87,0	1	--
2011	S	F	C	S	20	4	83,3	--	1
2012	S	S	W	C	19	3	86,4	1	--
2013	S	C	2	4	13	4	76,5	--	--
2014	S	4	F	S	19	4	82,6	--	1
2015	3	C	F	F	18	4	81,8	--	2
2016	S	--	S	--	10	2	83,3	--	--
2017	W	--	W	C	18	1	94,7	2	--
2018	W	--	C	4	10	1	100	1	--
Total	**6**	**1**	**8**	**5**	**335**	**53**	**84,2**	**20**	**10**

> **Aus**: Abierto de Australia. **RG**: Roland Garros. **Wim**: Wimbledon.
> **EU**: Abierto de Estados Unidos. **V**: victorias. **D**: derrotas. **%**: porcentaje
> de victorias. **W**: torneos ganados. **F**: finales perdidas. **S**: semifinales.
> **C**: cuartos de final. **4**: octavos. **3**: tercera ronda. **2**: segunda ronda.
> **1**: primera ronda. **T**: total de torneos jugados.

Balance por torneos y clasificación

TORNEO	W	F	S	C	4	3	2	1	T	V	P
Aus	6	1	7	--	2	3	--	--	19	94	13
RG	1	4	2	4	2	1	--	3	17	65	16
Wim	8	3	1	4	--	--	1	3	20	95	12
EU	5	2	3	2	5	1	--	--	18	85	13
Total	**20**	**10**	**13**	**10**	**9**	**5**	**1**	**6**	**74**	**339**	**54**

Torneo Masters 1000

AÑO	IW	MI	MC	MAD	RO	CA	CI	SHA	PAR	V	P
1999	--	1	1	--	--	--	--	--	--	0	2
2000	--	2	1	1	1	1	1	2	1	2	8
2001	1	C	C	1	3	--	--	2	2	8	7
2002	3	F	2	W	1	1	1	C	C	18	8
2003	2	C	--	3	F	S	2	S	C	21	8
2004	W	3	--	W	2	W	1	--	--	20	3
2005	W	W	C	W	--	--	W	--	--	20	3
2006	W	W	F	--	F	W	2	W	--	34	3
2007	2	4	F	W	3	F	W	F	3	26	7
2008	S	C	F	F	C	2	3	S	C	22	8
2009	S	S	3	W	S	C	W	--	2	24	6
2010	3	4	--	F	2	F	W	F	S	22	7
2011	S	S	C	S	3	3	C	--	W	22	7
2012	W	3	--	W	S	--	W	S	--	23	3
2013	C	--	--	3	F	--	C	3	S	14	6
2014	F	C	F	--	2	F	W	W	C	28	6
2015	F	--	3	2	F	--	W	2	3	16	6
2016	--	--	C	--	3	--	--	--	--	3	2
2017	W	W	--	--	--	F	--	W	--	20	1
2018	F	2	--	--	--	--	F	--	--	9	1

PARTIDOS										TOTAL
V	62	50	30	47	32	35	46	36	21	359
P	12	14	13	8	16	10	9	10	10	102
%	80,7	72	69,8	85,5	66,7	77,8	80,5	78,3	67,7	71,6

IW: Indian Wells. **MI**: Miami. **MC**: Montecarlo. **MAD**: Madrid.
RO: Roma. **CA**: Abierto de Canadá. **CI**: Cincinnati.
SHA: Shanghái. **PAR**: París-Bercy.

NOTA:
MAD: hasta 2008 Hamburgo, desde 2009 Madrid. **SHA**: hasta 2001 Stuttgart, desde 2002 hasta 2008 Madrid, desde 2009 Shanghái.

Todos sus partidos en los 72 Grand Slam disputados

Las 20 victorias

2003	Wimbledon	Mark Philippoussis	Aus	7-6 6-2 7-6
2004	Abierto Australia	Marat Safin	Rus	7-6 6-4 6-2
2004	Wimbledon	Andy Roddick	EEUU	4-6 7-5 7-6 6-4
2004	Abierto EEUU	Lleyton Hewitt	Aus	6-0 7-6 6-0
2005	Wimbledon	Andy Roddick	EEUU	6-2 7-6 6-4
2005	Abierto EEUU	Andre Agassi	EEUU	6-3 2-6 7-6 6-1
2006	Abierto Australia	Marcos Baghdatis	Chipre	5-7 7-5 6-0 6-2
2006	Wimbledon	Rafael Nadal	Esp	6-0 7-6 6-7 6-3
2006	Abierto EEUU	Andy Roddick	EEUU	6-2 4-6 7-5 6-1
2007	Abierto Australia	Fernando González	Chile	7-6 6-4 6-4
2007	Wimbledon	Rafael Nadal	Esp	7-6 4-6 7-6 2-6 6-2
2007	Abierto EEUU	Novak Djokovic	Ser	7-6 7-6 6-4
2008	Abierto EEUU	Andy Murray	GB	6-2 7-5 6-2
2009	Roland Garros	Robin Söderling	Sue	6-1 7-6 6-4
2009	Abierto EEUU	Andy Roddick	EEUU	5-7 7-6 7-6 3-6 16-14
2010	Abierto Australia	Andy Murray	GB	6-3 6-4 7-6
2012	Wimbledon	Andy Murray	GB	4-6 7-5 6-3 6-4
2017	Abierto Australia	Rafael Nadal	Esp	6-4 3-6 6-1 6-3 6-3
2017	Wimbledon	Marin Cilic	Cro	6-3 6-1 6-4
2018	Abierto Australia	Marin Cilic	Cro	6-2 6-7 6-3 3-6 6-1

Las 10 finales perdidas

2006	Roland Garros	Rafael Nadal	Esp	1-6 6-1 6-4 7-6
2007	Roland Garros	Rafael Nadal	Esp	6-3 4-6 6-3 6-4
2008	Roland Garros	Rafael Nadal	Esp	6-1 6-3 6-0
2008	Wimbledon	Rafael Nadal	Esp	6-4 6-4 6-7 6-7 9-7
2009	Abierto Australia	Rafael Nadal	Esp	7-5 6-3 7-6 3-6 6-2
2009	Abierto EEUU	Juan M. del Potro	Arg	3-6 7-6 4-6 7-6 6-2
2011	Roland Garros	Rafael Nadal	Esp	7-5 7-6 5-7 6-1
2014	Wimbledon	Novak Djokovic	Ser	6-7 6-4 7-6 5-7 6-4
2015	Wimbledon	Novak Djokovic	Ser	7-6 6-7 6-4 6-3
2015	Abierto EEUU	Novak Djokovic	Ser	6-4 5-7 6-4 6-4

Las 13 semifinales perdidas

2005	Abierto Australia	Marat Safin	Rus	5-7 6-4 5-7 7-6 9-7
2005	Roland Garros	Rafael Nadal	Esp	6-3 4-6 6-4 6-3
2008	Abierto Australia	Novak Djokovic	Ser	7-5 6-3 7-6
2010	Abierto EEUU	Novak Djokovic	Ser	5-7 6-1 5-7 6-2 7-5
2011	Abierto Australia	Novak Djokovic	Ser	7-6 7-5 6-4
2011	Abierto EEUU	Novak Djokovic	Ser	6-7 4-6 6-3 6-2 7-5
2012	Abierto Australia	Rafael Nadal	Esp	6-7 6-2 7-6 6-4
2012	Roland Garros	Novak Djokovic	Ser	6-4 7-5 6-3

2013	Abierto Australia	Andy Murray	GB	6-4 6-7 6-3 6-7 6-2
2014	Abierto Australia	Rafael Nadal	Esp	7-6 6-3 6-3
2014	Abierto EEUU	Marin Cilic	Cro	6-3 6-4 6-4
2016	Abierto Australia	Novak Djokovic	Ser	6-1 6-2 3-6 6-3
2016	Wimbledon	Milos Raonic	Can	6-3 6-7 4-6 7-6 6-3

Los nueve cuartos de final perdidos

2001	Roland Garros	Alex Corretja	Esp	7-5 6-4 7-5
2001	Wimbledon	Tim Henman	GB	7-5 7-6 2-6 7-6
2010	Roland Garros	Robin Soderling	Sue	3-6 6-3 7-5 6-4
2010	Wimbledon	Tomas Berdych	Che	6-4 3-6 6-1 6-4
2011	Wimbledon	Jo-Wilfried Tsonga	Fra	3-6 6-7 6-4 6-4 6-4
2012	Abierto EEUU	Tomas Berdych	Che	7-6 6-4 3-6 6-3
2013	Roland Garros	Jo-Wilfried Tsonga	Fra	7-5 6-3 6-3
2015	Roland Garros	Stanislas Wawrinka	Sui	6-4 6-3 7-6
2017	Abierto EEUU	Juan M. del Potro	Arg	7-5 3-6 7-6 6-4
2018	Wimbledon	Kevin Anderson	Sud	2-6 6-7 7-5 6-4 13-11

Los ocho octavos de final perdidos

2000	Roland Garros	Alex Corretja	Esp	7-5 7-6 6-2
2001	Abierto EEUU	Andre Agassi	EEUU	6-1 6-2 6-4
2002	Abierto Australia	Tommy Haas	Ale	7-6 4-6 3-6 6-4 8-6
2002	Abierto EEUU	Max Mirnyi	Bielorr	6-3 7-6 6-4
2003	Abierto Australia	David Nalbandian	Arg	6-4 3-6 6-1 1-6 6-3
2003	Abierto EEUU	David Nalbandian	Arg	3-6 7-6 6-4 6-3
2013	Abierto EEUU	Tommy Robredo	Esp	7-6 6-3 6-4
2014	Roland Garros	Ernests Gulbis	Letonia	6-7 7-6 6-2 4-6 6-3
2018	Abierto EEUU	John Millman	Aus	3-6 7-5 7-6 7-6

Las cinco terceras rondas perdidas

2000	Abierto Australia	Arnaud Clement	Fra	6-1 6-4 6-3
2000	Abierto EEUU	Juan Carlos Ferrero	Esp	7-5 7-6 1-6 7-6
2001	Abierto Australia	Arnaud Clement	Fra	7-6 6-4 6-4
2004	Roland Garros	Gustavo Kuerten	Bra	6-4 6-4 6-4
2015	Abierto Australia	Andreas Seppi	Ita	6-4 7-6 4-6 7-6

La segunda ronda perdida

2013	Wimbledon	Sergiy Stakhovsky	Ucr	6-7 7-6 7-5 7-6

Las seis primeras rondas perdidas

1999	Roland Garros	Patrick Rafter	Aus	5-7 6-3 6-0 6-2
1999	Wimbledon	Jiri Novak	Che	6-3 3-6 4-6 6-3 6-4
2000	Wimbledon	Yevgeny Kafelnikov	Rus	7-5 7-5 7-6
2002	Roland Garros	Hicham Arazi	Marrruecos	6-3 6-2 6-4
2002	Wimbledon	Mario Ancic	Cro	6-3 7-6 6-3
2003	Roland Garros	Luis Horna	Per	7-6 6-2 7-6

Estadísticas de los torneos de Grand Slam

Mayor número de victorias

Roger Federer	20
Rafael Nadal	17
Pete Sampras	14
Roy Emerson	12
Novak Djokovic	13
Rod Laver	11
Björn Borg	11
Bill Tilden	10
Fred Perry	8
Ken Rosewall	8
Jimmy Connors	8
Ivan Lendl	8
Andre Agassi	8

Mayor número de finales

Roger Federer	30
Rafael Nadal	23
Novak Djokovic	21
Ivan Lendl	19
Pete Sampras	18
Rod Laver	17
Ken Rosewall	16
Björn Borg	16
Bill Tilden	15
Roy Emerson	15
Jimmy Connors	15
Andre Agassi	15

Mayor número de semifinales

Roger Federer	43
Novak Djokovic	31
Jimmy Connors	31
Ivan Lendl	28
Andre Agassi	26
Rafael Nadal	26
Ken Rosewall	25
Pete Sampras	23
Andy Murray	21
Bill Tilden	20

Más finales seguidas

Roger Federer (2005-2007)	10
Roger Federer (2008-2010)	8
Jack Crawford	7
Don Budge	6
Rod Laver	6
Novak Djokovic	6
Fred Perry	5
Frank Sedgman	5
Fred Stolle	5
Rafael Nadal	5

Más semifinales seguidas

Roger Federer	23
Novak Djokovic (2010-2013)	14
Rod Laver	10
Ivan Lendl (1985-1988)	10
Novak Djokovic (2014-2016)	9
Ashley Cooper	8
Jack Crawford	7
Fred Perry	6
Don Budge	6
Tom Brown	6
Lew Hoad	6
Ivan Lendl (1983-1984)	6

Más cuartos de final seguidos

Roger Federer	36
Novak Djokovic	28
Roy Emerson	14
Ivan Lendl	14
Neale Fraser	12
Rafael Nadal	11
Vic Seixas	10
Rod Laver	10
Pete Sampras	10
David Ferrer	10

Todos sus partidos en los 20 Grand Slam ganados

1. Wimbledon 2003

Lee Hyung-Taik	Cor	6-3 6-3 7-6	1
Stefan Koubek	Austria	7-5 6-1 6-1	2
Mardy Fish	EEUU	6-3 6-1 4-6 6-1	3
Feliciano López	Esp	7-6 6-4 6-4	4
Sjeng Schalken (8)	Hol	6-3 6-4 6-4	C
Andy Roddick (5)	EEUU	7-6 6-3 6-3	S
Mark Philippoussis	Aus	7-6 6-2 7-6	F

2. Abierto Australia 2004

Alex Bogomolov	EEUU	6-3 6-4 6-0	1
Jeff Morrison	EEUU	6-2 6-3 6-4	2
Todd Reid	Aus	6-3 6-0 6-1	3
Lleyton Hewitt (15)	Aus	4-6 6-3 6-0 6-4	4
David Nalbandian (8)	Arg	7-5 6-4 5-7 6-3	C
Juan Carlos Ferrero (3)	Esp	6-4 6-1 6-4	S
Marat Safin	Rus	7-6 6-4 6-2	F

3. Wimbledon 2004

Alex Bogdanovic	GB	6-3 6-3 6-0	1
Alejandro Falla	Col	6-1 6-2 6-0	2
Thomas Johansson	Sue	6-3 6-4 6-3	3
Ivo Karlovic	Cro	6-3 7-6 7-6	4
Lleyton Hewitt (7)	Aus	6-1 6-7 6-0 6-4	C
Sebastien Grosjean (10)	Fra	6-2 6-3 7-6	S
Andy Roddick (2)	EEUU	4-6 7-5 7-6 6-4	F

4. Abierto EEUU 2004

Albert Costa	Esp	7-5 6-2 6-4	1
Marcos Baghdatis	Chipre	6-2 6-7 6-3 6-1	2
Fabrice Santoro (31)	Fra	6-0 6-4 7-6	3
Andrei Pavel (16)	Rum	w.o.	4
Andre Agassi (6)	EEUU	6-3 2-6 7-5 3-6 6-3	C
Tim Henman (5)	GB	6-3 6-4 6-4	S
Lleyton Hewitt (4)	Aus	6-0 7-6 6-0	F

5. Wimbledon 2005

Paul-Henri Mathieu	Fra	6-4 6-2 6-4	1
Ivo Minar	Che	6-4 6-4 6-1	2
Nicolas Kiefer (25)	Ale	6-2 6-7 6-1 7-5	3
Juan Carlos Ferrero (23)	Esp	6-3 6-4 7-6	4
Fernando González (21)	Chile	7-5 6-2 7-6	C
Lleyton Hewitt (3)	Aus	6-3 6-4 7-6	S
Andy Roddick (2)	EEUU	6-2 7-6 6-4	F

6. Abierto EEUU 2005

Ivo Minar	Che	6-1 6-1 6-1	1
Fabrice Santoro	Fra	7-5 7-5 7-6	2
Olivier Rochus (27)	Bel	6-3 7-6 6-2	3
Nicolas Kiefer	Ale	6-4 6-7 6-3 6-4	4
David Nalbandian (11)	Arg	6-2 6-4 6-1	C
Lleyton Hewitt (3)	Aus	6-3 7-6 4-6 6-3	S
Andre Agassi (7)	EEUU	6-3 2-6 7-6 6-1	F

7. Abierto Australia 2006

Denis Istomin	Uzb	6-2 6-3 6-2	1
Florian Mayer	Ale	6-1 6-4 6-0	2
Max Mirnyi (30)	Bielorr	6-3 6-4 6-3	3
Tommy Haas	Ale	6-4 6-0 3-6 4-6 6-2	4
Nikolay Davydenko (5)	Rus	6-4 3-6 7-6 7-6	C
Nicolas Kiefer (21)	Ale	6-3 5-7 6-0 6-2	S
Marcos Baghdatis	Chipre	5-7 7-5 6-0 6-2	F

8. Wimbledon 2006

Richard Gasquet	Fra	6-3 6-2 6-2	1
Tim Henman	GB	6-4 6-0 6-2	2
Nicolas Mahut	Fra	6-3 7-6 6-4	3
Tomas Berdych (13)	Che	6-3 6-3 6-4	4
Mario Ancic (7)	Cro	6-4 6-4 6-4	C
Jonas Bjorkman	Sue	6-2 6-0 6-2	S
Rafael Nadal (2)	Esp	6-0 7-6 6-7 6-3	F

9. Abierto EEUU 2006

Yeu-Tzuoo Wang	Taipei	6-4 6-1 6-0	1
Tim Henman	GB	6-3 6-4 7-5	2
Vincent Spadea	EEUU	6-3 6-3 6-0	3
Marc Gicquel	Fra	6-3 7-6 6-3	4
James Blake (5)	EEUU	7-6 6-0 6-7 6-4	C
Nikolay Davydenko (7)	Rus	6-1 7-5 6-4	S
Andy Roddick (9)	EEUU	6-2 4-6 7-5 6-1	F

10. Abierto Australia 2007

Björn Phau	Ale	7-5 6-0 6-4	1
Jonas Bjorkman	Sue	6-2 6-3 6-2	2
Mikhail Youzhny (25)	Rus	6-3 6-3 7-6	3
Novak Djokovic (14)	Ser	6-2 7-5 6-3	4
Tommy Robredo (7)	Esp	6-3 7-6 7-5	C
Andy Roddick (6)	EEUU	6-4 6-0 6-2	S
Fernando González (10)	Chile	7-6 6-4 6-4	F

11. Wimbledon 2007

Teimuraz Gabashvili	Rus	6-3 6-2 6-4	1
Juan Martín del Potro	Arg	6-2 7-5 6-1	2
Marat Safin (26)	Rus	6-1 6-4 7-6	3
Tommy Haas (13)	Ale	w.o.	4
Juan Carlos Ferrero (20)	Esp	7-6 3-6 6-1 6-3	C
Richard Gasquet (12)	Fra	7-5 6-3 6-4	S
Rafael Nadal (2)	Esp	7-6 4-6 7-6 2-6 6-2	F

12. Abierto EEUU 2007

Jenkins Scoville	EEUU	6-3 6-2 6-4	1
Paul Capdeville	Chile	6-1 6-4 6-4	2
John Isner	EEUU	6-7 6-2 6-4 6-2	3
Feliciano López	Esp	3-6 6-4 6-1 6-4	4
Andy Roddick (5)	EEUU	7-6 7-6 6-2	C
Nikolay Davydenko (4)	Rus	7-5 6-1 7-5	S
Novak Djokovic (3)	Ser	7-6 7-6 6-4	F

13. Abierto EEUU 2008

Máximo González	Arg	6-3 6-0 6-3	1
Thiago Alves	Bra	6-3 7-5 6-4	2
Radek Stepanek (28)	Che	6-3 6-3 6-2	3
Igor Andreev (23)	Rus	6-7 7-6 6-3 3-6 6-3	4
Gilles Muller	Lux	7-6 6-4 7-6	C
Novak Djokovic (3)	Ser	6-3 5-7 7-5 6-2	S
Andy Murray (6)	GB	6-2 7-5 6-2	F

14. Roland Garros 2009

Alberto Martín	Esp	6-4 6-3 6-2	1
José Acasuso	Arg	7-6 5-7 7-6 6-2	2
Paul-Henri Mathieu (32)	Fra	4-6 6-1 6-4 6-4	3
Tommy Haas	Ale	6-7 5-7 6-4 6-0 6-2	4
Gaël Monfils (11)	Fra	7-6 6-2 6-4	C
Juan Martín del Potro (5)	Arg	3-6 7-6 2-6 6-1 6-4	S
Robin Soderling (23)	Sue	6-1 7-6 6-4	F

15. Wimbledon 2009

Yen-Hsun Lu	Taip	7-5 6-3 6-2	1
Guillermo García López	Esp	6-2 6-2 6-4	2
Phillip Kohlschreiber (27)	Ale	6-3 6-2 6-7 6-1	3
Robin Soderling (13)	Sue	6-4 7-6 7-6	4
Ivo Karlovic (22)	Cro	6-3 7-5 7-6	C
Tommy Haas (24)	Ale	7-6 7-5 6-3	S
Andy Roddick (6)	EEUU	5-7 7-6 7-6 3-6 16-14	F

16. Abierto Australia 2010

Igor Andreev	Rus	4-6 6-2 7-6 6-0	1
Victor Hanescu	Rum	6-2 6-3 6-2	2
Albert Montañés (31)	Esp	6-3 6-4 6-4	3
Lleyton Hewitt (22)	Aus	6-2 6-3 6-4	4
Nikolay Davydenko (6)	Rus	2-6 6-3 6-0 7-5	C
Jo-Wilfred Tsonga (10)	Fra	6-2 6-3 6-2	S
Andy Murray (5)	GB	6-3 6-4 7-6	F

17. Wimbledon 2012

Albert Ramos	Esp	6-1 6-1 6-1	1
Fabio Fognini	Ita	6-1 6-3 6-2	2
Julien Benneteau (29)	Fra	4-6 6-7 6-2 7-6 6-1	3
Xavier Malisse	Bel	7-6 6-1 4-6 6-3	4
Mikhail Youzhny (26)	Rus	6-1 6-2 6-2	C
Novak Djokovic (1)	Ser	6-3 3-6 6-4 6-3	S
Andy Murray (4)	GB	4-6 7-5 6-3 6-4	F

18. Abierto Australia 2017

Jurgen Melzer	Aus	7-5 3-6 6-2 6-2	1
Noah Rubin	EEUU	7-5 6-3 7-6	2
Tomas Berdych (10)	Che	6-2 6-4 6-4	3
Kei Nishikori (5)	Jap	6-7 6-4 6-1 4-6 6-3	4
Mischa Zverev	Ale	6-1 7-5 6-2	C
Stanislas Wawrinka (4)	Sui	7-5 6-3 1-6 4-6 6-3	S
Rafael Nadal (9)	Esp	6-4 3-6 6-1 3-6 6-3	F

19. Wimbledon 2017

Alexandr Dolgopolov	Ucr	6-3 3-0 ret	1
Dusan Lajovic	Ser	7-6 6-3 6-2	2
Mischa Zverev (27)	Ale	7-6 6-4 6-4	3
Grigor Dimitrov (13)	Bul	6-4 6-2 6-4	4
Milos Raonic (6)	Can	6-4 6-2 7-6	C
Tomas Berdych (11)	Che	7-6 7-6 6-4	S
Marin Cilic (7)	Cro	6-3 6-1 6-4	F

20. Abierto Australia 2018

Aljaz Bedene	Eslov	6-3 6-4 6-3	1
Jan Lennard Struff	Ale	6-4 6-4 7-6	2
Richard Gasquet	Fra	6-2 7-5 6-3	3
Marton Fucsovics	Hun	6-4 7-6 6-2	4
Tomas Berdych (19)	Che	7-6 6-3 6-4	C
Hyeon Chung	Cor S.	6-1 5-2 ret	S
Marin Cilic (6)	Cro	6-2 6-7 6-3 3-6 6-1	F

Todos sus partidos en los 27 Masters 1000 ganados

1. Hamburgo 2002 (tierra)

Nicolás Lapentti	Ecu	6-1 6-4	1
Bohdan Ulihrach	Che	6-3 6-0	2
Adrian Voinea	Rum	7-5 6-4	3
Gustavo Kuerten (2)	Bra	6-0 1-6 6-2	C
Max Mirnyi	Bielorr	6-4 6-4	S
Marat Safin (6)	Rus	6-1 6-3 6-4	F

2. Indian Wells 2004 (pista dura)

Andrei Pavel	Rum	6-1 6-1	2
Fernando González (25)	Chile	6-3 6-2	3
Mardy Fish (18)	EEUU	6-4 6-1	4
Juan Ignacio Chela (32)	Arg	6-2 6-1	C
Andre Agassi (5)	EEUU	4-6 6-3 6-4	S
Tim Henman (9)	GB	6-3 6-3	F

3. Hamburgo 2004 (tierra)

Gastón Gaudio	Arg	6-1 5-7 6-4	1
Nicolás Lapentti	Ecu	6-3 6-3	2
Fernando González (13)	Chile	7-5 6-1	3
Carlos Moyá (7)	Esp	6-4 6-3	C
Lleyton Hewitt (17)	Aus	6-0 6-4	S
Guillermo Coria (2)	Arg	4-6 6-4 6-2 6-3	F

4. Abierto Canadá 2004 (pista dura)

Hicham Arazi	Marruec	6-3 7-5	1
Robin Soderling	Sui	7-5 6-1	2
Max Mirnyi	Bielorr	7-6 7-6	3
Fabrice Santoro	Fra	7-5 6-4	C
Thomas Johansson	Sue	4-6 6-3 6-2	S
Andy Roddick (2)	EEUU	7-5 6-3	F

5. Indian Wells 2005 (pista dura)

Mardy Fish	EEUU	6-3 6-3	2
Gilles Muller	Lux	6-3 6-2	3
Ivan Ljubicic (13)	Cro	7-6 7-6	4
Nicolas Kiefer (29)	Ale	6-4 6-1	C
Guillermo Cañas (14)	Arg	6-3 6-1	S
Lleyton Hewitt (2)	Aus	6-2 6-4 6-4	F

6. Miami 2005 (pista dura)

Olivier Rochus	Bel	6-3 6-1	2
Mariano Zabaleta	Arg	6-2 5-7 6-3	3
Mario Ancic (18)	Cro	6-3 4-6 6-4	4
Tim Henman (6)	GB	6-4 6-2	C
Andre Agassi (9)	EEUU	6-4 6-3	S
Rafael Nadal (29)	Esp	2-6 6-7 7-6 6-3 6-1	F

7. Hamburgo 2005 (tierra)

Fernando Verdasco	Esp	6-4 6-3	1
Tomas Berdych	Che	6-2 6-1	2
Tommy Robredo (14)	Esp	6-2 6-3	3
Guillermo Coria (10)	Arg	6-4 7-6	C
Nikolay Davydenko (15)	Rus	6-3 6-4	S
Richard Gasquet	Fra	6-3 7-5 7-6	F

8. Cincinnati 2005 (pista dura)

James Blake	EEUU	7-6 7-5	1
Nicolas Kiefer	Ale	4-6 6-4 6-4	2
Olivier Rochus	Bel	6-3 6-4	3
José Acasuso	Arg	6-4 6-3	C
Robby Ginepri	EEUU	4-6 7-5 6-4	S
Andy Roddick (5)	EEUU	6-3 7-5	F

9. Indian Wells 2006 (pista dura)

Nicolás Massu	Chile	6-3 7-6	2
Olivier Rochus (30)	Bel	3-6 6-2 7-5	3
Richard Gasquet (16)	Fra	6-3 6-4	4
Ivan Ljubicic (6)	Cro	6-2 6-3	C
Paradorn Srichaphan	Tail	6-2 6-3	S
James Blake (12)	EEUU	7-5 6-3 6-0	F

10. Miami 2006 (pista dura)

Arnaud Clement	Fra	6-2 6-7 6-0	2
Tommy Haas (27)	Ale	6-1 6-3	3
Dimitry Tursunov	Rus	6-3 6-3	4
James Blake (9)	EEUU	7-6 6-4	C
David Ferrer (11)	Esp	6-1 6-4	S
Ivan Ljubicic (6)	Cro	7-6 7-6 7-6	F

11. Abierto Canadá 2006 (pista dura)

Paul-Henri Mathieu	Fra	6-3 6-4	1
Sebastien Grosjean	Fra	6-3 6-3	2
Dimitry Tursunov	Rus	6-3 5-7 6-0	3
Xavier Malisse	Bel	7-6 6-7 6-3	Q
Fernando González (15)	Chile	6-1 5-7 6-3	S
Richard Gasquet	Fra	2-6 6-3 6-2	F

12. Madrid 2006 (*indoor*)

Nicolás Massu	Chile	6-3 6-2	2
Robin Soderling	Sue	7-6 7-6	3
Robby Ginepri	EEUU	6-3 7-6	C
David Nalbandian (4)	Arg	6-4 6-0	S
Fernando González (10)	Chile	7-5 6-1 6-0	F

13. Hamburgo 2007 (tierra)

Juan Mónaco	Arg	6-3 2-6 6-4	2
Juan Carlos Ferrero (15)	Esp	6-2 6-3	3
David Ferrer (12)	Esp	6-3 4-6 6-3	C
Carlos Moyá	Esp	4-6 6-4 6-2	S
Rafael Nadal (2)	Esp	2-6 6-2 6-0	F

14. Cincinnati 2007 (pista dura)

Julien Benneteau	Fra	6-3 6-3	2
Marcos Baghdatis	Chipre	7-6 7-5	3
Nicolás Almagro	Esp	6-2 3-6 6-2	C
Lleyton Hewitt	Aus	6-3 6-7 7-6	S
James Blake (9)	EEUU	6-1 6-4	F

15. Madrid 2009 (tierra)

Robin Soderling	Sue	6-1 7-5	2
James Blake (14)	EEUU	6-2 6-4	3
Andy Roddick (6)	EEUU	7-5 6-7 6-1	C
Juan Martín del Potro (5)	Arg	6-3 6-4	S
Rafael Nadal (1)	Esp	6-4 6-4	F

16. Cincinnati 2009 (pista dura)

José Acasuso	Arg	6-3 7-5	2
David Ferrer	Esp	3-6 6-3 6-4	3
Lleyton Hewitt	Aus	6-3 6-4	C
Andy Murray (3)	GB	6-2 7-6	S
Novak Djokovic (4)	Ser	6-1 7-5	F

17. Cincinnati 2010 (pista dura)

Denis Istomin	Uzb	5-2 ret	2
Philipp Kohlschreiber	Ale	w.o.	3
Nikolay Davydenko (6)	Rus	6-4 7-5	C
Marcos Baghdatis	Chipre	6-4 6-3	S
Mardy Fish	EEUU	6-7 7-6 6-4	F

18. París-Bercy 2011 (*indoor*)

Adrian Mannarino	Fra	6-2 6-3	2
Richard Gasquet (16)	Fra	6-2 6-4	3
Juan Mónaco	Arg	6-3 7-5	C
Tomas Berdych (5)	Che	6-4 6-3	S
Jo-Wilfried Tsonga (6)	Fra	6-1 7-6	F

19. Indian Wells 2012 (pista dura)

Denis Kudla	EEUU	6-4 6-1	2
Milos Raonic (27)	Can	6-7 6-2 6-4	3
Thomaz Bellucci	Bra	3-6 6-3 6-4	4
Juan Martín del Potro (9)	Arg	6-3 6-2	C
Rafael Nadal (2)	Esp	6-3 6-4	S
John Isner (11)	EEUU	7-6 6-3	F

20. Madrid 2012 (tierra)

Milos Raonic	Can	4-6 7-5 7-6	2
Richard Gasquet (14)	Fra	6-3 6-2	3
David Ferrer (5)	Esp	6-4 6-4	C
Janko Tipsarevic (7)	Ser	6-2 6-3	S
Tomas Berdych (6)	Che	3-6 7-5 7-5	F

21. Cincinnati 2012 (pista dura)

Alex Bogomolov	Rus	6-3 6-2	2
Bernard Tomic	Aus	6-2 6-4	3
Mardy Fish (10)	EEUU	6-3 7-6	C
Stanislas Wawrinka	Sui	7-6 6-3	S
Novak Djokovic (2)	Ser	6-0 7-6	F

22. Cincinnati 2014 (pista dura)

Vasek Pospisil	Can	7-6 5-7 6-2	2
Gaël Monfils	Fra	6-4 4-6 6-3	3
Andy Murray (8)	GB	6-3 7-5	C
Milos Raonic (5)	Can	6-2 6-3	S
David Ferrer (6)	Esp	6-3 1-6 6-2	F

23. Shanghái 2014 (pista dura)

Leonardo Mayer	Arg	7-5 3-6 7-6	2
Roberto Bautista Agut (14)	Esp	6-4 6-2	3
Julien Benneteau	Fra	7-6 6-0	C
Novak Djokovic (1)	Ser	6-4 6-4	S
Gilles Simon	Fra	7-6 7-6	F

24. Cincinnati 2015 (pista dura)

Roberto Bautista Agut	Esp	6-4 6-4	2
Kevin Anderson (15)	Sudáf	6-1 6-1	3
Feliciano López	Esp	6-3 6-4	C
Andy Murray (3)	GB	6-4 7-6	S
Novak Djokovic (1)	Ser	7-6 6-3	F

25. Indian Wells 2017 (pista dura)

Stephane Robert	Fra	6-2 6-1	2
Steve Johnson (24)	EEUU	7-6 7-6	3
Rafael Nadal (5)	Esp	6-2 6-3	4
Nick Kyrgios (15)	Aus	w.o.	C
Jack Sock (17)	EEUU	6-1 7-6	S
Stanislas Wawrinka (3)	Sui	6-4 7-5	F

26. Miami 2017 (pista dura)

Francis Tiafoe	EEUU	7-6 6-3	2
Juan Martín del Potro (29)	Arg	6-3 6-4	3
Roberto Bautista Agut (14)	Esp	7-6 7-6	4
Tomas Berdych (10)	Che	6-2 3-6 7-6	C
Nick Kyrgios (12)	Aus	7-6 6-7 7-6	S
Rafael Nadal (5)	Esp	6-3 6-4	F

27. Shanghái 2017 (pista dura)

Diego Swartzman	Arg	7-6 6-4	2
Alexandr Dolgopolov	Ucran	6-4 6-2	3
Richard Gasquet	Fra	7-5 6-4	C
Juan Martín del Potro (16)	Arg	3-6 6-3 6-3	S
Rafael Nadal (1)	Esp	6-4 6-3	F

Todos sus partidos del Masters (finales ATP)

Shanghái 2002 (*indoor*)			
+ Juan Carlos Ferrero (4)	Esp	6-3 6-4	rr
+ Jiri Novak (7)	Che	6-0 4-6 6-2	rr
+ Thomas Johansson (9)	Sue	6-3 7-5	rr
− Lleyton Hewitt (1)	Aus	7-5 5-7 7-5	S

Houston 2003 (pista dura)			
+ Andre Agassi (5)	EEUU	6-7 6-3 7-6	rr
+ David Nalbandian (8)	Arg	6-3 6-0	rr
+ Juan Carlos Ferrero (2)	Esp	6-3 6-1	rr
+ Andy Roddick (1)	EEUU	7-6 6-2	S
+ Andre Agassi (5)	EEUU	6-3 6-0 6-4	F

Houston 2004 (pista dura)			
+ Gastón Gaudio (8)	Arg	6-1 7-6	rr
+ Lleyton Hewitt (3)	Aus	6-3 6-4	rr
+ Carlos Moyá (5)	Esp	6-3 3-6 6-3	rr
+ Marat Safin (4)	Rus	6-3 7-6	S
+ Lleyton Hewitt (3)	Aus	6-3 6-2	F

Shanghái 2005 (*indoor*)			
+ David Nalbandian (8)	Arg	6-3 2-6 6-4	rr
+ Ivan Ljubicic (6)	Cro	6-3 2-6 7-6	rr
+ Guillermo Coria (4)	Arg	6-0 1-6 6-2	rr
+ Gastón Gaudio (7)	Arg	6-0 6-0	S
− David Nalbandian (8)	Arg	6-7 6-7 6-2 6-1 7-6	F

Shanghái 2006 (*indoor*)			
+ David Nalbandian (5)	Arg	3-6 6-1 6-1	rr
+ Andy Roddick (4)	EEUU	4-6 7-6 6-4	rr
+ Ivan Ljubicic (7)	Cro	7-6 6-4	rr
+ Rafael Nadal (2)	Esp	6-4 7-5	S
+ James Blake (8)	EEUU	6-0 6-3 6-4	F

Shanghái 2007 (*indoor*)			
− Fernando González (7)	Chile	3-6 7-6 7-5	rr
+ Nikolay Davydenko (5)	Rus	6-4 6-3	rr
+ Andy Roddick (5)	EEUU	6-4 6-2	rr
+ Rafael Nadal (2)	Esp	6-4 6-1	S
+ David Ferrer (6)	Esp	6-2 6-3 6-2	F

Shanghái 2008 (*indoor*)

– Gilles Simon (8)	Fra	4-6 6-4 6-3	rr
+ Radek Stepanek	Che	7-6 6-4	rr
– Andy Murray (3)	GB	4-6 7-6 7-5	rr

Londres 2009 (*indoor*)

+ Fernando Verdasco (7)	Esp	4-6 7-5 6-1	rr
+ Andy Murray (4)	GB	3-6 6-3 6-1	rr
– Juan Martín del Potro (5)	Arg	6-2 6-7 6-3	rr
– Nikolay Davydenko (6)	Rus	6-2 4-6 7-5	S

Londres 2010 (*indoor*)

+ David Ferrer (7)	Esp	6-1 6-4	rr
+ Andy Murray (5)	GB	6-4 6-2'	rr
+ Robin Soderling (4)	Sue	7-6 6-3	rr
+ Novak Djokovic (3)	Ser	6-1 6-4	S
+ Rafael Nadal (1)	Esp	6-3 3-6 6-1	F

Londres 2011 (*indoor*)

+ Jo-Wilfred Tsonga (6)	Fra	6-2 2-6 6-4	rr
+ Rafael Nadal (2)	Esp	6-3 6-0	rr
+ Mardy Fish (8)	EEUU	6-1 3-6 6-3	rr
+ David Ferrer (5)	Esp	7-5 6-3	S
+ Jo-Wilfried Tsonga (6)	Fra	6-3 6-7 6-3	F

Londres 2012 (*indoor*)

+ David Ferrer (4)	Esp	6-4 7-6	rr
+ Janko Tipsarevic (8)	Ser	6-3 6-1	rr
– Juan Martín del Potro (4)	Arg	7-6 4-6 6-3	rr
+ Andy Murray (3)	GB	7-6 6-2	S
– Novak Djokovic (1)	Ser	7-6 7-5	F

Londres 2013 (*indoor*)

+ Richard Gasquet (8)	Fra	6-4 6-3	rr
+ Juan Martín del Potro (4)	Arg	4-6 7-6 7-5	rr
– Novak Djokovic (2)	Ser	6-4 6-7 6-2	rr
– Rafael Nadal (1)	Esp	7-5 6-3	S

Londres 2014 (*indoor*)

+ Kei Nishikori (4)	Jap	6-3 6-2	rr
+ Milos Raonic (8)	Can	6-1 7-6	rr
+ Andy Murray (5)	GB	6-0 6-1	rr
+ Stanislas Wawrinka (3)	Sui	4-6 7-5 7-6	S
– Novak Djokovic (1)	Ser	w.o.	F

Londres 2015 (*indoor*)

+ Novak Djokovic (1)	Ser	7-5 6-2	rr
+ Kei Nishikori (8)	Jap	7-5 4-6 6-4	rr
+ Tomas Berdych (6)	Che	6-4 6-2	rr
+ Stanislas Wawrinka (3)	Sui	7-5 6-3	S
– Novak Djokovic (1)	Ser	6-3 6-4	F

Londres 2017 (*indoor*)

+ Alexander Zverev (3)	Ale	7-6 5-7 6-1	rr
+ Marin Cilic (5)	Cro	6-7 6-4 6-1	rr
+ Jack Sock (8)	EEUU	6-4 7-6	rr
– David Goffin (7)	Bel	2-6 6-3 6-4	S

Resumen

T	W	F	S	rr	V	D	%
15	6	4	4	1	55	13	80,9

T: masters jugados. **W**: victorias. **F**: finales. **S**: semifinales.
rr: fase de grupos o *round robin.*
V: victorias **D**: derrotas. **%**: porcentaje de victorias.

Sus 98 finales ganadas

Fecha	Torneo	Adversario	País	Resultado	Sup
04-02-2001	Milán	Julien Boutter	Fra	6-4 6-7 6-4	I
13-01-2002	Sídney	Juan Ignacio Chela	Arg	6-3 6-3	C
19-05-2002	Hamburgo	Marat Safin	Rus	6-1 6-3 6-4	T
13-10-2002	Viena	Jiri Novak	Che	6-4 6-1 3-6 6-4	I
16-02-2003	Marsella	Jonas Bjorkman	Sue	6-2 7-6	I
02-03-2003	Dubái	Jiri Novak	Che	6-1 7-6	C
04-05-2003	Mónaco	Jarkko Nieminen	Fin	6-1 6-4	T
15-06-2003	Halle	Nicolas Kiefer	Ale	6-1 6-3	H
06-07-2003	Wimbledon	Mark Philippoussis	Aus	7-6 6-2 7-6	H
12-10-2003	Viena	Carlos Moyá	Esp	6-3 6-3 6-3	I
16-11-2003	Masters	Andre Agassi	EEUU	6-3 6-0 6-4	C
01-02-2004	Australia	Marat Safin	Rus	7-6 6-4 6-2	C
07-03-2004	Dubái	Feliciano López	Esp	4-6 6-1 6-2	C
21-03-2004	Indian W.	Tim Henman	GB	6-3 6-3	C
16-05-2004	Hamburgo	Guillermo Coria	Arg	4-6 6-4 6-2 6-3	T
13-06-2004	Halle	Mardy Fish	EEUU	6-0 6-3	H
04-07-2004	Wimbledon	Andy Roddick	EEUU	4-6 7-5 7-6 6-4	H
11-07-2004	Gstaad	Igor Andreev	Rus	6-2 6-3 5-7 6-3	T
01-08-2004	Canadá	Andy Roddick	EEUU	7-5 6-3	C
12-09-2004	Ab. EEUU	Lleyton Hewitt	Aus	6-0 7-6 6-0	C
03-10-2004	Bangkok	Andy Roddick	EEUU	6-4 6-0	I
21-11-2004	Masters	Lleyton Hewitt	Aus	6-3 6-2	C
09-01-2005	Doha	Ivan Ljubicic	Cro	6-3 6-1	C
20-02-2005	Rótterdam	Ivan Ljubicic	Cro	5-7 7-5 7-6	I
27-02-2005	Dubái	Ivan Ljubicic	Cro	6-1 6-7 6-3	C
20-03-2005	Indian W.	Lleyton Hewitt	Aus	6-2 6-4 6-4	C
03-04-2005	Miami	Rafael Nadal	Esp	2-6 6-7 7-6 6-3 6-1	C
15-05-2005	Hamburgo	Richard Gasquet	Fra	6-3 7-5 7-6	T
12-06-2005	Halle	Marat Safin	Rus	6-4 6-7 6-4	H
03-07-2005	Wimbledon	Andy Roddick	EEUU	6-2 7-6 6-4	H
21-08-2005	Cincinnati	Andy Roddick	EEUU	6-3 7-5	C
11-09-2005	Ab. EEUU	Andre Agassi	EEUU	6-3 2-6 7-6 6-1	C
02-10-2005	Bangkok	Andy Murray	GB	6-3 7-5	I
08-01-2006	Doha	Gäel Monfils	Fra	6-3 7-6	C
29-01-2006	Australia	Marcos Baghdatis	Chip	5-7 7-5 6-0 6-2	C
19-03-2006	Indian W.	James Blake	EEUU	7-5 6-3 6-0	C
02-04-2006	Miami	Ivan Ljubicic	Cro	7-6 7-6 7-6	C
18-06-2006	Halle	Tomas Berdych	Che	6-0 6-7 6-2	H
09-07-2006	Wimbledon	Rafael Nadal	Esp	6-0 7-6 6-7 6-3	H
13-08-2006	Canadá	Richard Gasquet	Fra	2-6 6-3 6-2	C
10-09-2006	Ab. EEUU	Andy Roddick	EEUU	6-2 4-6 7-5 6-1	C
08-10-2006	Ab. Japón	Tim Henman	GB	6-3 6-3	C
22-10-2006	Madrid	Fernando González	Chile	7-5 6-1 6-0	I

Fecha	Torneo	Adversario	País	Resultado	Sup
29-10-2006	Basilea	Fernando González	Chile	6-3 6-2 7-6	I
19-11-2006	Masters	James Blake	EEUU	6-0 6-3 6-4	I
28-01-2007	Australia	Fernando González	Chile	7-6 6-4 6-4	C
04-03-2007	Dubái	Mikhail Youzhny	Rus	6-4 6-3	C
20-05-2007	Hamburgo	Rafael Nadal	Esp	2-6 6-2 6-0	T
08-07-2007	Wimbledon	Rafael Nadal	Esp	7-6 4-6 7-6 2-6 6-2	H
19-08-2007	Cincinnati	James Blake	EEUU	6-1 6-4	C
09-09-2007	Ab. EEUU	Novak Djokovic	Ser	7-6 7-6 6-4	C
28-10-2007	Basilea	Jarkko Nieminen	Fin	6-3 6-4	I
18-11-2007	Masters	David Ferrer	Esp	6-2 6-3 6-2	I
20-04-2008	Estoril	Nikolay Davydenko	Rus	7-5 1-2 ret.	T
15-06-2008	Halle	Ph. Kohlschreiber	Ale	6-3 6-4	H
08-09-2008	Ab. EEUU	Andy Murray	GB	6-2 7-5 6-2	C
26-10-2008	Basilea	David Nalbandian	Arg	6-3 6-4	I
17-05-2009	Madrid	Rafael Nadal	Esp	6-4 6-4	T
07-06-2009	Roland G.	Robin Soderling	Sue	6-1 7-6 6-4	T
05-07-2009	Wimbledon	Andy Roddick	EEUU	5-7 7-6 7-6 3-6 16-14	H
23-08-2009	Cincinnati	Novak Djokovic	Ser	6-1 7-5	C
31-01-2010	Australia	Andy Murray	GB	6-3 6-4 7-6	C
22-08-2010	Cincinnati	Mardy Fish	EEUU	6-7 7-6 6-4	C
24-10-2010	Estocolmo	Florian Mayer	Ale	6-4 6-3	I
07-11-2010	Basilea	Novak Djokovic	Ser	6-4 3-6 6-1	I
28-11-2010	Masters	Rafael Nadal	Esp	6-3 3-6 6-1	I
08-01-2011	Doha	Nikolay Davydenko	Rus	6-3 6-4	C
06-11-2011	Basilea	Kei Nishikori	Jap	6-1 6-3	I
13-11-2011	París-B.	Jo-Wilfried Tsonga	Fra	6-1 7-6	I
27-11-2011	Masters	Jo-Wilfried Tsonga	Fra	6-3 6-7 6-3	I
19-02-2012	Rótterdam	Juan M. del Potro	Arg	6-1 6-4	I
04-03-2012	Dubái	Andy Murray	GB	7-5 6-4	C
18-03-2012	Indian W.	John Isner	EEUU	7-6 6-3	C
13-05-2012	Madrid	Tomas Berdych	Che	3-6 7-5 7-5	T
08-07-2012	Wimbledon	Andy Murray	GB	4-6 7-5 6-3 6-4	H
19-08-2012	Cincinnati	Novak Djokovic	Ser	6-0 7-6	C
16-06-2013	Halle	Mikhail Youzhny	Rus	6-7 6-3 6-4	H
01-03-2014	Dubái	Tomas Berdych	Che	3-6 6-4 6-3	C
15-06-2014	Halle	Alejandro Falla	Col	7-6 7-6	H
17-08-2014	Cincinnati	David Ferrer	Esp	6-3 1-6 6-2	C
12-10-2014	Shanghái	Gilles Simon	Fra	7-6 7-6	C
26-10-2014	Basilea	David Goffin	Bel	6-2 6-2	I
11-01-2015	Brisbane	Milos Raonic	Can	6-4 6-7 6-4	C
01-03-2015	Dubái	Novak Djokovic	Ser	6-3 7-5	C
03-05-2015	Estambul	Pablo Cuevas	Uru	6-3 7-6	T
20-06-2015	Halle	Andreas Seppi	Ita	7-6 6-4	H
23-08-2015	Cincinnati	Novak Djokovic	Ser	7-6 6-3	C

Fecha	Torneo	Adversario	País	Resultado	Sup
01-11-2015	Basilea	Rafael Nadal	Esp	6-3 5-7 6-3	I
29-01-2017	Australia	Rafael Nadal	Esp	6-4 3-6 6-1 3-6 6-3	C
19-03-2017	Indian W.	Stanislas Wawrinka	Sui	6-4 7-5	C
02-04-2017	Miami	Rafael Nadal	Esp	6-3 6-4	C
25-06-2017	Halle	Alexander Zverev	Ale	6-1 6-3	H
16-07-2017	Wimbledon	Marin Cilic	Cro	6-3 6-1 6-4	H
15-10-2017	Shanghái	Rafael Nadal	Esp	6-4 6-3	C
29-10-2017	Basilea	Juan M. del Potro	Arg	6-7 6-4 6-3	I
28-01-2018	Australia	Marin Cilic	Cro	6-2 6-7 6-3 3-6 6-1	C
18-02-2018	Róterdam	Grigor Dimitrov	Bul	6-2 6-2	I
17-06-2018	Stuttgart	Milos Raonic	Can	6-4 7-6	T

Sus 52 finales perdidas

Fecha	Torneo	Adversario	País	Resultado	Sup
13-02-2000	Marsella	Marc Rosset	Sui	2-6 6-3 7-6	I
29-10-2000	Basilea	Thomas Enqvist	Sue	6-2 4-6 7-6 1-6 6-1	I
25-02-2001	Róterdam	Nicolas Escudé	Fra	7-5 3-6 7-6	I
28-10-2001	Basilea	Tim Henman	GB	6-3 6-4 6-2	I
03-02-2002	Milán	Dav. Sanguinetti	Ita	7-6 4-6 6-1	I
31-03-2002	Miami	Andre Agassi	EEUU	6-3 6-3 3-6 6-4	C
11-05-2003	Roma	Félix Mantilla	Esp	7-5 6-2 7-6	T
13-07-2003	Gstaad	Jiri Novak	Che	5-7 6-3 6-3 1-6 6-3	T
20-11-2005	Masters	David Nalbandian	Arg	6-7 6-7 6-2 6-1 7-6	I
05-03-2006	Dubái	Rafael Nadal	Esp	2-6 6-4 6-4	C
23-04-2006	Montecarlo	Rafael Nadal	Esp	6-2 6-7 6-3 7-6	T
14-05-2006	Roma	Rafael Nadal	Esp	6-7 7-6 6-4 2-6 7-6	T
11-06-2006	Roland G.	Rafael Nadal	Esp	1-6 6-1 6-4 7-6	T
22-04-2007	Montecarlo	Rafael Nadal	Esp	6-4 6-4	T
10-06-2007	Roland G.	Rafael Nadal	Esp	6-3 4-6 6-3 6-4	T
12-08-2007	Canadá	Novak Djokovic	Ser	7-6 2-6 7-6	C
21-10-2007	Madrid	David Nalbandian	Arg	1-6 6-3 6-3	I
27-04-2008	Montecarlo	Rafael Nadal	Esp	7-5 7-5	T
18-05-2008	Hamburgo	Rafael Nadal	Esp	7-5 6-7 6-3	T
08-06-2008	Roland G.	Rafael Nadal	Esp	6-1 6-3 6-0	T
06-07-2008	Wimbledon	Rafael Nadal	Esp	6-4 6-4 6-7 6-7 9-7	H
01-02-2009	Australia	Rafael Nadal	Esp	7-5 3-6 7-6 3-6 6-2	C
14-09-2009	Ab. EEUU	Juan M. del Potro	Arg	2-6 7-6 4-6 7-6 6-2	C
08-11-2009	Basilea	Novak Djokovic	Ser	6-4 4-6 6-2	I
16-05-2010	Madrid	Rafael Nadal	Esp	6-4 7-6	T
13-06-2010	Halle	Lleyton Hewitt	Aus	3-6 7-6 6-4	H
15-08-2010	Canadá	Andy Murray	GB	7-5 7-5	C
17-10-2010	Shanghái	Andy Murray	GB	6-3 6-2	C

Fecha	Torneo	Adversario	País	Resultado	Sup
27-02-2011	Dubái	Novak Djokovic	Ser	6-3 6-3	C
05-06-2011	Roland G.	Rafael Nadal	Esp	7-5 7-6 5-7 6-1	T
17-06-2012	Halle	Tommy Haas	Ale	7-6 6-4	H
05-08-2012	JJ.OO.	Andy Murray	GB	6-2 6-1 6-4	H
28-10-2012	Basilea	Juan M. del Potro	Arg	6-4 6-7 7-6	I
12-11-2012	Masters	Novak Djokovic	Ser	7-6 7-5	I
19-05-2013	Roma	Rafael Nadal	Esp	6-1 6-3	T
27-10-2013	Basilea	Juan M. del Potro	Arg	7-6 2-6 6-4	I
05-01-2014	Brisbane	Lleyton Hewitt	Aus	6-1 4-6 6-3	C
16-03-2014	Indian W.	Novak Djokovic	Ser	3-6 6-3 7-6	C
20-04-2014	Montecarlo	Stanis. Wawrinka	Sui	4-6 7-6 6-2	T
06-07-2014	Wimbledon	Novak Djokovic	Ser	6-7 6-4 7-6 5-7 6-4	H
10-08-2014	Canadá	Jo-Wilfried Tsonga	Fra	7-5 7-6	C
16-11-2014	Masters	Novak Djokovic	Ser	w.o.	I
22-03-2015	Indian W.	Novak Djokovic	Ser	6-3 6-7 6-2	C
17-05-2015	Roma	Novak Djokovic	Ser	6-4 6-3	T
12-07-2015	Wimbledon	Novak Djokovic	Ser	7-6 6-7 6-4 6-4	H
13-09-2015	Ab. EEUU	Novak Djokovic	Ser	6-4 5-7 6-4 6-4	C
22-11-2015	Masters	Novak Djokovic	Ser	6-3 6-4	I
10-01-2016	Brisbane	Milos Raonic	Can	6-4 6-4	C
13-08-2017	Canadá	Alexander Zverev	Ale	6-3 6-4	C
18-03-2018	Indian W.	Juan M. del Potro	Arg	6-4 6-7 7-6	C
25-06-2018	Halle	Borna Coric	Cro	7-6 3-6 6-2	H
19-08-2018	Cincinnati	Nova Djokovic	Ser	6-4 6-4	I

T: Tierra. **C**: Cemento. **H**: Hierba. **I**: *Indoor*. **Sup.**: superficie.

Balance de sus rivalidades

Roger Federer - Rafael Nadal (15-23)

Año	Torneo	Ronda	Vencedor	Resultado	Sup
2004	Miami	3	Rafael Nadal	6-3 6-3	C
2005	Miami	F	Roger Federer	2-6 6-7 7-6 6-3 6-1	C
2005	Roland Garros	S	Rafael Nadal	6-3 4-6 6-4 6-3	T
2006	Dubái	F	Rafael Nadal	2-6 6-4 6-4	C
2006	Montecarlo	F	Rafael Nadal	6-2 6-7 6-3 7-6	T
2006	Roma	F	Rafael Nadal	6-7 7-6 6-4 2-6 7-6	T
2006	Roland Garros	F	Rafael Nadal	1-6 6-1 6-4 7-6	T
2006	Wimbledon	F	Roger Federer	6-0 7-6 6-7 6-3	H
2006	Masters	S	Roger Federer	6-4 7-5	I
2007	Montecarlo	F	Rafael Nadal	6-4 6-4	T
2007	Hamburgo	F	Roger Federer	2-6 6-2 6-0	T
2007	Roland Garros	F	Rafael Nadal	6-3 4-6 6-3 6-4	T
2007	Wimbledon	F	Roger Federer	7-6 4-6 7-6 2-6 6-2	H
2007	Masters	S	Roger Federer	6-4 6-1	I
2008	Montecarlo	F	Rafael Nadal	7-5 7-5	T
2008	Hamburgo	F	Rafael Nadal	7-5 6-7 6-3	T
2008	Roland Garros	F	Rafael Nadal	6-1 6-3 6-0	T
2008	Wimbledon	F	Rafael Nadal	6-4 6-4 6-7 6-7 9-7	H
2009	Abierto Australia	F	Rafael Nadal	7-5 3-6 7-6 3-6 6-2	C
2009	Madrid	F	Roger Federer	6-4 6-4	T
2010	Madrid	F	Rafael Nadal	6-4 7-6	T
2010	Masters	F	Roger Federer	6-3 3-6 6-1	I
2011	Miami	S	Rafael Nadal	6-3 6-2	C
2011	Madrid	S	Rafael Nadal	5-7 6-1 6-3	T
2011	Roland Garros	F	Rafael Nadal	7-5 7-6 5-7 6-1	T
2011	Masters	rr	Roger Federer	6-3 6-0	I
2012	Abierto Australia	S	Rafael Nadal	6-7 6-2 7-6 6-4	C
2012	Indian Wells	S	Roger Federer	6-3 6-4	C
2013	Indian Wells	C	Rafael Nadal	6-4 6-2	C
2013	Roma	F	Rafael Nadal	6-1 6-3	T
2013	Cincinnati	C	Rafael Nadal	6-1 6-3	C
2013	Masters	S	Rafael Nadal	7-5 6-3	I
2014	Abierto Australia	S	Rafael Nadal	7-6 6-3 6-3	C
2015	Basilea	F	Roger Federer	6-3 5-7 6-3	I
2017	Abierto Australia	F	Roger Federer	6-4 3-6 6-1 3-6 6-3	C
2017	Indian Wells	4	Roger Federer	6-2 6-3	C
2017	Miami	F	Roger Federer	6-3 6-4	C
2017	Shanghái	F	Roger Federer	6-4 6-3	C

Roger Federer - Novak Djokovic (22-24)

Año	Torneo	Ronda	Vencedor	Resultado	Sup.
2006	Montecarlo	1	Roger Federer	6-3 2-6 6-3	T
2006	Copa Davis	--	Roger Federer	6-2 6-3 6-2	I
2007	Abierto Australia	4	Roger Federer	6-2 7-5 6-3	C
2007	Dubái	Q	Roger Federer	6-3 6-7 6-3	C
2007	Canadá	F	Novak Djokovic	7-6 2-6 7-6	C
2007	Abierto EEUU	F	Roger Federer	7-6 7-6 6-4	C
2008	Abierto Australia	S	Novak Djokovic	7-5 6-3 7-6	C
2008	Montecarlo	S	Roger Federer	6-3 3-2 rt	T
2008	Abierto EEUU	S	Roger Federer	6-3 5-7 7-5 6-2	C
2009	Miami	S	Novak Djokovic	3-6 6-2 6-3	C
2009	Roma	S	Novak Djokovic	4-6 6-3 6-3	T
2009	Cincinnati	F	Roger Federer	6-1 7-5	C
2009	Abierto EEUU	S	Roger Federer	7-6 7-5 7-5	C
2009	Basilea	F	Novak Djokovic	6-4 4-6 6-2	I
2010	Canadá	S	Roger Federer	6-1 3-6 7-5	C
2010	Abierto EEUU	S	Novak Djokovic	5-7 6-1 5-7 6-2 7-5	C
2010	Shanghái	S	Roger Federer	7-5 6-4	C
2010	Basilea	F	Roger Federer	6-4 3-6 6-1	I
2010	Masters	S	Roger Federer	6-1 6-4	I
2011	Abierto Australia	S	Novak Djokovic	7-6 7-5 6-4	C
2011	Dubái	F	Novak Djokovic	6-3 6-3	C
2011	Indian Wells	S	Novak Djokovic	6-3 3-6 6-2	C
2011	Roland Garros	S	Roger Federer	7-6 6-3 3-6 7-6	T
2011	Abierto EEUU	S	Novak Djokovic	6-7 4-6 6-3 6-2 7-5	C
2012	Roma	S	Novak Djokovic	6-2 7-6	T
2012	Roland Garros	S	Novak Djokovic	6-4 7-5 6-3	T
2012	Wimbledon	S	Roger Federer	6-3 3-6 6-4 6-3	H
2012	Cincinnati	F	Roger Federer	6-0 7-6	C
2012	Masters	F	Novak Djokovic	7-6 7-5	I
2013	París-Bercy	S	Novak Djokovic	4-6 6-3 6-2	I
2013	Masters	rr	Novak Djokovic	6-4 6-7 6-2	I
2014	Dubái	S	Roger Federer	3-6 6-3 6-2	C
2014	Indian Wells	F	Novak Djokovic	3-6 6-3 7-6	C
2014	Montecarlo	S	Roger Federer	7-5 6-2	T
2014	Wimbledon	F	Novak Djokovic	6-7 6-4 7-6 5-7 6-4	H
2014	Shanghái	S	Roger Federer	6-4 6-4	C
2014	Masters	F	Novak Djokovic	w.o.	I
2015	Dubái	F	Roger Federer	6-3 7-5	C
2015	Indian Wells	F	Novak Djokovic	6-3 6-7 6-2	C
2015	Roma	F	Novak Djokovic	6-4 6-3	T
2015	Wimbledon	F	Novak Djokovic	7-6 6-7 6-4 6-4	H
2015	Cincinnati	F	Roger Federer	7-6 6-3	C

Año	Torneo	Ronda	Vencedor	Resultado	Sup.
2015	Abierto EEUU	F	Novak Djokovic	6-4 5-7 6-4 6-4	C
2015	Masters	rr	Roger Federer	7-5 6-2	I
2015	Masters	F	Novak Djokovic	6-3 6-4	I
2016	Abierto Australia	S	Novak Djokovic	6-1 6-2 3-6 6-3	C
2018	Cincinnati	F	Novak Djokovic	6-4 6-4	C

Roger Federer - Andy Murray (14-11)

Año	Torneo	Ronda	Vencedor	Resultado	Sup.
2005	Bangkok	F	Roger Federer	6-3 7-5	I
2006	Cincinnati	2	Andy Murray	7-5 6-4	C
2008	Dubái	1	Andy Murray	6-7 6-3 6-4	C
2008	Abierto EEUU	F	Roger Federer	6-2 7-5 6-2	C
2008	Madrid	S	Andy Murray	3-6 6-3 7-5	I
2008	Masters	rr	Andy Murray	4-6 7-6 7-5	I
2009	Doha	S	Andy Murray	6-7 6-2 6-2	C
2009	Indian Wells	S	Andy Murray	6-3 4-6 6-1	C
2009	Cincinnati	S	Roger Federer	6-2 7-6	C
2009	Masters	rr	Roger Federer	3-6 6-3 6-1	I
2010	Abierto Australia	F	Roger Federer	6-3 6-4 7-6	C
2010	Canadá	F	Andy Murray	7-5 7-5	C
2010	Shanghái	F	Andy Murray	6-3 6-2	C
2010	Masters	rr	Roger Federer	6-4 6-2	I
2012	Dubái	F	Roger Federer	7-5 6-4	C
2012	Wimbledon	F	Roger Federer	4-6 7-5 6-3 6-4	H
2012	JJ. OO.	F	Andy Murray	6-2 6-1 6-4	H
2012	Shanghái	S	Andy Murray	6-4 6-4	C
2012	Masters	S	Roger Federer	7-6 6-2	I
2013	Abierto Australia	S	Andy Murray	6-4 6-7 6-3 6-7 6-2	C
2014	Abierto Australia	C	Roger Federer	6-3 6-4 6-7 6-3	C
2014	Cincinnati	Q	Roger Federer	6-3 7-5	C
2014	Masters	rr	Roger Federer	6-0 6-1	I
2015	Wimbledon	S	Roger Federer	7-5 7-5 6-4	H
2015	Cincinnati	S	Roger Federer	6-4 7-6	C

T: Tierra. **C**: Cemento. **H**: Hierba. **I**: *Indoor*. **Sup.**: superficie.

Balance de sus rivalidades

Roger Federer se ha enfrentado a 79 de los 82 jugadores que han estado entre los diez mejores en los últimos 25 años; las tres excepciones son el español Alberto Berasategui, el sueco Joachim Johansson y el argentino Mariano Puerta. A los 79 citados hay que añadir otros cinco tenistas que fueron Top 10 antes de los 25 años: Andre Agassi, Michael Chang, Pete Sampras, Goran Ivanisevic y Sergi Bruguera. He aquí, en orden de entrada de los diez mejores, los enfrentamientos contra los 69 jugadores en los que Federer obtuvo un balance positivo; siguen los 11 con un balance negativo y, finalmente, los cuatro empates.

Balance positivo				Balance negativo	
Andre Agassi	8-3	Ivan Ljubicic	13-3	Sergi Bruguera	0-1
Michael Chang	4-1	David Ferrer	17-0	Wayne Ferreira	1-2
Pete Sampras	1-0	James Blake	10-1	Andr. Medvedev	0-1
Goran Ivanisevic	2-0	Fer. González	12-1	Yev. Kafelnikov	2-4
Richard Krajicek	2-0	Tommy Robredo	11-1	Thomas Enqvist	1-3
Cedric Pioline	1-0	Mario Ancic	6-1	Alex Corretja	2-3
Todd Martin	1-0	Rad. Stepanek	14-2	Gust. Kuerten	1-2
Marcelo Ríos	2-0	Mar. Baghdatis	7-1	Patrick Rafter	0-3
Carlos Moyá	7-0	Tomas Berdych	20-6	Rafael Nadal	15-23
Albert Costa	3-2	Andy Murray	14-11	Nov. Djokovic	22-24
Greg Rusedksi	4-1	Rich. Gasquet	17-2	Dominic Thiem	1-2
Jonas Bjorkman	5-0	Mikh. Youzhny	17-0		
Karol Kucera	3-1	St. Wawrinka	20-3		
Tim Henman	7-6	J. M. del Potro	18-7	Empates	
M. Philippoussis	4-1	Gilles Simon	6-2	Magnus Larsson	1-1
Tommy Haas	13-4	Jo-W. Tsonga	11-6	Marc Rosset	2-2
Nicolas Kiefer	12-3	Fern. Verdasco	6-0	Félix Mantilla	1-1
Nicolas Lapentti	4-0	Gäel Monfils	9-4	Guiller. Cañas	3-3
Magnus Norman	1-0	Robin Soderling	16-1		
Lleyton Hewitt	18-9	Marin Cilic	9-2		
Marat Safin	10-2	Jurgen Melzer	4-1		
Arnaud Clement	8-3	Mardy Fish	8-1		
Juan C. Ferrero	10-3	Nicol. Almagro	5-0		
Seb. Grosjean	3-2	Janko Tipsarevic	6-0		
Th. Johansson	7-0	John Isner	5-2		
Andy Roddick	21-3	Juan Mónaco	4-0		
Jiri Novak	5-4	Milos Raonic	11-3		
Dav. Nalbandian	11-8	Kei Nishikori	5-2		
Par. Srichaphan	4-0	Ernests Gulbis	3-2		
Guillermo Coria	3-0	Grigor Dimitrov	7-0		
Rainer Schuettler	3-1	Kevin Anderson	4-0		
Gastón Gaudio	5-0	David Goffin	6-1		
Nicolás Massu	4-1	Alexand. Zverev	3-2		
Nik. Davydenko	19-2	P. Carreño Busta	1-0		
		Jack Sock	4-0		

El gran récord: 24 victorias consecutivas en finales

Las veinticuatro victorias consecutivas en finales desde después de Gstaad 2003 (con derrota ante Jiri Novak) hasta el Masters 2005 (derrota contra David Nalbandian en el juego decisivo del quinto set).

Fecha	Torneo	Finalista	País	Resultado	Sup
12-10-2003	Viena	Carlos Moyá	Esp	6-3 6-3 6-3	I
16-11-2003	Masters	Andre Agassi	EEUU	6-3 6-0 6-4	C
01-02-2004	Australia	Marat Safin	Rus	7-6 6-4 6-2	C
07-03-2004	Dubái	Feliciano López	Esp	4-6 6-1 6-2	C
21-03-2004	Indian W.	Tim Henman	GB	6-3 6-3	C
16-05-2004	Hamburgo	Guillermo Coria	Arg	4-6 6-4 6-2 6-3	T
13-06-2004	Halle	Mardy Fish	EEUU	6-0 6-3	H
04-07-2004	Wimbledon	Andy Roddick	EEUU	4-6 7-5 7-6 6-4	H
11-07-2004	Gstaad	Igor Andreev	Rus	6-2 6-3 5-7 6-3	T
01-08-2004	Canadá	Andy Roddick	EEUU	7-5 6-3	C
12-09-2004	Ab. EEUU	Lleyton Hewitt	Aus	6-0 7-6 6-0	C
03-10-2004	Bangkok	Andy Roddick	EEUU	6-4 6-0	I
21-11-2004	Masters	Lleyton Hewitt	Aus	6-3 6-2	C
09-01-2005	Doha	Ivan Ljubicic	Cro	6-3 6-1	C
20-02-2005	Rótterdam	Ivan Ljubicic	Cro	5-7 7-5 7-6	I
27-02-2005	Dubái	Ivan Ljubicic	Cro	6-1 6-7 6-3	C
20-03-2005	Indian W.	Lleyton Hewitt	Aus	6-2 6-4 6-4	C
03-04-2005	Miami	Rafael Nadal	Esp	2-6 6-7 7-6 6-3 6-1	C
15-05-2005	Hamburgo	Richard Gasquet	Fra	6-3 7-5 7-6	T
12-06-2005	Halle	Marat Safin	Rus	6-4 6-7 6-4	H
03-07-2005	Wimbledon	Andy Roddick	EEUU	6-2 7-6 6-4	H
21-08-2005	Cincinnati	Andy Roddick	EEUU	6-3 7-5	C
11-09-2005	Ab. EEUU	Andre Agassi	EEUU	6-3 2-6 7-6 6-1	C
02-10-2005	Bangkok	Andy Murray	GB	6-3 7-5	I

Copa Davis y Juegos Olímpicos

Copa Davis

Año	Individual.	Dobles	Total	Clasificación de Suiza
1999	1 - 3	0 - 0	1 - 3	cuartos de final
2000	2 - 1	2 - 0	4 - 1	primera ronda
2001	3 - 1	2 - 0	5 - 1	cuartos de final
2002	4 - 0	1 - 1	5 - 1	primera ronda
2003	5 - 1	1 - 2	6 - 3	semifinales
2004	4 - 0	1 - 1	5 - 1	cuartos de final
2005	1 - 0	1 - 0	2 - 0	primera ronda
2006	2 - 0	1 - 0	3 - 0	primera ronda
2007	2 - 0	0 - 1	2 - 1	descenso GM1
2008	1 - 0	1 - 0	2 - 0	ascenso GM
2009	2 - 0	0 - 0	2 - 0	primera ronda
2010	0 - 0	0 - 0	0 - 0	descenso GM1
2011	3 - 0	1 - 1	4 - 1	ascenso GM
2012	2 - 1	0 - 2	2 - 3	primera ronda
2013	0 - 0	0 - 0	0 - 0	primera ronda
2014	6 - 1	1 - 1	7 - 2	campeón
2015	2 - 0	0 - 1	2 - 1	primera ronda
Total	**40 - 8**	**12 - 10**	**52 - 18**	**27 participaciones**

Juegos Olímpicos

Año	Individuales	Dobles	Notas
2000	semifinales	no participó	pierde la final para el bronce
2004	segunda ronda	segunda ronda	
2008	cuartos	campeón	medalla de oro en dobles
2012	finalista	segunda ronda	medalla de plata en individuales
2016	ausente	ausente	

Semana por semana: la posición en el ranking ATP

Período	Pos.
Fin de año 1997	700
Fin de año 1998	302
Fin de año 1999	64
Fin de año 2000	29
Fin de año 2001	13
2002	
1 enero - 13 enero	13
14 enero - 27 enero	12
28 enero - 24 febrero	13
25 febrero - 31 marzo	14
1 abril - 12 mayo	11
13 mayo - 19 mayo	14
20 mayo - 9 junio	8
10 junio - 16 junio	10
17 junio - 7 julio	9
8 julio - 14 julio	11
15 julio - 4 agosto	10
5 agosto - 11 agosto	14
12 agosto - 13 octubre	13
14 octubre - 20 octubre	7
21 octubre - 3 noviembre	8
4 noviembre - 31 diciembre	6
2003	
1 enero - 26 enero	6
27 enero - 2 febrero	5
3 febrero - 16 febrero	6
17 febrero - 2 marzo	5
3 marzo - 30 marzo	4
31 marzo - 6 julio	5
7 julio - 10 agosto	3
11 agosto - 7 septiembre	2
8 septiembre - 16 noviembre	3
17 noviembre - 31 diciembre	2
2004	
1 enero - 1 febrero	2
2 febrero - 31 dicembre	1

Período	Pos.
2005	
1 enero - 31 diciembre	1
2006	
1 enero - 31 diciembre	1
2007	
1 enero - 31 diciembre	1
2008	
1 enero - 17 agosto	1
18 agosto - 31 diciembre	2
2009	
1 enero - 5 julio	2
6 julio - 31 diciembre	1
2010	
1 enero - 6 junio	1
7 junio - 4 julio	2
5 julio - 15 agosto	3
16 agosto - 12 septiembre	2
13 septiembre - 17 octubre	3
18 octubre - 31 diciembre	2
2011	
1 enero - 20 marzo	2
21 marzo - 16 octubre	3
17 octubre - 27 noviembre	4
28 noviembre - 31 diciembre	3
2012	
1 enero - 13 mayo	3
14 mayo - 20 mayo	2
21 mayo - 8 julio	3
9 julio - 4 noviembre	1
5 noviembre - 31 diciembre	2

Período	Pos.	Período	Pos.
2013		**2016**	
1 enero - 31 marzo	2	1 enero - 8 mayo	3
1 abril - 21 abril	3	9 mayo - 15 mayo	2
22 abril - 12 mayo	2	16 mayo - 21 agosto	3
13 mayo - 7 julio	3	22 agosto - 11 septiembre	4
8 julio - 18 agosto	5	12 septiembre - 16 octubre	7
19 agosto - 8 septiembre	7	17 octubre - 23 octubre	8
9 septiembre - 15 septiembre	6	24 octubre - 30 octubre	7
16 septiembre - 29 septiembre	5	31 octubre - 6 noviembre	9
30 septiembre - 6 octubre	6	7 noviembre - 31 diciembre	16
7 octubre - 20 octubre	7	**2017**	
21 octubre - 3 noviembre	6	1 enero - 8 enero	16
4 noviembre - 10 noviembre	7	9 enero - 29 enero	17
11 noviembre - 31 diciembre	6	30 enero - 12 febrero	10
2014		13 febrero - 26 febrero	9
1 enero - 26 enero	6	27 febrero - 19 marzo	10
27 enero - 16 marzo	8	20 marzo - 2 abril	6
17 marzo - 30 marzo	5	3 abril - 14 mayo	4
31 marzo - 6 julio	4	15 mayo - 16 julio	5
7 julio - 12 octubre	3	17 julio - 10 septiembre	3
13 octubre - 31 diciembre	2	11 septiembre - 31 diciembre	2
2015		**2018**	
1 enero - 16 agosto	2	1 enero - 18 febrero	2
17 agosto - 23 agosto	3	19 febrero - 18 marzo	1
24 agosto - 11 octubre	2	19 marzo – 13 mayo	2
12 octubre - 1 noviembre	3	14 mayo – 20 mayo	1
2 noviembre - 8 noviembre	2	21 mayo – 17 junio	2
9 noviembre - 31 diciembre	3	18 junio – 24 junio	1
		25 junio – 7 septiembre	2

Los tenistas que han mantenido durante más semanas la posición de número uno mundial

Roger Federer	308
Pete Sampras	286
Ivan Lendl	270
Jimmy Connors	268
Novak Djokovic	223

Los tenistas que han estado más semanas consecutivas en la posición de número uno

Roger Federer	237
Jimmy Connors	160
Ivan Lendl	157
Novak Djokovic	122
Pete Sampras	102

Ganancias en dólares año por año

Año	Ganancias	Ranking ATP
1998	27.995	--
1999	225.139	97
2000	623.782	27
2001	865.425	14
2002	1.995.027	4
2003	4.000.680	1
2004	6.357.547	1
2005	6.137.018	1
2006	8.343.885	1
2007	10.130.620	1
2008	5.886.879	2
2009	8.768.110	1
2010	7.698.289	2
2011	6.369.576	3
2012	8.584.842	2
2013	3.203.637	6
2014	9.343.988	2
2015	8.682.892	3
2016	1.527.269	13
2017	13.054.856	2
2018	5.622.130	2
Total	**117.507.812**	**2**

Todos los partidos disputados, torneo a torneo

Torneo	Jugados	Victorias	Derrotas
Abierto de Australia	107	94	13
Wimbledon	107	95	12
Abierto de Estados Unidos	98	85	13
Roland Garros	81	65	16
Basilea	75	66	9
Indian Wells	74	62	13
Masters	68	55	13
Halle	70	63	7
Miami	63	50	13
Dubái	54	48	6
Cincinnati	55	46	9
Copa Davis	52	44	8
Roma	48	32	16
Canadá	45	35	10
Madrid	43	35	8
Montecarlo	43	30	13
Hamburgo	37	32	5
Rotterdam	34	28	6
París-Bercy	31	21	10
Doha	29	26	3
Shanghái	22	18	4
Viena	21	18	3
Juegos Olímpicos	18	13	5
Marsella	17	14	3
Gstaad	16	9	7
Brisbane	12	10	2
Bangkok	10	10	0
Milán	10	9	1
Sídney	9	7	2
Estoril	8	7	1
Hertogenbosch	7	5	2
Stuttgart	7	3	4
Estocolmo	6	5	1
Mónaco	5	5	0
Tokyo	5	5	0
Toulouse	5	3	2
Estambul	4	4	0
Copenhague	4	3	1
Lyon	4	2	2
Moscú	4	2	2
Londres	3	2	1
Adelaida	2	1	1

Taskent	2	1	1
Auckland	1	0	1
Barcelona	1	0	1
Indianápolis	1	0	1
Long Island	1	0	1
Nottingham	1	0	1
Queen's	1	0	1
St. Polten	1	0	1
Washington	1	0	1
Total	**1424**	**1168**	**256**

Agradecimientos

$\mathcal{M}$i agradecimiento por haber aceptado participar en esta aventura a Gianni Clerici, Luca Marianantoni y Ray Giubilo, con quienes he compartido alrededor del mundo los mejores momentos de más de treinta de años de tenis. Gracias a Antonio Bagnoli, por habérmela propuesto, y a Picchio Bagnoli, por el *editing* y los valiosos consejos. Gracias a Vittorio Selmi, Giorgio Di Palermo, Cecilia Ghe y Nicola Arzani, de la ATP, que me han ayudado a comprender y a conocer mejor no solo a Roger Federer, sino también el funcionamiento del circuito mundial. Gracias a Paolo Bertolucci, Claudio Mezzadri, Luca Bottazzi, Andrea Gaudenzi, Filippo Volandri, Potito Starace, Massimo Sartori, Dalibor Sirola y Marco Caldara, por haber compartido conmigo su tiempo, experiencia e información. Y, sobre todo, gracias a Roberta y Sebastiano por haberme soportado mientras, sentado en mi escritorio, he jugado durante meses sets interminables con las palabras y los recuerdos.

Este libro utiliza el tipo Aldus, que toma su nombre
del vanguardista impresor del Renacimiento
italiano, Aldus Manutius. Hermann Zapf
diseñó el tipo Aldus para la imprenta
Stempel en 1954, como una réplica
más ligera y elegante del
popular tipo
Palatino

El código Federer
se acabó de imprimir
un día de invierno de 2018,
en los talleres gráficos de Egedsa
Roís de Corella 12-16, nave 1
Sabadell (Barcelona)

31901064843958